启真馆 出品

# 企业史研究

第一辑

龙登高 主编
邢菁华 熊金武 林立强 副主编

ZHEJIANG UNIVERSITY PRESS
浙江大学出版社

# 《企业史研究（第一辑）》序言

## （*Business History Studies*，BHS）

企业史，英文为 Business History。虽然学界对将其翻译为“企业史”还是“商业史”说法不一，但仅对企业组织而言，如果在企业组织范畴内非要找一个与 Business History 表达意思相近的中文词语，显然“企业史”比“商业史”更为贴切些。

从目前国内学界的情况看，绝大多数中国企业史学者亦循此例。作为一门客观性的学科，西方企业史学界一致认为企业史学科于 1927 年诞生于哈佛商学院。经过近一个世纪的发展，目前美国、日本、欧洲等的企业史研究相对活跃，如成立企业史学会，创办企业史专业读物，举办各类企业史专业会议等。2014 年，第一届世界企业史大会（World Business History Conference，WBHC）在德国召开，标志着国际的企业史研究交流与合作达到一个新的高度，也将助推中国的企业史研究。

近年中国的企业史研究也开始越来越受到重视，已然成为学术界的研究热点，而清华大学华商研究中心亦是中国企业史研究的主要组织者之一。目前，中国已经成立了专业性的学术协会——中国商业史学会企业史分会，举办了专业的学术会议，拥有清华大学华商研究中心等专业学术研究机构。但目前国内企业史学界尚缺乏企业史研究的学术读物。我们希望《企业史研究》的出版，可以搭建专门讨论企业史问题的学术平台，推动国内企业史学者之间的交流。

本书筹备一年有余，得到企业史同人的支持，既有陈争平、朱荫贵、张忠民、高伟浓等资深学者，又有一批中坚学人与青年新秀。第一辑始发于抗击新冠肺炎疫情、万物复苏的2021年春，内容分为国有企业变迁、近现代企业与组织、传统与现代，以及华商与华人社会等四个类别。我们期待与中国企业史研究者一起，共创中国企业史研究的未来！

《企业史研究》编委

2021年2月，于北京

# 目　录

## 国有企业变迁



## 近现代企业与组织



## 传统与现代

## 华商与华人社会

# 国有企业变迁

# 公共品供给的微观主体及其比较*
## ——基于中国水运基建的长时段考察

龙登高　王明　黄玉玺

**摘　要：**作为公共品的基础设施，由政府、营利性主体、非政府性非营利性主体三种不同供给方式的比较似属空白。在中国水运基建纵贯三个世纪的原始档案与深度调研的基础上，本文考察和比较公益法人、国有企业、现代公司三种微观主体，以及社会、政府与市场三种机制在基础设施供给上的特点、约束条件与绩效。计划经济下单一的政府所属企事业单位主导公共品供给难以克服根本性的制约，公益建造的局限性长远来说也很明显，现代公司提供基础设施则具有无可限量的拓展空间，能够更大程度激发微观主体活力的市场经济体制才能创造出更多更好的公共产品。公司治理下的竞争性中央企业脱胎换骨，在21世纪逐渐完善的市场经济制度下实现了自主创新，推动了中国水运基建的跨越式发展。三类微观主体在水运基建的历史与实践的比较研究中带来学术创新与理论拓展。

**关键词：**基础设施；公益法人；市场化；国有企业；现代公司治理

---

*　本项研究得到中国交通建设集团委托课题“中国水运建设史研究”（20172001366）、第64批中国博士后科学基金“现代水运科技发展及其经济影响研究（1949—2017）”（2018M641299）的资助。黄玉玺为本文通讯作者。

学术界一般认为基础设施是一种公共品，国内学者长期认为应该由政府及其企事业单位主导，现在越来越多的学者接受市场化供给模式。在政府与私营部门之外，还存在着各类民间团体与公共组织，同样可以成为基础设施的有效供给者。奥斯特罗姆及其合作者的研究[1]表明，公共组织通过自我约束、自我治理在一定条件下也可以实现对公共领域的有效治理和利用。随着社会的不断发展，新的技术、制度、工具与组织方式重新塑造了公共品的供给主体与供给方式，政府所扮演的角色在理论和实践上都得到了充分的反思。[2]龙登高等[3]的研究表明，传统中国的民间组织主导了基层公共品的供给，包括桥梁、义渡、道路、水利等多种基础设施。学界逐步认识到政府、市场与非营利组织具有各自的特点，并且相互之间存在合作、互动解决社会问题的可能[4]。

然而，三种主体不同供给模式的比较研究阙如，理论探讨仍有待提升。从清末至今，中国水运基建的供给主体依次经历了公益法人、国有企事业单位、现代公司三种模式，也对应着社会、政府与市场三种机制。本文首次整理了跨越三个世纪具有连续性的中英文原始档案，进行

[1] Ostrom, E. *Governing the Commons: The Evolution of Institutions for Collective Action.* Cambridge University Press；Ostrom, E. Collective Action and the Evolution of Social Norms. *Journal of Economic Perspectives,* 14(3), pp.137–158；Dietz, T., Ostrom, E., & Stern, P. C. The Struggle to Govern the Commons. *Science*, 302(5652), pp.1907–1912.

[2] Salamon, L. M. The New Governance and the Tools of Public Action: An Introduction. *Fordham Urban Law Journal,* 28(5), pp.1611–1674.

[3] 龙登高、王正华、伊巍：《传统民间组织治理结构与法人产权制度——基于清代公共建设与管理的研究》，载《经济研究》，2018 年第 10 期。

[4] Brinkerhoff, J. M. & Brinkerhoff, D. W. Government–Nonprofit Relations in Comparative Perspective: Evolution, Themes and New Directions. *Public Adminstration and Development* 22(1), pp.22,3–18；Salamon, L. M., & Toepler, S. (2015) Government–Nonprofit Cooperation: Anomaly or Necessity?. *Voluntas: International Journal of Voluntary and Nonprofit Organizations,* 26(6), pp.2155–2177. 国内学者相关研究成果详见正文论述。20 世纪 90 年代中期以后，越来越多的地方政府开始通过与社会资本合作（PPP）的模式，进行了大量的高速公路、水利等基础设施建设（陈志敏等，2015）。在城市基层公共服务领域，各地政府因地制宜地采取了项目制、单位制、混合制等不同的组织制度模式，与社会组织形成了多样化的合作方式，有效提高了社会治理水平（管兵、夏瑛，2016）。但这种形式不是本文讨论的重点。

了深度访谈与实地调研[1]，在此基础上探讨不同机制和社会经济背景下基础设施供给主体的特点、约束条件与绩效，并进行历史比较和理论探讨。同时，21 世纪中国水运基建由低迷迅速实现了跨越式发展，一方面验证了市场化现代公司主导基础设施建设的绩效，另一方面说明了激发原创研究的重要性。有的学者无视已经发生了脱胎换骨的变化，仍停留于 21 世纪初的数据与认知，却对当今现实评头论足；有的研究者则由缺乏自信转向盲目膨胀，一些长期实践中已被淘汰的观念沉渣泛起，造成理论与实践的认识混乱。伟大的实践呼唤理论创新。只有通过比较研究与长时段考察，才能有望正本清源，并校正未来的发展方向。

## 一、公益法人供给及其局限性

公益法人，即非营利性、非政府的独立机构。分别于 1897 年、1905 年成立的海河工程局与浚浦局就是在特定历史背景下形成的非营利性专业机构，清末、民国时期承担天津、上海两大港口的航道疏浚等公共事业。[2] 通商开埠后外国轮船航运带来了河道疏浚的新需求。在外方的压力和推动下，最初以“官督洋办”成立疏浚机构，继而成为公益法人，以中国政府相关部门的官员（包括外籍的海关税务司）组成董事局，设立以外国领事、外国轮船公司为主要成员的顾问局，洋人工程师全面负责机构运营、技术与管理事务。作为公益法人，要对中外利益相关方负责，因而信息公开、透明，运营规范而有效率，取得了良好的绩

[1] 我国水运基础设施的主要提供者为中国交通建设集团（以下简称“中交集团”）及其前身企业，清末至今国内的绝大多数航道疏浚、港口建设都由其完成。近五年来，笔者负责的连续三个项目对中交集团及其在天津、上海、广州、武汉等地的子公司、重大工程进行了实地调研与深度访谈，获得授权查阅了大量不对外开放的国企档案及其中英文历史资料，为本文的研究提供了丰富的材料和证据。

[2] 龙登高、龚宁、孟德望：《近代公共事业的制度创新：利益相关方合作的公益法人模式——基于海河工程局中外文档案的研究》，载《清华大学学报》，2017 年第 6 期。

效。[1]公益建造、免费使用的这种模式，其实在中国源远流长。与18世纪英国、19世纪美国多由营利性主体尤其是公司经营收费公路、运河与铁路形成鲜明的对照，明清地方性基础设施，从资金筹集、主持修建、运营管理到后期维护，多由各种民间组织具体实施，有的长达数百年，相关的组织机构、治理结构、法人产权制度及市场机制都趋于成熟[2]。但是其局限性也很明显。

一是业务范围的地域性。海河工程局、浚浦局是特定地域内，中外官商各利益相关方合作、博弈的产物，其业务限定在各方所商定的地理范围内，专门服务天津、上海的航道疏浚，几乎从未考虑向外拓展市场。传统时期民众公益建造的公共工程也无一例外都是地方性的。

二是经费来源的地域性。津沪疏浚经费主要来自两地的海关附加税，其使用同时受制于中外政府，也受制于当地海关，还受捐纳方轮船公司与洋行的影响。[3]专项税注定了其经费使用的专门性，很难涉及疏浚之外的行业或区域以外的业务。

三是缺乏利润积累途径，难以实现自我扩张。这是由公益法人的性质所决定的。海关附加税作为资金的主要来源，决定了其主营业务不能另外收取费用，只有疏浚与破冰主业之外的，诸如委托吹填、土地和船舶设备租赁等非主营业务才可以收费，然而毕竟为数不多。公益机构并非不能赢利，但利润积累有限，缺乏扩大再生产和拓展市场的内生动力。

四是组织者、经营者缺乏拓展驱动。两大疏浚机构没有股东，即使有赢利也不能用于分红。组织者（理事、董事）尽职尽责，安于本分工作，但缺乏扩张的意愿。

企业则不然，其资金来自自身利润积累或资本市场，可以实现自我

---

[1] 伊巍：《近代疏浚公共事业的制度创新与变迁：以津沪航道治理为例（1897—1949）》，清华大学博士学位论文，2019年。

[2] 龙登高、王正华、伊巍：《传统民间组织治理结构与法人产权制度——基于清代公共建设与管理的研究》，载《经济研究》，2018年第10期。

[3] 龙登高、龚宁、伊巍：《近代公益机构的融资模式创新——海河工程局的公债发行》，载《近代史研究》，2018年第1期。

扩张和可持续发展。如果说公益法人是为了完成各利益相关方委托的目标，国有企事业单位是为了完成政府的任务，那么现代公司则是追求市场利润。在追逐和扩大利润的过程中，现代公司设法破除特定利益群体和地域的限制，也就是摆脱了诺思[1]所谓的人格化交易的限制，从而具有非人格化交易的拓展性，能够面向市场寻求无限发展的空间。

## 二、计划经济下政府主导公共品的根本制约

1945 年，抗战胜利后，国民政府接收海河工程局、浚浦局，将其性质变更为事业单位。1949 年后，中央人民政府在全国范围内统筹整合水运建设力量，系统规划与管理，逐步建立了国有企业（及事业单位）构成的计划经济下的组织体系。交通部统一领导的疏浚、筑港、设计与装备企业，保证了 20 世纪 50 年代前期水运建设业迅速恢复发展。[2]然而，国有企业、计划经济的痼疾很快使水运建设走向长达十余年的低迷乃至衰退，政府自营并完全主导公共品的根本制约表露无遗。

其一，计划经济体制下依据身份与等级分配资源，水运基建各微观主体只不过是政府体系的一个组成部分，有严格的行政级别，缺乏自主决策权，也缺乏约束与激励。资源分配、上级指令与信息的传达都按相应的等级进行，政府认为重要的部门则给予较高的行政级别，管控的程度也更深。交通部（2008 年整合组建交通运输部）所属水运企业多为厅局级单位，具有较高行政等级，在重工业优先的计划经济时期是受到重视的单位。企业及其员工均按身份与等级由政府配置资源，对市场激励机制极为排斥，干部由上级任命，工资来自财政拨款；工程与资源均由上级分配；政府负有无限责任，小至海员服装都得由国务院讨论确定。即使到了 1980 年，能否实行计件工资制、微小至 4 分钱的奖金，也得

[1] Douglass C. North, *Understanding the Process of Economic Change*. Cambridge University Press, 2005.

[2] 熊金武、王苗、杨济菡：《中交水运建设企业体系的确立（1949—1978）》，见龙登高等：《中国交通建设集团水运建设发展史》（第二卷），清华大学出版社，2021 年待刊。

多名中央领导亲自过问才能实施。[1] 正是这样事无巨细都需要服从上级安排的体制，扼杀了企业获取资源、组织生产以及提高效率的创造力、自主权和积极性，成为我国水运基建行业长期低迷不前的重要原因。

其二，政府通过计划的方式控制与配置资源，以“条条块块”为分配途径，各水运建设单位只能被动接受，这与竞争机制天然不兼容。“条”即中央部委的行业，“块”即地方政府，形成了中央直接控制的行业与自成一体的地方并存的“M”型体制。[2] 看似完整的经济体或市场，在条块分割之下支离破碎，既阻挡着生产要素与资源的流动，也扼杀了竞争。水运建设行业中的天津、上海、广州、武汉各大航道局、航务局，都有着严格的地域界限，各企业只能在划定的区域内开展业务，不得随意逾越。主要港口建设与河道疏浚的投资大多直接由中央政府财政拨款，其他主体没有自主投资的权限，因而投资额始终有限，而且波动极大。

其三，价格由政府确定，不能反映真实的资源稀缺程度，信号失真乃至消失。这导致生产要素的流动与配置，无法根据价格信号流向效率最高的领域和企业。[3] 价格是一个灵敏的经济指标，生产成本、市场供

---

[1] 在深圳蛇口港的建设过程中，为调动工人积极性，交通部第四航务工程局（以下简称“四航局”）1979年10月在车队中实行了“定额超产奖励制度”——定额内每车2分钱、超额奖励每车4分钱，大幅提高了劳动效率。但是出于意识形态的考虑，1980年4月上级部门勒令停止实行，回到了平均主义的办法，工人积极性受到严重挫折。随后蛇口工业园区的一份报告于当年7月送到了时任中共中央总书记胡耀邦的案头，并得到了他的支持，批示中央书记处书记谷牧过问此事。谷牧批示时任进出口管理委员会副主任的江泽民考虑允许在蛇口的这一特殊政策，随后在江泽民的过问下，定额超产奖励制度在当年8月1日恢复。

[2] Qian, Y., & Xu, C. (1993). Why China’s Economic Reforms Differ: the M-form Hierarchy and Entry/Expansion of the Non-state Sector. *Economics of Transition,* 1(2), pp.135–170；Qian, Y., Roland, G., & Xu, C. (2006). Coordination and Experimentation in M-form and U-form Organizations. *Journal of Political Economy,* 114(2), pp.366–402；Xu, C. (2011). The Fundamental Institutions of China’s Reforms and Development. *Journal of Economic Literature,* 49(4), pp.1076–1151.

[3] 米塞斯就预言：在失去价格机制的情况下，中央计划体制必然面临经济效率低下、计划机制失灵乃至彻底瓦解的整个过程。可见：路德维希·冯·米塞斯著，余晖译：《人的行动：关于经济学的论文》，第二十六章《社会主义经济计算的不可能性》，上海人民出版社，2003年，第718–730页。哈耶克、弗里德曼也做出过类似的警示。

求、货币供给等情况都会通过价格得到体现。企业可以据此调整产品结构与产量，政府可以据此及时了解市场运行状况，并采取有效的调控措施。而政府制定价格，则不可避免地存在很多问题。信息和知识在社会中分布高度分散，单一主体不可能实现有效的收集、使用[1]，同时政府对收集的信息也没有足够的处理能力[2]，这从根本上制约了通过政府及其计划实现经济持续发展的可能性。

中国的体量极大，区域差异也很大，为减轻信息处理的难度，方便管理，政府不得不维持原料价格、产品价格、员工工资等名义变量的长期稳定，这会导致价格信号的扭曲。如图 1–1 所示，1966—1978 年天津航道局（以下简称“天航局”）的工资十余年没有增长，相反还略有下降，总体维持在一个不变的状态。

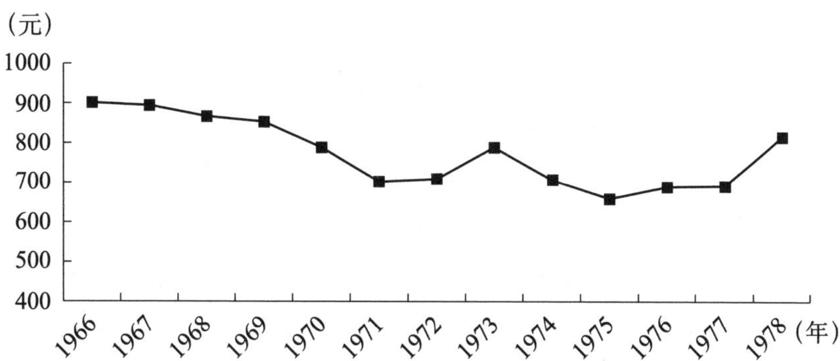


**图 1–1　1966—1978 年天津航道局工资变动**

资料来源：天津航道局档案。

经济学家薛暮桥作为中国价格的设计者与实践者深知其弊。[3] 因

---

[1] Hayek, F. A. (1945). The Use of Knowledge in Society. *The American Economic Review,* 35(4), pp. 519–530.

[2] Ellman, M. (1978). The Fundamental Problem of Socialist Planning. Oxford Economic Papers, 30(2), pp. 249–262.

[3] 周建波、孙淮宁:《建国后薛暮桥的物价思想探析》，载《经济学家》，2011 年第 1 期。

此，改革开放后包括薛暮桥在内的原先计划经济的制定者大多很快转变为市场经济的推动者。[1] 但他们仍然不放心市场，事实上大多数人都不放心市场——变动不居的价格、不确定的市场，总是让人担心，因而随时都可能遭受来自政府与社会的干扰。一旦政府企图以整齐划一、干净纯粹的直线思维与理想模式来规划和配置资源时，危机也就潜滋暗长了。

其四，微观主体缺乏市场激励机制与自主决策权，完全听命于政府安排，导致经济波动大，效率低下，这是计划经济又一不可克服的痼疾，水运建设业也深受其害。政府全面控制的初衷是实现平稳均衡发展，现在仍有不少人持这种看法，然而计划经济体制最大的缺陷恰恰是不能保证可持续的生产高效率。[2] 如图 1–2 所示，1960—1977 年和 1978—1995 年两个时段中的 GDP 增速方差分别为 121.73 和 10.96，波动方差悬殊，而且前者 18 年间出现了 6 个年份的负增长，20 世纪八九十年代改革开放尽管一直处于探索和摸索过程中，但经济负增长再也没有出现过。原因就在于本文所论四大痼疾，并直接表现为以运动方式推动经济建设就不可避免地出现中途调整、整顿、中断、延迟甚至下马，规划和建设都缺乏连续性，造成很多“胡子工程”“癞痢头工程”。例如酒泉钢铁厂，从 1958 年到 1980 年建造方案变了 6 次都没有确定下来，直到 20 世纪 80 年代初才有成品钢生产出来。[3]1962 年曾有基建专家指出，“新中国成立以来，我国建设总投资的一半左右，在建设过程中因各种原因中途停顿，最终没有建成而浪费掉了”。[4]1973—1975 年“三年大建港”，1976 年国家财政无力继续投入，又留下不少烂尾工程。

---

[1] 徐建青、董志凯、赵学军：《薛暮桥笔记选编（1945—1983）》（第四册），社会科学文献出版社，2017 年。

[2] 武力：《中国计划经济的重新审视与评价》，载《当代中国史研究》，2003 年第 4 期。

[3] 2018 年 8 月笔者在酒泉钢铁厂的调研。更多案例可见武力（2003）对计划经济时期钢铁工业的描述，以及中共中央书记处研究室经济组编：《经济问题调查研究资料（1980）》，中国财政经济出版社，1983 年。

[4] 钱永昌：《轻舟已过万重山》，人民交通出版社，2008 年。

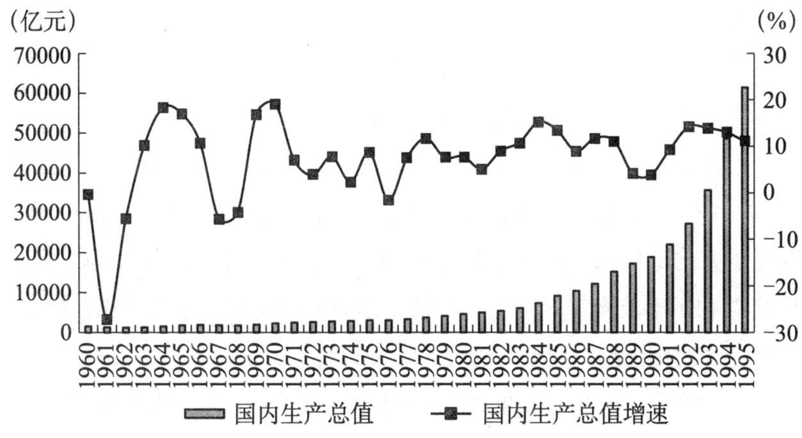


**图 1–2 改革开放前后 18 年经济发展情况对比**

注：主坐标轴（左）表示国内生产总值，副坐标轴（右）表示国内生产总值增速。
数据来源：国家统计局。

计划经济体制下的经济剧烈波动，可以从几次政策变化导致短期内职工人数大起大落得到清晰的印证。大跃进期间，1958 年末全国职工人数在一年内陡增 45.9%，三年困难时期又精简下放了大约 37%。[1] 即使水运业在重工业优先的举国体制下受到高度重视，仍然难以避免此类冲击。1956年，天航局的年职工平均人数为2570人[2]，而“大跃进”期间仅仅天航局下属的大运河工程队就在 1958 年、1959 年分别补充 152 人和977人[3]，增幅惊人。随着三年困难时期政府大力精简压缩国家人员编制，水运基建企业的员工又大幅下降。天航局的年职工平均人数从 1960 年的 1478 人下降到 1961 年的 804 人，降幅 45.6%。[4] 可见，在政府的管理之下，水运基建企业连员工规模都无法自行决定，经营绩效也不可

[1] 罗平汉：《大迁徙：1961—1963 年的城镇人口精简》，广西人民出版社，2003 年。

[2] 中交天津航道局档案馆藏：1956 年永久档案卷 3，第 102–117 页。

[3] 中交天津航道局档案馆藏：1958 年永久档案卷 13，第 5–6 页，《天津航道局大运河工程队补充人员计划》。

[4] 详见四航局，2003 年，第 19 页。交通部其他国企类皆如此，不一一列举。

避免地剧烈变动，导致长期的绩效低下。[1]

其五，政府配置资源，必然局限于政令管辖范围之内，与封闭天然是孪生兄弟。水运建设业长期闭门造车的结果就是大幅落后于世界先进水平。中国水运基建业与国际社会缺乏交流，技术进步与国际水平渐行渐远。1977 年，交通部部长叶飞两次率团考察北欧与西欧，发现中国与先进国家的港口水平可谓有着天壤之别，当时中国大陆所有沿海港口吞吐量总和，不及鹿特丹一港。相较于西方发达国家，他以“触目惊心”来形容当时国内港口建设与管理的落后和混乱。[2]

由此可见，在单一化的政府指令体系下的国有企业主导的基础设施建设，有可能在特殊时段或局部集中力量办大事，但不可能在长时段内实现整体的多元化、可持续发展，平稳的均衡发展更难实现。因此，到改革开放前夕，不仅是水运基建，公路、铁路、民航等基础设施全都极度落后。

## 三、市场化与现代公司治理过程中的水运基建

改革开放是唯一的出路，这是一条探索之路，是一个曲折的、艰辛的，呈现出从不断试错到渐趋明朗的过程[3]，水运基建行业也是如此。供给主体由政府所属的企事业单位逐渐转变为市场化的现代国有企业[4]，这

[1] 熊金武、王苗、杨济菡：《中交水运建设企业体系的确立（1949—1978）》，见龙登高等：《中国交通建设集团水运建设发展史》（第二卷），清华大学出版社，2021 年待刊。

[2] 叶飞：《叶飞回忆录（续）——在交通部期间》，人民交通出版社，2001 年。

[3] 究其原因：第一，在长期计划经济体制的束缚下，思想不易转弯，意识形态与理论障碍一直成为改革道路上的顽疾。在改革前期相当长的时间内，仍不能摆脱计划经济的窠臼，连商品经济理论与实践都不敢突破意识形态的条条框框，只能以“有计划的商品经济（简称计划经济）”来折中各种主张，“犹抱琵琶半遮面”。第二，各部门、各行业改革进展参差不齐，局部突破与整体改革互为掣肘，不得不在互动与磨合中逐渐推向全面改革与配套。第三，体制改革是一个权力再分配和利益的再调整过程，权的后面是利，而且有各种冠冕堂皇的“政治正确”加以阻挠，各部门、各单位的本位利益难以突破。交通部部长钱永昌在其回忆录《轻舟已过万重山》中感触深刻。

[4] 本节与下节未注明的数据与案例，详见龙登高等：《中国交通建设集团水运建设发展史》（第四卷）（第五卷），清华大学出版社，2021 年待刊

一转变过程为本文的比较研究提供了动态素材与绩效检验。基础性的公共品，可由政府提供，以满足民众的基本需求。但也可以由市场化的微观主体来提供，特别是高层次消费，则只能由市场来提供，由私人购买服务。

### （一）面向市场的水运国有企业改革

在计划经济向市场经济转型的过程中，水运建设业的改革开放，呈现三条清晰的脉络：一是政府放权给民间与市场，行业放开，逐渐市场化；二是政府放权给企业，微观主体自主经营，进而建立现代企业制度；三是开放与对外交流，“走出去”与“引进来”。20 世纪 80 年代末，改革开放曾一度遭受挫折，直到 1992 年邓小平南方谈话，党的十四大确立“我国经济体制改革的目标是建立社会主义市场经济体制”，水运建设业才明确了市场化的发展方向，水运国有企业也才明确了现代企业制度的发展方向。通过不断改革，中国水运建设行业的企业治理水平不断提高，成就也愈发显著。

水运国有企业的改革探索十分艰辛，然而具体的路线却逐渐明晰，从 80 年代的独立核算、自负盈亏、自主经营的探索，到 1992 年之后确定现代企业制度为发展方向，21 世纪初全面走向公司治理，水运国有企业逐步成为竞争性水运建设市场的微观主体，开始面向市场形成发展战略。

20 世纪末 21 世纪初，国有企业改革推进到公司治理阶段，水运建设企业也进入了新的发展阶段。2004 年，成立不到一年的国资委把“实行国有资本调整和国有企业重组”“培育具有国际竞争力的大企业集团”作为重大任务。原中国港湾建设（集团）总公司与原中国路桥（集团）总公司，于 2005 年 12 月以强强联合、新设合并方式重组，成立中国交通建设集团有限公司（以下简称“中交集团”)。2006 年 12 月中国交通建设股份有限公司（中交股份）在香港成功上市，成为第一家在境外整体上市的中央企业。中交集团境外整体上市的成功，获得企业持续发展的社会化资本，进一步促进企业建立现代企业制度，大幅提升信息披露水平，各利益相关方的监督约束机制得到发挥。由此，国企上市公司成为公众公司，作为市场微观主体与一般公司的差异越来越小。

在中央、国资委、国企自身的不断努力下，水运基建企业基本形成了现代公司治理结构，建立了有效的激励和约束机制，实现了市场化的经营管理模式，成长为具有国际竞争力的现代公司，获得了快速的成长。中交集团 2008 年首次迈入世界五百强，2018 年跻身百强，其中疏浚业务 2005 年位居世界第三，到 2010 年跃居世界第一。中交旗下子公司天津航道局、上海航道局的不少指标，在 2015 年也可与世界四大疏浚巨头[1]一较高下，而在 2009 年以前，尚不可望其项背。[2]目前，中交集团是世界最大的港口设计及建设企业、世界领先的国际工程承包商、世界最大的港口机械制造商、世界领先的海洋工程辅助船舶制造商和全球一流的海工装备设计企业。

### （二）水运建设业的跨越式发展

水运基建国有企业公司治理历经试错与探索，终于脱胎换骨，渡过了世纪之交水运基建业的低谷，释放出巨大的能量，2001 年以后迎来长达十多年的超高速增长，取得跨越式发展与深刻变化。21 世纪头十年，中交集团各子公司几乎都不约而同地以“跨越”命名或总结这一阶段的发展成就[3]，2012 年集团总资产、营业收入与营业利润分别为 2006 年的 3.42、2.57 与 2.96 倍。

沿海主要港口吞吐量突飞猛进，彻底打破港口基础设施的瓶颈。如

---

[1] 世界四大疏浚公司指的是波斯卡里斯（Boskalis）、范奥德（Van Oord）、杨德努（Jan De Nul）、德米（DEME），这四家公司一度占全球疏浚业务 60% 的市场份额。

[2] 具体比较情况可见龙登高、常旭、熊金武：《国之润，自疏浚始：天津航道局 120 年发展史》，清华大学出版社，2017 年；林展、黄玉玺、王明：《新世纪中交水运建设的跨越发展（2001—2019）》，载龙登高等：《中国交通建设集团水运建设发展史》（第五卷），清华大学出版社，2021 年待刊。

[3] 四航局 2000 年营业额为 14.3 亿元，2010 年达到 154.1 亿元，扩大了 10 倍之多，因而将这一阶段的发展纪实命名为“跨越”（四航局，2012）。天津航道局 2000 年的产值仅有 5.7 亿元，2009 年完成合同额和营业额双超百亿的历史性突破，该局发行“百年天航、百亿天航”纪念邮册，并将其命名为“跨越”。

表 1-1 所示，2000—2011 年，平均年增长率高达 15.9%，超过了同期被称为“黄金十年”的 GDP 高增长率。就增量而言，20 世纪 90 年代是 80 年代的 2.95 倍，21 世纪头 10 年又是 20 世纪 90 年代的 5.45 倍。如果以 1979 年的沿海港口吞吐量为基数，则 2000 年和 2017 年分别为其 15.9 倍和 40.7 倍。1985 年全国沿海港口吞吐量合计 3 亿吨，而 2013 年超过这一数字的港口就达 10 个。一批港口成为世界级大港，宁波－舟山港吞吐量 2018 年越过 10 亿吨，超过 1999 年我国沿海港口吞吐量总和。集装箱世界大港，中国十居其七，上海港稳居榜首。天津港拥有全球航道等级最高的人工深水第一大港；秦皇岛港是全球最大的煤炭码头；青岛港拥有全球最大的 40 万吨级矿石码头；大连港拥有泊位水深 27 米的 45 万吨级原油码头。

**表 1-1　沿海主要港口货物吞吐量：1980—2017 年**

| 年份 | 吞吐量（亿吨） | 比上一期净增（亿吨） | 年均增加（万吨） | 年均增速（%） |
|---|---|---|---|---|
| 1980 | 2.2 | —— | —— | —— |
| 1990 | 4.8 | 2.66 | 2659 | 8.9 |
| 2000 | 12.6 | 7.73 | 7728 | 10.1 |
| 2010 | 54.8 | 42.2 | 42276 | 15.9 |
| 2017 | 86.5 | 31.7 | 39638 | 6.8 |

注：表中比上一期指的是与前一个 10 年相比，如 2010 年与 2000 年、1990 年与 1980 年相比，年均增加指这 10 年间的均值；最后一行是 2017 年，涉及的比较是与 2010 年相比，均值是指这 8 年中的均值。

资料来源：根据国家统计局数据计算。

拓展国际市场是中国水运基建业举世瞩目的深刻变化。20 世纪后期，中国水运建设企业完全不具备国际竞争力，与国际先进水平差距很大。2001 年，中国加入 WTO 及企业实施“走出去”战略，中交集团直面全球挑战，在竞争中谋求生存与发展，成功拓展了国际市场。2011—2018 年，集团海外利润额比重均在 1/4 以上，一度达到 1/3 以上，2018 年国际化经营指数为 28%，在建筑央企中位居前列。截至 2018 年底，中交集团已在全球 139 个国家和地区开展实质业务，在 119 个国家和地区设立了 230 个驻外机构。[1]

技术与装备方面，我国水运建设业实现了从引进学习、模仿改进到自主创新的飞跃[2]，与十余年来高铁的技术突破与高速发展的路径[3]颇为相似。中交集团在工程实践中形成了核心技术群，并成为承建超级工程的强力支撑。作为世界上最为复杂、技术难度最高的沉管隧道，港珠澳大桥岛隧工程的高质量完工，使我国沉管技术实现从落后到引领的跨越。洋山深水港的建成，促进了离岸深水港建设技术的发展，使我国具备了“在世界任何地方建港的实力”。长江口深水航道整治工程，逐渐摸索出国际领先的大型深水航道建设成套技术。起重量 12000 吨的“振华 30”起重机表明我国巨型起重船技术居于国际领先地位。20 世纪我国挖泥船主要依赖国外进口，十余年不断攻坚克难，逐步实现自主设计建造，实现了技术水平的奇迹般逆转，“天鲸号”“新海旭”“天鲲号”等大国重器见证了我国挖泥船从无到有、从有到强的艰难历程。2017 年，中交集团多种型号的挖泥船被列入国家限制出口名单，我国疏浚技术装备实现了从“被封锁”到“出口管制”的翻转变化。2019 年，“海上大型绞吸疏浚装备的自主研发与产业化”荣获国家科技进步奖特等奖，推动我国疏浚技术装备跻身世界前列、疏浚能力跃居世界第一。[4]

### （三）市场化的逻辑

水运建设业的飞速发展建立在逐渐完善的市场经济制度之上。所谓市场化的逻辑，从公共品供给主体的角度，从公益建造、政府主导、市场化主体的比较视野入手考察，突出表现为四个方面。

---

[1] 刘宣佑、李一苇：《中国交通建设集团的国际化经营》，载龙登高等：《中国交通建设集团水运建设发展史》（第六卷），清华大学出版社，2021 年待刊。

[2] 何国卿：《中国水运建设产业创新系统研究》，清华大学博士学位论文，2018 年。

[3] 路风：《冲破迷雾——揭开中国高铁技术进步之源》，载《管理世界》，2019 年第 9 期。

[4] 林展、黄玉玺、王明：《新世纪中交水运建设的跨越发展（2001—2019）》，载龙登高等：《中国交通建设集团水运建设发展史》（第五卷），清华大学出版社，2021 年待刊。

一是市场配置资源具有更大的拓展空间。市场经济中，技术、人才、资本、信息等生产要素和各种产品在价格信号的引导下，通过市场配置到有效率的企业中，配置到受欢迎的产品与服务中，配置到具有生命力的产业中，推动它们不断更新换代、转型升级。

在改革开放之前，投资基本以国有经济为主[1]，此后的投资主体则向多样化方向发展。就水运基建投资而言，20 世纪 90 年代以前主要依靠政府尤其是中央政府的投资，此后政府投资逐步下降，但沿海港口建设投资却呈现出过去不可想象的爆发式增长。1980 年中央政府投资占我国沿海港口建设总投资的 80%，到 1990 年下降到 60%，2005 年下降到不足 2%。2007 年全国港口建设完成投资 727.3 亿元，中央政府投资 8.13 亿元，仅占总投资的 1% 多一点。此时占比最高的是企事业单位的投资，合计达 366.3 亿元，占 50.36%；此外还有国内贷款 181.2 亿元，占 24.9%；外资 30.8 亿元，地方自筹资金 19.2 亿元，其他资金 34.5 亿元。市场化、多元化融资渠道，使政府再也不需要为基础设施投资的捉襟见肘而苦恼。除了极少量的中央投资外，银行贷款、股权融资、债券融资、中外合资与合作、投资基金和 PPP 等多样化的金融工具与融资方式为水运建设注入源源不断的资金，这是计划经济时期所不可想象的。

二是市场竞争。市场竞争的引入与增强在宏观层面改善了资源配置效率，在微观层面推动了企业层面的生产率增长，进而促进了总量层面的生产率增长。[2] 每一个企业与其他同行业企业、客户或上下游企业一样，都是独立运营、自负盈亏的经济实体。同行业各企业之间、产业链上下游企业之间相互竞争，优胜劣汰，既提升了企业实力，也提高了行业水平。竞争需要放权给企业更大的自由，突破时空的限制。计划经济

[1] 1981—1992 年，国有经济投资占全社会固定资产投资的比重始终保持在三分之二左右。但从 1993 年开始国有投资占比迅速下降，同时非国有经济投资的比重则开始上升，在 2001 年达到 52.7%，正式超过国有经济，成为主要的投资者（睢国余、蓝一:《中国经济周期性波动微观基础的转变》，载《中国社会科学》，2005 年第 1 期）。

[2] 简泽:《从国家垄断到竞争：中国工业的生产率增长与转轨特征》，载《中国工业经济》，2011 年第 11 期。

时期各航道局、航务局画地为牢，市场经济条件下则可以自由选择，相互竞争，进而走向国际市场。

三是市场需求导向。计划经济时期为了完成政府的任务，企业经营以政府的行政指令为准；市场经济时期，则以需求为导向。站在水运建设行业的角度，需求摆脱了地域和业主属性的限制：可以是国内的，也可以是国外的；可以是企业、社会或私人的，也可以是地方政府或军方的。

市场需求是与时俱进的，只有市场化的企业，才能敏锐把握需求的变化，调整发展战略，寻求自身发展空间。站在各水运建设企业的微观角度，首先必须满足客户的需求，尽量降低成本、提升效益，才能获得利润，进而依靠赢利实力增加资本，扩充装备和提升技术工艺，形成品牌与核心竞争力。其次必须发现新的需求，特别是不断满足市场与时俱进的新需求，并据此调整企业的经营，促进技术、产品与服务更新换代，形成新的增长点。再次是更高层面的引导需求。企业通过研究与开发，推出符合消费需求发展规律的创新性的技术、产品与服务，引领需求理念与趋势，并通过规则与标准制定，甩开竞争对手。总之，竞争驱动之下，需求引导之下，企业必须重视研究与开发，推进自主创新，才能具有生机与活力；公司化则使企业具备和释放这种能力。

四是市场全球化。市场化必然形成开放的体系，走向全球化经营。20 世纪 90 年代上海振华在国际港机市场的奇迹般崛起，拉开了中国水运建设国际竞争的序幕。2001 年中国企业“走出去”战略与加入 WTO，2013 年提出的“一带一路”倡议，中交集团都走在开放的前沿，主动参与国际竞争才使之成为水运建设业的全球领先者。如果闭关自守，没有国际交流，只会离国际水平越来越远，这一切也是不可能实现的。正如港珠澳大桥岛隧工程总经理、总工程师林鸣所言，港珠澳大桥这样的世纪工程及其创新，是建立在世界水运技术基础之上的。向世界开放、与世界交流、参与世界竞争，才能推动水运工程与技术的进一步发展，实现企业的繁荣壮大。

## 四、基建类国有企业上市公司的特性与国际竞争力

今天的成就来之不易，每一步都在摸索中变革，没有任何现成的模式或理论可以依循，难免试错和付出"学费"。经历了这一切，才可能真正理解竞争性国有企业的特性及其在基础设施建设中的优势、贡献及不足，特别是21世纪国有企业上市公司与20世纪末的"困难户"相比，已经有了脱胎换骨的变化。本节仍以中交集团为案例，进一步从学理、逻辑上进行解释，以期更深刻地理解三种不同基建供给主体的差异性、约束条件与拓展空间。

其一，现代国企组织力。企业作为一种经济组织，通常靠契约维系；国企作为一种特别的经济组织，在契约纽带之外，还加上政府和党的系统来强化，这是一种创新，也是一种挑战。在一般公司治理的激励与约束机制之外，还加以党纪来约束，以行政来控制，以信仰来激励。除了通常的薪酬、福利激励之外，还加上晋升、荣誉等激励手段。因此，其组织力在党与政府体系的双重嵌入下得到强化，这使国企的治理结构区别于普通企业，也是国企具有凝聚力、执行力和战斗力的制度基础。这种组织力对水运基建国企尤为重要，船舶在大海上作业，动辄数月，远离家庭，远离陆地，缺乏新鲜食品补给，生活异常艰苦，突发状况随时发生。此时，党组织就成为团队的坚强核心，在战风斗浪、同舟共济中释放出高效率，成为其核心竞争力之一。[1]

其二，大型基建类国企与政府支持。国企在许多领域不具备适应性，但在一些特定约束条件下或能发挥其优势。就基建类竞争性国企而言，综合性、复杂性的大型工程，目标明确的领域，政府特殊的任务或事关国家安全的项目，国际竞争领域和世界市场，都使其发挥独特优势。水运建设业正具有这些特点，国有企业还具有很强的适应性，从国际化的角度，甚至具有一定优势，因为面临的是全球竞争。

---

[1] 龙登高、常旭、熊金武:《国之润，自疏浚始：天津航道局120年发展史》，清华大学出版社，2017年。

在走向全球市场的征程中，国有企业以国家实力为后盾，以国家信用为支撑，以国家战略与政策为导向，具有无可比拟的竞争力。唯其如此，国企也被西方国家视为不公平竞争。不过历史上以东印度公司为代表的拓殖公司，当今韩国、日本的财团，乃至欧美的跨国公司，又何尝不受到国家的保护与支持?

除了制度严密、经营规范及组织力强之外，其优势来自政府资源的获取与整合，特别是优质人才集聚，政策倾斜，战略性订单的获取，政府背书的高度信用，低成本融资与补贴等。[1] 作为大型国企，在追求民族富强成为主旋律与社会共识的时代，中交集团又承担着国家任务与民族产业振兴的使命[2]，其战略超越短期经济目标，能够不被短期的变化与困难左右，具有长期性和稳定性，并与国家战略相匹配。

但这些特点与优势的每一个方面几乎都存在与之相对的不足或劣势，甚至有其“先天性”缺陷。（1）制度规范、组织严密的同时，复杂的科层体系可能导致经营不够灵活，对市场变化反应不够敏捷；（2）制度完备的同时，其激励机制可能受到制度的限制和政策的掣肘；（3）获得政府的资源和信用的同时，自然会受制于或听命于政府，可能损害其决策的自主性；（4）来自政府的倾斜与扶植，从长远和全局观之，也有可能损害公平的市场秩序与投资环境，而这恰恰也是国企赖以发展的重要助力。凡此种种正是国企探索和改革的难点。

国企另一个需要进一步释放的潜能，是企业家精神。对国企而言，至少在央企层面，管理层和主要领导更像是政府官员而非职业经理人[3]，对企业领导层的激励与约束机制还有待探索。国企的股东同时也是其行

[1] 感谢王爱阳的讨论与卓见。关于政府补贴的研究可参见孔东民等：《市场竞争、产权与政府补贴》，载《经济研究》，2013 年第 2 期。

[2] 中交集团坚持以“让世界更畅通、让城市更宜居、让生活更美好”为愿景，秉承“固基修道、履方致远”的企业使命，坚守“交融天下、建者无疆”的企业精神，积极践行“公平、包容、务实创新”的企业核心价值观。

[3] 杨瑞龙、王元、聂辉华：《“准官员”的晋升机制：来自中国央企的证据》，载《管理世界》，2013 年第 3 期。

政上级，这种特殊的委托 – 代理制下的公司治理模式，没有任何现成的理论，唯有不断改革和探索。这不但是监管部门的责任所在，也是企业自身的职责所系。1992 年成立的上海振华，在集装箱港机国际市场与克虏伯、三井、三菱竞争，短短 5 年就成为国际市场第一，管彤贤等在特定体制下所释放的企业家精神，值得借鉴。

其三，国有企业上市公司。国有企业上市公司，在本质上与一般上市公司没有区别，必须形成规范的公司治理架构，遵循证券交易所的规则，接受社会与媒体的监督，向利益相关方负责，这些都是超越国界的。此外，党委的领导，纪委的监督，国资委的考核，既是国企的特殊性所在，也是其他上市公司所不具备的激励与约束机制。

经过多方面的改革，国企内部治理机制不断完善，治理成本也在下降。[1] 通过境外整体上市，中交集团形成了各负其责、协调运转、有效制衡的公司法人治理结构，建立了制度性的信息披露机制，每一期的经营业绩、人员变动、股本变更等重要信息都需要向社会公开，这也形成了对公司法人治理结构的有效监督。

当前国企改制的重点集中于混合所有制改革与国有资产保值增值，合乎国企改革与发展的大趋势。[2] 需要以混合所有制为突破口，激发和释放国企各利益相关方的动能，强化激励与约束机制。这就要求政府聚焦于国有资本的投资、效率与收益，以此为抓手更有力地驱动对企业的激励与约束。从不完全契约理论来看，国企与资本所有者之间的契约规定必然是有限的、不完全的，尤其在大型国有企业的物质资本、金融资本、人力资本和组织资本的专用性都极强的情况下，混合所有制中的治理结构就极为关键。[3] 剩余控制权与剩余索取权掌握在最能发挥效力与效率的企业法人一方，将能促进整体福利的提升，各利益相关方受益，

---

[1] 孔东民、代昀昊、李阳：《政策冲击、市场环境与国企生产效率：现状、趋势与发展》，载《管理世界》，2014 年第 8 期。

[2] 周丽莎：《改制：国有企业构建现代企业制度研究》，中华工商联合出版社，2019 年。

[3] 汤吉军：《不完全契约视角下国有企业发展混合所有制分析》，载《中国工业经济》，2014 年第 12 期。

包括国有资本与其他出资方。因此，对于剩余控制权与剩余索取权的制度安排将成为考验各方智慧的关键。

国企改革仍在推进，市场经济制度仍在深化，其波澜壮阔的实践也将推动学术研究和相关理论的进展。

## 五、结论与启示

### （一）结论与理论拓展

基础设施的多种供给主体各有特点，政府、市场与社会各有其不同约束条件下的运行空间，本文结合水运建设业的发展历程，从经济学逻辑上论述了三种微观主体的不同特点及其提供公共品的不同路径，并验证其实践与绩效，分析其原因与动力。

单一的政府及其所属国有企事业单位主导基础设施建设，在计划经济之下难以摆脱其根本缺陷。条块分割无法形成自由竞争的市场环境，剥夺了企业的自主权，阻碍生产要素与资源的流动，导致价格信号扭曲。国有企事业单位在行政指令下的供给无法匹配真实的市场需求，从而造成极大的资源浪费。闭门造车也切断了与世界的交流合作，与国际先进技术渐行渐远。

非营利性、非政府性的公益法人供给方，在传统中国社会中，尽管其组织与制度不断趋于成熟，但其业务范围和资金来源有较强的地域性，缺乏扩大规模和开发市场的内生动力，难以形成扩张性与拓展性的基础设施建设，在清末民国特定时期是中外官商各利益相关方博弈之下的一种选择，在多元化供给主体的时代则可成为有益的补充。事实上，广东、福建等侨乡，20 世纪八九十年代海外华商的捐赠就曾经发挥过重要作用。[1]

---

[1] 龙登高、李一苇：《海外华商投资中国 40 年：发展脉络、作用与趋势》，载《华侨华人历史研究》，2018 年第 4 期。

营利性企业尤其是现代公司承担基础设施的供给主体，在市场经济体系下则具有无限的发展空间。改革开放以来，政府放权后的水运建设业逐渐市场化，现代企业制度逐步建立，以市场需求为导向，形成了良性的市场竞争，资本、技术、人才、信息等资源配置更有效率。中国水运基建中央企业经历了国企改革的所有过程，为探索现代公司治理做出了有益实践。受益于市场化进程及国企改革带来的红利，我国水运建设业在21世纪取得跨越式发展与深刻变化，中交集团也在高速发展和国际竞争中迈向世界一流企业。

除了以上基本结论与创获之外，本文还可望带来具有拓展性的理论启示。

其一，公共品的消费与供给。

以往认为公共品只能由政府提供的观点，在理论上不能自洽，在实践中造成困境。现在国内学界大都认可了市场化供给，但理论解释仍然乏力，以致不能拓展，难以触类旁通，一旦实践中遇到问题与困难，就有可能重陷认识误区。

公共品的消费具有公共性与外部性、非排他性与非竞争性。非政府、非营利主体通过公益建造，政府主导通过财税投入，二者都由公众免费使用，由此自然解决了公共性与外部性问题。实际上这是以民众捐赠或公共税收的方式先付费、后建造、再使用。如果将公众付费放在消费与使用环节，即先融资、后建造、再有偿使用，事实上没有本质区别。而且谁使用越多，付费越多，就越能够克服“搭便车”的难题。因此，公共品的供给从逻辑上可以是专属性的、竞争性的、多元化的。21世纪中国水运基建企业与现代公司则通过市场化融资、收费使用等方式获得丰厚回报，激励了多元化投资与海内外市场拓展。

政府主导基础设施建设，资金来自财政税收，公益法人、民间组织等非政府、非营利主体则来自捐赠，前者税收是强制性的，后者是自愿性的，但其资金来源都是单一的、有限的。企业特别是现代公司主导，则通过市场化的各种金融工具融资，具有广阔的空间。20世纪水运基建主要靠政府财税投资，但始终捉襟见肘。21世纪之后，中央政府在港口建设中的投资比重下降到1%，但总投资却大幅度上升，市场的力量整合多元化的金融工具，释放无限的能量。

其二，作为公众公司的国有企业：约束条件与边界。

国有企业成为上市公司之后，与一般的上市公司没有本质的区别。上市公司又称为公众公司[1]，一是意味着要向公众、社会、市场透明化公开其各种信息，必须遵守国内外证券交易所通行的现代公司治理规则，否则就会受到惩罚直至摘牌。二是同时也意味着承担社会责任，包括但不限于国家与政府委托的责任，这使之与非营利性的社会企业，具有越来越多的共通性，只不过社会企业的责任更多地体现在公益事业上。非营利性主体并非不能盈利，不过其盈利所得不能用于分红，只能用于其本来目标与机构运营上。

上市公司直接的目的当然是向社会融资，国企也一样，重点自然地从国有企业更多地转向国有资本，政府获得资本收益。从政府直接经营的国有企业，到市场化的国有企业，进而到国有资本，政府将日益脱离对微观主体的直接控制与干预，但其收益反而可能增加，并且政府的负担得以大大减轻。而本质上，国家能力终究体现在税收能力上，而不是政府自身经营企业和创造财富的能力，更不是以损害市场公平为代价的与民争利。至于紧急状态与特殊情况下政府需要征用企业与社会资源，完全可以依靠签署法令等手段来实现。从这个角度来看，国家最终将对各种微观主体一视同仁，政府"坐收其利"，以集中力量做好公共管理与公共服务。

在现阶段，国企仍具有其约束条件与适应性。大型竞争性国有企业在基建市场具有其特点，其组织力在党与政府体系的双重嵌入下得到强化，国企上市公司得到政府支持还具有其特殊优势，尤其是在国际市场。

---

[1] 龙登高：《超越公与私：论股份制的产权特性》，载《中国特色社会主义研究》，2004年第2期。

## （二）启示与建议

20 世纪八九十年代国企改革仍处于探索过程中，经营困难，水运国企尤处于低谷。因此学术界对国有企业基本上持负面与否定论述，对计划经济与政府角色亦持类似的取向。但是，当时国企在改革实践中敢闯敢试，形成的基本趋向则是国企要摆脱原有模式、政府角色要走出旧有框框。其中的具体细节虽然众说纷纭，但大方向没有太大分歧。然而在 21 世纪取得了跨越式发展后，反而分化为两极，论争激烈。一些学者呈现“暴发户”心态，错将被实践所否认和淘汰的制度与观念当作成功经验；部分学者则无视深刻变化，仍停留于 20 世纪 90 年代到 21 世纪初的数据及其基础上的认识。种种认识误区亟须澄清，否则，经验教训得不到准确的总结，改革有可能误入歧途。特别是随着我国经济转型升级高质量发展，交通基础设施建设也进入新的阶段，带来新的机遇与挑战，需要政府和企业正确应对。市场化、公司化、国际化才是大势所趋，我们在本文分析基础上强调和深化以下几点认识，以期正本清源，进一步明确未来的发展方向。

第一，21 世纪水运建设业的跨越式发展是中央政府放手放权后由日益成长的市场力量造就的，关键在于市场化所激发的创新动能。更为重要的是，这并非孤立和特殊的存在，而是在各个领域广泛存在的现象，具有普遍性和一般化的意义。由此，应坚持和深化市场经济改革发展方向不动摇。在新的形势下，积极探索创新市场化投融资模式，吸收更多社会资本进入基建领域，企业创新商业模式支撑业务发展，推广中交集团的生态治理综合开发 EOD 模式、海岛建设开发 BOT 模式等创新，为传统基建注入新的动能。

第二，国企改革历经曲折与试错，但大方向是正确的，成效是显著的，其根本动力在于公司治理机制所带来的激励与约束。当前，要扎实推进混合所有制改革，进一步优化营商环境，重点建设一批世界一流企业。像中交集团等央企、基础设施等行业，已经走上从跟随到引领的新阶段，未来不确定性与风险增大，自主探索成本增加，带来了新挑战。

第三，政府的作用在于提供和创新市场经济的平台，而不是替代微观主体。政府应鼓励多元化的微观主体，推动企业竞争与公平发展。同时发挥一定的前瞻与引领作用，顺应国际产业发展趋势，适时推出国家经济重大战略，为企业成长廓清未来方向。

第四，面对国际贸易摩擦与科技摩擦，不应夸大全球化风险而否认开放与企业国际化发展。应该进一步加强国际交流合作，深度释放开放市场与全球化带来的红利。当前国际分工日益细化，超级工程很难由一国或一企完成，如港珠澳大桥岛隧工程就是由 7 个中外法人组成的中交联合体完成的。基建企业要在开展国际竞争与合作过程中，不断提高建设、管理、创新、赢利能力，输出自主技术与中国标准，缩小与发达国家的技术差距，开拓国际市场。

# 中国水运建设企业体系的确立（1949—1978）*

熊金武

**摘　要**：水运建设是国民经济发展的基本保障之一，与国家战略紧密相关。1949 年后，中国选择计划经济体制重点保障重工业快速发展，实现国家工业化。新中国政府在接管海河工程局、塘沽新港、浚浦工程总局等原有的水运建设企业外，还学习苏联经验，构建了全国性的水运建设企业体系。1953 年疏浚公司、设计公司、筑港工程公司和打捞公司的成立代表着中国水运建设举国体制的成立。经历了"大跃进"和"文化大革命"冲击后，中国水运建设企业体系初步形成，包括了三大航道局（天津航道局、上海航道局、广州航道局）、四大航务工程局（第一航务工程局、第二航务工程局、第三航务工程局、第四航务工程局）、水运规划勘察设计单位（水运规划设计院和四大航务工程局下属设计院）和上海港机厂。中国水运建设在国家探索独立发展道路上曲折前行，不仅构建了完整的组织机构体系，而且在重点工程建设中取得了一定的技术积累和工程成就。不过水运建设事业的发展没能"先行"于国民经济，而且与国际同行差距不断扩大。只有对外开放下不断改革才能

*　本文系中交水运建设史项目、中国疏浚史项目、用友公益基金会资助项目的阶段性成果。

实现水运建设企业的跨越式发展。

**关键词：**水运建设；计划经济；疏浚；筑港

水运建设主要包括施工类（疏浚施工和筑港施工）单位和规划勘察设计，还包括以港机装备为代表的支持保障力量。港口以及航道是水运交通重要的基础设施；码头是港口的重要组成部分；航道是船舶进出港口的重要通道，是港口码头发挥其重要作用的关键和基础；勘察工程（测量与钻探）主要为码头设计提供基础资料，设计勘察水平的高低关系到水运交通运行状况的好坏。

近代以来，政府成立水运建设组织可以追溯到清政府 1897 年在天津成立的海河工程局和 1905 年在上海成立的浚浦工程总局。海河工程局与浚浦工程总局标志着现代疏浚事业的开启。国民政府时期珠江水利工程总局[1]、海关等机构也开展疏浚有关业务。不过，那时中国港口建设的核心队伍基本由外国筑港企业构成，1945 年后国民政府为建设塘沽新港成立了塘沽新港工程局。整体来看，新中国成立前整个中国水运建设体制不完善，全国水运建设力量没有充分整合。不过，在 1949 年后中国形成了水运建设企业体系，取得了卓越的水运建设成就！

## 一、水运建设体制选择

中国发展水运建设的自然条件十分优越。我国大陆海岸线长度约有 18400 公里，拥有大小岛屿 6500 多个，岛屿海岸线长度约 14000 公里，河流 5 万多条，总长 43 万多公里，拥有许多优良的天然港湾岸线。港口是水运的基础设施，是水陆联运的枢纽和对外贸易的门户。港口运输能力的大小和水平的高低，是国家经济、科技实力的重要体现。我们的祖先在很早以前，就在这块兼有大陆和海洋特征的广袤国土上，利用优

[1] 国民政府设有珠江水利工程总局，主管农田水利，兼管海河航道。珠江水利工程总局曾疏浚水道，代替三枝香水道，于 1947 年 1 月 16 日通航。

良的自然条件发展港口水运事业。广州港、合浦港、泉州港等历史上皆与国外有频繁的海上通商活动，大运河、海上丝绸之路等著名航线相继开辟。1840 年后，中国港口以一个独特的身份担当了历史的见证人，目睹了领航权、海关权、港政权受到列强侵扰的屈辱。

中国水运建设在新中国成立前基本上没有实现工业化。沿海较大港口的航道均为天然水深航道，未经疏浚开发，内河浅水航道多用人工挖砂艇等传统工艺进行疏浚，仅有天津和上海出现了现代疏浚。至 1949 年底，我国建成海港和河港各 20 处左右（有深水泊位的港口只有 4 个），其中有大小泊位 400 多个，海港泊位约 300 个（含万吨级以上泊位 60 个），但是港口吞吐量仅为 469 万吨，而且布局杂乱，设施简陋，多数没有装卸机械。当时仅有的现代化港口主要分布在东部沿海，这些海港北有大连港、秦皇岛港、天津新港、烟台港、青岛港、连云港，南至上海港、广州港等老码头，这些港口分布区域失衡明显，而且主要为原材料输出和外国商品输入而建设。另外，当时我国内河通航里程 73600 公里，绝大部分航道处于自然状态，装卸作业肩挑人扛。长江流域港口设施更是十分简陋，能用的港口基础设施寥寥无几，大多数是原始的斜坡码头，只有少量的木栈桥加趸船浮码头。毛泽东曾发出这样的感叹："现在我们能造什么？能造桌子椅子，能造茶壶茶碗，能种粮食，还能磨成面粉，还能造纸，但是，一辆汽车、一架飞机、一辆坦克、一辆拖拉机都不能造。"[1]"共产党是要努力于中国的工业化的。中国落后的原因，主要是没有新式工业。"

我国水运建设事业与国家宏观发展战略保持高度一致。新中国成立之初，中国共产党面临着选择何种发展道路和管理体制领导中国人民进行经济建设，以迅速实现强国富民的问题。1949 年 9 月《中国人民政治协商会议共同纲领》明确提出恢复和发展工业生产，建立在国民经济中处于主导地位的社会主义国营工业经济制度，推动工业化。为了能快速

---

[1] 毛泽东：《毛泽东文集》（第 6 卷），人民出版社，1999 年，第 329 页。

地把一个落后的农业国转变成一个先进的工业国，实现强国、自立的目标，中国选择了以优先发展重工业为目标的发展战略。[1]1952 年 12 月 22 日中共中央《关于编制 1953 年计划及长期计划纲要若干问题的指示》提出："工业化的速度首先决定于重工业的发展，因此，我们必须以发展重工业为大规模建设的重点。""集中有限的资金和建设力量大规模建设重工业，特别是地质勘探、设计和施工力量，首先保证重工业和国防工业的基本建设，特别是确保那些对国家起决定作用的、能迅速增强国家工业基础与国防力量的主要工程的完成。"在中央集中力量优先发展重工业的指导思想下，水运建设事业在计划经济时期得到相对于轻工业和农业更快速的发展。

国家经济发展最突出的问题是如何突破"贫困陷阱"，为国家安全提供保障，这便是集中资源和政策优先发展重工业的发展逻辑。显然，计划经济时期水运建设事业的发展遵循的是这个逻辑。与轻工业比较起来，水运建设周期相对长，收效相对慢，本国技术不高，机器设备需要进口，一次性投入大。但是中国作为一个贫穷落后的农业国家，生产剩余少，可供出口的产品非常少，出口少又导致赚得的外汇非常少，资金分散。因此中国很难完成建设周期很长、需要依靠大量进口技术设备、一次性投资规模很大的工程项目。所以当时国家要想快速发展重要的水运工程，只有在短时间内集中资源和人力才具有可行性。计划经济体制成为制度选择。这种体制为了保证剩余真正掌握在国家手中，就必须是企业都是国营的，且国有企业厂长和经理的自主权基本上被完全剥夺，保证最大动员资源以及最大化攫取剩余价值以投资于政府要优先发展的资本密集型的重工业。中国的水运建设事业就是在这个背景下发展起来的。

同时，作为一个落后的国家，工业发展需要资本和先进技术。但是，1949 年 11 月以"巴黎统筹委员会"为代表的西方国家对社会主义国家实行禁运和贸易限制。美国政府于 1950 年 12 月 16 日宣布禁止一

[1] 林毅夫：《解读中国经济》，北京大学出版社，2012 年。

切在美国注册的船只开往中国港口。于是中国选择“一边倒”外交方针，坚定地站在以苏联为首的社会主义阵营一边，同苏联、东欧各国签订政治、军事、经济、科技、文化及其他各种专项协定和议定书。中国从苏联和东欧各国学习引进成套设备、科学技术、人才、资金和管理经验，构建重工业优先发展战略的高度集中的计划经济体制，对建立社会主义工业化基础起到了重要的作用。

整体上，计划经济体制是 1949 年至 1978 年中国水运建设发展的制度环境。在国民经济恢复时期，行政性调动全国资源以应对战争和建设的体系已经出现，高度集中的计划经济体制雏形已经确立，最终在“一五”时期形成。在工业化建设的资本积累初期，计划经济体制能够把社会的资金、物资和技术力量集中起来，用于有关国计民生的重点项目，比较迅速地形成新的生产力。这种体制适应了“一五”时期集中主要力量快速推进工业化、以重工业为主的重点建设的需要——“能做到全国一盘棋，集中力量，保证重点”。工业发展，交通先行。随着工业化的推进，交通基础设施薄弱和运输能力滞后的状态得到了最大程度的改善。

## 二、水运建设企业体系

### （一）水运建设企业的接管与发展

1949 年中华人民共和国政府接管了国家资本、官僚资本，将新中国成立前中国水运建设力量保存并纳入新中国建设。为了确保顺利接管企业与平稳过渡，尽量减少接收过程中的损失和破坏，并能在接收之后迅速地恢复生产，中国共产党依靠地下组织，发动广大工人群众展开反拆迁、反疏散、反破坏、保护厂矿的斗争，把绝大部分物资、资料和工程技术人员、管理人员都保留了下来。1948 年秋，海河工程局员工在中共地下党领导下采取了护局、护厂的运动，保住了最大的自航挖泥船“浚利”号等重要物资。1948 年 12 月 15 日，塘沽新港工程局局长周德鸿等人蒙骗100多名船员，搭乘5艘船舶南逃，所乘船舶和耙吸挖泥船“建港一号”均被劫持到香港或台湾。他们还策划将工程技术人员撤往台湾，但总工程师谭真等爱国技术人员毅然拒绝了电令。1947年7月，“建设号”收到驶往台湾高雄港挖泥的命令，不过浚浦局局长丁贵堂借故拖延，加之全体船员进行护船斗争赢取时间，最终把两船保护下来。国民政府交通部广州港工程局裘向华拒绝奉命将所有船机设备、技术资料等运往台湾，策略地串联工程师熊必正、“金刚号”挖泥船轮机长张裕德等人参加护港保产斗争，主动与香港地下工作者联系，最终把物资全部交给人民政府。

中国共产党接管城市，一般都会先实行短期军事管理制度，设立军事管制委员会。按照“各按系统、自上而下、对口接管、原封不动、先接后管”的方针和“接收管理一切机关、产业物资财产，没收官僚资本，保护民族工商业”的政策，各地军事管制委员会派人接管了海河工程局、浚浦工程总局和塘沽新港工程局等企业。接管根据“原封原样，原封不动”的接管原则和保持“原职、原薪、原制度”的指示，“所有在官僚资本企业中供职的人员，在人民政府接管以前，均须照旧供职，并负责保护资材、机器、图表、账册、档案等，听候清点和接管”。海河工程局的接管清单非常详尽，实际上是对机构再出发前的一次大盘点，这些队伍和相应的设备成为新中国水运事业的中坚力量。

1949年至1952年，水运建设恢复时期主要完成了一些重要军事工程的抢修任务和以塘沽新港为代表的重点港口工程。1949年11月19日至12月28日，交通部召开的首届全国航务、公路会议号召疏浚港湾和内河航道各方面相互学习，克服困难，通力合作，恢复航运，支持解放战争。随后交通部设立航道工程总局，各地区相继成立航道工程管理机构。1951年3月，交通部举办全国第二届航务工作会议，确定1951年航道、港湾建设的重点是长江，沿海港湾只做必要的维持修整，为以后正规建设做准备。在这个过程中，中国水运建设企业体系逐渐形成，主要由两部分构成：一是对1949年前水运建设机构的改造，二是围绕重大工程新组建的水运建设单位。

在组织体系上，施工类企业除了改组的海河工程处、塘沽新港工程局、广州区航道工程局、上海港务局疏浚工程公司之外，当时还围绕重点工程新组建了南京港整治工程局等，新组建了以航道工程总局勘察设计大队和川江测量委员会代表的勘察设计队伍。当时规划工作主要服从行政配置，港机业务还没有专业化组织。

从全国范围看，水运建设力量比较分散，缺乏统一体系。除了塘沽新港工程局、海河工程处以外，其他机关基本上由各大行政区管理，而且不一定都是交通系统，例如海河工程处一度归水利部领导、浚浦局划归上海区航务局或港务局领导。塘沽新港工程局、南京港整治工程局和广州区航道工程局在新中国成立初期都是主要的地方性筑港工程队伍。

### （二）水运建设企业体系初步建立

1952 年底国民经济恢复任务已基本完成，中央提出过渡时期总路线，“在十年到十五年或者更多一些时间内，基本上完成国家工业化和对农业、手工业、资本主义工商业的社会主义改造”。1954 年 9 月周恩来在第一届全国人民代表大会一次会议的《政府工作报告》中第一次提出了要“建设起强大的现代化的工业、现代化的农业、现代化的交通运输业和现代化的国防”，学习先进经验，利用最新科学技术成果，迎头赶上世界先进水平。交通运输是国民经济的基础产业之一，对促进经济和社会发展、加强国防建设、提高综合国力和人民生活水平具有重要的基础性作用。交通运输现代化是四个现代化目标之一，也是社会主义工业化的内涵之一。中央政府在第一个五年计划期间奠定了中国水运建设事业的工业化基础。

1953 年进入第一个五年计划，中央政府有计划地发展大规模建设，构建计划经济体制，于是重要的国有工业企业陆续收归中央各工业部（局）直接管理，工业行业建立起了“条条管理”的计划经济管理体制。这就形成了“局—公司—厂”三级管理体制，在局以下设专业公司。在这一时期，港口建设和疏浚任务增加，因此有必要整合国内有限的水运建设力量，形成全国统一的疏浚、筑港和勘察设计组织体系。

1952 年 12 月 27 日，交通部决定将交通部航道工程总局改为航务工程总局，下设筑港工程公司、设计公司、疏浚公司、打捞公司四个公司，统一全国水运建设力量。1953 年 1 月 13 日，交通部照准。不久又将筑港工程公司和设计公司改为筑港工程局和设计局，服从计划体制调配，构成了一种举国体制。政府学习苏联模式，强调发展重工业，对经济发展实行集中的政府计划和控制在水运建设中具体体现。在这种举国体制下，水运建设不再围绕重点工程组建建设队伍，而是逐步形成了比较稳定的水运建设企业组织。

1953 年 1 月 1 日，疏浚公司在上海中山东路海关五楼成立，赵朴任疏浚公司经理，下辖天津区疏浚队、上海区疏浚队、天津区新河船舶修理厂和张家浜船舶修理厂。疏浚公司以疏浚、吹填及破冰工程为主，辅以其他水利疏浚工程，同时保证军事任务。1954 年疏浚公司成立广州区疏浚队。

1953 年 1 月，根据交通部要求组建成立了筑港工程公司，统管全国航务工程建设和部分国防水工工程的施工。交通部航务工程总局指令“筑港工程公司以原塘沽新港工程局、广州区航道工程局、长江区航道工程局、青岛第一工程队、海河工程处之天津修船厂为基础组成”，负责“专业河海港湾航道（除疏浚、打捞）之新建、改建较大基建工程的施工”。同年 8 月，交通部决定将筑港工程公司改名为筑港工程局。周纶任首任局长、党组书记，谭真（兼总工程师）等任副局长。1954 年起，筑港工程局由基本建设事业单位改为施工企业。筑港工程局（公司）成立后，施工地点从北到南，从东北旅大（今大连市）到广东省海南岛（今海南省）的沿海各地，从东到西，自上海到武汉的长江沿线。下属单位包括：海南岛工程局（队）、青岛区工程处、广州区工程处、长江区工程处、北京工程队、天津新港工程队、旅大工程队、上海工程队、天津机具修造厂。筑港工程局成立初期，筑港队伍尚不完善，人员的组成也主要依靠国家分配，各地区人员调动频繁。

1955 年 2 月 10 日，遵照交通部命令，筑港工程局撤销，然后成立了航务工程局总局第一工程局（原广州区工程处、海南岛工程局、天津机具修造厂）、第二工程局（原长江区工程处、天津新港工程队一部分）、第三工程局（青岛区工程处、上海工程队）、渤海工程处（原天津新港工程队一部分、旅大工程队、北京工程队、筑港工程局机关部分干部等）。筑港工程局全队职工一分为三：一部分与旅大工程队合并，在天津组建交通部航务工程总局渤海工程处；一部分调湛江交通部航务工程总局第一工程局参加建设湛江新港；其余调武汉参加组建交通部航务工程总局第二工程局。

1952 年 12 月，交通部决定以勘察设计大队为基础，组建航务工程总局设计公司。1953 年 2 月 5 日成立，承担河、海港埠建筑和航道的勘测设计工作。同年 8 月 14 日，根据中央人民政府财政部通知的规定，设计部门应是事业单位性质，不能企业经营，改称交通部航务工程总局设计局。设计公司（设计局）成立初期有一个设计室和一个勘察室。1954 年 7 月，在原交通部航务工程总局设计局、内河规划委员会和河运总局设计科的基础上改组成立了交通部水运设计院，下设规划分院、港工分院、船舶分院和勘察总队。

航务工程总局下属的四大公司积累的管理经验、锻炼的职工队伍、培养的技术人才、总结的施工方法，对水运建设事业的发展发挥了重要作用。其作用主要体现在以下三个方面：第一，积极以人力、物力、财力等资源支援各地区的水运建设事业的发展；第二，在加强内部技术管理的同时，参与行业标准的制定与修订，以制度性的方式引领新中国水运建设事业的发展壮大；第三，在技术设备引进受阻，技术人员相对缺乏情况下，通过自办学校等独自培养专业化的疏浚、航运、筑港等人才，为新中国水运建设行业的壮大储备了良好的人力资本。因此，疏浚公司、水运设计院和筑港工程局被称为新中国水运建设行业的“摇篮”，各地区水运建设队伍走出了狭窄的区域，按照国家统一部署，走向全国。

### （三）水运建设企业体系的初步成形

1957 年 11 月，国务院制定《关于改进工业管理体制的规定》《关于改进商业管理体制的规定》《关于改进财政管理体制的规定》三个文件，自 1958 年起施行。这三个文件的出台试图纠正苏联模式权力过分集中暴露出的弊端，尝试把工业一部分管理权力下放地方，调整现有企业的隶属关系，把由中央各部直接管理的一部分企业，下放给地方管理，形成以地区综合平衡为基础的专业部门和地区相结合的计划管理制度。1958 年 6 月，《关于交通事业企业管理体制下放的规定》解散了疏浚公司、水运设计院并把水运建设企业下放地方，在华北、华东、华南和长江沿线形成了地区性疏浚、筑港、勘察、设计单位。在大跃进期间，水运建设企业性质、更名、隶属关系不断变化。1960 年，根据“调整、充实、巩固、提高”的八字方针，各水运建设单位逐渐收归交通部，构建了全国统一的水运建设企业体系。包括三大航道局（天津航道局、上海航道局、广州航道局）、四大航务工程局（第一航务工程局、第二航务工程局、第三航务工程局、第四航务工程局）、水运规划勘察设计单位（水运规划设计院和四大航务工程局下属设计院）和上海港机厂。

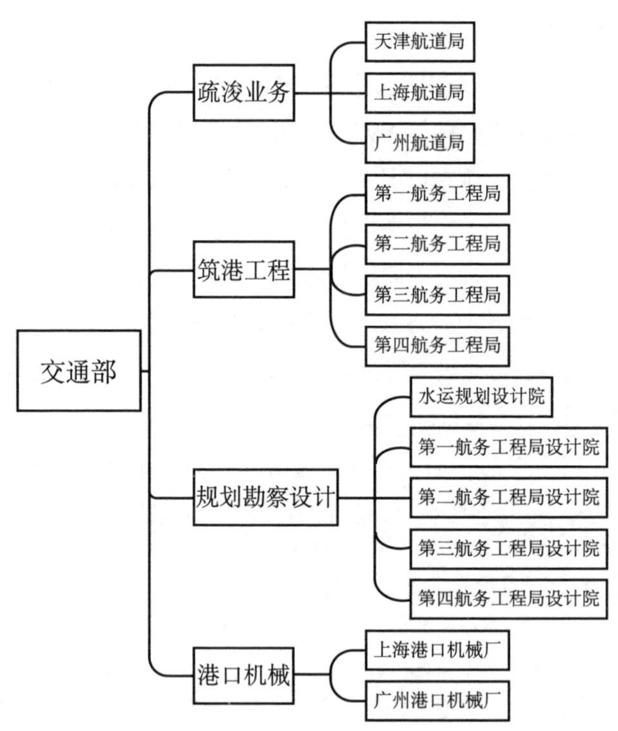


图 2–1　计划经济时期水运建设体系

经过30年的发展，中国水运企业体系已经形成了较为稳定的格局，水运工程建设力量也形成一个完整的体系，建立起了一支相当规模的队伍。经过30年的曲折发展，到改革开放前，中国在天津、上海、武汉、广州成立了四个地区性的航务工程局，下设勘察设计单位，负责华北和东北、华东、长江、华南四片的港口航道工程的规划、设计、施工工作；同时也成立了天津、上海、长江、广州航道局，负责华北和东北、华东、长江、华南四个地区的航道业务。从规划、设计、科研、施工到设备与器材的制造，中国都能依靠自己的力量来完成。另外还有水运规划设计院负责规划设计业务没有计算在内。这支水运建设队伍能够同时在十几个大港口进行建设工程。

第一是疏浚业务单位，包括天津航道局、上海航道局以及广州航道局。其中天津航道局主要负责以北方港口航道疏浚工程、吹填造地工程为主的业务，三年大建港时期参加了秦皇岛港、天津港、青岛港、连云港、大连港的建设；上海航道局承担华东地区及东南沿海主要港口及北方部分港口的航道疏浚、吹填任务；广州航道局更好地保证了华南航道疏浚、吹填等任务，保证华南主要航道的畅通。

第二是筑港企业，包括四大航务工程局。第一航务工程局以秦皇岛港为开端，负责华北沿海港口建设；第二航务工程局主要承担长江下游的港口建设和相应的配套工程，当时的口号是“立足长江，兼顾海港”，施工任务的特点是“点多线长，流动分散”；第三航务工程局负责华东水运建设；第四航务工程局在三年大建港的高潮中先后建成了文冲船厂2号船坞、广州新造油库、湛江油码头和矿砂码头、黄埔新港“两路”等一批国家重点工程以及一批中小型项目。

第三是规划勘察设计单位，其中规划单位主要是水运规划设计院，设计单位主要是四大勘察设计院。要加快港口、码头、船厂建设步伐，勘察设计等科研工作是重要的第一步。为了适应大规模的港口和船厂建设的需要，1972年原划归第二航务工程局的交通部水运规划设计院调整为交通部领导的部属事业单位，进行港口、航道以及船厂的统一规划和勘察设计工作。1973年，水运规划设计院的任务更加明确，“主要负责水运规划、设计和技术管理，并适当承担部分重点和援外水运工程设计工作”。因此，水运规划设计院承担了这个时期水运发展布局的战略研究重任，不仅进行水运建设布局性规划及主要港、航、站枢纽工程的总体规划，还完成了重点工程的前期工作审查和技术管理等任务，承担了葛洲坝、京杭运河等国家重大工程项目的设计。当时沿海各港、厂建设单位，航务工程局、设计院凡是上报部的规划和中大型设计文件均需要抄送水运规划设计院。而各个航务工程局下属的设计研究院则根据所在地域主要负责周边的港口码头设计工程，如第一航务工程局设计院则主要承担北方港口码头以及一些援外工程（柬埔寨炼油厂专用码头）的勘察设计工作，如天津港13个深水泊位、大沽灯塔、秦皇岛原油码头等；第二航务工程局设计院则继续发展长江沿岸码头设计，重点是三线工程的勘察设计工作；第三航务工程局设计院主要负责华东地区码头以及桥梁设计等；处于华南地区的第四航务工程局设计院设计并承担了重要的文冲船厂二期工程，并在20世纪70年代中期以后的10年中完成了约80项码头工程设计工作，其中万吨级以上码头共20座。

第四，上海港口机械厂于1973年正式改由交通部领导，为部直属企业单位。主要完成港机制造任务。在随后的三年大建港中，港口机械厂发挥着重要的作用，筑港机械趋向于大型化、多样化，有力推动了筑港机械化的发展。

除了上述机构外，还有一些地方水运建设机构隶属地方政府交通部门，此处不再一一细列。历史证明，水运建设机构要稳定，保证工作的连续性和稳定性，要求其不受“条块”或“块块”之间各种矛盾影响，以便有效地保证每一条航道的开发和利用。因此，唯有专管机构加强管理，释放基层活力，调动基层企业积极性，水运建设事业才能得到长足发展。

## 三、水运建设成就

### （一）水运建设恢复和发展

这个时期的水运建设不仅是应对经济发展的需要，更多的是国防安全的考量，是短时期内快速整合既有的人力、设备等资源的国家行为。但是由于外部封锁，内部积贫积弱，新中国的水运企业在摸索中逐步发展。

1949 年之前由于港口泊位不足，设施落后，导致港口吞吐量和能力矛盾突出，压船压货的现象司空见惯，船舶在港停留少则几天，多则数月，港口经常要组织“疏港大会战”。早在 1948 年人民解放战争顺利发展之时，毛泽东就强调，“恢复和发展工业生产和农业生产……首先是解决交通运输和修理铁路、公路、河道的问题”。1950—1951 年，塘沽新港进入两年的准备建设时期，国家不能大量投资其他项目，所以主要是采取维修保养措施。在此期间开展修复了曹妃甸灯塔、疏浚金钟河项目等，同时对南京港整治工程等重点军事工程有所投入。塘沽新港、湛江港、裕溪口煤码头是这一时期最重要的港口工程项目。在修复天津新港之后，为冲破海上封锁与禁运，实现国家独立自主、自力更生地发展经济，我国在广东雷州半岛的湛江自行设计、建设了新中国第一个大型港口。此后，在上海、天津、秦皇岛、广州黄埔等地相继兴建了万吨级泊位，在武汉、南京、芜湖和马鞍山等地建设了机械化的煤炭和矿货码头，形成了一次港口建设的小高潮。1953 年 11 月 27 日，交通部发布《交通部关于航务工作的指示》，指出：“当前航运企业的任务应是：整顿现有的船舶、港口和修船企业，推广苏联先进经验，改进经营管理，以充分发挥潜在能力，并逐步发展内河拖驳运输与远洋运输，疏浚航道，改善港口设备，以达到航行安全、降低成本、提高效率的基本要求。”

1949 年至 1958 年，在修复、改建和扩建原有港口的同时，我国又兴建了新的商港、军港、渔港和工矿企业、事业单位的专用码头，以及防波堤、仓库、堆场、专用铁路、公路、进港航道和生产、生活辅助设施等。这个时期水运建设随着国家工业化的步伐稳步推进。由于在经济建设初期，资金缺乏，因此水运建设大多数采取维修和保养的形式。水运建设人员相对缺乏加上单个机构技术能力、装备水平普遍较低，难以独自承担单个项目的建设，因此这一时期全国的水运建设资源往往都是在全国范围内进行配置，建设队伍也是在国家统一调配下合作，建设队伍克服区域限制，开始走向全国。

1949 年至 1958 年，我国水运建设发展是稳步的、持续的、高速的，完成了建立现代水运建设初步基础的任务。在此期间，中国不仅将全国的水运建设力量集中起来，建设了塘沽新港、湛江商港、裕溪口煤码头等重点工程，而且从全国角度整合了中国水运建设队伍，形成了全国布局。通过学习苏联，中国水运建设技术取得进步，而且构建了计划经济体制。各单位纳入交通部管理体系后，业务逐渐专业化，开始专注水运工程建设，逐渐放弃了其他水利工程等业务。交通和水利两个部门团结协作，综合利用水资源，互相配合，互相进步。在水运建设中，中国水运建设队伍也不断成熟。

### （二）水运建设的峥嵘岁月

1949 年至 1972 年，中国水运建设事业坚持独立自主原则下的曲折发展，这一时期中国水运事业的总体特征表现为：工程规模有限，工程数量较少。到 1972 年，全国仅新建、改建万吨级泊位 30 个。在这个时期，国家投资改善了长江等主要内河航道的航标等安全设施，整治了川江滩险，开始治理京杭运河，但内河航道基本处于维护通航状态。20 世纪 70 年代初，随着国际关系改善，沿海港口与国民经济、对外贸易发展的矛盾异常突出，压船、压港现象十分严重。1973 年，周恩来总理提出三年改变港口面貌的号召，全国掀起了建港高潮。根据国内原油运输的需要，在大连、秦皇岛、青岛、南京等港建设了一批深水原油码头，解决石油运输问题；在天津、青岛、上海、广州等老港、老码头的基础上，扩建、新建了一批万吨级以上的杂货、散货、客运码头。在内河航道方面，1949 年，内河航道里程仅为 7.36 万公里，其中水深 1 米以上的航道仅 2.42 万公里，到 1978 年，内河航道通航里程达到了 13.5 万公里，航道增长了 84%，其中水深 1 米以上的航道达到了 5.74 万公里，增长了近 1.4 倍。在港口建设方面，至 1949 年底，建成海港和河港各 20 处左右，有大小泊位 400 多个，其中海港泊位约 300 个（含万吨级以上泊位 60 个），截至 1976 年，全国沿海主要港口共拥有生产性码头泊位 311 个，其中万吨级泊位 133 个。

整体上，这一阶段中国水运建设事业取得了发展，形成了稳定的水运建设队伍，具有了一定的规划、勘察、设计、施工、装备制造和科研实力，完成了系列重大工程和军事工程。不过，中国水运建设事业与世界同期水平相比差距依然很大。中国港口规模远低于世界各国发展水平，水运建设技术也大大落后。作为基础设施的交通运输业的发展严重落后于工业发展的需要。水运建设事业的发展不仅没能“先行”于国民经济，反而远远不能满足国民经济发展需要，而且与国际同行差距不断扩大。面对当时这种情况，中国只有对内改革、对外开放才能在更大程度上解放生产力和发展生产力。

## 四、总结

毛泽东在《十年总结》中说：“我们对于社会主义时期的革命和建设，还有一个很大的盲目性，还有一个很大的未被认识的必然王国，我们还不深刻地认识它。”只有认清中国经济发展的艰巨性，着眼于长期的经济发展，循序渐进，才能稳中求快。建设速度必须切合实际，必须立足于提高经济效益。不能认为运用战争和土地改革中大搞群众运动的方法，有了人的生产积极性，有了拼命苦干的精神，就可以很快改变中国贫困落后的面貌。提出“要算政治账，不能算经济账”的口号，大搞人海战术的群众运动是错误的，这种做法只是强调了快而忽视了经济建设的质量。中国水运建设在国家探索独立发展道路中曲折前行，不仅构建了完整的组织机构体系，而且取得了一定的技术积累和工程成就。

第一，中国水运建设机构体系逐渐形成，建设队伍逐渐成熟。1949年前，水运建设主要由外国企业和工程技术人员组织。港口码头多为轮船公司自行修建，缺乏专门的水运建设队伍，并且建好的港口码头也遭到了战争的严重破坏。1949年后，人民政府接管塘沽新港工程局、海河工程局、浚浦工程总局等筑港和疏浚企业，新建了交通部广州区航道工程局、交通部航道工程总局勘察设计大队等机构，领导全国开展恢复和发展中国水运建设事业。分散和弱小的水运建设队伍在塘沽新港建设、湛江港兴建中不断壮大，在浦口抢险工程中实现了全国整合，甚至构建了一种水运建设的举国体制。在计划经济体制下，各个单位明确主业，放弃一些水利业务，新增了航标、测量等业务，始终以疏浚、筑港为主业，负责中国水运工程测量、规划、设计、施工和航运安全维护等。在组织性质上构建了符合计划经济要求的国有企业或者企业化运行的事业单位；在作业范围上不再局限于地域，而是走向全国；在作业方式上不再是单打独斗，而是服从举国体制，不同区域水运建设队伍相互融合，集中力量攻克重点工程；在运营管理上不再是洋人主导，而是中国人自己独立运营。1952 年 12 月 27 日，交通部决定将交通部航道工程总局改为航务工程总局，下设筑港工程、设计、疏浚、打捞四个公司，统一全国水运建设力量。作为中国水运建设的基本力量的疏浚公司、水运设计院、筑港工程局成立，成为中国水运建设队伍的“摇篮”。在经过 1958 年下放和 1961 年收回交通部领导，逐渐形成了交通部所属天津航道局、上海航道局、广州航道局、第一航务工程局、第二航务工程局、第三航务工程局、第四航务工程局和水运规划设计院等在内的水运建设队伍。随着 1964 年交通部决定将第一、第二工程局设计处改为设计院，又逐渐形成了交通部水运规划设计院和各航务局设计院。与此同时，中国水运建设队伍装备力量也不断增强，以新河船厂、新港工程局修船厂、张华浜船厂、上海港机厂、广州港机厂等为代表的企业实现了水运建设装备和港口装备的维护和生产。中国水运建设企业积极探索计划经济下组织结构和管理制度，推动技术引进、吸收和改造，实现了规模和质量的双增长，服务于工农业和城市建设，引领中国水运建设事业发展。

第二，水运建设工程成就。从新中国成立到 20 世纪 60 年代末，我国港口建设以扩建、改造为主，处于恢复发展时期，基本没有离开原来的港址。塘沽新港工程、湛江港、裕溪口煤码头、文冲船厂大坞工程就是代表性工程。三年大建港期间，在大连、秦皇岛、青岛、南京等港建设了一批深水原油码头，在天津、青岛、上海、广州等港扩建、新建了一批万吨级以上的散货、杂货和客运码头。这一时期，港口建设仍基本基于原港址，利用基岩海岸、沙质海岸及河口区域水深、泊稳的有利条件，建设万吨级以上码头。不过这一时期的内河航运建设基本处于停顿状态。三线建设和军事工程等都成为中国水运建设队伍贡献国家的舞台。另外，大型援外工程有马耳他的30万吨干船坞、毛里塔尼亚友谊港等。

第三，水运建设技术进步，初步实现了水运建设的工业化。20世纪50年代，中国向苏联学习了系统的工程技术、工艺规范标准和管理体制。20世纪六七十年代也不是完全封闭的，70年代初，中国又在三年大建港中引进了一批西方先进的装备，购买了疏浚船舶的大型成套设备装置。这些装备具有大型化、自动化、高速化、连续化的优点，代表了当时的先进水平。中国水运建设者通过干中学，在实践中创新，创新中发展，开始了探索符合中国国情的水运建设技术的道路。70年代，我国港口建设开始在总结建设经验和进行大量的调查、试验所取得的数据的基础上，通过交通部组织编制出了《港口工程技术规范》。内容包括河、海港口的总体布置和工艺设计、自然条件的勘测、地基基础、荷载、各种水工建筑物码头、防波堤的设计与施工、混凝土和钢筋混凝土的设计与施工、抗震设计等。自1973年至1986年历时十多年，完成全部计20单册，后经汇编修订由交通部审批作为部颁标准和港口工程建设的技术法规。《港口工程技术规范》的编制标志着中国水运建设事业走上了独立发展的道路。在此期间我国建设了多种现代化的大型专业码头，如煤炭装船、卸船码头，矿石装船、卸船码头，石油装船、卸船码头，散粮卸船码头，木材卸船码头，集装箱码头，多个没有防波堤掩护的开敞式散货装船码头。中国水运建设在开放学习中逐步取得了发展，同时坚持自力更生，重视研发，奠定了中国水运建设研发能力基础。但是，这一时期我国的工业技术与世界先进水平的差距却进一步扩大。在“文化大革命”期间，工业部门的大批科研机构被拆散，大量科学技术人员和工程技术人员被下放劳动或被迫改行从事其他工作，企业技术进步异常缓慢，同这个时期世界科学技术进步速度显著加快的情况形成了强烈对比。整体上我国这段时间的水运建设基本处于改良式技术创新阶段，具有一定的独立技术研发能力，不过与国际发达国家不断变革的一流技术水平相比差距却较大。

第四，水运建设队伍在党的领导下形成了优秀的水运建设精神。尽管受到“大跃进”“文化大革命”等冲击，中国水运建设队伍仍然艰苦奋斗，自力更生，强化管理，重视技术。“宁让汗水漂起船，不让工期拖一天。”中国水运建设队伍参与了国家大多数港口疏浚重大工程，尤其在三年大建港中立下赫赫功勋。

# 企业改革与招商局文化建设

陈争平

**摘　要：**企业文化是企业宝贵的无形资产，是构成企业核心竞争力的基本要素，对企业的长远健康发展具有重大影响。招商局被誉为“中国民族企业百年历程的缩影”，有着丰厚的文化积淀。进入改革开放时期，招商局不仅勇立中国改革开放的潮头，创造了历史上新的辉煌，在企业文化建设方面也是有继承有创新，取得令人瞩目的成绩。关注大局、勇当制度文化创新先锋，是改革开放初期招商局企业文化建设的主要特点。以文化积淀挖掘，连带历史溯源，突出外形塑造，是1991—2000年招商局企业文化建设的主要特点。丰富内涵、全面建设、形成系统，是2001—2010年招商局企业文化建设形成系统的主要特点。招商局企业文化建设使企业凝聚力不断增强。

1872年诞生于上海的招商局，被誉为“中国民族企业百年历程的缩影”。中国改革开放以后，招商局又勇立中国改革开放的潮头，创造了历史上新的辉煌。企业文化是企业宝贵的无形资产，是构成企业核心竞争力的基本要素，对企业的长远健康发展具有重大影响。招商局有着丰厚的文化积淀，在改革开放时期招商局企业文化建设也有鲜明的新时代特色，是中国企业的典范。

## 一、改革开放与招商局企业文化建设相伴而行

1978 年 8 月，交通部党组听取袁庚关于招商局的调查汇报后，经讨论，起草《关于充分利用香港招商局问题的请示》(以下简称《请示》)报送党中央和国务院。《请示》建议“(招商局)今后的经营方针应当是‘立足港澳、背靠内地、面向海外、多种经营、买卖结合、工商结合’”，主张“我们应当冲破束缚，放手大干，争取时间，加快速度”，并对相应招商局改革所需人才队伍的加强提出了建议。[1] 得到中央批准的《请示》，关注大局、勇当先锋，擂响了招商局改革的战鼓，其中关于人才队伍的讨论亦是揭开了新时期招商局企业文化建设的序幕。

1978 年 10 月，袁庚被任命为交通部所属的香港招商局常务副董事长，主持招商局全面工作，同年向中央建议在广东宝安设立蛇口工业区，招商局改革揭开新的篇章。1979 年 7 月 20 日，蛇口工业区正式运作，招商局改革迈出重要一大步。招商局成为全国第一个获得松绑的国营企业。“有了自主的权力，我们就决定摆脱旧体制，摆脱行政干预，按照香港的一些办法来开发工业区。”[2]招商局改革一开始就表明要学香港，以及学外国企业。后来又通过南海酒店聘请外籍经理等方式，对外开放，学习外国先进管理经验。

招商局在蛇口工业区进行的一系列改革试验，为建设有中国特色的社会主义提供了重要经验。同时袁庚等招商局领导人也清醒认识到，改革实际上是一个复杂的社会工程，必须培育一大批新的社会主义建设者。袁庚等人在蛇口工业区人才问题上实行“择优招雇聘请制”等。1981 年 11 月，蛇口第一期企业管理干部培训班开学，为工业区培养了大批管理人才，被誉为蛇口的“黄埔军校”。1982 年 3 月，袁庚给时任中共中央组织部部长宋任穷写信，提出在有关省、市、院校“招考招

[1] 《抄送中央批准我部〈关于充分利用香港招商局问题的请示〉的函》，招商局藏档案，档号：A001–WS–1978– 永久 –2。

[2] 招商局集团办公厅、招商局史研究会编：《袁庚文集》，内部资料，第 348 页。

聘”所需人才。1983 年，蛇口工业区试行“干部冻结原有级别，实行聘任制”，并对领导干部实行公开的民主选举和信任投票制度。袁庚等招商局领导人在蛇口工业区所进行的人事制度改革得到了当时中共中央总书记胡耀邦的支持。[1]

1985 年 2 月，袁庚提议派员赴美国和加拿大招聘学成的自费留学生到工业区工作，以开辟一条人才来源新渠道。在改革与建设过程中，招商局大胆探索，冲破旧有的价值、时间与人才观念，提出“时间就是金钱，效率就是生命”“空谈误国，实干兴邦”等口号，竭力提倡各种新观念（时间观念、竞争观念、信息观念、平等观念、职业道德观念等），并在劳动用工制度、干部聘用制度、薪酬分配制度、住房制度、社会保险制度等方面开展了多项改革创新。企业制度是关于企业组织、运营、管理等一系列行为的规范和模式的总称。而制度文化既是适应物质文化的固定形式，又是塑造精神文化的主要机制和载体。正是由于制度文化的这种中介的固定、传递功能，它对企业文化的建设具有重要作用。重视制度文化创新，可谓招商局企业文化建设重要内容，这对全国企业制度改革及现代企业文化建设也产生了重要影响。

袁庚指出：“有计划有步骤地推行民主试验之后，蛇口的社会道德风尚、人的思想境界、企业的经济效益有了很大的进步。至今许多蛇口人还怀有一种‘蛇口情结’，因为蛇口曾是一个没有贪污，没有腐败，很干净的地方。至少到我离任的时候，这里没有发生过携款外逃的事件，也没有发生过恶性刑事案件。这里没有文盲，没有贩毒，没有人在码头上跟在人家屁股后面换外币。这里有第一流的医院、学校，第一流的师资。人们在这里感觉受到尊重，感觉应该而且能够在这里发挥自己的才能。这里造就磨炼了一批年轻有为的干部，他们成为工业区最宝贵的资本。”[2] 蛇口工业区被誉为中国的“希望之窗”。

---

[1] 全国政协文史和学习委员会编：《经济特区的建设》，中国文史出版社，2009 年，第 171–172 页。

[2] 招商局集团办公厅、招商局史研究会编：《袁庚文集》，第 352–354 页。

“以开发蛇口工业区为基础，招商局先后创办了新中国第一家企业股份制银行：招商银行，新中国第一家企业股份制保险公司：平安保险公司，并在上海浦东开发中率先投资租赁了浦东第一块土地，等等。中国改革开放的每一步重大战略部署中，几乎都能看到招商局积极跟进、敢抢先机的英姿。”[1]

1988年，《招商局》杂志创刊。这份杂志逐步成熟，初步形成了自己的办刊风格和品味特色，在广大招商局员工中颇有影响，对宣传集团企业形象，促进员工之间沟通交流，推动企业文化建设，扩大招商局影响等都起到了很好的作用。

改革初期，招商局领导明确提出：不但要考虑企业和职工的利益，还要优先考虑国家的长远利益和整体利益。这成为招商局新企业文化建设的一个重要原则。招商局掌门人袁庚指出，“香港招商局是个比较特殊的企业。它是一个长期生活在国际市场中的老牌国有企业”，“它要严格按照香港的法律和市场经济的规律办事，才能得以生存和发展”。袁庚指出，在香港当一个企业家不是容易的。虽然那里没有军事、外交战线枪林弹雨、出生入死的危险，但是也同样风云变幻、危机四伏。他常常引用香港谢利源、妙丽、佳宁、海托等破产的例子告诫招商局的干部。他说，“我们讲经济效益，讲经济法则，经济法则是六亲不认的，违反就要受到惩罚”。他又指出招商局是一个驻外的国有企业，它在经营决策时，不但要考虑企业和职工的利益，还要优先考虑国家的长远利益和整体利益。他强调，“我们历来认为企业的微观经济效益，必须服从国家的宏观经济效益”。正是从这个基本原则出发，招商局提出了“五不引进”方针，就是来料加工的、补偿贸易的、挤占国家出口配额的、污染解决不了的和技术落后的工业都不引进，以维护地区的长远利益和国家的整体利益。[2]

可以说，改革开放初期招商局敢抢先机，冲锋在中国企业改革前

[1] 招商局集团办公厅编：《秦晓论文汇编》，内部资料，第388页。

[2] 招商局集团办公厅、招商局史研究会编：《袁庚文集》，第187–188页。

沿，在企业文化建设方面有继承有创新，取得了令人瞩目的成绩。从纵向比较看，关注大局、勇当制度文化创新先锋，是改革开放初期招商局企业文化建设的主要特点。

## 二、1991—2000 年企业文化建设

1991—2000 年招商局企业文化建设基本上是延续上一时期路径，本期文化建设有四大亮点。

其一，招商局创立 120 周年纪念活动。当时的党和国家领导人江泽民、李鹏、李先念、杨尚昆、乔石、田纪云、谷牧等先后为招商局成立 120 周年题词，其中时任中共中央总书记、国家主席江泽民为招商局成立 120 周年题词：继承爱国主义精神，为实现祖国统一大业而奋斗。这为新时期招商局“传承与创新相结合”的企业文化建设增添了更加亮丽的色彩。

1992 年，招商局集团在北京人民大会堂举行了声势浩大的纪念大会，受到江泽民总书记的接见；在香港举行了盛大的纪念酒会；与中国经济思想史学会合作举办了“纪念招商局成立 120 周年学术研讨会”；编辑出版了《招商局与中国近现代化》论文汇编；邮电部发行了“招商局成立一百二十周年”纪念邮资信封；与中央电视台、交通部电视声像中心联合拍摄了反映招商局历史与现状的专题片《历史在这里沉思》；中央电视台组织了一台专题为庆祝招商局成立 120 周年的《综艺大观》文艺演出；《中国交通报》连载 20 多篇专题采访报道招商局的文章；编辑出版了《招商局一百二十周年纪念册》。

1992 年，在招商局创立 120 周年庆祝活动中，招商局档案馆、招商局史料陈列馆正式成立。这两馆保存“招商血脉”，突出“蛇口基因”，成为招商局企业文化建设的重要平台。

其二，工会工作“蛇口模式”获中央肯定。招商局蛇口工业区工会组建 10 多年来，自觉接受党的领导，以职工利益代表和维护者的鲜明身份，坚持从蛇口工业区的实际出发，独立自主地、创造性地开展工

作，在代表和维护职工合法权益、协调劳动关系、提高职工素质、推动蛇口工业区的发展及企业文化建设等方面做了大量富有成效的工作。据对蛇口工业区116名企业经理（其中三资企业经理占74.1%）的问卷调查，认为工会在合办企业方面发挥作用很好的占55.3%，认为较好的占36.7%，认为一般的仅为8%；认为工会依法维护职工合法权益工作做得很好的占61.2%，认为较好的占31.8%，认为一般的仅为7%。据1993年底统计，在工业区企事业单位中，工会组建率为98.17%，职工入会率为92%，工会主席民主直选率为99.8%，劳动争议调处率为99.2%，工会经费拨缴率为99%，工会和职工参与企业管理率为85.1%，这些显示了工业区工会的地位和作用。[1]

蛇口工业区党委把工会视为党紧密联系特区职工与企业的桥梁和纽带，形成了党委放手，工会依法独立自主地开展工作的局面；工业区行政领导也把工会视为办好企业、发展经济和建设社区不可缺少的亲密伙伴，形成了行政和工会相互支持、配合默契的新局面。蛇口工业区工会把代表和维护职工利益作为自己的工作重点，使工会成为职工信赖的“大家庭”。职工有困难、有困惑，首先是找工会。工业局工会还按照职工意愿和要求，常年坚持在业余时间组织职工，深入企业对职工进行各种教育，包括社区教育、职业道德教育、岗位培训和企业现场管理全过程技能培训、“四有”教育、企业文化教育等，深受职工和企业的欢迎。

1994年5月，时任中共中央政治局常委胡锦涛同志对全国总工会政策研究室关于蛇口工业区工会工作的调查报告作了重要批示：“蛇口工业区工会工作的思路和成效都是好的。组建率和入会率都达到了较高水平。对于目前各地正蓬勃开展的三资企业和特区开发区的工会组建工作，尤其有借鉴意义。”11月，时任中共中央政治局委员、中华全国总工会主席尉健行同志考察蛇口工业区工会工作时给予蛇口工业区工会工作充分的肯定和很高的评价。

---

[1] 全国总工会政策研究室编：《蛇口模式》，内部资料，1995年，第56页。

1995 年 2 月，全国总工会在蛇口召开全国工会“蛇口工业区工会工作模式”理论与实践研讨会。会议有关讨论情况被编入《蛇口模式》一书。

其三，招商局创立 125 周年纪念活动。1997 年是招商局创立 125 周年，这一年恰逢香港回归。招商局集团认真组织学习了中央关于香港的一系列方针政策，开展爱国爱港爱企业教育，组织员工积极参与香港各界庆祝国庆、区议会议员补选、成立临时立法会、欢迎奥运获奖健儿访港等各种社会活动。集团袁武副总裁当选为香港特别行政区临时立法会议员。在香港回归祖国的重大历史进程中，招商局发挥着应有的作用。[1] 作为植根于香港发展并为香港发展做出了贡献的中资企业，招商局把庆祝香港回归祖国与庆祝招商局成立 125 周年结合起来，不仅顺理成章，而且使得纪念活动与宣传工作事半功倍。

集团领导把加强职业道德建设放在招商局企业文化建设的重要地位，强调由于招商局内有许多行业都是服务性行业，职业道德建设更显重要，要培养一种爱岗敬业、诚实守信、办事公道、服务群众、奉献社会的精神，集团航运、金融、旅游等各主要服务行业都要根据这一基本要求，制定出具有本行业特色的职业道德规范。集团领导强调：“招商局 125 年的历史，形成了一笔不可多得的企业文化资产，这需要我们去发掘，去利用，要抓住庆祝香港回归祖国和招商局成立 125 周年的有利时机，开展几项较大的活动，使之成为促进招商局物质文明建设的强大精神力量。”[2]

集团举行了系列庆祝活动，包括：在香港湾仔会展中心举行 125 周年庆祝酒会；由招商局集团、中央电视台与蛇口电视台联合摄制政论专题片《东方之桅》，并于 1997 年 6 月香港回归前夕在中央电视台播出。时任总理李鹏为该片题写了片名。《东方之桅》共分上下两集，每集约 30 分钟，全片以招商局百年沉浮坎坷的发展史为主线，以风云变幻的百

---

[1] 招商局集团办公厅、招商局史研究会编：《刘松金文集》，内部资料，第 125 页。

[2] 招商局集团办公厅、招商局史研究会编：《刘松金文集》，第 137–138 页。

年近现代史为背景，甄选有关人物、事件以及特定的企业行为，从而摹写出招商局人在一个多世纪的磨砺中形成的积极进取的奋斗精神，讴歌招商局人为振兴中华而奉献的拳拳之心，称颂招商局对中国近现代经济的发展和当代改革开放事业所做出的贡献。北京电视台拍摄的题为《方寸国土万千情》的电视连续剧专为招商局录制了一集；拍摄了新的招商局宣传片；请著名作曲家臧云飞谱写了招商局第一首企业歌曲《招商局之歌》；在香港《文汇报》连载宣传招商局的短文，编印出版《跨世纪的足迹》；征集绘制了气势恢宏的 13 幅招商局历史组画，印制《招商局珍藏集》；确定了招商局集团精神、集团作风。[1]

长期得不到很好解决的省、市政府机关违规使用“招商局”名称的问题，经过积极跟进，在招商局成立 125 周年之前也得到较圆满解决。李鹏、朱镕基、李贵鲜等国务院领导专门就此作出批示。

这一系列庆祝活动是招商局在新的发展时期企业文化建设的重要工作，取得了良好的社会效果。

其四，企业文化建设的基础工作。1992 年，为加强“蓝底黄色标志”局旗的视觉效果，将原浅蓝色旗底改为深蓝色。“蓝底黄色标志旗”由源于金色朝阳的黄色和象征大海的蓝色组成，寓意深远，伴随着招商局人一路高歌走到今天，飘扬到永远。

招商局档案馆自 1992 年正式成立后，1996 年交通部档案馆征调了全国各地交通单位存放的有关招商局档案材料。现在招商局档案馆主要馆藏既有包括招商局第一个章程、招商局股票、龙头印章、晚清漕运文献、招商局海员起义生死状等在内的晚清、民国招商局档案，也有新中国成立后招商局及招商局开发的蛇口工业区档案等数以万卷计的历史资料，实现了自 1872 年成立以来的招商局历史资料的相对集中，为招商局历史资料的开发利用奠定了坚实的基础。招商局在档案工作方面的努力，为企业文化建设具备了传承与创新相结合的鲜明特色，又因为招商

---

[1] 招商局集团精神确定为“爱国、自强、开拓、诚信”，集团作风确定为“团结、务实、严谨、高效”。

局在中国近代企业发展史上的地位，为中国近现代企业史研究提供了宝贵的历史档案资料。

以文化积淀挖掘，连带历史溯源，夯实史料基础，突出外形塑造，是 1991—2000 年招商局企业文化建设的主要特点。

## 三、2001—2010 年企业文化建设

进入 21 世纪以后，招商局集团面对中国加入世界贸易组织等外部环境带来的新变化，积极主动地进行了大规模的重组调整，制定了中长期的发展规划，确立了集中资源发展主要核心产业的战略，向着逐步发展成为具有国际竞争力的企业集团目标迈进。[1] 与此同时，集团领导也在考虑招商局企业文化建设如何进一步继承与创新。

招商局集团新一届领导班子十分重视企业文化建设工作，认为企业文化建设是招商局基础建设、长远发展的战略需要，是集团的一项重要工作。集团主要领导在多种场合，从不同角度，对集团企业文化建设的意义、内涵等提出了明确要求，例如时任董事长秦晓就曾经在 2001 年 2 月 27 日招商局集团工作会议上指出：企业文化“涵盖企业的价值观、道德观、社会责任感和经营理念，对企业的经营管理有其重要作用”，“企业的员工不仅需要物质的激励，也需要精神鼓励和满足。企业的经营不仅要获取商业利益，还要承担社会的责任，历史悠久的企业往往积淀了深厚的文化传统，其所蕴含的经营理念和商业准则成了企业重要的竞争财富。对公司的可持续发展产生重大的影响”。[2] 秦晓指出，“我们讲竞争性，讲赚钱讲得较多，但更重要的是要关心员工，激发员工的聪明才智，凝聚员工的创造才能。从企业的竞争力和企业长远发展来看，企业文化是十分重要的。从做事业来讲，关心人，重新竖起人文主义思

[1] 招商局集团办公厅编:《秦晓论文汇编》，第 390 页。

[2] 王玉德、杨磊等:《再造招商局》，中信出版社，2008 年，第 286–287 页。

想的旗帜更为重要”。[1]秦晓认为，企业文化可以表现为物质、行为、制度和精神四层次；企业的精神文化包括企业精神、企业经营理念及企业道德观、企业价值观、企业风貌等，它是企业文化的核心。[2]

招商局集团新领导班子在企业文化建设中强调人文主义精神，认为人是最高的发展目的，要通过企业的发展为人的发展创造条件。既要为人类社会的进步创造价值，又要让员工从物质上、精神上分享企业的成长。企业与员工形成“两个共同体”，即既要形成一个利益的共同体，也要形成一个精神的共同体。因此，自2004年开始，集团设立了“公司日”，使得集团领导与普通员工增添了交流途径。每年“公司日”活动都设立一个主题并以此为主线开展企业文化活动。几年来，集团“公司日”的主题分别为“增强集团意识，树立集团形象，密切公司与员工的关系”“沟通与和谐”“我与招商局共发展”“新的起点，新的航程”“社会责任，企业公民”“责任与担当”“学习与创新”“激情与活力”。通过“公司日”主题活动的开展，每年都深入地推动了一个方面的企业文化建设。

招商局集团把“建设具有国际竞争力的和谐企业”立为企业愿景，强调“我们所追求的国际竞争力，是把招商局置于国际竞争的大舞台，去与市场的先进企业比，在自由、开放的经济体系中赢得商业的成功，赢得市场的尊重。构筑国际竞争力体现了招商局开阔的视野和成熟的自信”，“我们所追求的和谐企业，着眼于企业整体素质的全面提高，着眼于企业的持续健康发展，着眼于建立良好的内外部关系，合理地处理各个利益主体关系，创造‘内和外顺’的利于发展的环境和条件。建设和谐企业，体现了招商局更高的追求。和谐企业基本内涵：结构合理，运行有序，利益兼容，内和外顺，诚信守法，协调发展。和谐企业建设目标：组织氛围健康，企业持续发展，员工全面成长，社会普遍认可”。

围绕这一企业文化建设核心理念，集团又提出招商局核心价值观是“与祖国共命运，同时代共发展”，招商局企业使命是“以商业成功推动

---

[1] 招商局集团办公厅编：《秦晓讲话汇编》，内部资料，第112页。

[2] 招商局集团办公厅编：《秦晓论文汇编》，第165页。

时代进步”，招商局企业理念是“崇商、创新、均衡、共赢”，招商局企业精神是“爱国、自强、开拓、诚信”。

为了加强企业文化建设，集团在 2007 年 10 月正式成立了“招商局集团企业文化建设指导委员会”。集团主要领导担任委员会企业文化建设指导主任和副主任，集团总裁助理、集团总法律顾问和集团总部及下属企业的高级管理人员担任委员。集团旗下各公司也先后设立了企业文化工作领导小组，加强对企业文化建设的领导。集团和旗下各单位将企业文化建设纳入“五年发展规划”和年度发展计划。

深厚的历史底蕴是招商局的重要特色，也是招商局的独特优势。招商局人在 100 多年的经营管理实践中提出的思想、理念、精神，形成了良好的文化和优秀的传统，这是集团开展企业文化建设的“源”和“脉”。2002 年是招商局成立 130 周年，集团充分利用这一机会，通过精心组织，开展了一系列影响广泛的纪念活动。党和国家领导人江泽民、李鹏、朱镕基及香港社会知名人士霍英东、董建华等先后发来贺信或题写贺词，对招商局为中国近现代建设所做出的贡献和作为中国硕果仅存的百年民族企业的特殊地位给予了充分肯定，招商局广大员工深受鼓舞。集团在北京、香港、蛇口、漳州等地组织了大型庆祝活动；由秦晓董事长带头，在《人民日报》等 10 多家重要媒体上发表了 10 余万字的专题纪念文章；与中央电视台联合摄制了反映蛇口工业区早期开发创业活动的 16 集电视连续剧《激情年代》，并作为重点献礼片在十六大召开期间由中央电视台播出；组织创作、排演了反映招商局百年风雨历程的大型音乐舞蹈史诗《百年招商》；邀请著名作词、作曲家阎肃、谷建芬改编创作了新的《招商局之歌》，所以又有了招商局人传诵的格言：“问我航程有多远，1872 到永远”；组织了员工广泛参与的招商局知识竞赛；发行了纪念招商局成立 130 周年明信片；等等。这些活动都收到良好的效果，社会反响热烈。通过开展这些活动，进一步树立了招商局的企业形象，扩大了招商局的社会影响力，并增强了员工对企业的自豪感、归属感。2007 年是招商局成立 135 周年，集团也举办了有关纪念活动。

2003 年，集团建立了招商局历史博物馆，这是深圳市的第一家企业博物馆。招商局历史博物馆在员工中开展招商局传统文化教育。通过展出活动，让参观人员在较短的时间内对招商局的发展历程、历史地位、产业发展、行业影响等有比较清楚的认识，获得了较好的宣传、展示效果。招商局历史博物馆已成为招商局集团员工的传统教育基地和外界了解招商局的窗口。

2004 年，集团成立了招商局史研究会，集团主要领导担任了研究会的正副会长。研究会从海内外学术界、媒体聘请了在招商局史研究方面颇有建树的特约研究员，从社会各界积极吸收会员。招商局史研究会的设立对招商局历史的研究工作起到了推动和规范的作用。通过历史研究工作，员工和社会人士进一步了解了招商局的企业文化，使绵延百年的历史成为集团的宝贵财富。

21 世纪招商局企业文化建设有一重要发展：更加重视履行企业社会责任。集团领导认为企业的生存发展必须建立在与社会相关利益者良性互动和与社会和谐相处的基础之上。因此企业需要关注民生，融入社会，树立良好的社会公民形象，把自己的商业追求融入整个社会的发展追求之中，赢得社会的接纳和信任，同时使企业获得可持续发展的条件和机会。招商局的社会文化就是建立在这样的认识基础上的，并具体体现为履行企业社会责任。

招商局履行企业社会责任的基本行动计划包括：（1）弘扬优良传统，增强企业公民意识；（2）守法经营，诚实守信，成为一个受社会信任的企业；（3）强化企业环保责任，建设环境友好型企业；（4）关注安全生产，维护员工合法权益；（5）关注民生，热心公益，扶贫济困，奉献社会。[1]

招商局集团作为在港中央企业，积极响应国家建设和谐社会的号召，重视社会公益活动，将其作为履行企业社会责任的重要内容。据不完全统计，2005—2009 年底，集团以及所属各级公司及员工在赈灾、捐

[1] 招商局集团办公厅编:《百年商道：招商局企业文化简述》，内部资料，2011 年。

助、扶贫以及社会公益、慈善救助等方面支出款项 8700 多万元。

2009 年 6 月 15 日，招商局慈善基金会在国家民政部登记成立。它是招商局集团有限公司发起的全国性非公募基金会。基金会宗旨为“关注民生、扶贫济困、热心公益、和谐发展”，原始基金 5000 万元，业务主管单位为国家民政部。招商局慈善基金会在 2009 年底前共向贵州威宁等地捐款计 580 万元。基金会公益活动的重点开展领域为扶贫济困、助医、赈灾等。基金会致力于以创新而有效率的方式，解决中国贫困地区群众的基本生活困难，提高贫困人口自我实现的能力，实现贫困地区经济的可持续发展和贫困人口的脱贫致富，以及为贫困家庭提供医疗救助，资助特殊疾病的研究和治疗，为因自然灾害导致生活困难的人民群众提供帮助等。

招商局集团成为中国企业文化建设的典范。仅 2009 年，招商局集团被国务院国资委评为“2008 年度中央企业负责人经营业绩考核 A 级企业”及“国资委 2008 年度中央企业财务决算管理先进单位”，招商局集团总裁傅育宁博士荣获“新中国 60 年中国交通运输行业非常领导者”称号，招商局国际有限公司、招商局漳州开发区有限公司也荣获“中央企业先进集体”称号招商局重庆交通科研设计院有限公司荣获“全国交通运输企业文化建设优秀单位”称号，北京招商局物业荣获“2008 年度国资委直属机关精神文明建设单位先进集体”称号，招商证券及招商地产荣膺“2009 年度中国最佳雇主企业”称号。2012 年中国企业文化研究会授予招商局集团有限公司“全国企业文化建设示范基地”称号。

可以说，2001—2010 年这十年招商局企业文化建设主要特点是丰富内涵、全面建设、形成系统。

招商局广大员工对集团企业文化认同感不断提高，凝聚力不断增强。通过企业文化建设，广大员工了解了招商局的历史、使命、愿景、核心价值观和理念等。“和谐企业”“国际竞争力”“责任与担当”“学习与创新”等成为激励员工奋发向上的信念。在工作中，广大员工自觉将自己的前途命运与招商局连在一起，增强了员工的归属感和企业凝聚力。

# 近现代企业与组织

# 近代“海派”企业及其当代意义

张忠民

## 一、海派企业与江浙沪

学界大致上有一种说法，认为传统江南的吴越文化在融入近代传入的西方近代文明之后，逐步在近代上海这样五方杂处的通商口岸、十里洋场，形成了一种被称为“海派文化”的现象。如果这一说法大致上能够成立，那么借助于“海派文化”这样的逻辑思路而提出的“海派企业”及“海派企业家”，虽然说不上是一个很严整的学术范畴，但是基本上也可以表达在近代中国历史上，在上海这样的通商口岸的众多企业以及企业家的倾向性和趋势性的特点和特质。

讲近代上海的海派企业及海派企业家，不能不提到“江浙沪”。“江浙沪”这个概念在近代中国，特别是在近代江南以及近代长江三角洲地区，是一个出现和使用频率甚高的词语。这其中的两个基本含义：一是上海经济的发展、上海企业的发展以及上海企业家的存在，与江浙的辐射关联最大、最集中；二是上海经济空间的集聚以及江浙沪地区社会经济的一体化或者说同质化。当然，我们说的江浙沪，主要是指一种行政空间的概念，而江南、长三角指向的主要是经济地理空间的概念。但它们都揭示了行政上归属于江浙沪的江南、长三角是近现代中国社会、经济、文化最发展、最开放的区域，其集聚的核心就是上海，而最直接依托的则是江浙地区，如江苏的无锡、常州，浙江的宁波、绍兴等。

## 二、近代上海的海派企业

近代上海自五口通商之后，以港兴市、以市兴港，集中了全国几乎半数的工商企业，并且成为近代中国最重要的工商业经济中心。

首先是商业贸易企业的发展以及商业贸易中心地位的形成。在商业企业方面，1933 年，上海已有大小商业店铺 7.2 万户，其中公共租界 2.28 万户，法租界 1.12 万户，华界 3.8 万户。1936 年，全市商业店铺更是进一步增加到 86639 户。[1] 在贸易方面，无论是国内埠际贸易还是国际进出口贸易，上海都是贸易企业的最集中之地。1936 年，上海埠际贸易出口额为 4.63 亿元，占全国埠际贸易出口额的 39.1%；进口额为 4.28 亿元，占全国进口额 36.2%。上海直接对外贸易额 1895—1906 年始终占全国对外贸易总额的 50% 以上。1936 年占全国外贸总额的 55%。1936 年，上海有进出口商行 971 户，其中西方洋行 559 户，日商洋行 116 户，华商进出口行 296 户。[2]

其次是工业企业的发展以及工业中心地位的形成。近代上海工业在中国近代工业中已占有绝对的优势。1933 年，上海有 30 人以上的华商工厂 3485 家，占全国十二大城市同类工厂总数的 36%；资本总额 1.9 亿元，占总数的 60%；生产净值 7.28 亿元，占总数的 66%。其次，上海机制工业品的市场覆盖面遍及全国，1912 年，上海工业产品的总输出额为 0.81 亿海关两，到 1921 年已增至 2.76 亿海关两，增长了 2.4 倍。再次，上海拥有当时中国数量最多、整体素质最高的企业家阶层，以及稳定的工程技术人员、管理人员和熟练工人队伍。

---

[1] 上海市地方协会编：《民国二十二年编上海市统计》，商务印书馆，1933 年，第 1 页；叶笑山、董文中：《中国战时经济特辑》，中外出版社，1939 年，第 124 页。

[2] 郑友揆、韩启桐编：《中国埠际贸易统计 1936—1940》，中国科学院，1951 年，第 2–3 页；张忠民：《经济历史成长》，上海社会科学院出版社，1999 年，第 112、130 页。

复次，上海工业整体的技术水平始终处于全国领先地位。近代中国一些新兴的工业行业，大多也先出现于上海。技术的领先和更新从根本上保证了上海在近代中国工业中的领先地位，上海已成为近代中国工业发展的样板。本国工业企业之外，上海同时也是外商在华工业企业的集中之地，20 世纪 30 年代，外商企业的工业投资有 67% 集中于上海。[1]

最后是金融企业的发展以及金融中心地位的形成。近代上海的金融企业可以分为三大类，它们分别是集中于外滩地区的外商银行，集中于江西路一带的华商银行，以及集中于宁波路、天津路等街区的传统钱庄。此外，各种非银行金融机构的保险公司、信托公司、交易所等皆以上海为大本营。20 世纪 30 年代，上海已成为中国以至远东的外汇交易中心、黄金交易中心、汇划中心、融资中心以及证券交易中心。1935 年，全国 27 家重要银行 42 亿元存款中上海占了 47.8%。1931 年全国 35 亿元存银中上海一地流通的银元估计不下 17 亿元，几占全国存银数之半。[2]

企业的集中必然产生企业的集聚效应。企业集聚效应的基本体现就是资本、技术、劳动力、制度等经济资源以及生产要素在上海的汇集，由此而产生的则是近代上海不可替代的集聚效应。近代上海著名的企业家刘鸿生对上海企业的集聚效应有一段非常有名的诠释。他认为：“工厂之创立与发展，须适应经济环境之条件。上海工厂之所以较能发展者，固有其经济环境之条件在焉。航轮、铁道兼备，且水陆交通之便利，外来货料既易，内轮行销又极灵便，此其一。金融流畅，划汇简易，内外国银行林立，集资与借贷迅捷，此其二。当地市场广大，本埠行销畅旺，人口密集，仰给自多；供需适合，营业自盛，此其三。工厂与工厂间以及工厂与他业间，多有相扶相依情形，如食物与制罐、制瓶厂，书业、印刷业与造纸厂，上海各业较内地发达，工厂亦多，此其四。外侨商业

[1] 参见张忠民：《经济历史成长》，上海社会科学院出版社，1999 年，第 86–112 页。
[2] 参见张忠民：《经济历史成长》，上海社会科学院出版社，1999 年，第 199–201 页。

茂盛，吸收外资较易，因之行销外国，亦较畅便，此其五。”[1]

这种集聚效应下的上海企业，特别是工业企业的投入产出效率，可以上海与外省市的纱厂比较为例，如表4–1所示。

**表4–1 上海与外省市纱厂生产成本比较**

单位：元

| 纱支 | 10支 | | 12支 | | 16支 | | 20支 | |
|---|---|---|---|---|---|---|---|---|
| 地域 | 上海 | 外省市 | 上海 | 外省市 | 上海 | 外省市 | 上海 | 外省市 |
| 直接人工成本 | 6.287 | 6.630 | 9.184 | 7.956 | 11.455 | 10.610 | 14.318 | 13.261 |
| 间接生产成本 | 11.710 | 20.367 | 14.726 | 24.710 | 18.736 | 32.589 | 23.420 | 38.310 |
| 推销及管理成本 | 0.275 | 0.724 | 0.330 | 0.824 | 0.440 | 1.158 | 0.550 | 1.363 |
| 总计 | 18.812 | 27.721 | 24.240 | 33.490 | 30.631 | 44.357 | 38.288 | 52.934 |
| 占比% | 100.00 | 147.36 | 100.00 | 138.16 | 100.00 | 144.81 | 100.00 | 138.25 |

资料来源：王子建、王镇中：《七省华商纱厂调查报告》，商务印书馆，1935年，第223页。

注：表中所列总计成本的百分比（%）为作者根据原表数字计算而得。

从上表可见，尽管上海纱厂的直接人工成本要稍高于外省市，但是由于技术及管理方面的差距，外省市纱厂的总生产成本要高于上海纱厂30%以上。由此可见近代海派企业的投入产出效率优势以及鲜明的市场竞争力。

## 三、海派企业家及企业精神

海派企业的形成离不开海派企业家的形成。近代上海企业家的一大特点是虽然不乏本地出身的企业家，如出自浦东的著名纺织企业家穆藕初、建筑企业家杨斯盛等，但从整体上看，大部分的海派企业家，特别是那些享有盛名的海派企业家，大多数还是来自五湖四海，尤其是沿海省份，其中以与上海毗邻的江、浙为最盛。其中如中国通商银行的叶澄

[1] 刘鸿生：《拟迁移战区工厂及创设自由商港之管见》，上海社会科学院经济研究所编：《刘鸿生企业史料》（下册），上海人民出版社，1981年，第3–4页。

衷是浙江镇海人，严信厚是浙江慈溪人，朱葆三是浙江定海人。宁绍、三北轮船公司的虞洽卿是浙江镇海人。五洲药房的项松茂是浙江鄞县人。亚浦耳灯泡厂的胡西园是浙江镇海人。大中华火柴厂的刘鸿生是浙江定海人。美亚织绸厂的蔡声白是浙江湖州人。大名鼎鼎的荣家申新、复新、茂新纱厂、面粉厂的荣宗敬、荣德生兄弟是江苏无锡人。新亚药厂的许冠群是江苏武进人。大隆机器厂的严裕棠是江苏吴县人。上海商业储蓄银行的陈光甫是江苏镇江人。当然，江浙之外也有来自其他省区等地的，其中比较重要的当推广东、南洋等地。如著名的永安公司的郭氏兄弟以及南洋兄弟烟草公司的简氏兄弟等等。这些来自五湖四海的企业家在上海这个“十里洋场”“冒险家的乐园”办企业、做事业，推崇和遵循的正是汇中西文化于一炉的开放、冒险、智慧的海派精神。近代上海所谓的“十里洋场”“冒险家的乐园”，实际上也意味着近代上海就是创业者的乐园。近代上海与生俱来的开放观念和开拓创业的进取、冒险精神，“优胜劣败、事在人为”“人生以创业为真正快乐”在近代上海几乎已成为一种上至企业、下至市民的普遍的海派精神，成为海派文化的真正精髓所在，而海派企业家正是这种海派精神的典型体现。

企业家之所以成为企业家，很重要的一条是其企业家精神，而企业文化以及企业精神，从某种意义上说乃是企业家精神的外在化，它们依次的逻辑关系应该是企业家—企业家精神—企业精神—企业文化。从这个意义上说，企业精神首先是企业家的精神，企业文化首先是企业家的文化。这种状况在近代海派企业家以及海派企业中体现尤为显著。

企业文化的核心是企业精神，而企业精神从某种意义上说乃是创业企业家的企业家精神的外在化。近代上海的海派企业文化从总体上看，是以企业精神、价值观为核心，以制度守则为基本的制度和道德约束，以奖惩制度以及教育、福利保障为基本支撑而实现的一种思想内涵与具体外在表现、精神与物质相统一的综合体系。企业文化具有内外双重功效，是近代海派企业得以生存、延续并且保持竞争力的重要方面。

首先，企业精神决定企业文化。近代一些海派企业，特别是那些在行业中具有领先地位的著名企业，在创办之时即提出和形成了具备自身特色的企业精神。以美亚织绸厂为例，蔡声白就认为："事业之经营首在组织之健全"，"最主要之因素，却在合作精神之贯穿"，于是"和衷共济"这一"厂训"就成为美亚精神以及美亚企业文化的核心。再如陈光甫的上海商业储蓄银行以"海光"为企业的精神标志。"海光"的精髓，一是强调行员必须树立"银行是我，我是银行"的群体意识，使行员和银行的利益联结成一个不可分割的整体；二是以"改革"为企业的生命线，使企业经常保持一种追赶时代、奋发进取、自强不息的活力。而郭氏兄弟永安企业集团的"永安精神"是"顾客至上"，其主旨集中于他们制订的"彼此同心，团结合作，守望相助，勿以小我忘大我"的铭言之中。[1]其他诸如许冠群新亚药厂"勤、慎、忠、实"的新亚精神。项康元康元制罐厂"勤、俭、诚、勇、洁"的康元精神等，无不显现出海派企业颇具特色的企业精神。

企业精神是企业文化的核心。近代海派企业的企业文化并不流于空洞的说教，或者说并不仅仅流于形式上的存在。它们除了融入企业的管理理念以及各种管理制度之外，还更为具体地体现在企业的刊物、教育、医疗、职工文娱活动等十分具体的方面。在企业精神凝聚下的企业文化不仅涵盖了诸如厂规、厂法、厂训、厂歌，以及企业员工的价值观、道德规范、行为准则、思想修养等，而且还十分具体地体现在企业的职工教育、职工业余文化活动、职工福利等与员工切身利益密切相关的各个方面。

以项康元的康元制罐厂为例。康元制罐厂在企业中设有"晨会"制度，强调员工智能、常识、体格、道德全面发展。企业设有专门负责员工教育的教育部门，配备有专职教师。此外，企业还设有专门的职工宿舍、沐浴室、图书馆、运动场、乒乓室、娱乐室、门诊部、合作商店等等。职工工余之暇，可做体操、玩球、下棋，可参加消防演习，可听名人讲演，可观看厂方组织放映的教育影片等。其宗旨和目的就在于使员

[1] 郭泉：《永安精神的发轫及其成功史略》，1962 年，自印本。

工能够在企业精神和企业文化的熏陶下，“安心尽职，努力生产”。近代著名教育家陶行知在考察了康元制罐厂之后认为：“康元是一个新时代的工厂，是一个新时代的学校。”

再如蔡声白的美亚织绸厂自身办有《美亚期刊》《厂务月报》，供本厂职员与工人交流管理与技术经验，公布厂务动态消息。此外工厂很早就设立有惠工处，负责管理职工生活。为职工提供食堂、宿舍等设施，并设立有卫生部、夜校部、俱乐部、储蓄部等。而许冠群的新亚药厂在“勤、慎、忠、实”的新亚精神指导下，不仅办有企业的同人刊物《新亚半月刊》，倡导和增加企业员工的内在凝聚力，同时在注重提高员工教育和素质的理念下，还办有新亚业余补习学校、药学讲习班、工友补习班以及在上海滩较为著名的学制 3 年的广澄药学高级职业学校。在职工文体活动方面，新亚药厂还成立了新亚国术队、新亚口琴队、新亚篮球队以及新亚流通图书馆。在职工福利方面，除了设有职工福利事业委员会及企业同人储蓄赠恤基金外，还设立了多个新亚诊疗所等。

近代海派企业推崇企业精神、企业文化，是因为在当时的社会环境下，企业精神及企业文化对于企业的经营和发展确实具有内外的双重功效。在企业文化及企业精神的人文关怀下，企业可以实现更好的现实经营与长远发展。企业精神及企业文化的对内功效是积聚人心，和衷共济，步调一致，有助于提高企业凝聚力，降低企业经营中的交易成本。对外功效一是服务社会，争取及实现企业的最大利益；二是对外商、外企、外货，则以爱国精神为号召，图生存、求发展等等。

**企业利益最大化目标下企业、社会、员工和谐一体的企业文化**

企业家

企业文化

奖惩制度

企业精神（厂训）—价值观—制度、守则

职工教育—学校、识字班

福利保障—医务所、文娱体育

对社会的外在功效

对企业的内在功效

## 四、海派企业的经商之道

近代中国的企业文化，其宗旨、目的以及价值取向基本上是一致的，但就其具体内容及外在形式而言，不同企业又各具特色。但无论是企业家还是企业，不论其怎么重视和专注企业家精神或者是企业精神、企业文化，作为企业及企业家，归根结底最终所为还是经商以及经商的利益，或者说就是“经商之道”。

在讲海派企业家及海派企业的经商之道之前，我们可以先稍稍回顾一下传统社会的经商之道。我们知道，西方社会在中世纪的神权笼罩下，追求商业利益并不是一件崇高之事。中世纪后期的思想启蒙运动特别是新教革命之后，追求商业利益的资本主义精神逐渐兴起并且具有越来越广泛的社会认同。从人权到物权再到产权，合理且有节制地追求财富，逐渐从伦理道德层面的合理性走向经济制度规范上的合法性。而在传统中国社会，传统商业精神的核心是“义利观”以及由此派生的经商之道，它们要解决的核心问题实际上与新教伦理所提倡的资本主义精神一样，也是要解决“经商”“赚钱”的“合理性”和“合法性”问题。中国社会传统“义利观”首先说的是君子喻于义，小人喻于利。这里说的“利”其表示的伦理道德似乎是利欲熏心，利是小人所为之事，坦荡荡的君子是不应该问鼎于“利”的。但在传统义利观中，与前述伦理共存的还有另外一项道德信条，这就是“君子爱财，取之有道”，这一伦理对于“君子取利”就给出了一个十分充分的理由和路径，这就是只要取利的方法和路径是对的，那么爱财、取利就没有什么不可为。可见君子经商取利，其所为之道极为重要。此正如近代上海著名金融家陈光甫所坦言：“谚云‘君子爱财，取之有道’，足见君子亦非绝不爱财，但非义之财，则决然不取。”[1]近代海派企业及海派企业家正是十分讲究这样的“取财之道”“经商之道”。

---

[1] 上海商业储蓄银行编：《陈光甫先生言论集》，上海商业储蓄银行，1949 年，第 128 页。

所谓经商之道的“道”，仔细分析应该有两层意思：一是道德层面的道德之“道”，二是技术层面的经商门道之“道”。道德层面之“道”，即“贪贾”“廉贾”之说，讲的就是类似现代社会的企业社会责任，如不能用童工，不能生产假冒伪劣产品，不能破坏生态环境，取之于民，用之于民，等等。技术层面的经商之“道”，讲的是同样的经商者，为什么有成效好与不好之分，这就是“经商”与“经商之道”的区别。经商是有“门道”的，但不是每个经商者都有好的、独特的、有效的门道。但是成功者，一定有其独特且他人难以模仿的“经商之道”。故而以经商之道而论，首先，“经商”并非就有“经商之道”。是生意人皆会“经商”，但经商者未必都真有经商之道。其次，就经商之道而论，创新、坚韧、开拓发展，大道似乎一致，但就具体表现形式而论，不同企业、不同企业家、不同行业、不同时期，所谓的“经商之道”则各具有其不同之特色。近代上海的海派企业及海派企业家的经商之道，无不透露出其海派企业及海派企业家共有的精明之处，以及各具特色的过人之处。

以著名的海派企业家刘鸿生为例。刘鸿生在用人之道上认为：“世界上有好人，有坏人；有聪明人，有蠢人；有文人，有武人。好人有好人的用处，坏人有坏人的用处；全才有全才的用处，偏才有偏才的用处。要学会善于用他们。”“发财靠穷人。只要工人肯替你卖命，你的事业一定成功。”而他的经营之道则是“有饭大家吃，与人便利，于己得利”“你要发大财，一定要让你的同行、你的跑街和经销人发小财”。刘鸿生的另一个著名的经营之道是“不把鸡蛋放在一个篮子里”。他说：“我并没有让我所有的鸡蛋都放在一个篮子里，那就是说，所有我的资财都是分开投资的。如果一个企业组织亏损了，其余的还可以赚到大量利润。总起来看，在收支差额上还会表现出一种盈余的情况。”[1]他一生最得意的两项投资——工矿企业与子女教育都贯彻了这种经营之道。在各种企业都办一点的经营之道下，刘鸿生企业包括了诸如义泰兴码头公

[1] 刘鸿生：《1935年9月11日致五子刘念孝函》，上海社会科学院经济研究所编《刘鸿生企业史料》（下册），上海人民出版社，1981年，第29页。

司（1918）、苏州鸿生火柴公司（1920）、上海水泥公司（1920）、中华煤球公司（1926）、中华码头公司（1927）、大华保险公司（1927）、华丰搪瓷厂（1928）、章华毛纺厂（1929）、大中华火柴公司（1930）、中国企业银行（1931）、华东煤矿公司（1932）等等。刘鸿生日后也说："在过去半个动荡不安的世纪中，我曾经被人称为中国的'煤炭大王''火柴大王''企业大王'。"[1] 而他的 10 个儿子留学国外，有 4 个选择英国，4 个选择美国，2 个选择日本；3 个女儿则选择英、美、日三国分别留学。

与刘鸿生的经商之道不同，近代上海另一位著名的企业家蔡声白及由他主持的美亚织绸厂的经商之道是在"和衷共济"的企业精神下坚定不移地创新和推行科学管理。

在 20 世纪 30 年代的上海工厂企业中，蔡声白的美亚织绸厂的企业管理无疑是首屈一指的。蔡声白的管理理念是以和衷共济为核心的企业合作精神。他认为："近代大产业组织，必动员管理及技术人才，集研究、制造于一体，以集体之经验，推动全部工程之进步与改善者。"为此企业设立了关乎企业发展战略的设计委员会，以及直线职能型的科层组织结构，在生产中全面推行标准化生产和工作定额。企业在总公司下设有总务、技术、发行、财务、采办等 5 个处和负责雇员的考试录用、培训、考核的训导委员会以及编译出版委员会。下设美亚一厂至十厂共计 10 家织绸工厂，以及专门生产织绸用经纬丝的美经经纬股份有限公司；负责产品后期练染整理的美艺染练加工厂；能修理和制造全套丝织机械的铸亚铁工厂；负责产品花样设计、制作及轧制纹版等的美章纹制合作社；负责新产品试制的美亚织物试验所；组织收集国内外织物，研究设计新品种，编译丝织技术资料，指导各分厂改良出品的技术研究委员会；负责原料、成品检验的美亚检查所；负责销售的美兴绸庄、美隆绸庄；负责企业员工培训的美亚训练所等。在产品的营销之道方面，企业除了在传统的广告中追求新颖、精巧，举办各种货品展览，巡回宣传

[1] 刘鸿生：《为什么我拥护共产党？》，上海社会科学院经济研究所编：《刘鸿生企业史料》（下册），上海人民出版社，1981 年，第 461 页。

展览等之外，还组织起了极负盛名的时装表演队，进行模特时装表演，并将时装表演拍成影片，在杭州、福州、广州、宁波、青岛、厦门等城市放映。企业被誉为当时中国仅有的专业化、集中化下的织绸工业“托拉斯”。同时，蔡声白还积极推动企业管理中以“法治”代替“人治”，以职业管理人员及技术人员替代工头制管理。蔡声白认为，“与其有治人，毋宁有治法”，企业规制须“条分缕析，纲举目张，大都适合于现代社会之机构，且皆依据于政府法令，足资遵循而期恪守”。[1]

与刘鸿生及蔡声白相比，新亚药厂许冠群的经商之道则又是自成一家，其最大的特点是“路路通”的长袖善舞以及对社会资本炉火纯青的运用。1926 年 5 月，当许冠群与从日本千叶大学药科毕业的同乡赵汝调及屠焕生三人创办新亚药厂之时，资本仅银元 1000 元。而到 1936 年，新亚药厂已成为注册资本法币 50 万元，下设总厂、分厂、研究所、附属工场 20 多处，职工 400 多人，年产值 100 多万元，在上海滩甚有影响的华商制药企业。这与许冠群笼络和收罗社会名流及技术、经营人才的经商之道有极大的关联。1927 年企业改组成新亚化学制药股份有限公司时，国民政府财政部关务署署长吴葆之任公司主席董事，许冠群则任常务董事兼总经理。1929 年企业首次正式发行股票，通过吴葆之的关系，将国民政府工商部司长陈蔗青、关务署专员彭涵丞、财政部秘书张幼涵等，均争取成为企业股东。以后当新亚增资扩股时，许冠群又将当时上海医学界英美派的代表人物、中山医院院长颜福庆博士，上海海关防疫处处长、国际著名医师伍连德等拉进了新亚董事会或监事会。1936 年新亚化学药物研究所成立时，所长曾广方博士亦同样成为新亚药厂股东。上海市新药业同业公会和上海化妆品业同业公会成立之时，许冠群即同时担任了两个公会的执行委员。上海市制药厂业同业公会成立，许冠群又被推选为首届主席委员。此外许冠群还先后担任上海市商会执行委员、全国新药业同业公会执行委员、中国红十字会救护委员会常务

[1] 参见徐新吾主编:《近代江南丝绸工业史》，上海人民出版社，1991 年，第 295–416 页。

委员、中国工业总联合会执行委员、上海市机制国货工厂联合会监察委员，以及国民经济建设运动委员会委员兼专员等等。抗战时期，许冠群及他的新亚药厂更是获得前所未有的发展，这与他擅长的所谓“路路通”的经商之道密切相关。许冠群曾经坦言：“在广大的沦陷区，虽在敌人的铁蹄包围下，我们‘唯利是图’的工商界人士，是出生入死，在利润上搏斗，不让分毫的。沦陷时期，我们在上海租界中的工商界头面人物，尤其在驰骋市场上，先要搞一个‘路路通’。我就是典型的一个‘路路通’。所谓‘路路通’，就是和……等方面，都要搭好关系。”[1]在利用社会资本方面，许冠群“以发行股票为中心，吸收社会游资，发展到有系统的‘新亚企业集团’”[2]。全面抗战之初，许冠群利用战时医药产品需求激增，陆续设立了一系列与新亚药厂有关联的制药企业如新亚卫生材料厂、新亚血清厂、香港新亚化学制药股份有限公司、新亚酵素工业股份有限公司等等。1938—1941 年，新亚药厂三度增资扩股，注册资本从战前的法币 50 万元增至 1941 年的 800 万元，并先后三次发行公司债券 200 万元。1942 年，公司又先后两次发行公司债券共计 400 万元，并且在 1942 年、1943 年两次增资。总股本增至中储券 1.2 亿元。同时他还利用战时上海的资本市场以发行股票，发起设立中国股票公司、中国工业银行等金融机构，开办新亚地产公司、新亚联合地产股份有限公司、新亚建业股份有限公司等企业公司，并以之为核心，大肆实行跨行业扩张经营。到 1944 年，许冠群的新亚企业集团已经名列战时上海成长最快的五大新兴企业财团之首，公司厂商有 35 家之多，各公司的资本总额在 10 亿元以上；其中股票在证券交易所上市的公司有 8 家，合计资本约为 4 亿元。时任新亚药厂总经理的许冠群，也通过企业法人与自然人的多重控股、参股而同时拥有 20 个以上公司企业的董事长、总经理头衔。[3]

---

[1] 许冠群：《新亚药厂三十年》，上海新亚药业有限公司档案室藏。

[2] 许冠群：《新亚药厂三十年》，上海新亚药业有限公司档案室藏。

[3] 陈真、姚洛：《中国近代工业史资料》（第一辑），生活 · 读书 · 新知三联书店，1957 年，第 330–334 页。

上海商业储蓄银行陈光甫的经商之道是“服务至上”。上海商业储蓄银行1915年成立时，额定资本仅10万元，是一家名副其实的“小小银行”。而到1935年，资本已经增加到了500万元，拥有40多家分支行。1937年6月，存款总额近2亿元，在当时上海的“南三行”“北四行”中位居第一。如此高速的扩张与陈光甫服务至上的经营之道密不可分。在服务至上的经营理念下，上海商业储蓄银行创造了许多当时上海金融界从未有过的经营管理方式。如银元存款照给利息；在银行内设立专门的储蓄部，开创“一元”储蓄，并自制储蓄罐奉送顾客；与中国银行、交通银行、浙江兴业银行、浙江实业银行联合设立“上海公栈”，对传统“信用”借款实行改革，实行货物抵押借款。在国内成立首家旅行部，意为拓展各地金融业务之先锋。这也就是陈光甫所说的，“本行欲往某地发展，先在某地办旅行社，取得社会人士同情后再设银行，故谓旅行社为银行之先锋”。

## 五、海派企业、海派企业家的当代意义

近代海派企业以及海派企业家的当代意义大致上可以从三个方面予以理解。

首先是面临同样的问题。近现代中国的企业和企业家，上海的企业和企业家，其缘起的时代大背景都是近现代中国从传统走向现代，从相对封闭走向对外大开放。这一开放大背景决定了近现代的企业和企业家面临着基本相同的内外环境，以及内外环境下必然的社会转型。近代的海派企业以及海派企业家与现代的企业家面临的另一个共同问题则是：第一代创业型的企业和企业家到了一定的时期之后，如何向后续的企业及企业家过渡和存续。对现当代的民营企业及企业家而言，他们与近代的海派企业及企业家一样，都面临以下问题：如果继续经营家族企业，其重点是如何渡过所谓的换代危机；而如果要让家族企业走向公众企业，则重点是如何实现企业的公众化改制。

其次是企业文化与企业精神的时代特征及其效用。从前述可见，企

业文化及企业精神从一开始就带有强烈的时代特征，其中主要的如从传统观念而来的以企业为家，勤俭、团结的精神和文化，服务社会、服务大众的理念及文化精神，崇尚科学、崇尚创新的新时代精神，以爱国、强国为号召的抵侮精神及其文化等。这种时代特征在不同的历史时期可能有不同的内容及表现形式，但是其内在的精神实质及实际效用在不同的历史时期都具有同样的时效和意义。

再次是企业家的素质及自我修养对于企业发展的至关重要的作用。企业家的自身素质对于企业、企业文化、企业精神具有至高无上的重要性。这也就是说企业家，特别是作为企业创始人的企业家要有文化，这种文化与企业家受过多少正规的学校教育并无直接关联，但是与企业家自身的素养、学识、能力和努力有直接的关联。近代海派企业家有出自近代西洋式教育，也有来自传统教育，但是他们的共同点是都具有较为深厚的文化底蕴，并且知道如何将这种文化底蕴运用于企业上。有文化底蕴者不一定就是成功的企业家，但成功的企业家大多都具有深厚的文化底蕴。此外，企业家经营企业必须理解和认识中国社会的背景，不理解社会背景就无法理解中国的企业与商道。一个真正成功的企业家，特别是大企业家，不能只是懂企业，还必须懂社会，这在近现代中国是如此，在当代中国也是如此。任何企业经营再好，都会遇到大大小小的困难、危机，如何应对极为重要。企业与企业家之成功，有必然性，也有偶然性。习成功之经验而知之，晓失利之事例而铭之。

最后，我们之所以读历史、学历史，以历史上海派企业、海派企业家事例举一反三，其意或在于能以历史真正感悟居安思危、未雨绸缪、处变不惊、百折不挠的海派企业、海派企业家精神。人有居安思危之见，方有未雨绸缪之举；有未雨绸缪之举，才可有处变不惊之能；有处变不惊之能，再可有百折不挠之效。若如此，何以企业不成，企业家不成。

# 全球化视野下的近代中俄贸易

## ——以棉布和茶叶为中心[1]

刁莉

**摘　要：**本文以近代中俄贸易的大宗产品棉布和茶叶为线索，梳理了近代中俄贸易发展的历程，总结出近代中俄贸易的主要特点：早期以陆路贸易、长途贩运贸易为主，逐渐发展成三大贸易区：恰克图贸易区、新疆贸易区和东北贸易区。在贸易区中，俄国对棉布和茶叶两大宗商品进行"进口替代"和"资本输出"，争取了贸易的主动权。商业资本的优势、"关税豁免及优惠"等不平等条约的签署使俄国由一个后发工业化国家主动融入近代全球化发展。本文探讨了近代中国在"陆路贸易"中通过贸易结构的转换被迫融入近代全球化的过程，指出一国的自然要素禀赋既是优势也是劣势，观念的转变、"贸易活动"的主动权、对商业资本的重视程度是早期现代化国家发展的契机。

**关键词：**全球化；近代中俄贸易；茶叶和棉布

18—19世纪展开的全球化和工业革命深刻地影响着世界发展，进行

---

[1] 本文原发表于《清华大学学报（哲学社会科学版）》，2019年第2期。本文系国家社会科学基金重大项目"一带一路相关国家贸易与互补关系研究"（16DA039）成果。

过工业革命的西方国家不断寻求海外市场扩张和原料供应，用“军事”和“贸易”这两种不同手段来确保这一扩张过程的实现，前者较为明显，后者相对隐蔽，后者对落后国家的危害却甚于“军事”手段。[1] 早期工业化国家通过对关键性商品的销售和垄断来攫取巨额贸易利润，未开展工业革命的国家则被迫卷入全球化进程之中，沦为列强发展的垫脚石。因此，通过分析两国贸易中关键性商品的变动趋势可以洞见各国的不同发展态势。

长达两百年的近代中俄贸易，在全球化的趋势下，由传统贸易向近代贸易转变，凭借地缘上边界的联系以及更早的合法通商，形成了由新疆、恰克图、东北三大区域组成的欧亚大陆上的重要贸易圈，经过发展，海陆相连，在中西方的贸易沟通中起到了举足轻重的作用，棉布和茶叶两种大宗商品在近代中俄贸易中占据主要地位。近代俄国以中俄贸易为契机，使用“关税”作为重要工具，推动了本国棉纺织业的发展，实现了进口替代，之后开始对中国出口棉布。俄国凭借棉布出口发展起来的产业资本、不断完善的现代化机器生产体系，建立了在国家支持下的商业流通体系，对中国内地开始资本输出，又掌控了“茶叶贸易”的主动权，从中获取了巨额贸易利润，间接促进了西伯利亚地区的建设与发展。与此不同的是，中国并未把握住早期所具备的自然资源禀赋所带来的贸易优势进行深入发展，逐渐在近代中俄贸易中沦为国际贸易垂直分工中的下游国家。

## 一、中俄近代商品贸易发展概况

与相隔万里的英国不同，早在 17 世纪末、18 世纪初，俄国通过对外扩张与中国建立了地缘边界联系。1689 年 9 月 7 日，在双方曲折的

---

[1] 郑观应在《盛世危言·商务》中分析了“兵战”与“商战”对于中国的影响；李伯重在《火枪与账簿：早期经济全球化时代的中国与东亚世界》中用火枪代表了军事革命导致的新型暴力，账簿则意味着对商业利益的积极追求，分析了经济全球化早期密切关联的国际贸易与军事冲突。

谈判后，中俄双方签订了《尼布楚条约》(俄方称《涅尔琴斯克条约》)，这是中俄贸易联系建立的第一个基础。条约中的第五款指出："双方凡持路条之人无论以何种身份，考虑到双方重新恢复的友谊和各自的事业，应允其自愿前来买卖，并将得到保护。"[1]这表明中俄之间的贸易关系早在17世纪末就开始了。[2]最初中俄贸易的开展形式以国家商队为主，俄国通过毛皮贸易获取巨额贸易利润来支持国家财政，鼎盛时期贸易利润高达 150%，即使京师贸易衰落后仍保持在 80% 以上。[3]

早期有限的交易商品难以满足中俄之间对于扩大贸易的需求，1725 年，俄国派遣特使萨瓦·弗拉迪斯拉维奇（Sava Vladislavitch）出使中国，而后双方于 1727 年 8 月 31 日签订了关于确定恰克图附近边界的《布连斯奇条约》，1728 年 6 月 25 日签订了关于两国政治和贸易关系的《恰克图条约》。[4]《恰克图条约》恢复了中俄之间曾一度被禁止的商队贸易，同时开创了合法的俄中边境贸易，意味着中俄贸易的扩大化，此后的一个半世纪，这种贸易成了中俄贸易的主要形式。

凭借得天独厚的地缘优势和中俄之间相对稳固的关系，中俄近代贸易依托边界以贸易区的形式展开。最早建立的是"恰克图贸易区"，中俄的贸易通过在各自边境的两个小城——恰克图和买卖城的互市与互动

---

[1] 见《法律全集》第 3 卷，1346 号。汉译版为"两国今既永修和好，嗣后两国任何持有通行路票者，均应准其往来两国之间，任便贸易"，藏俄国外交政策档案馆，条约全宗，1689 年，第 22 号案卷，第 6–7 页。见米·约·斯拉德科夫斯基：《俄国各民族与中国贸易经济关系史（1917 年以前）》，宿丰林译，社会科学文献出版社，2008 年，第 402 页。

[2] Русско-китайские отношения в XVII веке/Материалы и документы. Т.1. 1608–1683. – М., 1969. С.176.

[3] Артемьев А. Записки императорскаго русскаго географического общества по отделению статистики Санкт-Петербург, 1843.-т.3. .Л15.

[4] 刘选民：《中俄早期贸易考》，载《燕京学报》，1939 年第 25 期，第 177–180 页。其中关于通商的规定指出：按照所议，准其两国通商。既已通商，其人数仍照原定不得过二百人；每间三年进京一次。除两国通商外，有因在两国交界处所零星贸易者，在色楞额之恰克图、尼布楚之本地方（俄文本作祖鲁海图），择好地建盖房屋，情愿前往贸易者，准其贸易。周围墙垣栅子，酌量建造，亦毋庸取税；均指令由正道行走，倘或有往他处贸易者，将其货物入官。

交易，为双方带来了不菲的贸易利润，推动了双方的经济发展，维护了边境的稳定。但这种贸易形式也存在种种弊端，诸如以物物交换为主的交易方式、漫长的边境线上仅存在一个交易点、清政府屡次断绝边境贸易等。

鸦片战争后，中国被迫卷入全球化之中，中俄双方于1851年签订了《伊塔通商章程》（即《伊犁塔尔巴哈台通商章程》）[1]，俄国获得了与中国进行正常贸易的资格[2]，中俄贸易由单一的边境贸易拓展到了边界区域贸易，在中国西北边疆展开贸易活动，即“新疆贸易区”。伴随着新疆的开埠，中俄之间的贸易得到了进一步扩展。俄国又将视线转移到了东北，1858年5月，中俄签订《瑷珲条约》，俄国瓜分了部分黑龙江左岸的土地，确立了俄国在松花江的合法通行地位，然后用同样的方式，俄国又获得了中国黑龙江以北的大片土地；次年签订《黑龙江通商条规》谋取了黑龙江、乌苏里江的航行权和沿江贸易权，这片区域就形成了中俄“东北贸易区”。随着三大贸易区的不断发展，中俄近代贸易格局也随之展开，贸易方式由传统的商队贸易、边境互市贸易转向近代贸易。近代贸易的主要特征是带有殖民性质的贸易，贸易由两国边境逐渐深入中国内地，进行直接贸易，而主要交易国——俄国（或是英国等）同时伴有免关税、子口税减半等不平等待遇。[3]近代中俄贸易形成了一条属于陆路贸易、贯穿欧亚大陆的贸易通道，该通道以中国新疆地区、恰克图地区和中国东北地区三大贸易区为载体向欧亚大陆辐射，把中国内地、俄国与欧洲的贸易通道紧密联系起来。

---

[1] 也称为《固勒扎伊犁条约》，藏俄国外交政策档案馆，条约全宗，1851年，第887/156号案卷，第1–8页，见米·约·斯拉德科夫斯基：《俄国各民族与中国贸易经济关系史（1917年以前）》，第417–420页。章程签订过程见《奕山等奏会议俄国至伊犁塔城两处通商章程折》，故宫博物院明清档案部编：《清代中俄关系档案史料选编》（第3编上册），第12–13页。中方章程见《咸丰条约》（卷1），文海出版社，1974年，第9–21页。

[2] 19世纪之前，清朝当局不允许中国商人跨越国境，俄国人也只能在边境市场进行交易。

[3] 1858年签订的《中英天津条约》和《通商章程善后条约·海关税则》中规定：英国商人进出口货物，即准在口岸一次纳税，而免去一切内地税厘的征收，所纳之税为正税之半，是为子口税，也称子口半税。见戴一峰：《论晚清的子口税和厘金》，《中国社会经济史研究》，1993年第4期，第78页。

## 二、中俄近代三大贸易区的特点

俄国通过先后与中国建立起来三大贸易区逐渐向中国内地发展，但是每个贸易区的商品结构、商人主体、交易方式等都存在差异，表现出多层次的市场性和商品交易的多种类型，既包括农牧产品、土特产品的互补性交易，也有大宗商品、奢侈品的远距离集散和运输。

恰克图贸易区在 1728 年开市之初贸易规模十分有限，到 18 世纪 50 年代开始兴盛，19 世纪 20 年代，贸易额达到 1500 万卢布左右。从 18 世纪 60 年代起，恰克图市场成为中俄物品的过境地。[1] 在贸易商品结构上，19 世纪之前，大体保持以棉布换毛皮的贸易结构；到 19 世纪 30 年代，商品结构转变为以茶叶换棉布；1860 年后，随着恰克图市场由交易市场变为贸易过境地，市场几乎只剩下唯一的交易商品——茶叶。

**表 5-1　1755—1893 年期间恰克图贸易额**　　单位：卢布

| 年份 | 俄国货价值 | 中国货价值 | 贸易总额 | 关税 |
|---|---|---|---|---|
| 1755 | 606084 | 230981 | 837065 | 193173 |
| 1756 | 450768 | 241252 | 692020 | 157183 |
| 1757 | 421878 | 418811 | 840689 | 147215 |
| 1758 | 525999 | 511071 | 1037070 | 178876 |
| 1759 | 718145 | 698985 | 1417130 | 230481 |
| 1760 | 699940 | 658331 | 1358271 | 238155 |
| 1761 | 391469 | 619598 | 1011067 | 130840 |
| 1762 | 101643 | 37672 | 139315 | — |
| 1768 | 25477 | 25477 | 50954 | 7309 |
| 1769 | 1074651 | 928984 | 2003635 | 401707 |
| 1770 | 1351977 | 1271738 | 2623715 | 495290 |
| 1771 | 1246410 | 142510 | 2388920 | 451342 |
| 1772 | 1002518 | 934121 | 1936639 | 389269 |
| 1773 | 1140185 | 1153992 | 2294177 | 397420 |

[1] Носков И. А. Кяхта (о кяхтинской торговле чаем) Репринтное издание 1861 г.–С–П, 2010C. 23–27.

续表

| 年份 | 俄国货价值 | 中国货价值 | 贸易总额 | 关税 |
|---|---|---|---|---|
| 1774 | 1227760 | 1120870 | 2348630 | 444998 |
| 1775 | 1365825 | 1278584 | 2644409 | 453278 |
| 1776 | 1638791 | 1401915 | 3040706 | 500460 |
| 1777 | 1440546 | 1342127 | 2782673 | 479061 |
| 1778 | 794539 | 667253 | 1461792 | 277599 |
| 1780 | 2700187 | 2700187 | 5400374 | 545979 |
| 1781 | 3735311 | 3735311 | 7470622 | 706219 |
| 1782 | 3520342 | 3520342 | 7040684 | 662850 |
| 1783 | 2789176 | 2789176 | 5578352 | 509148 |
| 1784 | 2413356 | 2413356 | 4826712 | 431601 |
| 1785 | 1805926 | 1805926 | 3611852 | 347579 |
| 1792 | 2467279 | 2467279 | 4934558 | 509830 |
| 1793 | 3549432 | 3549432 | 7098864 | 515581 |
| 1794 | 2522941 | 2522941 | 5045882 | 527070 |
| 1795 | 2720285 | 2720285 | 5440570 | 532393 |
| 1796 | 2551764 | 2551764 | 5103528 | 488320 |
| 1797 | 2378750 | 2378750 | 4757500 | 414277 |
| 1798 | 2783942 | 2783942 | 5567884 | 509684 |
| 1799 | 3677823 | 3677823 | 7355646 | 698487 |
| 1800 | 4191923 | 4191923 | 8383846 | 715364 |
| 1805 | 5742328 | 5742328 | 11484656 | |
| 1810 | 6580308 | 6580308 | 13160616 | |
| 1812 | 2936013 | 2936013 | 5872026 | |
| 1813 | 5464674 | 5464674 | 10929348 | |
| 1824 | 7989000 | 7989000 | 15960000 | |
| 1827 | 7256076 | 7256076 | 14512152 | |
| 1828 | 7349184 | 7349184 | 14698368 | |
| 1829 | 7803553 | 7803553 | 15607106 | |
| 1830 | 6898597 | 6898597 | 13797194 | |
| 1847 | 6800560 | 6800560 | 13601120 | |
| 1848 | 5349918 | 5349918 | 10699836 | |
| 1849 | 5165334 | 5164334 | 10330668 | |
| 1850 | 6916071 | 6916071 | 13832142 | |
| 1875 | 2507000 | 13133000 | 15640000 | |

续表

| 年份 | 俄国货价值 | 中国货价值 | 贸易总额 | 关税 |
|---|---|---|---|---|
| 1885 | 1856000 | 15296000 | 17152000 | |
| 1893 | 936000 | 14903000 | 15839000 | |

注：1760年以前（包括1760年在内）的关税是根据1699年制定的海关税则征收的，后来则按1761年规定的税率征收。

数据来源：俄国海关数据，见《俄国各民族与中国贸易经济关系史（1917年以前）》，第169、170、178、187、219、228、297、298页。

在新疆贸易区，19世纪50年代开始有正式贸易，其贸易额仅有200万卢布左右，19世纪80年代后，贸易额迅速稳定增长，到1914年达到2500万卢布的高点。[1]贸易商品结构方面，新疆主要出口土产牲畜、皮毛、棉布、丝织品及手工业品，而俄国出口的商品主要是皮货、金属及纺织工业品。自《伊塔通商章程》缔结后，贸易日渐繁盛，1852年中国输入俄国的货物价值达到552000英镑，1854年增至780000英镑，到1856年达到了1016692英镑。[2]由于俄国禁止鸦片、黄金、白银、火药武器等向中国出口，所以主要以俄国的牲畜、纺织品、金属器具、珠宝、皮革和毛皮去换取中国的茶叶和土布。[3]在同一时期的贸易中，棉布占据了俄国出口的最高比重，进口最多的当属茶叶，在19世纪50年代上半期，进口商品90%以上是茶叶。

东北作为合法贸易地的时间较早，但贸易初期主要是边民之间互通日用必需品的零星小额交易，直至19世纪下半叶才形成一定贸易规模。19世纪下半叶前期，因西伯利亚距俄国经济中心较远，开发相对欠缺，双方的贸易额有限，1870—1872年，仅有1100人前往俄东滨海省进行贸易活动。[4]这一时期的商品贸易结构表现为：东北出口到俄国的商品

[1] Государственный архив Иркутской области(ГАИО).Ф.25.Оп.11.Д.12.Л.32.

[2] 刘选民：《中俄早期贸易考》，载《燕京学报》，1939年第25期，第200页。

[3] 费正清、刘广京：《剑桥中国晚清史》（上卷），中国社会科学出版社，1996年，第360–361页。

[4] 米·约·斯拉德科夫斯基：《俄国各民族与中国贸易经济关系史（1917年以前）》，社会科学文献出版社，2008年，第281页。

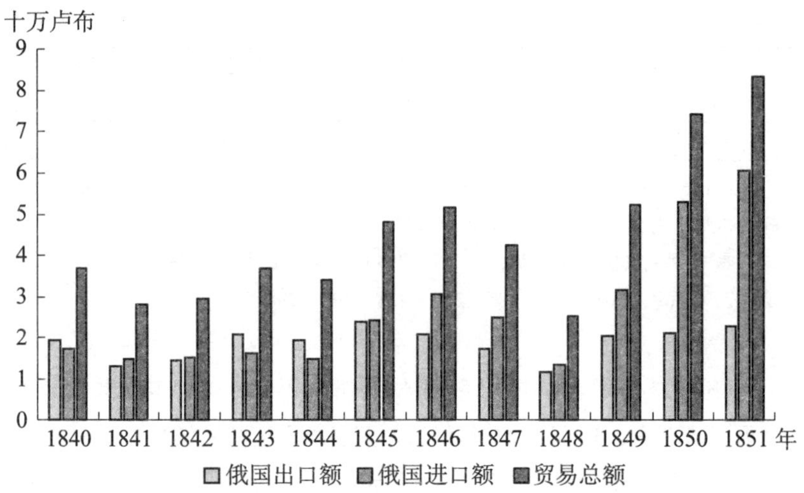


**图 5–1 1840—1851 年中亚边境中俄新疆贸易额**

数据来源：俄国海关数据，见《俄国各民族与中国贸易经济关系史（1917 年以前）》，第 238 页。

以牲畜及粮食为主；俄国出口以毛皮为主，在生产生活资料上高度依赖东北，处于贸易入超状态（见图 5–2）。伴随着 1862 年《中俄陆路通商章程》和 1881 年《改订陆路通商章程》两大不平等条约的签订，俄国攫取了大量贸易特权。与此同时，俄国加速移民和开发远东，1885—1905 年向远东输送了 30 多万人口，推动了这一地区的发展，到 19 世纪末，阿穆尔省和东滨海省已有 100 多个工厂企业，生产出超过 400 万卢布的商品。[1] 此外，俄国兴建的西伯利亚铁路和中东铁路，加深了"欧洲俄国—西伯利亚—中国东北"的有效联系，加之中国东北人口逐渐增多，市场逐渐扩大，多种有利因素使东北迅速成为中俄的主要贸易区，茶叶、大豆及其衍生产品一跃成为东北贸易的大宗商品。这一时期的商品贸易结构较 19 世纪下半叶前期有很大转变，俄国的工业制成品，如

[1] 米·约·斯拉德科夫斯基：《俄国各民族与中国贸易经济关系史（1917 年以前）》，第 282、286 页。

金属制品、纺织品、海产品，取代了毛皮成为主要输出商品，而主要从东北地区进口原材料及食物等附加值较低的产品，故在这一时期俄国与中国东北贸易中，俄国处于贸易顺差状态，且顺差呈现持续扩大趋势（见图 5–2）。

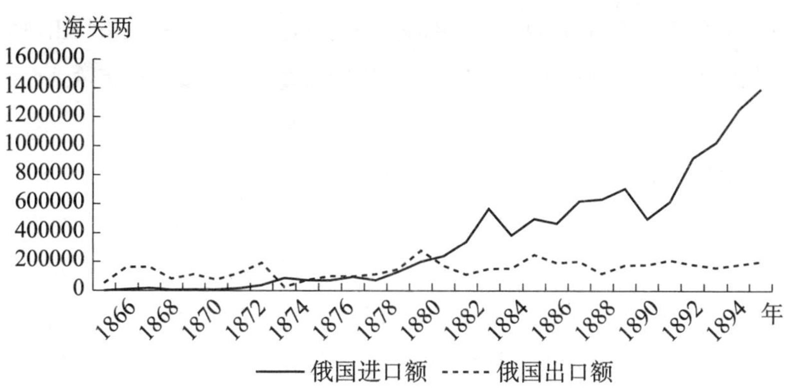


**图 5–2 1866—1894 年中俄东北贸易额（俄国东滨海省）**

数据来源：Trade Returns，见姚贤镐：《中国近代对外贸易史资料》（第二册），中华书局，1962 年，第 1320 页。

由于生态地理、资源禀赋、政府政策及开埠环境的差异，每个区域均有各自的特征，形成不同的层次性。

第一，三个市场虽然都设在中俄两国的边境线上，但新疆贸易市场在中国的本境内部，而恰克图市场和东北市场是在两国的边境，中俄两国的市场是对应的。所以，早期的恰克图市场及东北市场基本是平等互利的，而新疆市场更多是俄国对新疆的掠夺。

第二，东北市场本身既是贸易地，又是生产、加工、消费之地，而恰克图与买卖城是重要的贸易之地，是中国长距离贩运的终点站，买卖商人等只在交易时期停留于市场，市场的人员组成也只是商人或为贸易而服务的人员。

第三，新疆市场因地处偏僻，远离内地城市，自然资源以及生产力水平有限，对俄国市场有强烈的依赖性。东北市场与新疆市场有很大的相似之处，地处远离中国内地的地区，但东北是黑土地粮仓，其自给能力相对新疆要强，俄国对远东地区因距离关系很难有高强度的控制，所以东北市场不至于受俄国的操纵。但随着两国环境的变化，东北和新疆都逐渐成为满足俄国工业发展、远东开发的原材料供给市场和工业品的销售市场。

第四，新疆市场、早期东北市场，与恰克图市场相比，在商品品种和贸易额等方面具有规模小、灵活性强的特征。新疆、东北市场出口的货物大部分为本地所产，随产随销，手续简便，不需要长途运输。而恰克图市场一般为棉布、茶叶等几项大宗的交易物品，交易额较大，且须从内地贩运，路经各地手续较多，其贸易方式更为固定化。总之，恰克图市场在整个时期活动贸易半径较大，行走路线穿越中国内地的许多地区，商品从南方产茶区运往莫斯科，或者商品从俄国的中心城市及欧洲国家运往中国的内地。[1] 新疆市场和东北市场大部分时间内的活动区域仅限于新疆本地和东北的北部地区，供销基本上在本地内部。即使是东北市场后期的贸易，其特点也有别于恰克图市场，东北市场与俄贸易路线是铁路和海上运输，经过中国内地省份的很少。

第五，无论是在恰克图贸易区、新疆贸易区还是东北贸易区，属于奢侈品的丝绸、瓷器、贵重毛皮、贵金属占很大比例，其中茶叶和棉布为两项大宗商品，并且在很长一段时间内成为中俄贸易的主体。与此同时，中俄贸易中也不乏各类生活必需品和廉价的商品，诸如土货烧酒、糖、煤油、酒精、服装、食品杂货、日用小百货、烟、鞋等，并且随着中俄贸易的发展和演变，这一层次的商品比重在增加。

## 三、近代中俄贸易博弈：以棉布和茶叶为中心

### （一）棉布——贸易与工业化的交织

相较于英国而言，中俄在近代早期同属后发国家，棉布是早期中俄

---

[1] Миротворцев В. В. Материалы для истории Пекинской духовной миссии // Православный собеседник. 1888. Сентябрь. С.108–111.

贸易的重要大宗商品之一，棉布见证了中俄不同态势的工业进程和贸易结构的转变，最初由中国向俄国出口的“南京小土布”和“大布”代表的是一种以“耕织结合”为主要特征的小农家庭棉纺织业，是一种传统的手工制品，而在之后俄国向中国输出的棉纺织品则脱离了这种范畴，已经更替为更先进的机制品。棉纺织业是大部分国家工业革命的先导部门，是工业化的基石。先进的机器生产需要建立在雄厚的产业资本和商业资本之上，棉纺织业的发展需要建立在广阔的棉布消费市场之上，有限的国内市场无法满足棉纺织业扩大生产的需求，因此需要不断扩大国外市场。棉纺织业的发展和棉布贸易是紧密联系在一起的，一方面棉纺织业的发展能够推动棉布的出口，在贸易中占据更多成本优势和价格优势，获取更多的利润；另一方面棉布贸易带来的利润能够为棉纺织业提供资金支持，推动棉纺织业的持续发展。

在俄彼得一世末期，中国的各种棉织品在俄国十分畅销，特别是像“中国布”和“大布”这样的商品，在这一时期，俄国对于中国的棉织品的进口额迅速增加（见表 5–2），这些棉织品在西伯利亚农民之间拥有广阔的市场。1727 年，中国输入俄国的棉织品价值为 49000 卢布，占商队输入的商品总值的 39%。[1] 当恰克图和祖鲁图海的边境贸易发展起来后，中国棉织品的出口迅速增长，1751 年输入的棉织品的价值已经达到了 257000 卢布，占俄国从中国进口额的 59.5%。[2]

在中俄恰克图贸易期间，从中国输入的棉布，是贸易的主要物品，几乎占整个贸易的三分之二，在棉布之中，南京小土布占交易额的八分之七，大布占八分之一。南京小土布因其价格低廉，不仅在西伯利亚，而且在俄国全境都有着很好的销量，受到社会的普遍欢迎，而大布则只在西伯利亚地区较为流行。[3] 俄国每年从恰克图大约换进 30 万块南京小

[1] 米·约·斯拉德科夫斯基:《俄国各民族与中国贸易经济关系史（1917 年以前）》，第 158 页。

[2] 米·约·斯拉德科夫斯基:《俄国各民族与中国贸易经济关系史（1917 年以前）》，第 158 页。

[3] Государственный архив Иркутской области(ГАИО).Ф.25.Оп.11.Д.12.Л.51.

土布、20 万—38 万块大布，如此庞大的进口量足以说明棉织品在恰克图贸易中的作用极为重要，以至于南京小土布可以长期充当中俄贸易的交换单位。[1] 在 18 世纪下半叶的中俄贸易中，棉织品在中俄贸易总量中占据着主要地位[2]，俄国从中国进口的棉布始终占很大比重，并且贸易额在不断扩大，如表 5–2 所示。

**表 5–2 1758—1792 年俄国进口棉布状况（单位：卢布）**

| 年份 | 俄国进口总额 | 从中国进口额 | 比重 /% |
| --- | --- | --- | --- |
| 1758—1760 | 1021542 | 509259 | 49.9 |
| 1778—1780 | 1999842 | 1063942 | 53.2 |
| 1790—1792 | 4608898 | 1601263 | 34.8 |

数据来源：《俄国各民族与中国贸易经济关系史（1917 年以前）》，第 192 页。

至 19 世纪初，中俄的棉布贸易发生了结构性的转变，以棉布为代表的中国手工业制品的输入势头开始明显减弱，这种明显的衰退发生在 19 世纪头 10 年末，主要体现在上文提到的两种在 18 世纪风光无两的产品——南京小土布和大布，过去每年换进数量达 30 万块的南京小土布，现在总计只剩下 10 万块，过去每年换进数量达 20 万块的大布，到 1813 年只剩下了 2.6 万块。[3] 俄国从中国换进的商品结构发生了根本性的变化，南京小土布和大布在中俄贸易之间的重要性已经消失殆尽，可以从图 5-3 中看出中国棉布出口的衰落趋势。

从 1815 年开始，南京土布和其他纺织品的价值量开始迅速下降，1815—1830 年这短短 15 年间，俄国从中国进口的棉布数量下降了 90%，只占同时期俄国进口总额的 8% 左右（见图 5–3）。这种转变速度极为惊

[1] 米·约·斯拉德科夫斯基：《俄国各民族与中国贸易经济关系史（1917 年以前）》，第 180–181 页。

[2] A. H. 拉季舍夫：《关于中国贸易的信函（1792）》，载《拉季舍夫全集》（第二卷），莫斯科，1907 年，转引自米·约·斯拉德科夫斯基：《俄国各民族与中国贸易经济关系史（1917 年以前）》，第 192 页。

[3] 米·约·斯拉德科夫斯基：《俄国各民族与中国贸易经济关系史（1917 年以前）》，第 71、72 页。

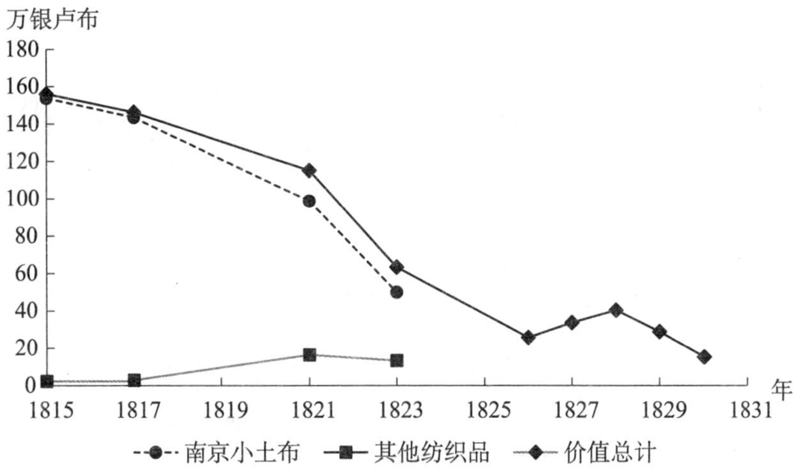


**图 5–3 1815—1830 年中国棉布输俄价值**

数据来源：见《俄国各民族与中国贸易经济关系史（1917 年以前）》，第 94–95 页。

人，意味着中国棉布产品在中俄贸易中已经失去了绝对竞争优势，逐渐被俄国和西欧的棉布产品取代。而 1825 年之后，俄国已经开始向中国出口机织布，到 1828 年这种机织布销量已经达到 4653 俄尺，1830 年在俄国一些市场上，机织布已经完全取代了南京小土布。[1]在 1840 年之后，从恰克图和新疆的贸易额可以清晰地看出，俄国出口中国的机织棉布数量远超中国出口俄国的南京小土布的数量，机织棉布成为俄国对中国贸易的重要商品，图 5–3 反映了这一明显趋势。

图 5–4、图 5–5 再次证实了中俄棉布贸易的结构性变化：俄国棉布的出口量在不断扩大，中国棉布的出口量在不断下降。到 1854 年，俄国通过恰克图向中国出口的棉布的数量达到了进口数量的 177 倍。从中俄棉布西部贸易（见图 5–4）可以看出，俄国向中国出口的棉布的价值占到其总出口额的一半，而中国的棉布出口比重只占到 0.9%，和俄国的

[1] Государственный архив Иркутской области(ГАИО).Ф.25.Оп.11.Д.12.Л.62.

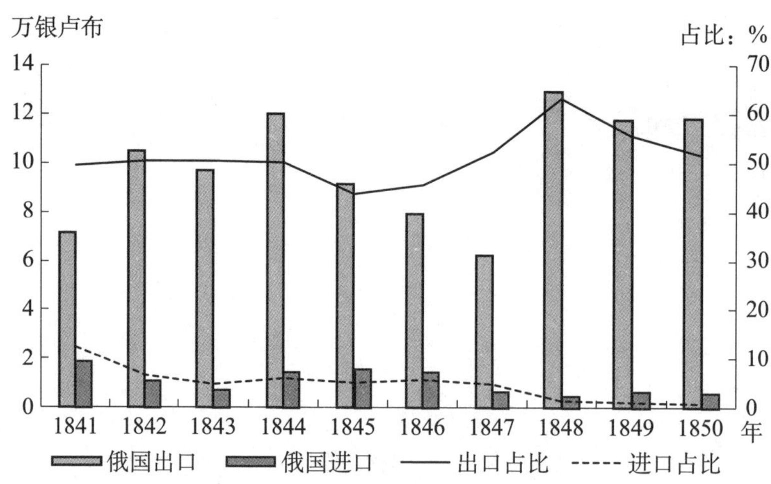


**图 5-4　1841—1850 年中俄棉布西部贸易**

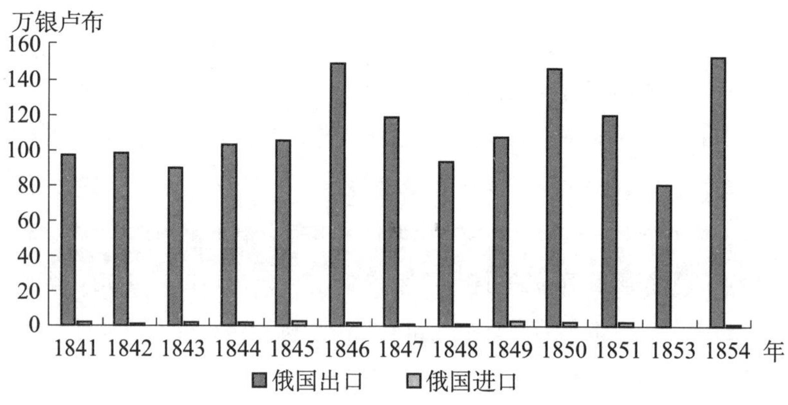


**图 5-5　1841—1854 年中俄棉布恰克图贸易**

数据来源：中俄西部贸易数据，见《俄中通商历史统计概览》，1857 年喀山版，第 433－438 页，笔者整理计算所得；恰克图贸易数据，见阿·科尔萨克：《俄中商贸关系史述》，米镇波译，社会科学文献出版社，2010 年，第 133、187 页。

出口额相比微乎其微。这意味着这一时期中俄之间棉布贸易结构发生了巨大的逆转，造成的影响不仅体现在贸易数量上，更重要的是为俄国早期工业化的继续发展积累了商业资本，为俄国经济发展提供了一个重要契机。1843 年 6 月 20 日，莫斯科民政省长谢尼亚温在一份报告中特别强调："西伯利亚地区的繁荣和我国纺织工业，特别是莫斯科纺织工业的兴盛，主要依靠它（中国广阔的市场和对中国的棉织品出口），通过向恰克图市场往返运输各种商品，活跃了从莫斯科到中国边界的遥远之路。"[1] 到了 1857 年，仅莫斯科就有 96 家为恰克图贸易市场生产的工厂，其中 45 家生产棉织品。[2] 恰克图贸易帮助俄国出口了无法进入欧洲市场的棉纺织工业品，俄国的纺织产业的生产情况很大程度上取决于这一贸易状况。[3] 这极大地推动了近代俄国工业化的进程，此后俄国对中国的棉纺织品的输出一直持续，到 1914 年俄国输华棉布价值高达 1280.6 万卢布。[4]

至此俄国已经摆脱了对中国棉布的依赖，成功实现了进口替代，转而向中国输出机织棉布，在如此短的时间内（见图 5–4、图 5–5）就实现了贸易额的巨大逆转。贸易结构的逆转，究其根源，在于中俄对先进技术及工业化的不同态度。不断进行欧化的俄国受英国和欧洲地区技术扩散的影响，随着近代棉纺织机器生产方式逐步确立，逐步开展了一系列机械化生产的改造，同时废除农奴制使俄国国内劳动力市场扩大，激励了俄国其他产业部门发展的进程。但同时期的中国，棉纺织业的生产并没有脱离传统纺织业的范畴，在相对封闭的国家发展道路中，并未吸收到更为先进的技术和生产组织方式，尚未脱离小农家庭棉纺织业"耕织结合"的特征，已落后于世界发展的潮流。这样的情况在新疆贸易区表现得尤为明显，当地的手工生产在机器生产的冲击下土崩瓦解，以至于"近来俄商分销各样洋货，缠妇与民妇又喜其花样精致，相率争购，

---

[1] Артемьев А. Записки императорскаго русскаго географического общества по отделению статистики Санкт-Петербург, 1843.-т.3. .Л10.

[2] 霍赫洛夫：《恰克图贸易及其在俄中政治中的地位》，载《文件在驳斥：反对伪造中俄关系史》，1982 年俄文版，第 140 页，转引自孟宪章主编：《中苏贸易史资料》，中国对外经济贸易出版社，1991 年，第 140 页。

[3] Архив внешней политики Российской империи (АВПРИ). Ф.143. Д.172. Л.32.

[4] 米·约·斯拉德科夫斯基：《俄国各民族与中国贸易经济关系史（1917 年以前）》，第 368 页。

而斜布之利几为夺”[1],“本地虽亦纺织，类多故步自封，用土法土机，故所出之布，质粗价落，难以畅销”[2]，以至于新疆绥定县（今新疆伊犁霍城县惠远镇）令感慨道：“乏术抵制，吾民其有终极乎？”[3]

俄国始终重视贸易与产业发展的关系，而中国错失了发展的契机，忽视早期恰克图贸易中的棉布优势地位，没有将棉布贸易的巨额利润转化为产业资本，以此推动棉纺织业的技术创新和组织变革。相反，庞大的棉布进口贸易背后的巨额利润激发了俄国国内棉纺织业的兴起和发展热情，并逐步减少对中国棉布的依赖性，在棉纺织业满足国内需求后，积极开拓国外市场向中国出口棉布。

俄国在推动棉纺织业发展的过程中灵活运用关税政策[4]，对进口商品通过关税设置贸易壁垒，在对外出口中，谋取“无税贸易”的特权。俄国早期曾为了保护棉纺织业的发展，在 1822 年采用了禁止性关税政策，提高棉布产品的进口关税，平均关税水平为 100%—250%，高者如印花布其税率可达 600%。[5] 通过关税政策限制了外来棉布产品，以此来保护尚处于幼稚阶段的棉纺织业。在棉纺织业取得一定发展之后，于 1850 年下调原棉进口的税率，降低了棉纺织企业的生产成本，1857 年再次下调了棉纺织品的进口关税税率，通过引入竞争来推动本国棉纺织业的发展。在 19 世纪 60 年代俄国棉纺织业陷入发展停滞时，又加强了对棉纺织业的关税保护力度，使得俄国棉纺织业获得了长远发展。[6] 在中俄

---

[1] 刘润道：《哈密直隶厅乡土志·商务》，载中国社会科学院中国边疆史地研究中心主编：《新疆乡土志稿》，全国图书馆文献缩微复制中心，1990 年，第 271 页

[2] 杨增新：《呈报派员筹办棉业文》，载《补过斋文牍》甲下，文海出版社，1965 年，第 168 页。

[3] 萧然奎：《绥定县乡土志·商务》，清光绪三十四年（1908）抄本影印本，成文出版社，1968 年，第 51 页。

[4] 张广翔、梁红刚：《十九世纪俄国保护关税政策问题》，载《史学集刊》，2015 年第 3 期，第 53–54 页。

[5] Лященко П. И. История народного хозяйства СССР. Т. I. С. 537.

[6] Яковлев А. Ф. Экономические крезисы в России. М., Государственное издательство политической литературы. 1955. С.131.

贸易中，俄国通过大量不平等条约获得“无税贸易”特权[1]，如1851年签订的《伊塔通商章程》中的第三条“通商原为两国和好，故彼此两不抽税”，虽然表面上看这条规定对于双方而言是平等的，但是在中国西部地区，从中俄边界到长城，俄国商人较中国商人享有更多的税收优惠。[2]1910年清政府编的《新疆外交说明书》描述了俄国“无税贸易”带来的危害——“俄人因有暂不纳税之约，不能议收，同一商民而俄人独占优胜，同一货品而俄货独见畅销”，这使俄国棉布几乎垄断了整个新疆市场。代表着传统手工业的中国棉布和资本主义机器生产下的俄国棉布之间的贸易竞争反映了全球视野下工业化和市场全球化的交融，能否把握住贸易的契机决定了工业革命中的后发国家能否有效推动工业发展。在这一过程中，贸易和工业发展紧密相连，先进的机器生产需要雄厚的产业资本作为支撑，同时作为工业革命中的后发国家，需要面对先发国家对于本国市场的侵占，因此如何保护幼稚的棉纺织业实现国内市

[1] 俄国通过一系列不平等条约在中俄贸易中谋取了大量的税收优惠。《俄中固勒札与塔城商务条约》第三条：通商原为两国和好，故彼此两不抽税。《俄中两国关于政治关系准则的天津条约》第十二条：今后凡受中国政府优待的国家所获得的一切政治、贸易和其他权益，均应惠及俄国，无须就此另行谈判。《关于确定俄中边界、外交往来程序和固勒札地区贸易的北京续增条约》第四条：在本条约第一条规定的整个边界线上准许两国臣民自由贸易，免征关税。《俄中陆路贸易章程》第五条：俄国货物运抵天津后，收取一次性人境税，其税额较一般欧洲各国税则减免三分之一；运入张家口的五分之一货物缴纳税额与此相同。《俄中陆路贸易章程》第五条：俄商运货抵天津后，对其俄国货物征收的进口税，应按外国商人通行税则三分之一。《根据圣彼得堡条约制定的俄中陆路贸易章程》第五条：俄国商人由俄国经陆路运入天津的货物，征收全额关税三分之二的进口税，肃州（嘉峪关）亦同。第十四条：免税进出口的货物如下：金锭和银锭……玻璃水晶器皿（共二十七类）。上述货物若由陆路进出口，可享受免税；但由本章程规定的城市和港口向内地转运时，征收过境税，税额为货值的百分之二点五。本文所指的“无税贸易”在于强调俄国通过大量的不平等条约谋取了大量的税收优惠，例如在边界地区（如新疆）获得了无税贸易的特权，在重要口岸和港口获取了较其他列强更低的税收优惠，其中的重要原因在于俄国拥有其他列强所不具备的漫长边界线和陆路贸易的天然优势。

[2] 尼·维·鲍戈亚夫连斯基：《长城外的中国西部地区：其今昔状况及俄国臣民的地位》，新疆大学外语系俄语教研室译商务印书馆，1980年，第249–250页。文中甚至提到：“至于说到免税贸易权，却经常激起中国人不满。由于俄国侨民享有这一特权，中国商人在自己的国家里，反倒不如外国人的条件有利了。”

场的进口替代，在此基础上寻求国外市场的扩张，以此实现工业的发展，这是各国都需要面对的问题。俄国棉纺织业的发展脉络大致如上，俄国在这一过程中灵活地运用关税政策，通过关税设置进口壁垒，保护尚处于幼稚阶段的棉纺织业顺利发展，能够从国际贸易中获取足够利润来转化为产业资本。当俄国棉纺织业逐步发展起来后，通过与清政府签订一系列不平等条约获取了税收优惠。加之俄国与中国的贸易多以边界区域和陆路贸易为主，地理位置上有效避开了与英国的竞争，俄机织棉布顺利进入中国市场并独占了三个贸易区。

与俄国不同的是，清政府始终把与俄国的贸易视作维护边境稳定的一项举措，对于贸易本身所带来的利益则并未给予太多重视，更谈不上利用贸易带来的利润推动工业发展，尽管已有部分地方官员意识到贸易带来的利润。自左宗棠开始，地方官员便开始兴办“洋务”，杨增新在新疆也曾设立新式棉场，希望能够振兴棉纺织行业。[1] 伊犁将军长庚也在奏折里谈道：“吐鲁番每年产棉数百万斤，俄人购运织布，仍售中国，获利无算。现拟购办机器，设局自制，以挽利权。”[2] 但事与愿违，使用机器生产的同时仍然保留封建剥削的形式，振兴“实业”并未起到预期的作用，以至于杨增新感慨道，“今日民生凋敝，物价腾昂，舍振兴实业外别无补救之良法，而身任地方官者，不特不体恤民情，反敢纵容蠹约奸胥苛扰闾间，开若辈牟利之门，绝小民资生之计。此等弊窦若不通行禁革，不第将来之实业万不能兴，即已成之，实业立将坐废”。[3] 同时，由于俄国攫取了税收优惠，清政府最初并未意识到该特权对于本国棉纺织业的冲击和危害，以至于三大贸易区的棉布市场终为俄国垄断。

[1] 杨增新：《呈报派员筹办棉业文》，载《补过斋文牍》甲集下，第167–168页。

[2] 《德宗景皇帝实录》卷五六八，载《清实录》第59卷，中华书局，2008年，第519页。

[3] 杨增新：《咨呈禁止各属摊派民间织布文》，载《补过斋文牍》甲集下，文海出版社，1965年，第125页。

## （二）茶叶：资本化下的牺牲品

中国茶叶的进口对近代的俄国产生了巨大的影响，多种多样的中国茶叶在多民族的俄国居民中找到销路，[1]无论是易于保存且廉价的砖茶，还是绿茶、白毫茶，渐渐成为每个俄国家庭必备的饮品，不仅改变了贵族的消费习惯，同时成为远东地区乃至整个俄国至中亚重要的消费饮品之一。[2]与棉布有所不同，茶叶是一种带有原产地资源禀赋的特殊商品，棉布的原料棉花易于运输和保存，但茶叶即使通过现代化手段进行加工处理，仍然无法改变茶叶产地高资源禀赋的特点，简而言之，茶叶是一种原料指向型产品，长途贩运的成本非常高，近代砖茶的加工工厂由于原料指向型一般要设在原料所在地。在近代中俄贸易中，茶叶扮演了极为重要的角色，从棉布贸易的转变中，可以清晰地看出中国传统棉纺织业受到了俄国的资本主义机器大生产的强烈冲击，不同于棉布贸易的逆转，近代中俄之间有关茶叶的贸易则弥漫着无形的硝烟，茶叶成为资本化下的牺牲品，在中俄贸易博弈中完败于近代商业体系和生产体系之下。

在18世纪中国棉布畅销恰克图时，茶叶处在次要的位置，黑色的白毫茶每年进口约12500普特，[3]茶砖进口每年稍多于17000普特。但俄国对于茶叶的需求越来越大，逐步由俄国亚洲部分扩展到欧洲部分，甚至在恰克图闭市期间，茶叶也经由英国从海路进口。1755—1785年，俄国进口茶叶价值总计达全部交易总值的15%，并不能与棉布进口总值相比。这种局面在19世纪初发生了转变，中国棉布的输入明显减弱，茶叶的进口数量迅速增加。到了1847—1851年，恰克图贸易的全部进货

---

[1] Мартос Письма о Восточной Сибири Алексея Мартос. - М.: В Универ. Тип., 1827. С.272.

[2] 米・约・斯拉德科夫斯基:《俄国各民族与中国贸易经济关系史（1917年以前）》，第188页。

[3] 普特（пуд）是沙皇时期俄国的主要计量单位之一，是重量单位，1普特=40俄磅≈16.38千克。

量为31058844银卢布，[1]而其中茶的进货量达29534738银卢布，即占全部进货量的95%。[2]从图5–6中可以看出更加完整的中俄茶叶贸易的变动趋势。

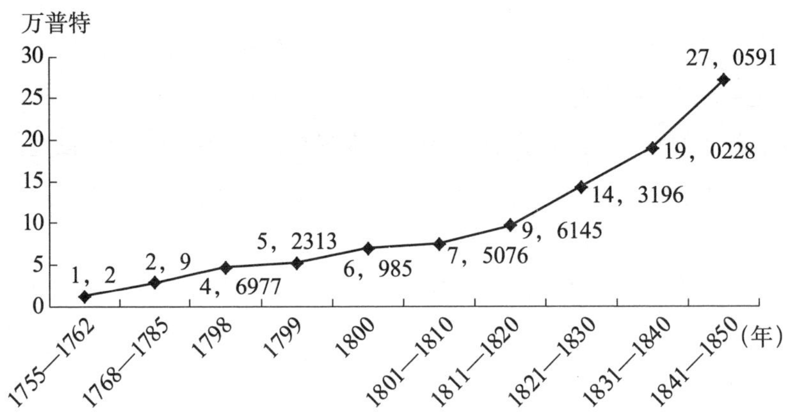


**图5–6 俄国的中国茶叶进口额（单位：万普特）**

数据来源：阿·科尔萨克：《俄中商贸关系史述》，第198页。

俄国进口茶叶数量处于持续上升状态，19世纪上半叶增长的速度比18世纪下半叶更迅速（见图5–6）。1847—1851年直接从中国运进俄国的茶占全部茶运总量的98%（见图5–7、图5–8），[3]茶叶销往俄罗斯的数量占去了中国全部茶叶出口数量的七分之一，并且几乎超过了除去英、美之外的所有其他茶叶进口总额的8%。英、美两国运出了中国出

[1] 19世纪俄国面临财政危机，抑制通货膨胀和稳定货币制度成为国家的要务，1810年6月20日，沙皇诏书宣布银卢布为国内所有流通货币中的法币，1银卢布内含约4佐洛特尼克纯银（1佐洛特尼克约合4.26克银）。见 Сборник Статей Денежная Реформа в России. История и Современность. М. Древлехранилище，2004.

[2] А. П. Субботин, «Чай и чайная торговля в России и других государствах», СПб, 1892 г.

[3] Уфтюжанинов В. Чай, его приготовление и исследование, автореферат, читанный на очередном заседании Общества врачей Енисейской губернии 1 Ноября 1896 г. – Красноярск: Типография Ал. Д. Жилина, 1897. С.15.

口茶的一半，其余的一半当中分摊到俄罗斯大部分。[1] 由于不平等条约的签署，俄商比中国商人缴纳的茶叶税金低，俄国商人逐渐垄断了汉口的茶叶贸易，再加上俄国国内茶叶消费的增加，尤其是俄国中等阶层对汉口砖茶的需求量大，[2]俄商在汉口开办了砖茶厂，利用蒸汽机来取代旧有的人工，增加了砖茶的产量，同时开通了多条销售茶叶的商道，甚至包括中国境内的新疆一带。俄商在汉口开设的茶叶工厂是中国最早使用机器生产的外资工厂之一，俄商茶叶生产的工业化，也是武汉这个城市早期工业化的开端，同时推动了武汉第一批近代产业工人的产生。但对俄的茶叶贸易和俄商茶叶生产对汉口的投资，给俄国带来的利益远远大于中国，茶叶贸易带来的巨额商业资本推动了俄国手工工业的扩大与现代化发展，使更多俄境内商人扩大商品经营规模，资本家创办更多工厂，创立了更多新的工业部门，推动了更多与贸易有关的城镇的发展。

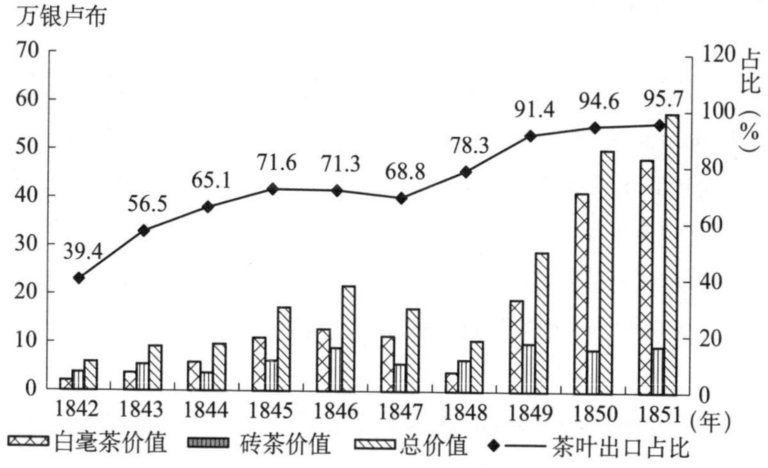


**图 5–7 中俄西部茶叶贸易价值及占比**

[1] А. П. Субботин, «Чай и чайная торговля в России и других государствах», СПб, 1892 г. С33-36 Соколов Иван Алексеевич Китайский чай в России: В 3–х тт. [Монография] [Текст] / И.А. Соколов. –М., 2015. – Том I. – 497 с.: илл. – Серия «Русский чай».С67.

[2] Архив внешней политики Российской империи (АВПРИ). Ф.143. Д.172. Л.32.

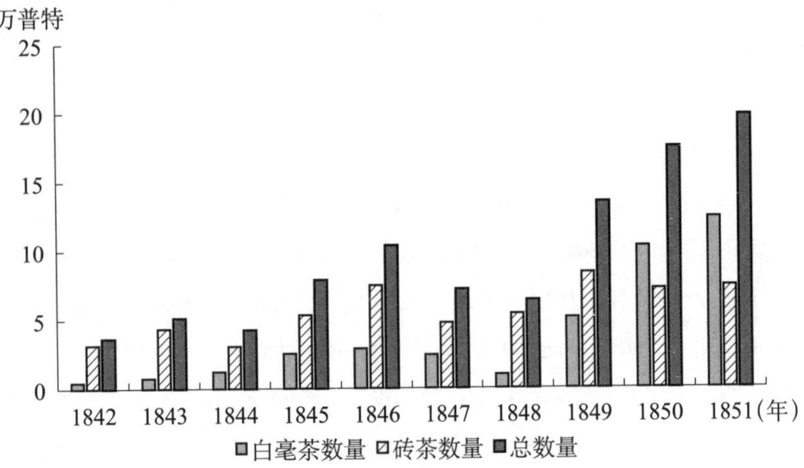


**图 5–8 中俄西部茶叶贸易数量**

数据来源：笔者根据柯尔萨克：《俄中通商历史统计概览》，喀山版 1857 年，第 433–438 页整理计算所得。

无论从数量还是价值量来看，茶叶在中国出口货物中的增速都是惊人的。1842—1851 年短短 10 年间，茶叶出口数量翻了 5 倍有余，价值量接近原来的 10 倍，茶叶出口占出口总额的比重由 39.4% 提升到了 95.7%（见图 5–7、图 5–8），足以说明茶叶占据了中国出口货物中的绝对地位，结合图 5–9，可以清楚得到一个事实，中国南京小土布对俄出口愈发萎缩，中俄贸易结构逐步演变为俄国用机织棉布来换中国的茶叶。

图 5–9、图 5–10 反映的是 19 世纪下半叶中俄茶叶贸易的具体状况。可以看出，中俄茶叶贸易的路线主要是四条：第一条和第二条分别是经恰克图陆路和经樊城陆路，第三条是经敖德萨海路，第四条是经俄罗斯远东地区。中国对俄的茶叶出口持续上升，对俄茶叶出口从 1868 年的 13251 担上升到 1894 年的 834165 担。同时中国向俄国出口茶叶占中国对外出口茶叶的比重在不断上升，到 1894 年已经达到了 39%，并且这一数值在不断提高，到了 1915 年俄国茶叶进口额占到了中国茶叶出口

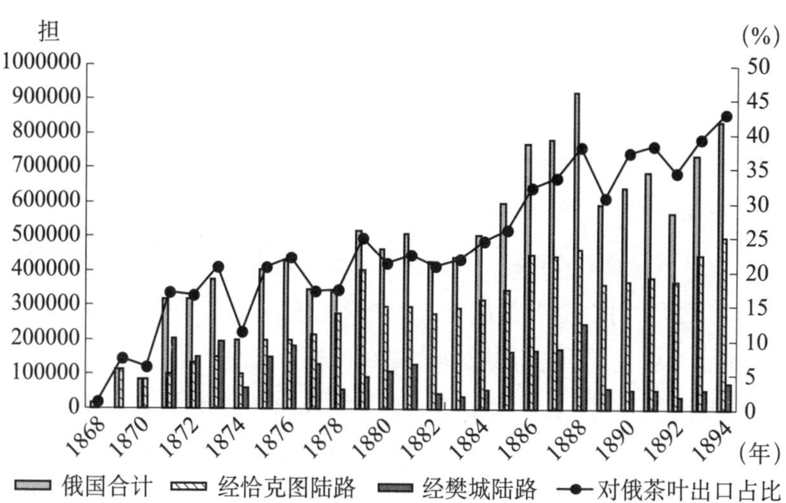


图 5-9 1868—1894 年中俄茶叶贸易数量统计（经恰克图、樊城陆路）

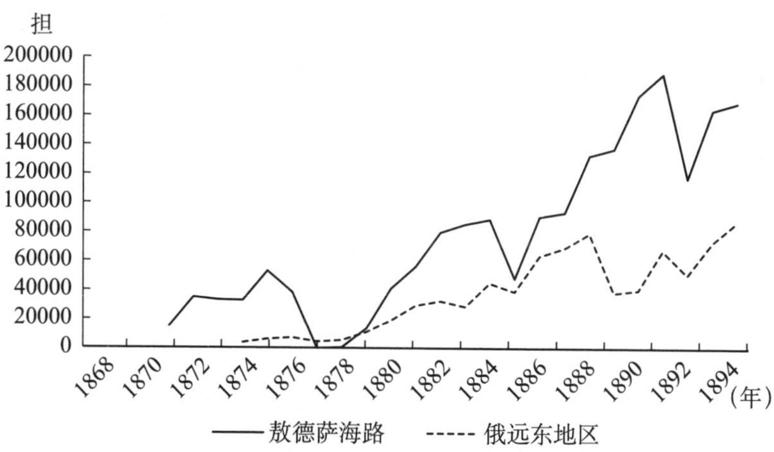


图 5-10 1868—1894 年中俄茶叶贸易数量统计（经敖德萨海路和俄远东地区）

数据来源：姚贤镐：《中国近代对外贸易史资料》（第二辑），第 1283–1284 页。

额的 62.5%。[1] 从四条不同的线路来看，输入俄国的茶叶数量都处于上升趋势，恰克图茶叶输入数量到 1894 年仍占到俄国茶叶进口总量的一半以上，虽然最终的地位有所下降，从远东地区和从敖德萨海路进口的茶叶数量在不断增加，但到后期增速已经逐渐变缓，经樊城陆路运抵俄国的茶叶数量则存在较大波动，在 1888 年以前保持较高的数额，之后则开始迅速下滑。不过总的来说，到 19 世纪末 20 世纪初，茶叶是俄方进口最多的大宗商品。

仅从贸易数据来判断，或许会很乐观地认为俄方对中国茶叶的需求是如此之大，中国茶叶的出口已经获取大额的收益，但事实相差甚远。在 19 世纪中俄茶叶进行得如火如荼的时候，俄国已经意识到了茶叶贸易能够带来巨额利润，[2] 俄国商人最早在 1858 年便开始深入中国腹地的茶叶产地如汉口等地购茶，[3] 但是这相对来说是偶然的、有限的，而且只是从华商手里采购茶叶，试图通过减少流通环节来压缩成本，从而获得较恰克图贸易更高的利润。[4] 随着俄国从《天津条约》中获得与西欧列强相同的种种在华特权，加之《北京条约》签订之后，清政府被迫开放了长江沿岸的四个重镇——镇江、南京、九江、汉口，俄国借用《天津条约》的规定，进入了汉口地区。进入汉口地区的俄国商人不再限于向华商采购茶叶，开始自行深入湖北的羊楼洞、崇阳、咸宁等地直接从茶农手中收购茶叶，通过减少流通环节来提高茶叶贸易利润。1863 年，俄商开设了在华第一家茶厂——顺丰砖茶厂，之后于 1866 年和 1871 年开设新泰砖茶厂和阜昌砖茶厂。俄国商人在汉口设立机器砖茶工厂，始于

---

[1] 何炳贤：《中国的国际贸易》，商务印书馆，1935 年，第 368 页。

[2] Бичурин Н.Я. Статистическое описание Китайской империи (в двух частях). – М.: Восточный Дом, 2002. С.337.

[3] А. П. Субботин, «Чай и чайная торговля в России и других государствах», СПб, 1892 г. С.295

[4] Коротовец И. Китайцы и их цивилизация. - СПб.: Издание Книжного Магазина М. М. Ледерле, 1898. С. 251–253.

19世纪70年代中期，[1]俄国砖茶厂规模庞大、资本雄厚、技术先进、销路顺畅、原料和劳动力价格低廉，而同一时期汉口的晋商经营的手工作坊并不具备这些优势，同时在与俄商的竞争中，“洋商反能一气联络”“华商心志不齐”，[2]外国炒茶及解箱板、烫铅罐俱用机器，[3]中国则全借人工，因茶商各谋各业，且股本无多，不能购办机器。[4]这些都使得华商在和俄商的竞争中一败涂地。除此之外，俄商于1875年在九江和福州增设茶厂，扩大了砖茶的生产。1876年，俄商将湘鄂地区的茶厂搬迁至汉口租界，通过更为先进的机器制作出的茶砖更为坚固结实，在长途贩运中不容易损坏，在蒙古和西伯利亚地区广受欢迎，至此，砖茶贸易已为俄商所垄断。[5]

俄国对于茶叶的贸易政策倾向于资本输出，通过现代化的机器生产和雄厚的资金支持使俄国在汉口、九江、福州生产出来的茶叶价廉质优。此外俄国对从恰克图输入俄国的茶叶征收重税，“红茶以分合税1分，重华秤11两2钱，每分收俄洋62.5文。计茶1箱，原本不过42—43两，税银约需45—46两。……砖茶并按每分6文1.5厘征税。合计所收数目均过于原本”。[6]俄国试图通过高额关税阻止华茶的输入，以此来独占茶叶贸易的巨额利润。清政府虽然也认识到这一问题的重要性，但是并未在恰克图设关抽税，缺乏有效的手段去反制俄国。在俄国设置

[1] 汪敬虞：《中国近代茶叶的对外贸易和茶业的现代化问题》，载《近代史研究》，1987年第6期，第11–12页。

[2] 柯来泰：《救商十议》，载陈忠倚编：《皇朝经世文三编》第45卷，上海书局石印本，光绪二十八年（1902）第240页。

[3] Длужневская Г.В. Русская учено-торговая экспедиция в Китай в 1874–1875 гг. в фотодокументах Научного архива Института истории материальной культуры РАН // Россия и Китай: исторический опыт взаимодействия и новые грани сотрудничества : материалы науч.-практ. конф. – Екатеринбург, 2009. С.23

[4] 光绪十四年（1888）一月十九日，浙海关税务司康发达申呈总税务司，方察茶叶情形文件，第59–60页。

[5] 班思德编：《最近百年中国对外贸易史》，载《中国旧海关史料》（1859—1948）第147册，京华出版社，第207页。

[6] 中国第一历史档案馆：《外务部为华商运送茶糖俄收税款甚重应照章免税事给俄使照稿》。

的高额关税之下，“半载以来，华商销数已减至十之八九”，[1] 中国茶叶对俄输出遭受重创。与此同时，俄国还以借道为由，向中国边境贸易区倒灌茶叶，由于其凭借陆路“无税贸易”的特权，对新疆贸易区华商生计造成极大影响。清政府对于这一问题也有所重视，“同知刘文龙抗争之，议以茶箱三分之一充公罚结”，[2] 甚至“拟请由官集股设立新疆茶务公司”“以杜俄商倒灌，冀可裕课便民”，[3] 但所起效果极为有限，至宣统年间俄商倒灌问题仍然棘手。[4]

## 四、全球化视野下的近代中俄贸易

17 世纪以来俄国在全球化下的地位是极为特殊的，凭借辽阔的疆域开始在世界上崭露头角，在快速扩张和征服的过程中不断发展和畸变。布罗代尔认为这一时期的俄国单独构成一个经济世界，“不仅表现某种活力，而且体现某种统治意志”，[5] 有限的生产力发展和强化的集权统治贯穿在这一过程中，西欧资本主义发展的浪潮向东欧滚滚袭来。货币、技术、商品的冲击，逐渐推动俄国转向欧洲，但邻居波兰的悲惨命运使得俄国一直刻意避免直面欧洲[6]，开始把视线转向东方。俄国不断向东扩张，与另一个庞大的经济圈——以中国为中心，坚固而体系复杂的东亚经济圈，建立了地缘联系，俄国渴求能够与之建立起贸易联系，以至于在最初的国家商队贸易也带有一些朝贡的性质，之后开展起来的互市同

---

[1] 中国第一历史档案馆：《农工部致外务部：张家口商务总会禀恳转商俄使减税事请查核办由》。

[2] 袁大化、王树枏、王学曾等编：《新疆图志》卷五十六，东方学会，1923 年，第 13 页。

[3] 《伊犁将军长庚请设茶务公司以杜俄商倒灌利权外溢致军机处电》。

[4] “蒙古商务向以茶为大宗，理藩部例有清茶票规，为大宗入款，近来销数顿减，不及旧额十之三四，实由西伯利亚铁路交通便利。俄茶倒灌，华茶质窳费重，难与竞争”，见《宣统政纪》卷五十三，载《清实录》第 60 卷，中华书局，2008 年，第 961 页。

[5] 费尔南·布罗代尔：《15 至 18 世纪的物质文明、经济和资本主义第三卷：世界的时间》，施康强、顾良译，生活·读书·新知三联书店，1993 年，第 523 页。

[6] 费尔南·布罗代尔：《15 至 18 世纪的物质文明、经济和资本主义第三卷：世界的时间》，第 511 页。

样可以看作是对朝贡贸易圈的补充和拓展。[1]俄国在地缘上的优势和贸易上的互补性使清政府并未完全排斥俄国，西伯利亚提供的大量毛皮在中国大受追捧。[2]正是这样的有利情形，使俄国对中国的贸易获利丰盈，推动了俄国国内商品市场的完善，进一步促进了西伯利亚的开发。“俄国—西伯利亚—中国之间”构成了双重交易网络，第一重是通过俄国和欧洲的商品换取中国的商品，第二重是俄国用价值低廉的生活品换取西伯利亚的皮货，然后再与中国进行交易，通过双重交易网络，俄国攫取了巨额贸易利润。[3]以恰克图为主的互市贸易对于中国也并非毫无裨益，晋商曾在中俄贸易中执牛耳，张家口作为贸易中转站也随之兴起。但是对俄贸易始终未得到清政府的重视，清政府更为重视和担忧的是盘踞于广阔北方边界线之上虎视眈眈的俄国军队的扩张，对俄贸易成为清政府“以商避战”策略的体现，其将对俄贸易视作维护边境稳定的一种工具，在发生边境争端时，通过闭市来逼迫俄国做出让步。[4]与之形成鲜明对比的是俄国官方与民间对于中俄贸易的迫切之情和高度重视，早在商队贸易兴起之时，俄国官方就试图垄断对华贸易，但民间的走私屡禁不绝。[5]

俄国是全球化下较早与中国开展合法贸易的列强，与西欧各国在全球广泛开展的海上贸易有所不同，陆路贸易是中俄贸易中最重要的贸易

---

[1] 第一种类型为土司、土官的朝贡；其次为羁縻关系的朝贡；再次为关系最近的朝贡国；之后为两重关系的朝贡国；再之后是位于外援部位的朝贡国；最后为具有朝贡特征的互市国。俄国属于最后一个层次。见滨下武志：《近代中国的国际契机：朝贡贸易体系与近代亚洲经济圈》，朱荫贵、欧阳菲译，中国社会科学出版社，1999 年，第 36 页。

[2] “同一时期的其他欧洲国家如葡萄牙、法国、英国，虽然从中国购买了各种制成品和多种原料，与中国成交巨额贸易，但是中国人并不买他们除了钟表、五金和几种武器，所以欧洲人不得不用现银购买。”详见费尔南·布罗代尔：《15 至 18 世纪的物质文明、经济和资本主义第三卷：世界的时间》，第 535 页。

[3] 详见费尔南·布罗代尔：《15 至 18 世纪的物质文明、经济和资本主义第三卷：世界的时间》，第 528 页。

[4] 1762—1768、1778—1780、1785—1792 年恰克图互市被关停。

[5] 叶柏川：《俄国早期对华贸易中的贸易垄断政策》，载《史学月刊》，2009 年第 3 期，第 39–51 页。

方式，中俄之间的贸易区域、商品运输路线建立在两国直接的地缘联系之上。早期俄国海运实力有限，难以参与世界海上贸易的角逐，以陆路为主的运输方式成本相对高昂。布罗代尔描述“官方商队从莫斯科到北京往返需三年。商队在漫长的旅途中必须穿越戈壁沙漠，这段路少说也有四千俄里，即差不多四千公里”，[1]这样的贸易方式对于量轻质昂且需要保持干燥的商品具有一定优势，例如棉布（棉花）、丝绸、茶叶、毛皮等。但这样的贸易方式也存在着掣肘，处于边境的交易点距离茶叶产地有着数千里之遥，使得成本进一步攀升，两次长途贩运使得茶叶的价格愈发高昂。正是这样的贸易方式使俄国较早地与中国建立了贸易联系，也限制了中俄之间贸易商品范围的不断扩大。[2]

伴随着全球化的推进，中国逐步被卷入世界市场，早期俄国对华陆路贸易的独享地位逐渐被打破。俄国最初也试图挽回这种局面，在列强纷纷向中国输出鸦片时，官方却申令对中国禁运鸦片，试图以此来巩固对华贸易，虽然鸦片在中俄贸易中的份额极小。当中国国门最终为英国坚船利炮轰开之时，俄国开始改变最初相对公平的贸易方式，也试图从中国广阔的市场分一杯羹，深入中国内陆成为俄国的首要目标，同时还要规避列强。随着《伊塔通商章程》的签订，中俄之间的贸易由单一的互市贸易转变为带有殖民性质的近代贸易，通过谋求“免税优惠”来扩展国外市场。当然无法忽视的是这一时期的俄国和最初的俄国已经不可同日而语了，彼得大帝时期大工厂有 118 家（或 223 家），到了 1804 年已增至 1200 家，[3]而且俄国最具重要意义的现代工业从 19 世纪 30 年代已迅速展开，就棉纺行业而言，到 1861 年农奴解放时，90% 的棉线都

---

[1] 费尔南·布罗代尔：《15 至 18 世纪的物质文明、经济和资本主义第三卷：世界的时间》，第 523 页。

[2] От Китая до Москвы. История ящика чаю. Очерки Д. И. Стахеева. – СП б .-М.: Издание книгопродавца М. О. Вольфа , 1870.

[3] 彼得·马赛厄斯、M. M. 波斯坦主编：《剑桥欧洲经济史（第七卷）工业经济：资本、劳动力和企业（下册）美国、日本和俄国》，王文捷、肖慧娟、宫瑞、柴瑜译，经济科学出版社，2004 年，第 287 页。

是在工厂由机械生产完成的。[1] 上文提到的中俄之间棉布贸易的转折正发生在这一时期，俄国的主要技术都来源于欧洲，试图将工业制成品销往欧洲异常困难，只能将资本积累的重担托付于国内市场和中国市场，因此俄国迫切希望拓展与中国之间的贸易。

伴随着中国社会性质的转变以及俄国工业革命的完成，中俄之间签订了大量不平等条约，俄国同时也获得了海路贸易和深入中国内地的权利。在中东铁路和南满铁路开通后，中俄贸易额迅速增长，到日俄战争后的 1906 年，达到一亿五千多万卢布，为历史最高点。[2] 从贸易结构和经营主体可以看出转变的动因：从贸易结构看，最初占据中国出口主要地位的棉布逐步由茶叶所取代，这一转变的背后在于俄国的工业发展及消费偏好的转变，俄国棉纺织工业的发展使棉布代替毛皮成为主要出口产品，同时茶叶逐步由奢侈品转变为普通消费品，深入寻常俄国居民家中；从经营主体来看，19 世纪中叶之后，俄商凭借雄厚的资本、国家支持和免税及税收优惠条款，取代了 19 世纪之前地位重要的晋商，两国交易的大宗商品茶叶和棉织品完全掌控在俄商手中，传统的长途贩运逐步为现代工业生产体系和商业组织形式所取代，俄商取得了贸易的主导权。长达两个多世纪的中俄贸易历经波澜，俄国最初仅仅是欧洲资本主义发展中的后发国家，处于亚洲经济圈边缘，是朝贡体系的补充，而中国则是近代亚洲经济圈的中心。是何故使 19 世纪后俄国参与到瓜分中国的队伍中来的呢？在全球化的进程中，中俄之间存在相似的经历，俄国的“前工业”开展可以追溯到 17 世纪，但工业的发展却是相对缓慢的，直到 1855—1856 克里米亚战争带给俄国惨痛的教训，俄国为先进的欧洲国家所击败，政府将失败归因于落后的工业和交

[1] ADELMAN, I.,and C. F. MORRIS. Society,Politics and Economic Development. Baltimore,Md,1957.
ALYMOV, V. ‘k voprosu o polozhenii truda v remeslennom proizvodstve’, Narodnoye Khozyaystvo, VI.

[2] 费驰：《论清代中国东北与俄国贸易的变迁》，载《中国边疆史地研究》，2009 年第 3 期，第 133–139 页。

通运输网络。在1878年柏林会议上，俄国终于知晓，政治上的胜利不会光临工业落后的国家，即使这个国家有“庞大的军营”。[1] 俄国开始意识到工业化的紧迫性，无论是贸易还是军事的发展都离不开先进工业的支持。与之相比，清政府进行洋务运动，已经意识到“坚船利炮”的威力，来自列强的军事威胁越发严重，甚至需要时刻警惕着来自北方俄国的威胁，朝堂之上对“边防和海防”争论不休，[2]但是并未深刻理解到资本主义入侵中国的实质。正如实业家郑观应指出的，“泰西各国以商富国，以兵卫商，不独以兵为战，且以商为战……西人以商为战，士、农、工为商助也，公使为商遣也，领事为商立也，兵船为商置也。国家不惜巨资备加保护商务者，非但有益民生，且能为国拓土开疆也”，[3]“兵战”是“有形之战”，“商战”是“无形之战”，“兵战之时短，其祸显；商战之时长，其祸大”。[4]清政府也未意识到贸易对于国家发展的重要意义，“只知形战而不知心战”，致使“舍弃本而图其末，遗其精义而袭其皮毛”。[5]

此外在早期贸易中，俄国由于自身的物产以及自然禀赋受限，对于棉布、茶叶和大黄等中国商品需求极大，而中国自然资源禀赋高、物产丰富，对俄国需求较小，毛皮对于中国的意义相比之下则没那么重要，虽是互补，但是也如郑观应所言，“商务之盛衰，不仅关物产之多寡，尤必视工艺之巧拙，有工以翼商，则拙者可巧，粗者可精。……若有商无工，纵令地不爱宝，十八省物产日丰，徒弃已利以资彼用而已。即今力图改计，切勿薄视商工。”[6]从长期来看，拥有较优资源禀赋的中国并未在近代中俄贸易中占据主导地位，一方面在于“有商无工”，在工业

[1] ［英］彼得·马赛厄斯、M. M. 波斯坦主编：《剑桥欧洲经济史（第七卷）《工业经济：资本、劳动力和企业（下册）美国、日本和俄国》，第270页。

[2] 费正清、刘广京编：《剑桥中国晚清史1800—1911年下卷》，中国社会科学院历史研究所编译室译，中国社会科学出版社，1985年，第88页。

[3] 郑观应：《盛世危言·商战下》，辽宁人民出版社，1994年，第244页。

[4] 郑观应：《盛世危言·商战下》，第244页。

[5] 郑观应：《盛世危言·商战下》，第244页。

[6] 郑观应：《盛世危言·商战上》，第240页。

浪潮中落于下风，更深的原因在于缺乏危机感与变革意识。处于近代亚洲经济圈的中心，拥有着完整朝贡贸易体系的中国，与西欧资本主义的贸易中也长期保持顺差，很容易忽视世界大势的变动，陷入自我麻痹的深渊，对于外界的冲击也拥有极强的抵抗能力，对于体系制度之外的新事物会自发排斥。相比之下，处于经济圈外围的小国反而会较快地进行变革，日本就是很明显的例子。同样处于西欧资本主义世界和近代亚洲经济圈之间的俄国面临危机的时刻更早，时刻警惕西欧资本主义浪潮的冲击，较中国幸运的是，关税起到了保护尚处于幼年期的工业体系的作用。而失去关税自主权的中国，对于本国工商业则无力保护，即便是茶叶此类的原料指向性产品，在贸易中也被俄国占尽先机，更不用谈具有技术依赖的棉布贸易了。

近代俄国的崛起有着与其他大国不同的鲜明特点，地处东西方两大文明之间，崛起之路，既不同于欧洲国家，也有别于亚洲国家。相对于东方，俄国更早接触西方，更多效法欧美；相较于西方，俄国自上而下的改革使民众接受了皇帝的集权统治，没有产生更彻底的民主变革，弊端为早期发展的冲劲有余和后期发展的难以为继，二者并存，在推动俄国全球化时代的迅速扩张的同时，也决定其发展方式的粗放性和不稳定性。

从近代中俄贸易来看，一国的自然要素禀赋既是优势也是劣势，观念的转变、“贸易活动”的主动权、对商业资本的重视程度是早期现代化国家发展的契机。

时至今日，虽然近代中国屈辱的旧篇章已然翻过，同当年被迫卷入世界市场不同，但全球化的进程仍在继续，中国 40 年来的改革开放，以开放自信的姿态走向世界，取得了不菲的成绩，但如何在这变革的浪潮中屹立不倒？如何面对挑战和把握机遇？这正是时代赋予我们的使命和荣誉，也是从历史回归现实的新问题。

# 关于中国企业史管理学范式几个基本问题的思考[1]

林立强

**摘　要：**长期以来，中国企业史研究隶属于经济史研究范畴，其传统研究范式为史学范式与经济学范式，并无实质意义上的管理学范式。基于企业史与管理学的关系十分密切，中国企业史研究应在原有企业史两个传统研究范式基础上引入管理学范式。据此，本文从何为（WHAT）、为何（WHY）与如何（HOW）三个层次进行讨论：WHAT层面探究管理学范式的概念与具体框架；WHY 层面探究中国企业史学界为什么要引入管理学范式；HOW 层次探究中国企业史学界应如何运用管理学范式。最后结合管理学范式这一新视野，对如何构建具有全球广度、中国深度的国内企业史研究的话语体系提出若干思考。

**关键词：**中国企业史；管理学范式；WHAT、WHY 与 HOW 三个层次；

## 一、引言

中国企业史研究一直是属于经济史研究的范畴，因此，某种程度上

[1] 本文中所出现的“管理学”皆为“企业管理学”的简称，故此处管理学范式实为企业管理学范式，下同。

企业史研究范式等同于经济史学研究范式，即史学范式与经济学范式并存。学术创新的关键在于方法的创新，由于企业史研究的对象是企业，企业性质的复杂性决定了研究它的方法必然是多学科，而与企业史研究相关学科除了历史学、经济学等以外，最密切的当属企业管理学。但长期以来，国内企业史学者与管理学科一直保持着相当的距离，研究成果中难觅管理学范式的踪影。

中国学界很早注意到 1927 年在哈佛商学院诞生的一门新的企业史学科，但起初，绝大部分学者并未完全意识到该学科与企业管理的联系。陈振汉是国内最早介绍美国企业史的经济史学家，1982 年在《经济史学概论讲义初稿》中，对管理学范式的代表人物格拉斯（Norman Scott Brien Gras）等进行了初步介绍。[1] 此后很长一段时期，国内对企业史学家的研究集中在美国著名企业史家钱德勒（Alfred D.Chandler,Jr.）一人身上，并未将其与管理学范式联系起来。进入 21 世纪以来，部分学者开始注意到管理学对企业史研究的意义，如高超群注意到从 20 世纪八九十年代开始中国企业史研究开始关注企业制度与公司治理机制，认为在研究方法上或许需要我们更多地借鉴管理学等学科的方法和成果；[2] 林立强以中西比较的视野，通过梳理美国企业史学的发展演变，认为未来中国的企业史研究应借鉴管理学的研究方法与理论，逐步形成具有中国特色的企业史研究管理学范式。[3] 相比之下，国外企业史研究则对管理学范式十分重视，论述企业史与管理学关系最具代表性的如

---

[1] 参见陈振汉 :《经济史学概论讲义初稿》，载《步履集：陈振汉文集》，北京大学出版社，2005 年。

[2] 高超群:《中国近代企业史的研究范式及其转型》，载《清华大学学报（哲学社会科学版）》，2015 年第 6 期。

[3] 参见拙作:《美国企业史方法论研究：缘起、现状与趋势》，载《福州大学学报（哲学社会科学版）》，2019 年第 5 期；《中西比较视域下的中国企业史管理学范式研究》，载《东南学术》，2020 年第 1 期；《关于企业史研究与管理学关系的思考》，载《中国经济史评论》，2021 年第 1 辑；《商学院屋檐下的 Clio：美国早期企业史学的产生与发展（1927—1962）》，中国美国史研究会第十八届年会会议论文，2021 年；《中国企业史管理学范式再思考》，载《东南学术》，2022 年第 1 期待刊等。

2008年基平（Kipping）与尤斯迪肯（Üsdiken）撰写的《企业史与管理研究》。[1] 2010年奥沙利文（O’Sullivan）和格雷厄姆（Graham）的《回顾与展望：企业史与管理研究》讨论了企业史与管理学科的相互关系问题。[2] 2017年，琼斯（Geoffrey Jones）等的《企业史方法论之讨论》，对企业史研究方法论，包括管理学范式进行了系统的论述。[3] 目前西方管理学范式的影响力正在逐渐扩大，不但管理学界开始呼吁“历史学转向”，而且在管理学院任职的历史学者逐渐增加，大有超越其他主要范式之势。

基于上述认知，我们认为中国企业史学界亟需对管理学范式进行进一步了解与研究，以加快企业史研究的范式创新步伐，打破原有的过于强调传统范式的局面。本文拟围绕“管理学范式”这一新视野，对其分为WHAT、WHY与HOW三个层次进行研究：WHAT层面探究管理学范式的概念与具体框架，WHY层面探究中国企业史学界为什么要开始提倡管理学范式，HOW层次探究中国企业史学界应如何运用管理学范式。最后结合管理学范式这一新视野，对如何构建具有全球广度、中国深度的国内企业史研究的话语体系提出若干思考。

## 二、什么是管理学范式

由于目前国内的企业史研究多为近代企业史研究，故近代史研究范式对其具有一定的参照作用。如左玉河提出，在借用范式概念时不能完全墨守库恩的定义，必须照顾到社会科学的特点。他认为范式主要体现

---

[1] Jones, G., Jonathan Zeitlin, eds. *The Oxford Handbook of Business History,* Oxford University Press, 2008.

[2] Mary O’Sullivan and Margaret B.W. Graham, Moving Forward by Looking Backward: Business History and Management Studies, *Journal of Management Studies* 47, no.5(2010): pp.775–790.

[3] Geoffrey Jones, Walter Friedman,Debating Methodology in Business History,*Business History Review*, (Jan.2017), pp.443–455.

为一种研究视角，如果借用“范式”概念容易产生歧义的话，不妨改用取向、视角、模式等概念[1]。借鉴这种说法，企业史管理学范式或可称为“管理学取向”“管理学视角”“管理学解释体系”“管理学诠释构架”等，代表着一种从“管理学”的视角观察、解释中国企业史的模式。由此而来，凡是使用管理学理论作为分析框架来研究企业史的方式，都应视为企业史研究的管理学范式。

上述管理学范式的笼统解析看似并无多大的问题，常被视作理所当然，但对于我们深入理解管理学范式而言，却显得过于宽泛与松散。它既缺乏在方法论层面对管理学范式进行深入的分析与引导，也没有提出任何管理学范式的范例供仿效，这就在很大程度上削弱了国内企业史学界对这一新视野的了解与使用。因此，要回答“管理学范式是什么”这个问题，仅凭一句“凡是使用管理学理论作为分析框架来研究企业史，都应视为企业史研究的管理学范式”是远远不够的，而应该深入范式内部，对该范式的具体细节进行进一步的解读与分析。库恩((Thomas Samuel Kuhn))1969 年撰写了《科学革命的结构》后记，他在文中阐述了范式的四种成分（component）分别为“符号概括”（symbolic generalizations）、“共同承诺”（shared commitments）、“共有价值”（shared values）与“共有范例”（shared exemplars）。[2] 本文根据企业史学科的特点，把管理学范式内部构成分为如下四个方面进行分析。

第一，概念框架。笔者认为，在管理学范式中，其概念框架可以围绕着企业内部的经营管理活动来构建，侧重研究企业内部经营管理如计划（决策）、组织、领导、控制、创新等过程的历史演变，亦包括对企业决策者即企业家的研究以及可能影响企业内部经营活动的外部因素的研究。做这样的界定是基于如下考虑：其一，企业史三种主要范式的研究对象虽然都是企业，但不同范式中研究的“企业”的内涵是不一样的，如史学范式侧重研究“历史中的企业”（business in history），而经

[1] 左玉河：《中国近代史研究的范式之争与超越之路》，载《史学月刊》，2014 年第 6 期。
[2] 参见库恩：《科学革命的结构》第四版，北京大学出版社，2012 年，第 152–157 页。

济学范式与管理学范式侧重研究“企业的历史”（history of business）。[1] 后者还可以进一步区分，这是由于经济学与管理学在学科上的差异导致研究的侧重点不同。黄群慧等认为，经济学和管理学对企业组织研究领域存在明显分工，二者的研究对象不同，即使是经济学中企业理论的产生和迅速发展也未改变这种“分工契约”。[2] 其二，这是由管理学科的特点决定的。周三多指出，管理是为了实现组织的共同目标，在特定的时空中，对组织成员在目标活动中的行为进行协调的过程。决策、组织、领导、控制、创新这五种职能是一切管理活动最基本的职能。[3] 企业管理学是以企业的各种经营管理活动以及在管理工作中普遍适用的原理和方法作为研究对象。其三，将企业史研究的对象聚焦于企业的内部管理（administration）[4] 是哈佛企业史管理学范式的一贯传统。早在1934年，格拉斯就首次提出“企业史结合了规章制度史和行政管理史（administrative history），正如目前为止它关注的是企业的规章制度和控制。”1947年，拉森指出：“企业史也许可以被定义为对过去企业的行政管理（administration）和经营（operation）的研究。”[5] 1962年，钱德勒在一举奠定企业史对管理学影响力的名著《战略与结构》中明确指出：“行政管理（administration）作为（企业史）比较历史的实验对象看起来是最有前途的。企业管理（business administration）对今天的企业家

[1] 以晋商研究为例，“历史上的晋商”主要是通过史料钩沉把历史上的晋商发展的状况搞清楚，基本上属于史学范畴。“晋商的历史”则主要运用经济学和管理学理论对晋商企业制度的史料进行逻辑分析，探究晋商活动各种经济因素的内在联系，揭示晋商经济活动的运行方式及其机制。参见刘建生等：《明清晋商制度变迁研究》，山西人民出版社，2005年，第6–7页。此外，管理学范式的积极倡导者格拉斯亦称后者为 the business history of business men and firms（Gras,1934）

[2] 参见黄群慧、刘爱群：《经济学和管理学：研究对象与方法及其相互借鉴》，载《经济管理》，2001年第2期，第62-68页。

[3] 周三多等编著：《管理学》第七版，复旦大学出版社，2018年，第7页，第9页。

[4] 这里涉及 administration 的中文翻译、界定以及该词与 management 的辨析问题，可参见相关的权威百科全书与英文词典。

[5] Henrietta M.Larson,Business History: Retrospect and Prospect，*Bulletin of the Business Historical Society,* Vol. 21, No. 6 (Dec., 1947), p. 173.

和学者有着特别的意义。”[1]

第二，方法论。管理学范式采用的方法与传统史学范式相比，既有很大的差异又有相同之处，这与管理学科兼具科学性与人文性的属性密切相关。差异之处主要包括强调构建理论过程中概述方法、比较方法、借鉴管理学科研究现代企业的方法等，相同的地方为经验叙事方法，类似管理学经验主义学派采用的方法。以下是管理学范式最具代表性的几种：其一，概括。历史学者擅长特殊与偶然事件的描述，一般不会提炼出普遍性的结论。对此，钱德勒认为，传统企业史学家面临的新挑战之一，就是要发展“概括和概念”（generalizations and concepts），“虽然这些概念来自于特定时间和地点发生的事件和行动，但却适用于其他时间和地点”。只有在积累了大量的案例研究之后，才能做出不拘泥于特定时间和地点的概括和概念，这是管理学范式区别于传统企业史范式最大的特征。[2] 其二，比较。只有通过比较，才有可能推导出不与特定时间、地点相联系的概括和概念，这也是钱德勒十分推崇的方法。他在考察美国大企业的演变时，就提出了比较的三个层次：“1、美国最大的工业企业组织结构之间的比较；2、这种类型的工商企业在不同行业之间的不同发展阶段的比较；3、这种机构在不同国家经济发展中成长的比较。”[3] 其三，企业实践经验总结。主要体现在企业与企业家的个案研究，尤其在由企业家亲自参与撰写的传记上。之所以把有优秀企业家总结企业管理经验的传记亦称为管理学范式，是由于此类传记与诸多宣传公关类自传以及由财经作家所撰写的传记完全不同，它对编撰者或编撰团队有着极为苛刻的要求，如是著名大公司的企业家；在业内具有极高的知名度与认可度；具备丰富管理经验等等。此外，编撰团队中是否有企业史学

---

[1] Alfred D. Chandler, *Strategy and Structure: Chapters in the History of the American Industrial Enterprise,* The MIT Press, 1963.

[2] AD Chandler Jr., *Comparative business History, Enterprise and history: essays in honour of Charles Wilson*, edited by D.C. Coleman and Peter Mathias ,Cambridge University Press,1984, p.3.

[3] Ibid., pp.10–11.

家的参与是传记作品成功的质量保证。其四，借鉴管理学科研究现代企业的方法。现代企业史研究迟迟未能取得进展的一个重要原因在于企业档案获取的难度，现代企业一般很少会愿意将其内部资料公之于众。为了打开现代企业史的研究通道，就必须广开渠道，解决企业档案资料的来源问题，而管理学科收集信息的方法值得借鉴，如实验方法、调查研究、案例研究、实地访谈，以及在具体分析方法中，定性与定量研究交替使用等。

第三，学术共同体。学术共同体形成的前提是研究者自觉认同和共同持有的一套信念、原则和标准，在共同体内大家可以用相同的概念、相似的理论方法便利地进行沟通与交流。目前，这样的学术共同体在世界企业史学界已经形成：其一，已经有了一批以管理学范式进行研究的学者。他们多是在商学院工作的历史学者或具有历史学思维的管理学者（如欧洲企业史学家大多数在商学院工作）[1]，还包含少量在经济学院与历史学院工作的具有管理学思维的学者，并经常参加美国企业史学会（BHC）、日本经营史学会（BHSJ）、欧洲企业史学会（EBHA）以及世界企业史大会（WCBH）等国际学术交流活动。笔者赴美参加 2016 年美国企业史学会年会期间，也曾参加了由主办方举办的名为“在管理学院任职的企业史学家午餐会”（Business Historians at Business Schools Lunch）的交流活动。其二，在美国、日本、欧洲等的企业史研究组织中，均有一定数量的在管理学院任教的会员。美国企业史学会 2003 年度的 411 名成员中，30% 在历史系，22% 在商学院，18% 在经济系，7% 在商业、技术或经济史的部门或项目，23% 在其他部门、项目或相关职业（如法律部门、政府机构和档案馆）[2]。笔者还调查了 1971 年到 2021 年五十年间担任美国企业史学会历届主席的 50 位学者，发现历史系共

---

[1] Jones, G., Jonathan Zeitlin, eds.*The Oxford Handbook of Business History,* Oxford University Press, 2008, p.97.

[2] William J. Hausman, Business History in the United States at the End of the Twentieth Century, *Business History around the World*, Cambridge University Press,2003, p.84.

24 位，占总人数的 48%；管理学院共 16 位，占总人数的 32%；经济学院共 8 位，占总人数的 16%；其余单位为 2 人，占总人数的 4%。其三，目前的世界企业史三大学术期刊《商业史评论》(*Business History Review*，美国)、《企业与社会》(*Enterprise & Society*，美国)、《商业历史》(*Business History*，英国)每年都发表一定数量的管理学范式的文章。此外，随着近年来管理学界开始关注历史学方法，世界管理学界的顶刊通过设立专刊等形式，陆续刊登了运用历史学方法研究管理类话题的相关文章，如 2012 年的《管理研究杂志》(*Journal of Management Studies*)；2014 年的《组织》(*Organization*)；2016 年的《管理学会评论》(*Academy of Management Review*)；2018 年《组织研究》(*Organization Studies*)；2020 年的《战略管理杂志》(*Strategic Management Journal*)等期刊，这些在管理学刊物上发表的企业史管理学范式文章都遵循了管理学论文的规范与格式。

第四，范例。库恩认为比起范式内涵的其他成分，应当更注重范例的讨论。[1] 对那些有意加入这个学术共同体的“新手”而言，他们更关心哪些是管理学范式群体共同遵守的学术规范？这些学术规范何人所作？库恩指出：范式应该“包罗了最早提出这些公认事例的经典著作，最后又囊括了某一特定科学共同体成员所共有的一整套承诺。”[2] 基于以上认识，本文列举以下三部经典著作作为范例，分别对应第三部分的四种“方法论”，如钱德勒《战略与结构：美国工商企业成长的若干篇章》(1962 年)范例对应“概括与比较”、斯隆(Alfred Pritchard Sloan,Jr.)

---

[1] 库恩：《科学革命的结构》第四版，第 156-157 页。部分词语笔者根据英文原著进行了重译，参见 Thomas S. Kuhn,*The Structure of Scientific Revolutions*, University of Chicago Press,1996, p.187.

[2] 库恩指出，“我所谓的‘范例’，首先指的是学生们在他们的科学教育一开始就遇到的具体问题的解决方法(problem-solutions)。……此外，这些共有范例至少还得加上某些在期刊文献中常见的技术性问题的解决方法，这些文献为科学工作者在毕业后的研究生涯中所必读，并通过实验示范他们的研究应怎么做。比起学科基质中的其他种成分，各组范例之间的不同更能提供给共同体以科学的精细结构。”参见库恩：《必要的张力》，序言。

《我在通用汽车的岁月》（1964 年）范例对应“企业实践经验总结”以及琼斯《盈利与可持续发展：一部关于全球绿色企业家的历史》（2017 年）范例对应“借鉴管理学科研究现代企业的方法”。[1] 特别需要说明的是，每一个范例不只有这一个特征。如以钱德勒的著作为例，该书除了“概括与比较”以外，它在“企业实践经验总结”与“借鉴管理学科研究现代企业的方法”方面的成就也同样可圈可点。这三个范例均在不同程度上体现了管理学范式要么“顶天”（理论高度）或“立地”（实践导向）、要么“顶天”与“立地”兼顾的特点。当然，代表性的范例绝非所提到的三个，以钱德勒为例，他的《战略与结构》与后来完成的《看得见的手：美国企业的管理革命》（1977 年）、《规模与范围：工业资本主义的动力》（1990 年），被学界誉为钱德勒三部曲。

## 三、为什么要引进管理学范式

目前的中国企业史研究学术共同体中，学者主要通过史料的挖掘获取历史的真相，擅长叙事性的描述，运用理论概括的不多。20 世纪 90 年代以后，在制度经济学的传播与国内企业制度改革的双重背景下，一部分学者开始用制度变迁、交易费用、产权等新制度经济学理论研究中国企业史，出现了一批经济学范式的成果。但从总体看，绝大多数学者均为传统史学或经济史学背景，造成这种情况的一个重要原因，与我国管理学科比较年轻有很大的关系。因为直到 1998 年专业目录调整之后，管理学才成为与经济学并列的独立学科门类，之前管理学教育的各个专业授予经济学或工学学位。[2]

---

[1] 钱德勒：《战略与结构：美国工商企业成长的若干篇章》，北京天则经济研究所、北京江南天慧经济研究公司译，云南人民出版社，2002 年；斯隆：《我在通用汽车的岁月》，孙伟译，机械工业出版社，2021 年；*Geoffrey Jones, Profits and Sustainability: A History of Green Entrepreneurship*, Oxford University Press，2017. 该书已经琼斯授权，由笔者与闽江学院黄蕾副教授翻译为中文，即将由商务印书馆出版。

[2] 陈佳贵：《新中国管理学 60 年》，中国财政经济出版社，2009 年，第 259 页。

与上述两种范式相比较，作为一种从“管理学”的视角观察、解释中国企业史的模式，存在如下特点：其一，该范式注重研究成果的可用性，强调从企业管理实践中发现问题、解决问题。从历史的视角研究总结企业管理的一般规律和特殊现象，是共性和个性的综合，既有与经济学研究类似的多数组织共有的规律研究，也有与历史学个体研究取向类似的案例研究。其二，该范式本质上就是以企业管理实践运用为导向的特定的思考模式，强调理论贡献是它的一个重要特征。这是因为管理学界特别重视理论的实践指导意义。在众多管理学者的推动下，当前管理学研究的一个重要特征就是“理论崇拜”，研究要求“顶天立地”（兼有理论高度和实用性）。[1]其三，该范式体现史学研究特点，以历史学视野的纵向研究为基本方法，基本研究史料为企业档案，辅以口述档案，强调“随时间演变”（Change over time）对企业史研究的重要性。因此，目前在国内企业史学界倡导管理学范式的研究，具有一定的学术意义与现实意义。

第一，有利于克服目前国内企业史研究的危机。这些危机主要表现在：长期以来漠视方法论的问题未解决，研究范式单一，一些企业史学家还习惯用传统的依赖企业档案的方式研究。这意味着在其他学科中习惯了其他科学化方法的学者，无法判定企业史研究的学术质量；研究课题过于发散导致无法聚焦，有学者指出钱德勒范式为何得到认可的最重要原因，是那一个阶段企业史学界聚焦大企业问题形成的合力所致；企业史研究与企业管理实践严重脱节，企业家群体漠视企业史研究，更准确地说漠视学术性的企业史研究等。因此，管理学范式作为从“管理学”视角审视、解释企业史的模式，是一种围绕当代企业管理为核心的实践导向很强的方法论，亦是应对危机的一种手段。

第二，对国内以往企业史研究进行反思，促进范式创新。目前国内研究企业史的相当一部分学者认为对企业档案的爬梳剔抉，用描述性的

---

[1] 参见郭重庆：《直面中国管理实践，跻身管理科学前沿——为中国管理科学的健康发展而虑》，载《管理科学学报》，2012 年第 12 期。

手法还原企业日常经营行为的微观研究方法就是管理学的方法，如吴承明在总结近代企业史成果中提及“(20世纪) 90年代，本学科的研究向企业管理学和经营学方面发展”，李玉称近代企业史研究中开始普遍着力于企业的经营史分析。[1] 这种所谓的管理学经营学方法实际上只是对企业日常经营管理活动进行“叙事”性描述的史学方法，并未使用管理学特有的分析框架，更谈不上深入分析、概括以致构建新理论，故不是真正意义上的管理学范式。因此，厘清何为“真正的”管理学范式，溯本清源，是企业史研究范式创新的需要。

第三，与企业实践更紧密的相结合，把企业史的影响力扩大到管理学界与企业界。目前国内企业史学界存在这样的情形，一方面企业史研究囿于“象牙塔”之中，企业史学者不了解企业的真实情况，缺乏管理学理论的引导以及与管理学者、企业家的交流渠道，导致目前国内的企业史研究成为“黑板企业史”，而不是“真实世界的企业史”。[2] 另一方面在管理学院任职的绝大部分学者，对企业史研究不关注甚至还不了解存在企业史学科，常常把历史学方法等同于纵向研究。随着管理学者对历史学方法的关注度逐渐增大，以及经济史学者在商学院任职人数的逐渐增多，有必要加强两个群体之间的沟通与合作，强调企业史管理学范式的实用性，开拓一个“以企业实践为导向”的企业史研究新领域。

第四，实现与国际企业史学界主流范式的接轨。在西方，企业史主要有历史学、经济学、管理学等范式，而管理学范式在这几种类型范式研究中影响力已经居于前列，如担任哈佛商学院历届伊西多·斯特劳斯（Isidor Straus）企业史教席教授职位的格拉斯、海迪（Ralph W.Hidy）、

---

[1] 参见吴承明：《序》，刘兰兮《中国现代化过程中的企业发展》，福建人民出版社，2006年；李玉：《近代企业史研究概述》，载《史学月刊》，2004年第4期。

[2] “真实世界的企业史”的提法借鉴了周其仁在《真实世界的经济学》一书的思考。他认为研究企业理论，就要获得进入“真实企业”的机会，做“接地气”的企业调查，拿更多可观察的事实来检验“似乎有解释力的理论”。参见周其仁：《真实世界的经济学》，北京大学出版社，2006年，作者序言第1–9页。此外，高超群也提出了要对“经济史中的企业史”与“企业的企业史”进行区分的观点。参见高超群：《企业史与中国经济史研究》，载《中国经济史评论》，2021年第1辑。

钱德勒、麦克劳（Thomas K. McCraw）、琼斯（Geoffrey Jones）等群体，就是当今世界企业史研究的主流。因此，对大有超越传统范式之势的管理学范式进行深入研究，有助于把握世界企业史研究前沿，对预测国内企业史研究的未来趋势也具有参考与借鉴作用。

综上，我们认为，引入管理学范式可以促进中国企业史研究的发展。历史学、经济学和管理学不同的研究范式是由不同的研究目的诉求决定的。为管理学科构建新理论以及为企业管理实践服务是企业史管理学范式的根本诉求，追求共性和个性的结合、理论和实践的统一是其最重要的特征。如企业史管理学范式面向管理实践应用，其研究成果可以指导企业管理者的管理工作，这样就可以重新激起管理实践者对企业史研究的兴趣，改变当前企业史研究被边缘化的窘境。因此，企业史管理学范式可作为其他两种范式的重要补充，共同构成中国企业史学的话语体系。

## 四、如何运用管理学范式

未来有可能适合进行企业史管理学范式研究的学者分为两种类型，第一类称之为“具有管理学思维的历史学家”，是指那些受过历史教育和训练，但在研究中倾向于使用管理学范式的人。他们一部分在历史系与经济系，另一部分在商学院，目前后者的人数有逐渐增加的趋势，是未来该范式研究的主力；[1] 第二类称之为“具有史学思维的管理学家”，是指那些教育背景是管理学，但在研究中倾向于使用历史学方法的人。在实际使用过程中，经常会出现难以区分的情况，一方面是具有历史学与管理学双重学术背景学者数量的增加，另一方面是随着二者学科间互相渗透、互相交流的加强，开始形成“你中有我，我中有你”的现象。

---

[1] 如美国企业史学会下设分部，专门用于协助推进“在商学院任教的企业史学家”（business historians teaching at business schools）的研究工作。参见 http://thebhc.org/index.php/mission-history.

“具有管理学思维的历史学家”从事管理学范式研究可能的形式有两种：第一，利用历史学科的特点，寻求在管理学一些适合质性管理方法的研究领域的合作研究。黄群慧指出，中国正在加快构建中国特色的企业管理学。近年来，中国管理学界一方面，出现了大量对中国企业管理案例的研究，另一方面，理论工作者开始重视对中国情境进行具体分析，提出中国管理理论创新研究的方向和领域[1]。文中论及的“情境”与“个案”是管理学领域需要质性管理的两个重要内容，相对于管理学者在研究对象时间跨度的“短时段”，企业史学者研究企业的跨度一般都很长，具有“中时段”、“长时段”的特点，且对企业所处的政治、经济、法律、文化等背景有比较深入的了解。可以说，目前管理学界提倡的中国情境下的中国特色管理学话语体系研究，尤其在情境化研究与案例研究方面，给了双方合作对话的空间。第二，加强当代企业史的研究，改变目前中国学界“企业史研究基本等同于近代企业史研究”的现象。竭力主张企业史与经济史分离的格拉斯早在1938年就指出，经济史与企业史的区别之一，在于“经济史研究的是过去既成的事实，而企业史则研究即将完成或管理的过程”。[2]钱德勒把他从社会学以及管理学者中所获得的信息比从新经济史学家获得的多的原因归结于后者的数据太陈旧：“到目前为止，计量经济学家们倾向于关注1860年以前的那段时期，……我所敦促的是，新经济历史学家要把他们的才能和注意力放在更近的时期，在这个时期，数据更丰富，基本问题更复杂。”[3]当代企业史研究如果关注当代企业管理存在的问题，围绕企业管理的关键问题确定选题，就要特别注意时效性。如倡导改革开放以来中国企业史的研

---

[1] 黄群慧：《改革开放四十年中国企业管理学的发展——情境、历程、经验与使命》，载《管理世界》，2018年第10期。

[2] N. S. B. Gras.Why Study Business History? *Revue canadienne d' Economique et de Science politique*, 4, 3 (Aug.,1938), p. 324.

[3] 参　见 A.D Chandler Jr.Comment on the New Economic History, *The Essential Alfred Chandler: Essays toward a Historical Theory of Big Business*, Harvard Business School Press, 1988, p.298.

究，时间区间为近四十年。再如美国关注“研究创新和增长领域”的企业史学者，其所研究的内容时间跨度多聚焦于“近期（近二十年内）”[1]。

现在讨论“具有史学思维的管理学家”的管理学范式研究。管理学研究领域除了情境、案例研究等适合历史学研究的领域之外，其他诸多研究范围均为长期受科学化浸淫、历史学家难以涉及的领域。近年来，其中的一些领域如组织领域的学者开始讨论历史学方法，为历史学方法介入管理学领域开辟了另外一个通道。以下两个领域，是管理学界适合使用历史学研究方法产出企业史成果集中的领域，也是企业史学家未来需要高度重视的研究内容。第一，国际商务（International Business）。国际商务领域在所有的管理学研究范围中与企业史关系最密切的一个，也是企业史贡献最多、最为人知的一个领域，企业史学家亦是研究跨国公司的早期推动者。对国际商务而言，已经不用讨论“历史是否重要”的观点，而是要讨论如何让它重要的问题了[2]。第二，企业家精神（Entrepreneurship）。企业史学家是企业家精神研究的先驱[3]。企业史学家的研究一方面提供了令人信服的证据，证明环境（企业家行为所处的经济、社会、组织或机构环境）对评估和评估企业家精神的重要性。另一个方面，企业史通过其对国家、地区和行业的不同层面的研究，对企业家精神的研究作出了重要贡献。自 20 世纪 80 年代以来，企业家精神开始成为了全球学界研究的宠儿，成为管理学者和社会科学家越来越感兴趣的话题，并一直持续至今。从目前情况看，在该领域应该重拾企业史研究，以作为其他社会科学理论的重要补充。

国外企业史学界近年来所聚焦的创新（Innovation）、全球化（Globalization）、企业与环境（Businesses and the Environment）、政府的

---

[1] 沃尔特·弗里德曼：《当代美国企业史研究的三大主题》，载《东南学术》，2017 年第 3 期。

[2] Geoffrey Jones, Tarun Khanna. Bringing History into International Business, *Journal of International Business Studies*, (February 2006).

[3] G. Jones et al.The future of economic, business, and social history, *Scandinavian Economic History Review,* 60,3 (2012), p.226.

角色（Role of Governments）、企业民主（Business and Democracy）等研究方向也有不少与管理学界可以重叠的内容。此外，战略管理领域一些学者也对现在该领域研究中历史感的缺失表示不满，并反复强调历史对学科研究的重要性。[1] 对国内企业史学界而言，管理学范式情景化、面向“真实企业”以及实用性的特点，要求我们在引进西方管理学范式体系的过程中不能脱离中国的社会历史文化背景，如关注中华传统文化对企业特质的影响、中国共产党与企业治理的关系、新兴领域与数字经济中企业的创新性、国有企业的历史传承、改革开放后私营企业的发展等中国经验问题，做具有中国特色的企业史研究。管理学范式倡导“以企业实践为导向”的概括与比较研究方法，将改变以往我们一直用中国的经验去验证西方理论正确性方面的现象，在把中国经验变成中国理论过程中发挥重要作用。

## 五、余论

近年来，随着企业史研究在中国经济史学界逐渐升温，企业史范式话题的讨论开始提上议事日程。[2] 企业管理学范式是中国企业史研究的一个新视角，如何正确理解这个“新”字的含义，对构建具有“全球视野”（国际化视野）与“中国经验”（中国特色，深入企业实践）的中国企业史研究的话语体系意义深远。

首先，我们要认识到这个“新”只是相对于企业史在我国发展的阶段而言。在国外，注重管理学方法早已不是什么新话题。如前所述，美国企业史研究从 1927 年诞生之日就带有强烈的管理学特征。日本经营史研究亦如此，如日本管理学界代表性学者伊丹敬之就曾在《经济史学

[1] Perchard Andrew, Niall G MacKenzie, Stephanie Decker, Giovanni Favero, Clio in the business school: Historical approaches in strategy, international business and entrepreneurship, *Business History,* 59,6 (2017), p.4.

[2] 参见林立强、刘成虎：《企业史研究的趋势与展望》，载《中国经济史研究》，2021 年第 1 期。

50年》刊文，对经营学与经营史合作的前景表示乐观。[1] 有学者统计收集了日本经营史学会的学会期刊《经营史学》上自1966年创刊以来到2015年的所有论文，发现主要使用管理学概念和理论的论文最多，占总数的58%。[2] 而近25年来，原先趋向于经济史的英国企业史研究亦有向管理学靠拢的趋势。[3] 中国企业史学界与管理学界如要快速与世界学术最前沿接轨，对国际企业史学界管理学范式的了解应摆上议事日程。

其次，这个“新”不能取代企业史已有的其他研究范式。目前世界各国商学院、经济系、历史系、社会学系等部门都活跃着一批企业史学家。这种多种范式并存的现象，拓展了企业史研究的广度和深度，已成为各国企业史研究的常态。此外，随着多学科跨界方法的推广，学科间的界限也愈加模糊，如经济学与管理学呈现紧密融合的趋势，甚至出现“经济学家管理学化”与“管理学家经济学化”的现象。本文讨论的企业史管理学范式只是具有中国特色的企业史研究话语体系的一部分，并不意味着企业史的其他范式或者学术型的企业史研究没有存在的必要。恰恰相反，以马克思主义理论为指导思想，历史学、经济学、管理学、社会学、人类学等多种研究范式并存，相互借鉴，取长补短，共同促进学科的发展，乃是中国企业史研究的必经之路。

值得一提的是，由于管理学范式需“使用管理学理论作为分析框架来研究企业史”，这对目前国内企业史学界绝大多数历史学与经济学背景的学者来说无疑具有相当的难度。因此，中国企业史研究要实现“全球视野”与“中国经验”融合与交汇的最终目标，与管理学界的合作至关重要。现国内企业史仍隶属于理论经济学类的经济史以及历史类的专门史，如管理学科另将企业史纳入麾下与管理史、管理思想史并列，无

---

[1] 伊丹敬之：《経営史と経営学》，经营史学会编《経営史学の50年》，日本经济评论社，2015年，第42–51页。

[2] 参见林彦樱、井泽龙：《日本“产业经营史”研究的源流》，载《福州大学学报（哲学社会科学版）》，2019年第5期。

[3] 黑泽隆文：《世界の経営史関連学会の創設・発展史と国際化》，《経営史学》，49卷1号，2014年，第23–50页。

疑将为企业史管理学范式提供一个更广阔的发展空间。此外，是否可以仿效历史社会学、历史政治学创建一种以“历史管理学”命名的新的研究方法与视角？[1] 参照这个思路，无论是管理学本位的“历史管理学”，还是历史学本位的“历史管理学”，或许都能够为中国企业史研究范式创新注入新的生机与活力。

[1] 笔者参考了历史社会学（Historical sociology）、历史政治学（Historical politics）等的译法，把“历史管理学”这个新词对应的英文译作 Historical management。

# 创新与产业动态变化及演化关系
## ——以中国体外诊断产业为例[1]

邢菁华　张洵君

**摘　要：**中国体外诊断产业的形成和发展源于生物技术的不断进步，以及自动化、智能化、微型化和即时化的创新。科学技术的进步是产业结构优化的助力，推动着产业不断地发展和升级。本研究重点分析体外诊断产业的需求因素，产业知识基础和研发网络中协作关系变化，通过相关产业案例，归纳出在市场经济环境下，以中国体外诊断为代表的技术创新与产业之间的演化关系，为医疗产业的创新研究开辟思路，以期为今后相关产业创新发展提供借鉴和启示。

**关键词：**体外诊断；创新；需求；知识基础；协同网络

## 引言

当代科技医疗的特征彼此迥异，但创新在其社会经济发展中所起的作用，有着显著的一致性，创新是产业演化过程中主要的驱动力。体外诊断（In Vitro Diagnostics，IVD）产业是当代生物医学的新兴产业，并在科学技术进步的推动下保持着高速增长。体外诊断产业所涉及的产品种类繁多，技术上经历了从细胞形态学诊断、生化诊断、免疫诊断到分

---

[1]　本文原发表于《中国科技论坛》，2018 年第 5 期。

子诊断的变革，每一次技术革命都使体外诊断产业跨上了一个新的台阶。

1912 年，美籍奥地利经济学家约瑟夫·熊彼特[1]首次基于“创新”视角考察经济发展过程。熊彼特认为创新是产业变迁以及经济结构调整的本质要素。20 世纪 70 年代末 80 年代初，一些学者开始将理论研究专注于创新和产业的演化关系之中。纳尔逊和温特[2]认为，技术创新是一个演进过程，产品的预期市场规模影响着企业研究与开发经费投入，二者关系紧密相连，创新成果只有与包括市场因素在内的环境相符才能成功。保罗·罗默[3]在《内生技术变迁》中提到重要假设，即新技术的产生主要是在市场利益的驱动下，追求新技术之最终盈利的结果，新技术的生产量是由新技术的市场供给和市场需求共同决定的。列雷纳和奥尔特拉[4]把依靠内部知识积累的增长型企业与依靠对外界知识学习的非增长型企业区分开，指出差异化的创新策略能够促进高新技术的产生，创新策略差异化程度越高越有利于技术创新。蒙托比欧[5]认为即使在没有技术进步的情况下，企业之间的差异也能够促进经济增长和产业演化。经济行为间的差异与市场可以作为一种协调机制相联系，认为创新是企业行为差异的主要来源，而企业间的差异给竞争力和竞争优势带来影响，促进企业优胜劣汰并推动产业变迁。杰罗斯基[6]和奥德里特施[7]通过对

---

[1] Schumpeter, J. and Backhaus, U. *The Theory of Economic Development*. New York: Springer US, 2003, pp.61–116.

[2] Nelson, R.R. and Winter, S.G. *An Evolutionary Theory of Economic Change*. London: The Belknap Press of Harvard University Press, 1982.

[3] Romer, Paul. Are Nonconvexities Important for Understanding Growth? *American Economic Association,* 1990, 80(2), pp.97–103.

[4] Llerena, Patrick and Oltra, Vanessa. Diversity of Innovative Strategy as a Source of Technological Performance. *Structural Change and Economic Dynamics*, 2002(13), p.2.

[5] Montobbio, F. An Evolutionary Model of Industrial Growth and Structural Change. *Structure Change and Economic Dynamics*, 2002(13), p.4.

[6] Geroski, P.A. What Do We Know about Entry? *International Journal of Industrial Organization,* 1995(13), pp.421–440.

[7] Audretsch, David B. *Innovation and Industry Evolution*. Cambridge: MIT Press, 1995.

创新与产业演化间关系的某些经验事实进行测度和理解，开启了创新与产业动态变化的经济计量方法。

近些年，对创新和生产部门系统的理解已从演化经济学的角度得以特别发展。意大利米兰的博科尼大学产业经济学教授弗兰科·马莱尔巴[1]认为，要进一步深入理解创新与产业动态变化及演化之间的关系，必须在三个前沿领域寻求突破，即从消费者能力和用户创新角度对需求因素的分析，从产业的知识基础角度对知识因素的理解，以及创新与研发网络中协作关系的变化。

尽管已有学者从不同角度对创新驱动研究进行了文献综述，但大多数学者仅限于理论研究，对于应用型、经验型的研究甚少。其中，马莱尔巴的理论比较全面地涵盖了创新与产业的动态关系。本文将以体外诊断为例，运用马莱尔巴的创新理论观点，从体外诊断产品的消费者能力和用户创新角度对需求因素的分析，体外诊断产业的知识基础角度对知识因素的理解，以及技术创新与研发网络中协作关系变化三个方面，对体外诊断产业中创新与产业动态变化及演化关系进行阐述。

## 一、体外诊断需求因素的分析：消费者能力和用户创新角度

21 世纪，消费者作为直接购买和使用特定医疗产品及医疗服务的人群，已成为推动产业创新的主要因素。消费者既是医学商品化进程的推动者，同时也是医学商品化的受体或直接干预对象。消费者作为创新与产业动态演化中主要的参与者，他们对这些产品的需求能力也推动了产业的创新。因此，消费者能力在医学产业化的过程中发挥了重要作用。

正如大卫·C. 莫厄星和内森·罗森伯格[2]在《市场需求对创新的影

---

[1] Malerba, Franco *Innovation and the Evolution of Industries Innovation*, Industrial Dynamics and Structural Transformation, Springer, Verlag Berlin Heidelberg, 2007.

[2] Mowery, D. and Rosenberg, N. Influence of Market Demand Upon Innovation Critical-Review of Some Recent Empirical Studies. *Research Policy*, 1979, 8(2), pp.102–153.

响》一文中强调的，“创新和市场需求以一种互动的方式在技术发展中起着重要作用”，技术创新与需求的互动关系更加贴近客观事实，并更能体现技术创新和市场联系的本质。克里斯托夫·弗里曼[1]指出，技术创新加快了新产品和新工艺的不断涌现，人均收入的提高和生活条件的改善，影响了市场需求结构的调整与整合。美国经济学家谢勒尔[2]提出需求驱动假说，认为专利等发明活动与其他经济活动一样，以追求利润为基本目标，受市场需求的引导和制约。

全球体外诊断市场份额最大的企业罗氏诊断亚太区董事总经理迪格尔曼在接受媒体生物谷采访时认为，中国市场是一个新兴的市场，发展速度非常快，差不多一年的增长率可以达到15%到20%，正是因为中国的医疗体制改革，中国体外诊断行业的需求很大，不断增长，同时中国的老龄人口也在不断增长。而且，中国是完全以创新为驱动的市场。也就是说，中国市场需要有更多的创新产品，人们也愿意为这样的创新支付相应的费用，来获得更好的技术和服务，这也是中国现在变成罗氏诊断亚太区最大市场的原因。[3]

中国体外诊断产业在不到40年的发展历程中，已成为全球发展最快的国家之一。从产业的需求端看，主要有以下因素驱动产业不断发展和创新：

### （一）中国人口结构老龄化加速

根据国家卫健委《2016年中国卫生和计划生育统计年鉴》显示，2016年末中国大陆总人口13.8亿人，比上年末增加809万人。老龄化则在加快，其中，65周岁及以上人口1.5亿人，占总人口的10.8%（见图7–1），比2013年提升了1.1个百分点，占世界老年人口比重达23%

[1] Freeman, C. *The Economics of Industrial Innovation.* Cambridge: MIT Press, 1982.

[2] Scherer, F. M. Demand-pull and Technological Invention: Schmookler Revisited. *Journal of Industrial Economics*, 1982, 30(4), pp.225–237.

[3]《生物谷专访罗氏诊断高层：个体化医疗和社区医院是未来体外诊断市场战略地》，http://news.bioon.com/article/6461729.html, 2010.

左右。按照联合国标准，65岁及以上人口比重超过7%即是老龄化社会，中国老年人口比重已大大超过世界平均水平。而老年人的患病率和医疗消费支出均远超过年轻人。人口老龄化使得老年人常见病、慢性病的日常护理等医疗服务需求升级，城市快节奏的生活及环境等问题使得城市居民更易患上慢性病或产生其他对身体不利的健康问题，这些都将增加体外诊断设备和体外诊断试剂的市场需求。同时，中国人口占世界总人口的20%，而到2016年体外诊断总消费市场仅占全球15%左右，且人均年消费金额仅为2美元左右，与发达经济体约28美元的人均年消费金额相比差距仍较大[1]，体外诊断产业在中国依然有很大的增长空间。

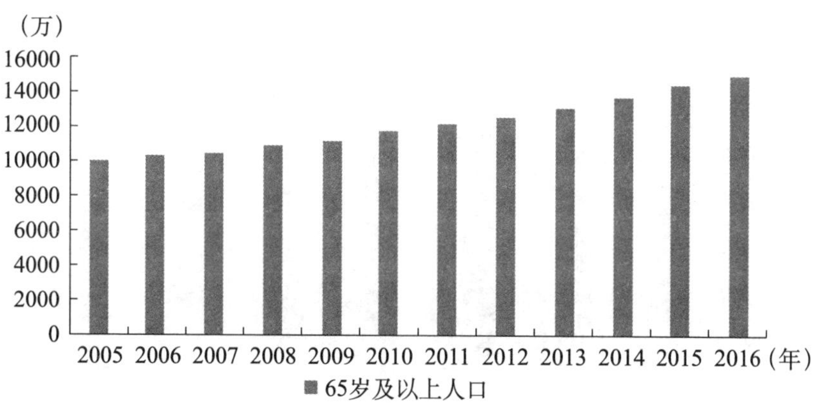


**图7–1 2005—2016年中国65岁及以上人口数量**

数据来源：国家卫健委：《2016年中国卫生和计划生育统计年鉴》

### （二）中国居民收入水平提高，健康和预防意识增强

随着中国经济不断发展，居民人均收入持续增长，对医疗消费的需求也不断增强。根据《2016年中国卫生和计划生育统计年鉴》数据显

[1] 严成樑、龚六堂：《熊彼特增长理论：一个文献综述》，载《经济学季刊》，2009年第3期，第1163–1196页。

示，中国城镇居民人均可支配收入从 2010 年的 19109 元提高到 2016 年的 33616 元，增长 76%，农村居民人均可支配收入从 2010 年的 5919 年提高到 2016 年的 12363 元，增长 109%。全国居民人均可支配收入中位数 20883 元，比 2015 年增长 8.3%（见图 7–2）。

近年来，居民人均可支配收入增加，居民生活水平得到显著改善，对个人健康的重视和医疗保健的需求也相应提高。居民对医疗的需求已经从疾病治疗转向预防保健，越来越多人开始提前关注自身的健康，以体检为代表的项目为中国体外诊断产业带来了新的增长空间。

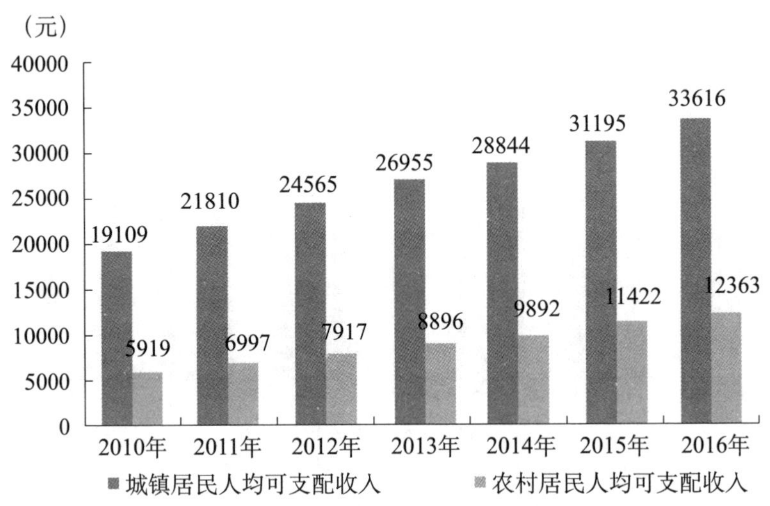


**图 7–2　2010—2016 年中国城镇、农村居民人均可支配收入对比图**

数据来源：国家卫健委：《2016 年中国卫生和计划生育统计年鉴》

## （三）慢性病、传染病及癌症发病率居高不下

中国经济快速发展的同时，慢性病发病率也在迅速上升。根据卫生统计年鉴数据：中国糖尿病发病率从 1993 年的 1.9‰上升到 2008 年的 10.7‰；高血压发病率从 1993 年的 11.9‰上升到 2008 年的 54.9‰；脑血管病从 4‰上升到 9.7‰。中国慢性病总体患病率从 1993 年的 16.98%

上升到2008年的19.99%，预计未来10年仍会攀升。传染病的防控形势依然严峻，病毒性肝炎发病率依旧维持在高位，艾滋病发病率逐年上升[1]。2016年1月25日，全球癌症领域顶级杂志《CA：临床医师癌症杂志》（*CA Cancer J Clin*）发表了国家癌症中心公布的2015年癌症统计数据。其中，国家癌症中心根据72个肿瘤登记处上报的、覆盖全国8550万人口的数据显示，2009—2011年中国癌症发病及死亡数量趋势逐年增高[2]。《中国自我保健蓝皮书（2015—2016）》指出，中国确诊的慢性病患者已超过2.6亿人，目前据估计这一数据已超过3亿[3]。慢性病、传染病及癌症防控的严峻形势为体外诊断产业的发展带来巨大的市场前景。

### （四）中国人均卫生费用支出与世界差距较大

医疗卫生与人们生活水平和健康意识密切相关，随着居民收入的增长，医疗卫生的支出也相应增加，从而满足人们的刚性需求。近年来，中国卫生总费用不断增加，根据《2015年中国卫生和计划生育事业发展统计公报》，2015年中国卫生总费用突破4万亿元，占GDP百分比为6.0%。其中，政府卫生支出12533.0亿元（占30.88%），社会卫生支出15890.7亿元（占39.15%），个人卫生支出12164.0亿元（占29.97%）[4]。然而，该水平仍与世界水平相去甚远，如2013年美国卫生总费用就已经达到2.8万亿美元，占GDP比例高达17.90%。中国与发达国家相比，人均卫生费用的支出仍在全球处于较低水准，尚有较大提升空间。中国作为新兴发展中国家，经济仍然保持较高速的增长，随着中国政府对医疗卫生领域的投入增加，医疗服务和诊断行业随之崛起，都将给体外诊断行业带来大量的市场需求，

---

[1] 张寒、李正风：《对Bayh–Dole法案及相关研究的再思考》，载《自然辩证法研究》，2012年第8期，第59–63页。

[2] 陈万青 . CA：2015中国癌症统计数据发布 . *CA Cancer J Clin*，2016.

[3] 《〈中国自我保健蓝皮书〉正式发布拜耳助力编著》，新华网，http://news.xinhuanet.com/health/2016-07/29/c_129188758.htm?from=groupmessage&isappinstalled=0, 2016.

[4] 国家卫计委：《2015年中国卫生和计划生育事业发展统计公报》。

驱动体外诊断产业快速增长。

除此之外，马莱尔巴也提到用户创新对于产业推进的作用。关于“用户创新”的概念，其实早在 1988 年就由麻省理工学院冯·希普尔[1]教授首次从创新源的角度提出，其主要思想是打破人们一贯认为的创新主要是由制造商或相关研究机构主导开展的传统看法，指出用户在参与创新的过程中有着重要的作用，而在某些行业里用户实际上是创新的主要源泉。

从“用户创新”这个角度看，体外诊断产业正是将消费者的不同症状和检测的感受作为创新的动力，从而逐步改变技术应用的范围。体外诊断产品的应用已经逐步从传统的实验室检测、医疗机构检测渗透到家庭检测中。特别是伴随着人们健康意识的提高，亚健康及慢性病患者需要经常了解身体及疾病的情况，这些需求促使临床检验仪器、试剂向着携带便捷，操作方便，结果“即时即地”可得的所谓即时诊断（POCT）的方向发展[2]。即时诊断的早期应用是在20世纪70年代末，科学家们研制出女性是否妊娠的人体绒毛膜促性腺激素（hCG）试纸，极大地提高了女性患者对自身身体诊断的可操作性。体外诊断的生产商也意识到了消费者感受的重要性，并逐步改进一些大型仪器操作烦琐、占空间大等问题。如今，即时诊断技术已经备受人们的青睐，越来越多可以快捷移动、操作简便、结果准确可靠的技术和设备被研发并应用。

## 二、体外诊断产业的知识基础角度对知识因素的理解

马莱尔巴从知识基础角度指出了更广泛识别知识的主要特征、差异化和专业化程度，从而更好理解知识结构在创新和产业演化之间的关系

[1] Von Hippel, E. *The Sources of Innovation*. New York: Oxford University Press, 1988.

[2] 邢菁华:《当代体外诊断的技术特征与演化趋势》，载《医学与哲学》，2017 年第 38 期（7B），第 94–97 页。

和作用[1]。史密斯指出，影响创新的因素较多，其中最关键的因素是知识基础，是产业之中对于技术、材料与特性等特定参数和科学知识的理解与分析的共享[2]。

从体外诊断产业的知识基础角度分析，所涉及的产品技术种类众多，知识的积累推进了产业的不断演化，以下将通过体外诊断产业中的技术知识种类和分布特征、产业链的知识构成、产业知识存量动态演化过程进行阐述。

### （一）体外诊断的技术知识种类和分布特征：

体外诊断按照技术知识的特点，主要分为生化诊断、免疫诊断、分子诊断、微生物诊断、血液诊断和即时诊断等诊断方法。其每个诊断细分领域都有核心的检验原理技术和应用领域（见表 7–1）。

从体外诊断种类分布比例看，目前全球市场占比最高的是免疫诊断（23%），其次是生化诊断（17%）和分子诊断（11%）（见图 7–3）。而在中国，免疫诊断（33%）和生化诊断（27%）占据了市场份额的 60%，而分子诊断（5%）和即时诊断及其他（20%）所占行业市场份额较小[3]（见图 7–4）。可见，中国未来分子诊断试剂市场还有很大的上升潜力和空间，同时分子诊断也是实施精准医疗的重要技术和基础，代表着体外诊断技术的前沿方向。这些年随着基因测序和基因芯片等技术的兴起，分子诊断在未来一段时间内仍会保持较高速度的增长。

从各国体外诊断市场地域分布特征看，中国仅占全球体外诊断市场份额的 2% 左右，市场规模偏小，而美国和西欧合起来市场份额占全球

---

[1] Malerba, Franco, Nelson, Richard R. Orsenigo, Luigi. *Innovation and the Evolution of Industries: History-Friendly Models*. Cambridge, UK: Cambridge University Press, 2016.

[2] Smith, K. What is the Knowledge Economy? Knowledge Intensive Industries and Distributed Knowledge Bases. Aalborg, Denmark: DRUID Summer Conference on “The Learning Economy: Firms, Regions and Nation Specific Institutions”, 2000.

[3] 谷威、潘峰、周飞：《体外诊断试剂行业发展概述》，载《中国药物评价》，2012 年第 29 期，第 98–101 页。

表 7–1 体外诊断技术种类及其优缺点

| 种类 | 细分 | 检测原理 | 应用领域 | 优点 | 缺点 |
|---|---|---|---|---|---|
| 生化诊断 | 干化学 | 各种生物化学反应 | 临床急诊生化项目的检测 | 快速 | 定性 |
| | 其他 | | 血常规、尿常规、肝功能、肾功能等 | 成本低 | 检测范围有限 |
| 免疫诊断 | 放射免疫 | 将放射性同位素测量的高度灵敏性、精确性和抗原抗体反应的特异性相结合的体外测定技术 | 给中激素、微量蛋白、肿瘤标志物和药物微量物质测定 | 成本低、灵敏度高 | 操作复杂、有污染 |
| | 酶联免疫 | 酶与样本反应，依据颜色变化程度确定结果 | 传染性疾病、内分泌、肿瘤、药物检测、血型等 | 成本低、技术成熟 | 操作复杂、耗时长 |
| | 胶体金 | 胶体金标记，实质上是蛋白质等高分子被吸附到胶体金颗粒表面的包被过程。聚合物聚集后肉眼可见 | 乙肝、HIV、标志物、女性妊娠、毒品等 | 简单、快捷、准确、无污染 | 检测范围有限 |
| | 乳胶比浊 | 抗体吸附在胶乳颗粒上形成致敏原，与抗原发生交联反应，形成抗原抗体复合物，胶乳颗粒发生凝聚 | 特定体液蛋白质 | 简单、直观 | 检测范围有限 |
| | 免疫荧光 | 免疫学方法与荧光标记技术结合来研究特异蛋白抗原在细胞内分布的方法 | 细菌、病毒等，皮肤活性 | 特异性强、敏感性高、速度快 | 存在非特异性染色 |
| | 时间分辨荧光 | 根据镧系元素螯合物发光特点，用时间分辨技术测量荧光，同时检测波长和时间两个参数进行信号分辨 | 激素、病毒性肝炎标志物、肿瘤航院、多肽 | 对荧光免疫优化 | 操作复杂 |
| | 化学发光 | 将抗原抗体同样本结合，然后由磁珠捕捉反应物，再加入发光促进剂，加大反应发光速度与强度，进而诊断 | 传染性疾病、内分泌、肿瘤、药物检测、血型等 | 精确度高、无污染 | 成本相对较高 |

续表

| 种类 | 细分 | 检测原理 | 应用领域 | 优点 | 缺点 |
| --- | --- | --- | --- | --- | --- |
| 分子诊断 | PCR | DNA 高温变成单链，低温互补配对链合成 | 病毒、细菌 | 特异性强、灵敏度高、简便快捷 | 检测通量较小 |
| | 原位杂交 | 定标记的已知顺序核酸为探针与细胞或组织切片中核酸进行杂交，从而对特定核酸顺序进行精确定量定位的过程 | 基因图谱、病毒检测 | 成本较低 | 精度相对较低、检测通量较小 |
| | 基因芯片 | 测序原理是杂交测序方法，在一块基片表面固定了序列已知的靶核苷酸的探针，互补匹配确定序列 | 药物筛选、新药开发、疾病诊断 | 简单、便捷、准确 | 检测通量较小 |
| | 基因测序 | 从血液或唾液中分析测定基因全序列，预测罹患多种疾病的可能性 | 基因图谱、唐筛等 | 信息量大、通量高、准确 | 成本高、耗时较长 |
| 微生物诊断 | 药敏试验 | 体外测定药物抑菌或杀菌能力的试验 | 实验室检验 | 准确 | 操作要求高 |
| | 培养 + 形态观察 | 对细菌培养观察菌落 | 细菌、真菌 | 简单、成本低 | 耗时 |
| | 全自动微生物分析系统 | 细菌鉴定的生化反应 | 细菌、真菌 | 简单、快速 | 成本高 |
| 血液诊断 | 涂片 + 镜检 | 异型血溶血现象 | 血型检验等 | 方便快捷 | 检测范围有限 |
| | 血细胞分析 | 通过一些仪器的检测对红细胞、白细胞等进行分析 | 红细胞、白细胞、血小板等检测 | 定量、准确 | 检测范围有限 |
| | 流式细胞术 | 以高速分析上万个细胞，并能同时从一个细胞中测得多个参数 | 红细胞、白细胞、血小板等检测 | 速度快、精度高、准确性好 | 成本较高 |
| 其他 | POCT | 即时检验、原理依不同设备不同 | 心脏标志物、肝素抗凝等 | 快速、简单、综合成本低 | 精度相对较低 |

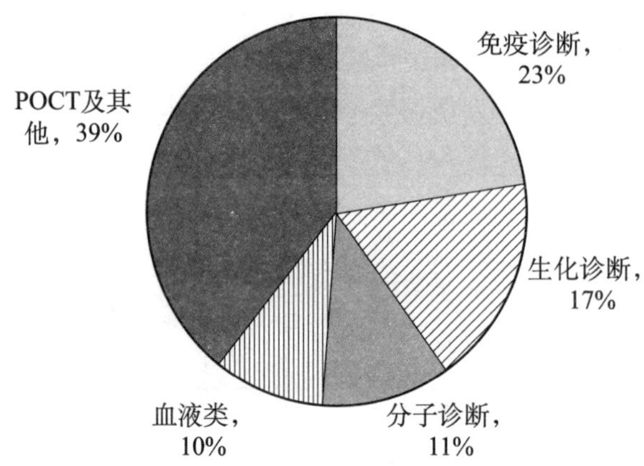


**图 7–3 全球体外诊断子行业的分布情况**

数据来源：北京大学医学人文研究院

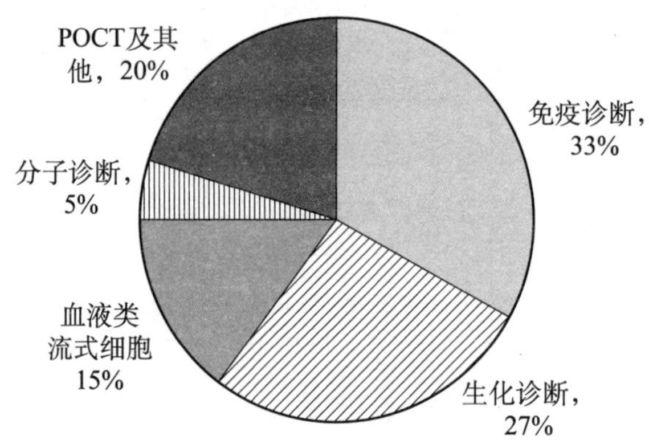


**图 7–4 中国体外诊断子行业的分布情况**

数据来源：北京大学医学人文研究院

的 66%[1]（见图 7–5）。中国体外诊断产业在市场规模上，与国际相比还有很大的增长空间。

从市场竞争格局看，跨国企业在中国占据了 60% 左右的市场份额，

[1] 《百亿体外诊断市场！谁将成为中国的罗氏诊断？》，中国生物技术信息网，http://www.biotech.org.cn/information/139262, 2016.

国内重点企业包括科华生物、达安基因、丽珠、利德曼等，市场份额均低于4%[1]（见图7–6），行业集中度亟待提高。随着国内技术逐步实现进

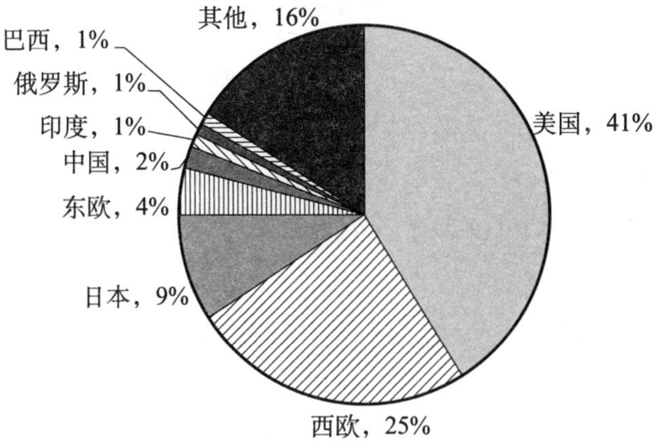


**图 7–5 全球体外诊断市场地域的分布**

图片来源：中国生物技术信息网

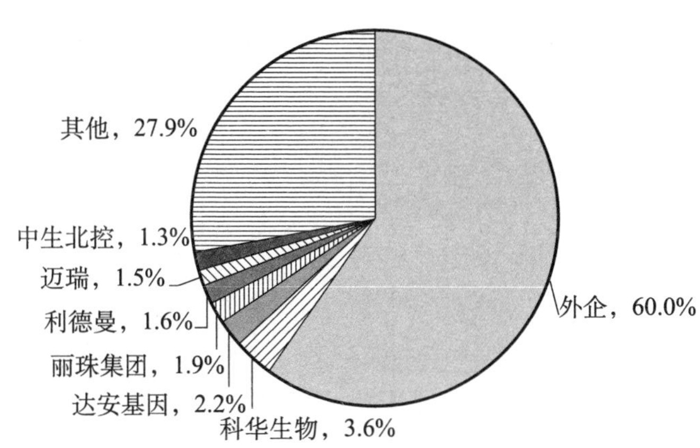


**图 7–6 中国体外诊断的市场竞争格局**

图片来源：中国生物技术信息网

---

[1] 百亿体外诊断市场－谁将成为中国的罗氏，中国生物技术信息网，http://www.biotech.org.cn/information/139262, 2016.

口替代，以及资本市场的介入，中国本土的体外诊断企业所占市场份额会有很大改善。

### （二）体外诊断产业链知识结构分布

完整的体外诊断产业链知识结构包括上游原料供应环节、中游销售环节和下游使用环节（见图 7–7），它们彼此制约并协同发展。

上游原料供应包括生物与化学原材料以及各种机械零配件，以进口和仿制国外产品为主。上游中的诊断酶、抗原、抗体等原料和电子化学仪器仍为国外企业垄断，国内研发能力突出的公司正逐步加强研发。体外诊断行业有很好的成本转移能力，能够减少或规避来自原材料供应的成本压力。

中游销售环节包括体外诊断试剂和仪器的生产厂家，以及独立医学实验室。体外诊断试剂企业可以选择自建渠道，通过专业经销商或与产业链上具有实力的仪器生产商合作，优势互补来销售其产品。目前，国

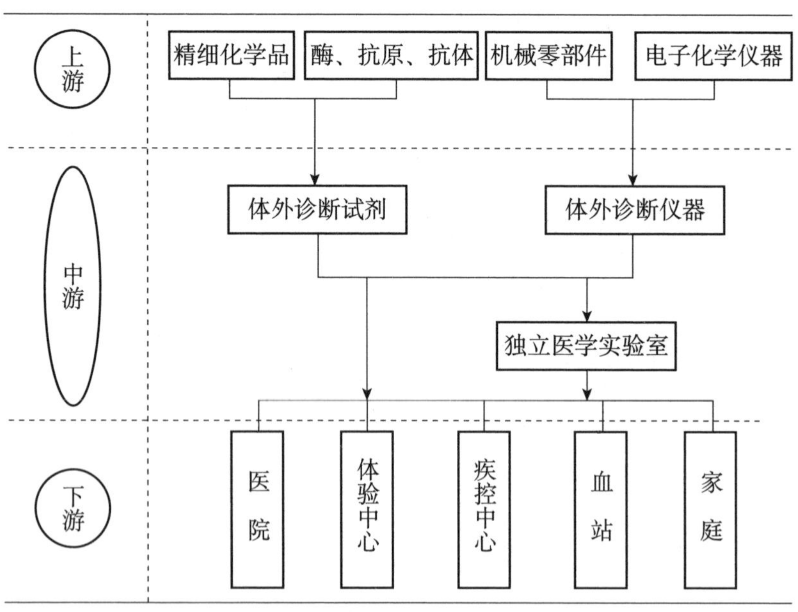


图 7–7　中国体外诊断产业链

内体外诊断市场仍处在发展阶段，企业多以生产试剂为主，而诊断仪器的生产商相对较少。对于大型的龙头企业，多采用封闭式的“试剂＋仪器”销售模式，具有议价优势。独立医学实验室是介于体外诊断生产商与下游使用端中间的独立检验机构，凭借着规模化、市场化运作，与医疗机构展开合作。当独立医学实验室收取费用下降时，将对生产企业的收入和利润产生负面影响，但从另外一个层面上，一定程度能够激发医疗机构的外包动力。目前国内独立医学实验室已有 2200 项检验项目用于临床疾病的筛查和诊断，形成了以集团化跨地域、以集约化经营为核心竞争力的连锁机构[1]。

下游使用环节按照消费去向分为医院、体检中心、疾控中心、血站和家庭健康监测。其中医院是中国体外诊断产业中最主要的需求市场。医院通过体外诊断试剂和诊断仪器，运用严格的检验方法和流程进行样本分析，所获得的诊断结果为就诊者提供诊疗依据。三级医院往往因为诊断样本量大，使得生产企业通过低价或者免费的方式投放诊断仪器。中低端医院，其样本量无法支持仪器免费的成本，仪器和试剂都通过直接销售来完成。随着中国医疗卫生事业的快速发展，以及人们对健康的重视程度增强，医院对于体外诊断产品的需求将继续保持高速发展。同时，随着即时诊断的兴起，体外诊断开始逐步走入家庭，并通过网络等科技，实现方便快捷的诊断和服务。这将成为体外诊断市场新的需求亮点。

### （三）产业知识存量动态演化过程

体外诊断产业在生物医学中，是知识与临床应用结合最紧密、成果转化最快的领域之一。其中，创新是其发展的关键。熊彼特的创新理论最早从技术与经济相结合的角度，解释了技术创新在经济发展过程中的作用。他强调企业为获得垄断利润不断增强研发支出，这增加了知识存量，从而推动了技术创新，技术创新通过新产品和新生产方法来实

[1] 梁耀铭、连奕奕、李连青等：《医学独立实验室践行 20 年之浅析》，载《中国医院管理》，2016 年第 4 期，第 25–26 页。

现，进而促进了经济增长[1]。企业创新一旦获得成功，在追求垄断利润的同时，产业结构调整，一些企业将被排挤出去，形成优胜劣汰格局，从而形成产业发展的动力[2]。马莱尔巴认为制药和生物技术产业中，各种各样的科学与工程知识在更新企业的研发空间方面发挥着重要作用。有些就是产业中的关键行为主体——包括大企业、小企业和新的生物技术企业，并且它们之间的各种协作关系也相当普遍。特别是，新的生物技术企业已经进入该部门，并与早已设立的大型制药企业开展竞争与合作（或者被收购）[3]（见图 7–8）。

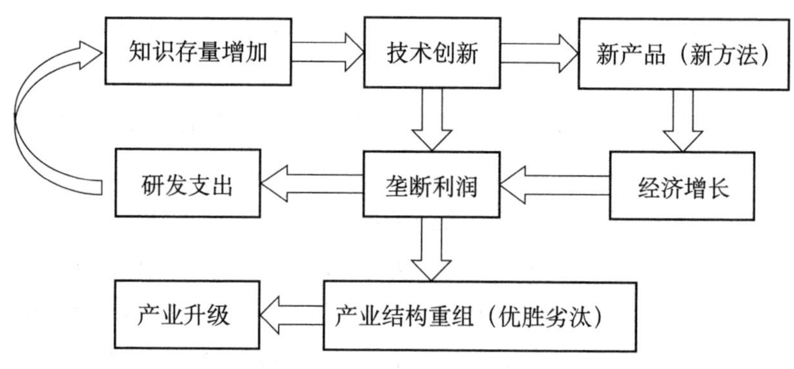


**图 7–8 产业知识存量动态演化模型**

中国体外诊断产业的发展史也是一个快速成长、技术驱动、市场重组和产业升级的过程。通过科研人员和企业的技术创新，中国体外诊断产业快速增长，一些企业随之壮大并在产业进步中逐渐形成技术领先的垄断地位，一些不符合标准和技术落后的企业利润不断减少而最终被市场淘汰。领先的企业开始与资本市场合作，并通过加强科研的投入和购

[1] 李秀霞：《临床全实验室自动化系统应用的初步评价》，复旦大学博士论文，2013 年。

[2] 《千亿空间看 IVD：大风已起，细分风口在哪？》体外诊断网，http://www.iivd.net/article-10199-1.html, 2017.

[3] 弗兰科・马莱尔巴：《创新与产业动态变化及演化：研究进展与挑战》，李宏生、乔晓楠、刘大勇译，载《经济社会体制比较》，2011 年第 2 期，第 61–68 页。

买领先技术企业，形成企业自有知识产权。中国体外诊断产业从无到有，如今已经具有千亿的市场规模。

## 三、技术创新与研发网络中协作关系变化

马莱尔巴在创新与产业演化中强调了产业与外界协作的研发网络关系。博纳科尔西认为网络的效率依赖知识转移特性、合作关系结构，而且网络绩效评价中高校与企业要处于同等重要的地位[1]。美国埃茨科维尔茨和荷兰莱德多尔夫提出大学、产业和政府三者间协同创新的“三螺旋”模型[2]。近年来，三螺旋模型被广泛应用在知识经济时代，大学、产业和政府之间在推动创新中的网络协同关系的代表模型（见图 7–9）。三螺旋模型理论认为，在创新系统中，知识流动主要在三大范畴内流动：第一种是参与者各自的内部交流和变化。第二种是一方对其他某方施加的影响，即两两产生的互动。第三种是三方的功能重叠形成的混合型组织，以满足技术创新和知识传输的要求。三螺旋模型理论认为，政府、产业和大学的“交叠”才是创新系统的核心单元，其三方联系是推动知识生产和传播的重要因素。在将知识转化为生产力的过程中，各参与者互相作用，从而推动创新螺旋上升。

技术创新的成果转化是技术与产业相结合的桥梁。体外诊断产业是生物医学领域中，理论与应用衔接最紧密的行业之一。要让科技成果切实转化为生产力，就必须加快破解阻碍科技成果转化的体制障碍，着力构建以产业、大学、政府相结合的协同创新体系。三者在履行传统的知识创造、财富生产和政策协调职能外，各部门之间互动作用，衍生出一系列新的职能，最终孕育了以生物医学知识为基础的体外诊断创新发展

[1] Bonaccorsi, A. and Piccalugadu, A. A Theoretical Framework for the Evaluation of University-Industry Relationships. *R & D Management*, 1994, 24(3), pp.229–247.

[2] Leydesdorff, L. and Etzkowilz H. Emergence of a Triple Helix of University-Industry-Government Relations. *Science and Public Policy,* 1996, 23(5), pp.279–286.

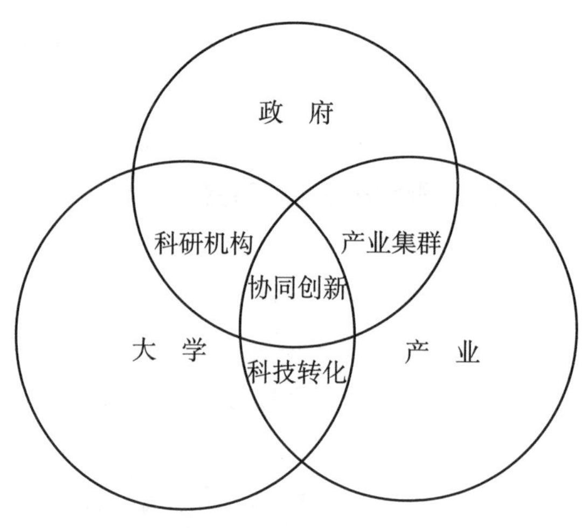


**图 7–9　协同创新的三螺旋模型**

体系。

比较美国促进技术成果转化的政策与运行体系，以及法律保障等文献后发现，在 20 世纪 80 年代之前，美国也存在严重的研发与产业脱节问题，之前国家立项支持的研究最后成果都属于国家，使得成果转化严重滞后。1980 年 12 月 12 日，美国国会通过了《专利商标法修正案》，即 BAYH–DOLE 法案，统一了联邦政府的专利政策，赋予了项目承担人享有科研成果专利所有权和转让给私营部门商业开发的权利，鼓励大学与企业界合作转化由联邦政府资助的科研成果，许可权优先授予小企业并建立统一的许可权授予规范 [1]。

中国的科技成果转化率远远低于发达国家，这些年随着国家对创新驱动的重视，出台了相应的扶持政策，加快了科技体制改革的步伐，企业成为技术创新的主体，市场成为配置创新资源的决定性力量。其中，以体外诊断为代表的创新型产业是国家的重要支持领域。2011 年 3 月，国家发改委发布《产业结构调整指导目录（2011 年本）》，将“新型诊断试剂的开发和生产”“新型医用诊断医疗仪器设备”列为第十三大

[1]　刘劲劲：《GM 公司体外诊断试剂营销策略研究》，西北大学博士论文，2014 年。

类“医药”中的鼓励类项目。同年，国务院、发改委、科技部在《国家“十二五”科学和技术发展规划》《“十二五”生物技术发展规划》《医疗器械科技“十二五”规划》等 8 个文件里谈到体外诊断，为中国体外诊断产业的发展创造了良好的政策环境[1]。

中国体外诊断产业逐步形成以科技创新和人才发展为主要基石，科技和产业相互促进带动产业的整体发展模式。在技术成果转化上，最具有代表性的是上海临床检验中心的前身上海市立医学化验所。它是中国成立最早、影响最大的医学检验单位。1979 年 1 月改为上海市医学化验所，1985 年 5 月改为上海临床检验中心。时任副所长的陶义训教授在免疫诊断研究工作中取得了显著成绩，他主持研究开发的化学交联胶乳免疫凝集试验、肝炎标志酶免疫测定、单克隆抗体妊娠试验和胶体金膜固相免疫测定等项目，均在国内居先进水平[2]。他是最早将检验技术与产业相结合的检验医学专家，1975 年，他参与我国第一台生化自动分析仪的研制工作，后多次带队将科研技术成果向企业商品市场转化。

中国很多优秀的体外诊断企业，也积极与大学和政府合作，在核心技术和成果转化方面形成了企业自身的优势。作者通过实地调研，发现博奥生物集团有限公司暨生物芯片北京国家工程研究中心（简称“博奥生物”）的成长就是一个典型的三螺旋模型案例。该公司于 2000 年 9 月 30 日在国务院、发改委、科技部、教育部、卫生部支持下，以清华大学为依托，联合华中科技大学、中国医学科学院、军事医学科学院注册成立。截至 2014 年 9 月 30 日，公司共获得国内外授权专利 221 项。其中，中国授权的专利数达到 142 项，专利实施率近 60%。博奥生物致力于专利成果的转化。在已申请的专利中，半数以上已实现了商业化。公司核心代表技术晶芯 ®HLA（Human Leukocyte Antigen，人类白细胞抗原）基因分型芯片检测系统由博奥生物自主开发并商业化，在前后 10 次国

---

[1] 王华梁、王国飞、侯建娜：《中国体外诊断产业发展现状及未来趋势》，载《中国体外诊断产业发展蓝皮书（2015）》，上海科学技术出版社，2016 年，第 24 页。

[2] 袁桂清：《实验诊断学和临床免疫学专家：陶义训教授》，载《中华检验医学杂志》，2004 年第 10 期，第 632 页。

际大型HLA基因分型质控测试中，准确率均达100%。而已在国际生物芯片领域崭露头角的程京院士，怀着在中国开创生物芯片事业的梦想，作为清华大学“百名海外人才引进计划”的第一人回国。他带领团队从清华大学生物系老馆地下一层一间20平方米的复印室，发展到今天以多项体外诊断技术为核心，成果转化非常高的知识型集团企业。

当然，除了博奥生物以外，这些年，中国体外诊断产业也形成了一批具有核心竞争力的龙头企业。如上市企业达安基因作为中国分子诊断龙头，以中山大学医学体系为依托，独立诊断实验室为平台，布局产业链生产、销售、服务领域。在技术成果转化上也有着突出的成绩。

通过一些协同创新的成功案例，可以发现一个企业的成功有多方面的原因，技术成果转化也同样如此。国家的政策和支持、大学科研人员的努力、企业灵活的机制和创新模式，风险投资的引进等，都为技术创新和成果转化提供完善的平台。当前在体外诊断产业发展中，我国企业的医疗研发水平与国外企业还存在明显差距，尤其是中小企业创新能力薄弱。企业作为社会财富的直接创造者，是技术成果转化的最终实现者，建设一个产业、大学（科研）、政府三者紧密连接在一起的网络体系，才能有效提高企业的创新能力。

## 结论

由此可见，技术创新对于产业演化具有巨大的驱动作用，技术创新会影响产业演化进程，而产业演化也会通过市场需求、知识基础、研发网络引导技术变革与发展，两者呈现协同演化态势。体外诊断作为现代生物技术产业中的新兴产业，不同于一般技术产业。体外诊断中的技术创新是一个综合了各种社会、经济、医疗利益的动态发展过程。如何将科技创新与产业紧密结合，为中国的经济发展和全民健康做出实质性贡献，是中国体外诊断产业所面临的挑战。只有理清创新各驱动因素之间的关系，才能完整地把握创新与产业演化状态，从而科学地指导医疗科技和监管政策的制定。

# 传统与现代

# 近代中国股东的“维权”与“用权”

## ——中国股权史刍论之一[1]

李玉

**摘　要：**晚清洋务运动时期，公司法制不健全，中国公司股东的“维权”诉求多借助媒体表达，难以完全实现。从1904年开始，中国公司进入有法可依的时期，股东会规制日渐形成，股东借助股东会实现“用权”成为常态。但因于派系及利害冲突，又会出现新的“维权”之举，两者相互缠绕，增加了公司股权运行的复杂性。

**关键词：**股权；《公司律》；《公司条例》；《公司法》；股权限制

股权是股东应享的基本权利，是各类公司建立与运行的基础构件之一。20世纪90年代以来，学术界开始关注中国近现代公司制度演进及其影响，相关成果已有不少，诸如张忠民的《艰难的变迁：近代中国公司制度研究》（上海社会科学院出版社，2002年）、杨在军的《晚清公司与公司治理》（商务印书馆，2006年）、江满情的《中国近代股份有限公司形态的演变》（华中师范大学出版社，2007年）、朱荫贵的《中国近代股份制企业研究》（上海财经大学出版社，2008年）等先后付梓，专题论文也时有所现。检视以往的学术成果，不难发现从结构史角度着手已成为中国公司制度史研究的发展方向，而股权机制就是一个较为关

---

[1]　本文原发表于《贵州社会科学》，2018年第6期。

键的切入点。股权事关公司建立与运作的各个方面，是公司治理的核心环节，堪称公司中的“民权”，关于股权的考察显然是深化中国近代公司制度史研究的必要途径之一。股权是一项复合型权利，具有多方面影响，所以股权研究如何布局，需要专家学者一起思考，共同建构。本文先拟就晚清民国时期中国公司股东“维权”与“用权”的大致走向略作爬梳，以为刍论，求教学界，祈师友同好不吝赐教。

## 一

洋务民用企业为了吸引投资，大多规定了投资者的权利，除了经济收益保障之外，还赋予了监督经营之权。例如轮船招商局规定每年八月初一日在总局召集股东会议，平素“遇有紧要事件，有关局务，以及更改定章，或添置船只、兴造码头栈房诸大端，（亦）须邀在股众人集议，择善而行”[1]。平泉矿务局也规定：“本局于每年八月初一日，准在局之人来局会议一次，如有应行改易者，即可和衷商办，总求于局务有裨。”[2]

此时关于股东会的法律规范尚未出台，股权在一定程度上“让渡”给公司管理权。这从轮船招商局第一次股东会议的召集情形就可得到说明。1882 年 10 月 12 日轮船招商局“值第九年看账会议”,“总办唐景星、徐雨之、张叔和、郑陶斋四观察，先期折柬速客”，除股东之外，还邀请相关人员参加,《申报》记者全程参与，并进行了如下报道：

是日晚六点半钟，客齐至，约六七十人。本馆友人亦与其列。爰登楼入座，时则酒肴递进，灯烛通明，每座前置账略一册，客皆取而阅之。阅既竣，唐君景星乃向众言曰：“本局开设以来，今已九年，蒙诸君不弃菲材，推仆等总司其事，任大责重，时切冰渊。犹忆倡办之初，外间誉

---

[1] 聂宝璋:《中国近代航运史资料》第一辑下册，上海人民出版社，1983 年，第 845–846 页。

[2]《平泉矿务局招商章程》,《申报》1882 年 6 月 11 日，第 3 版。

者三而毁者七。其时，事事棘手，仆等亦深恐陨越，以贻诸君羞。幸赖诸君子坚持定力，复蒙李爵相卓识灼见，不为人言所摇惑，俾得次第展布，渐有就绪。近年以来，局务颇有起色，虽本届较上年稍逊，然除官利、余利一切开销外，尚净余规元十三万有奇，江海共庆安澜，帆樯并无险事。此皆有股诸君之鸿福也。惟生意能渐推渐广，斯利源乃愈浚愈深，本国江海各口，现俱揽载驶行，而外洋各埠，酌理准情亦当开拓，故愚见拟再招股银一百万两，以便添置巨船，设立分局等用；此系本局公共之事，仆等虽有是见，诚恐未能周匝，诸君才大槃槃，尚乞匡我不逮，实为感盼。”唐君言毕，客皆起答曰：“君言良是，想凡有股者必无异议。惟频年赖君等筹划，使局务蒸蒸日上，而我等得安享其利，于心殊抱不安耳。”于是，四总办皆谦让未遑，各欣然举杯称贺。酒（过）三巡，众乃商榷古今，纵谈风月，相与闲话而散，盖时已十一点一刻矣。[1]

由文中可见，开会之际，场馆豪华，灯烛通明，酒肴与账略并陈于桌，吃饭与看账同时进行，故名之为股东餐会可也。总办唐廷枢虽发表了极为诚恳的讲演，回顾了一年来的业务办理情形及公司收益状况，希望股东匡谬指误，建言献策，俾收集思广议之效。孰知股东纷纷拱手，感谢操持之劳，于是议事少而恭维多，皆大欢喜，其乐融融。最终导致股东会“有会无议”。

股东议事会之所以演变成“情况通报会”，一方面可能是企业方面的美酒饱食“堵”住了股东之口，另一方面也不排除股商认为公司高管皆系官方委任，故“有所怀疑畏惮而不敢尽其辞”。[2]恭维赞颂虽非本意，也别无他策。还有别的原因，例如公司业务繁复，一般股东并不熟悉，更无暇研究，难以提出自己的主见；况且，公司账目庞杂，非专业人员，很难看出究竟。西方公司均有专门的监察人，代表股东进行相关审查，而在洋务企业则不存在，所以一般股东也只有“唯唯喏喏”而已。

[1] 《纪招商局议事情形》,《申报》1882 年 10 月 14 日，第 3 版。
[2] 《书李傅相招股开铁路示谕后》,《申报》1887 年 5 月 31 日，第 1 版。

股东之所以偷懒省事，让渡股权，与企业经营平顺、股利丰厚也有很大关系。公司赢利，股东受益，上下和谐，皆大欢喜。但当公司出现重大经营变更，股东面临投资风险之时，也会出现维权抗争之举。例如轮船招商局1884年售卖于旗昌洋行，系由会办马建忠在李鸿章支持下策划完成，事前未令众股商知悉，该局股东遂以此为“越分擅权之甚者也”,“无不心惊发指，各抱不平”[1]。部分股东至总局质询其事，马建忠避匿不敢出见。

不仅招商局如此，其他洋务企业同样出现过股东“维权”的情况。例如上海机器织布局在1883年的股市风潮中，资本流失严重，筹建停顿。1887年该局决定将老股一律以七折计算，限期每股加银三十两，以凑足百两之数，倘不照办，则“照公法将老股票作为废纸”[2]。这一办法事先没有向股商征求意见，出台之后“物论哗然”[3]，部分股东不得不登报“鸣冤”，以示维权。其文曰《在股含冤同人公启》，全文如下：

上海机器织布局创于光绪六年，刊布章程内云：各总办详细研究，逐项苛算，有利可图，必无疑义。万一事机中辍，所收银两并息均由本局如数付还，丝毫不爽。以故入股者众。不料办非其人，侵耗稽延，迄未开办。去年重议清理加本，刊告白于《申报》，称旧票三千股，估计地基、机器，共值银念一万两，核计每股尚值七十两，议加三十两，作为新股一百两。至前次如何化耗，并无实账昭布。第云为郑总办侵挪；又云旧股票逾限不加股银，作为废纸，是与前议如数付还之说自相矛盾。且查股票内经收股银龚总办首列其名，岂容推诿？近日复见告白，限六月初八为度，如三十两逾限不加，将地基、机器估价摊派，是与去年既经估值之说亦复背谬，何欺人如是之甚？查三千股之票在外间者二千股，所称已加一千股，究有何凭可以令人取信耶？不知董理此局者

[1] 《论专售商局之非》,《申报》1884年8月22日，第1版。
[2] 《织布局开办告白》,《申报》1887年7月23日，第4版。
[3] 朱寿朋：《光绪朝东华录》(三)，中华书局，1984年，总第2640页。

苟能体利国裕商之本意，实心任事，必须先将旧账揭清，昭示众商，追还侵挪之资，明示实存之数，无力者给还余本，有力者听其加银，如是办法有不踊跃集事者乎？若照其私意妄议，不惟甚于前车，人非木石，谁肯甘心？且旧股中甚有借本易产而买股者，多年官利无着，本剩七折，吃苦已极，总办其事者反躬自思，勿以人尽可欺耳。[1]

可见织布局股东名为“鸣冤”，实为痛斥管理层制定的重组方案“欺人太甚”，旨在敦促其“反躬自思”，实事求是，制定合理规划，俾公司获益的同时，也使股东损失降到最低。

除了企业重大变更之外，公司歇业清算之际，股本清还方案也易引发股东的群体维权。例如施宜铜矿股东曾登报声讨该矿创办人“变矿为讵”，一则署名“施宜铜矿买股吃亏人”的公开信写道：

我中国自仿泰西开采矿务以来，设局招摇，奸伪叠出，即如施宜铜矿一事，本由泰来亨茶栈创立，该栈在申开设有年，名望素著，挡手王辉远壬子之秋开办铜矿，邀众集股，各帮知其殷实可靠，购买股票争先恐后，不数月间即集巨款。讵料海市蜃楼，意图诓骗，吞众商之血本，私将纠集股银移抵栈欠。兼之在局各绅丰衣美食，日逐歌舞，某等畏其贵势炎炎，不敢询问底蕴。迨去年春仲，仰见各矿一律停止谕旨，总办借此欺众，妄图亏耗。呜呼，肥己损人，至于此极！天理昭昭，良心安在？现查施宜铜矿究未开过，股票涨跌全属鬼计，此乃天理之所不容、人情之所共愤者也。访闻顺德等矿，幸蒙中堂批饬赶紧清还，万民共戴。施宜事同一例，既经水落石出，何故假作痴呆？今春得有官绅出场调处之信，众心稍安。某等守候半载，仍无实据，其中隐情无从摸索。伏望诸公仁慈为怀，须怜买股各友屡多竭力摒挡，际此时事艰难，群思亡羊补牢之计。若再迁延，一味诱约，画饼总难充饥，聚蚊可以成雷，

[1] 《在股含冤同人公启》,《申报》1888年7月13日，第4版。

财命相连，众怒难犯，某等展以七日之限，务祈秉公了结。否则，铤而走险，另行刊报，指名直剖，惟有拼众命于经事之前也。不平之鸣，统乞宪鉴。施宜铜矿买股吃亏人公启。[1]

与施宜铜矿同期创办的顺德铜矿也出现类似情况，因涉及经营不善、还本不即时，以及津、沪两地股东不平权等问题，该局总办宋吉堂遭到股东登报攻击，一则《顺德股商不直总办论》的揭帖这样写道：

天下事不外义利两端，为义者不言利，为利者不顾义……若宋总办吉堂者，其不义之尤乎！抑知其不利也实甚！何则？顺德矿之招股孰创之？宋创之也；即经璞山之会办孰荐之？宋荐之也。犹忆开办之初，逢人辄道矿产之佳、章程之善，极诸上可富国、下可裕商，一若操券者然。众商事非亲见，所以歆动听闻，纷纷入股者，岂关慷慨哉？只缘宋守堂堂五马，器重上游，局主可信，其所荐局员亦即可信之故。然则此事之成，商意中原惟宋是赖也可知。继称矿苗走线，禀请停办。拥数十万客资，前后若斯矛盾，儿戏耶？局骗耶？姑不深论，但既蒙北洋大臣批准，应得遵筹全局，订期一律清还。况查当时批语，但有折扣之禁，从无津沪之分。然则此事之了，宪意中亦惟宋是责也可知。初不料设成圈套，限定封河，于津股则照数归还，于沪股则多方抑勒，始则不名一钱，继则空许两折，殊令有股者伺候于门墙、奔波于道路，苦不堪言。我虽善词理取，彼反肆逞凶狂，推其意，岂谓津股有总办名氏，沪股独无总办名氏耶？抑谓津股官多，为商宪耳目所及，沪股商多，为商宪耳目所不及耶？宋守自知理绌，旋又妄登《申报》，谓总会办账已算清，凡在股中，应向经璞山理直，欲凭一纸伪据了却无数血资，欺人欺己，我不敢知，但所援中证如谌香谷、钱柳溪者果何人哉？仍是宋吉堂局内亲信人耳，向使经璞山袭其故智，依样葫芦，推诿伊于何底！此事

[1] 《变矿为讵》，《申报》1884年9月2日，第4版。

遂可了结乎哉？近闻宋吉堂开去差使，捆载五万巨资，禀大宪命到申，专了此案，今已抵沪月余矣。探知经璞山被押，依旧置若罔闻，原其保荐之言，谓经家资殷富结实可靠，安见今日一无借手，而为此牛不出头？须知股商势成骑虎，既不能为会办宽，复安肯为总办恕？乃当面责以大义，宋心为利蛊，偏执宁为小人不为君子之言。呜呼，若而人者，是一事而彼此两歧也，是一身而前后两截也；是忍于吸众商之血脂，而有吞无吐也；是敢于违大宪之严谕，而有恃无恐也。究之杀人拟抵，首从必分，经璞山纵不鸣指使之冤，宋吉堂究难逃主谋之咎。窃恐爰书既定，宋虽有苏张之辩，当亦无处藏身矣。夫天下无不散筵席，但使稍吐其余，便可隐弥其隙，孰得孰失，在局中人自审之耳。我故为之偈曰：“股本一日不清，经案一日不了；商怨一日不释，宋患一日不除。”[1]

不难看出，此两帖的风格大致相似，主要是股东对于矿务企业创办者“侵吞”股资，侵害股民权益的强烈指责和严厉警告，语言犀利，文风冷峻，令人望而生畏。两帖在《申报》刊载多日，产生的社会影响可想而知。但遗憾的是，由于资料匮乏，两处铜矿停歇与清理纠纷的最终结果不得而知，但这并不妨碍这些公开信在中国股权史上的意义。

大致而言，股东通过登报，公布事实真相，以期引起社会关注，给公司管理层施加压力，促其尊重股东权利，是洋务运动时期股东“维权”的重要做法之一。采取这种方式与股东会机制不健全有着很大关系。《公司律》公布之后，虽然在报纸上仍可发现各类股东声明，但因有法律指导，公司股东会渐成常例，股东行使股权有了一定程序，股东会成为维护股东权益的重要场所。制定此项法规的清政府农工商部对于该律关于股东会议的法条特别在意，认为该律“于选举会议明定专条，所以重商人之资格，示公司之法程”[2]。可见此法在中国股权史上具有重

[1] 《顺德股商不直总办论》，《申报》1885 年 8 月 25 日，第 11 版。
[2] 《本部具奏厘订筹备事宜遵旨分年列表摺》，《商务官报》，宣统元年三月初五日，第 6 页。

要地位。

## 二

1904年颁布的《公司律》专置“股东权利各事宜”一节，共计17款（第45—61条），对股东的权利及其行使程序进行了较为详细的规定。股东之权利包括：（一）参与股东大会审议公司业务之权。公司每年举行股东会议，股东有权参加，对于公司账目进行审查表决。“众股东有以账目为未明晰者，可即公举查察人一二名，详细查核”。（二）议决公司利润分配之权。开会之际，董事会提出年度利润分配方案，由参会股东进行审议表决。（三）查阅公司文件账册之权。凡属公司股东，“无论股本多少，遇有事情，准其赴公司查核账目”。此外，公司创办时所订合同及历次股东会议决议录、股东名簿，“须分存公司总号及分号，俾众股东及公司债主可以随时前往查阅”。（四）选举公司董事之权。股东会议通过年度账目之后，由众股东选举新一届董事、监事。董、监事的薪俸，“如创办合同未经载明者，应由众股东会议酌夺”。（五）召集临时股东大会之权。“有股本共合人数十分之一股东（ ：或一人或多人不限人数）有事欲会议者，可即知照董事局招集众股东举行特别会议，惟必须将会议事项及缘由逐一声明。如公司董事不于十五日内照办，该股东可禀由商部核准，自行召集股东会议。”（六）控告董事会之权。“众股东会议时，如有议定之事，董事或股东以为违背商律或公司章程者，均准赴商部禀控核办，惟须在一月以内呈告，逾期不理。至股东禀控必须将股票呈部为据。”

北洋政府1914年《公司条例》和国民政府1929年《公司法》对于股东权利的规定，在《公司律》的基础之上，又有所细化。例如《公司条例》规定，举行股东会议之时，出于查核公司董事所具簿册、监察人报告的需要，“得由股东会选任检查人”，专门从事此项工作（第149条）。股东会之召集及决议，若有股东认为违背法令及章程，可以在一个月之内“呈控该管官厅注销之”（第150条）；“董事、监察人以外之股东，为注销会议之呈控时，必先缴存其股票，且由公司之请求，应更出相当之担保”（第151条）。除了股东常会之外，还可举行临时股东会。《公司条例》规定，“有股份总数十分之一以上之股东，得将提议事项及其理由，请求董事召集股东会”（第146条）。1923年5月10日，农商部以“部令”形式对《公司条例》进行了修改，其中关于召集临时股东会的股份总数由十分之一降为二十分之一。此举对于保障股权，意义非同寻常。时人如此评价：

> 股份公司之股东会，除每年定期常会而外，其临时由股东动议请求召集者，多缘于公司重员之营私舞弊足以危及公司之基础，而共谋救济者也。若据原条例一百四十六条所规定，假定资本一百万元之公司必须有十万元以上（即十分一以上）之股权方可请求召集股东会，然事实上公司股东往往散处四方，一旦欲为十分一以上之结合，其事固属不易；且公司重员因关系切身之故，同时必不惜竭力疏通，以求法定股权之不足，俾打消股东会召集之举于无形，此于重员之个人至为有利，而于公司之前途，与股东之投资，则至为危险者也。今将一百四十六条原文十分之一以上改为二十分之一以上，是法定股权较前减少一半，即临时召集股东会之目的容易达到，为保护股东之权利及奖进公司组织之发展起见，此条之修正，吾人亦认为适当也。[1]

1929年《公司法》也沿袭了这一规定，其第133条载明：“有股份总数二十分之一以上之股东，得以书面记明提议事项及其理由，请求董事召集股东临时会。前项请求提出后十五日内，董事不为召集之通知时，股东得呈请主管官署许可自行召集。”

股东行使权利，自然指向公司，董事会代表公司一方面协助股东实现权利，另一方面也对于股东某些权利实行限制，例如《公司律》载

[1] 裕孙：《修正后之公司条例比较观》，《银行周报》第7卷第21号，1923年6月5日。

明，股东查阅公司账册或其他文件之时，如果不加限制，公司管理层“未免难于应接，致有掣肘误公等弊”，所以“应先期三日函告该公司”，以便公司方面预备。“如所查之书札及各事于该公司较有关系或略有窒碍者，总办或总司理人可请董事局酌夺。如有应行秘密之书函，不合宣布者，亦不得交与股东阅看”；“如有股东以查核公司账目、书札及各事为名，实系借端窥觑虚实，私自别图他项利益，损碍公司大局者，董事局应禁阻其查阅”（第59—61条）。1914年《公司条例》和1929年《公司法》关于限制股东权限也有相应规定。

公司法关于股东权利、责任、义务的规定，使得股权在20世纪初年开始成为一个社会概念，笔者以“股东权利”为关键词在爱如生《申报》数据库进行全文检索，共得1722条记录，其第一次出现即是《申报》1904年3月11日转载《公司律》条文。同年11月13日《申报》转载的《中葡合建粤澳铁路合同》首次出现“股分（份）权利”一词，而“股权”的首次出现则是在1907年。此后，“股权”渐成为一种重要的权利，到20世纪30年代，“股东权限”已被法律专业书籍列为专章，足见股权纠纷已经成为重要的商事问题。

## 三

近代中国公司股东会虽有法可依，但因公司规模及其股本结构而有所不同，大致而言，大公司的股东会从发布开会通告、进行股票验证、领取入场券与表决票，到正式开会，程序较为完备。例如浙江铁路公司曾专门制定《股东会章程》，将股东会视为“本公司最重要之机关”[1]，其第六章专列“会议条例”，对于开会的各个细节进行布排，兹摘其内容于下：

股东会之会期、会场并所议事件，距会期二十日前，凡整股皆先行

---

[1] 《浙江铁路公司股东会章程》，《申报》1906年10月1日，第3版。

函告，（且）登报声明。定期会开会以前，本公司当将前一年终总结、股份银钱、地亩材料、工程支销、客货之运脚、利息之分派各项账目（公布），如有疑义，均可查核。总副理及董事会或查账人全体，如在定期会内有附议事件，当先期函知各股东；或各股东有欲在定期会内附议事件者，仍须本公司（股本）四分之一以上并股东人数十分之一以上请求附议，由总副理报告执行。如有临时发生事件，经总副理及董事会认为有重要关系者，可于开会时声明附议；或各股东有所见闻，不及会合本公司（股本）四分之一并股东人数十分之一请求附议者，但得总副理之认可，亦可于开会时由总副理报告附议。开会时须认定指明事件，不得旁涉他事。开会时，由股东临时公举议长一人，其所举至少须有本公司股份五十整股以上者，会毕除名。股东会有本公司所集股本四分之一以上并股东人数十分之一以上到会者，得议事件。如有更改定章、增加股本之重大事件，须有本公司所集股本及股东人数二分之一以上到会者，方得议决事件。到会之股东如不满前节两项之定数，其会议事件不得为决议。惟本公司可将会议之意告知各股东，限一月内再集第二次股东会。至第二次开会时，不论到会股东及股本之多寡，得议决之。股东会以议决权过半数者为决议，如可否同数，议长决之。然议长之议决权如故。股东会有未能议决事件，议长得延长会期，以三日为限。延期会议时，不得再涉前会议决事件，亦不得旁涉前会未经议决事件之外。如股东会并未到会，又未先期函知及委托他股东代理者，于开会时议决事件作为默认。股东会议决事件由书记载入股东会议事录，经议长及总副理、董事签名盖印，存本公司。股东会议事录应载条款如左：股本总数，股东总数，议决权总数，到会时股本总数，到会时股东总数，到会时议决权总数，函知或委托人应增股本数，函知或委托人应增股东数，函知或委托人应增议决权数，议长姓名、住址，开会时经历情形，开会时议决事件。[1]

[1] 《浙江铁路公司股东会章程（续）》，《申报》1906年10月2日，第3版。

在这一章程的指导下，浙路公司于1906年10月26日召开首次股东大会，到会300多人，会期3天，对于公司重要事宜进行了充分讨论。次年，该公司召开第二次股东大会之际，又公布了《第二次股东会简章》，共计20节，内容更加全面。1908年4月5日上午，浙路公司在杭州召开第三次股东大会，亲到者240户，共6313股，委托者650户，共5900股，综计来宾、职员等约300人，共同审议办事情形，商议赶集新股免用部款、提议股息、选举董事与查账人等八事[1]。

浙路公司股东会人数虽已不少，但尚有更多者，例如1907年5月12日粤路公司开股东会，"到者近千人"[2]。1907年11月13日苏路公司假上海愚园召开股东特别大会，"到者一千二百余人"[3]。次年11月28日，苏路公司复于上海车站召开特别大会，连开数日，"到者约七八百人"[4]。

笔者在《北洋政府时期企业制度结构史论》（社会科学文献出版社，2007年）一书中曾对这一时期的公司股东会程序及其开会状况进行了尽可能的梳理，并将部分公司股东会的到会人数、股数与股权数进行过统计，制成一表（见该书第321–332页），对于了解这一时期公司股东会的实态有一定助益。从中可见，这一时期股份公司股东会分为常会与临时会，股东赴会时一般须凭股票换领入场券与选举票等。股东会主席由股东选举产生或由董事长、经理等担任，而以后者较为多见。股东会表决及选举以股权计量为准，现实中的公司关于10股以上股东之股权的限制规定差异较大，不同程度地体现了"权数愈大，限制愈甚"原则。北洋时期大型公司股东会少则数十人，多至数百人出席，既是公司经营运作的一个重要环节，也是当时民众社会流动的一种方式。

规范的股东会当然是股权行使的重要机会与重要平台，而股东会也

[1] 《浙路第三次股东会记事（杭州）》，《申报》1908年4月9日，第4版。
[2] 《粤汉铁路股东会议案》，《申报》1907年5月20日，第10版。
[3] 《苏路股东特别会纪事》，《申报》1907年11月14日，第3版。
[4] 《苏路股东开大会纪事》，《申报》1908年11月29日，第18版。

确实对公司经营运作产生了一定作用，但自从有了股东会，便有了股权相争，其激烈者往往会演成风潮，产生不良影响。例如粤汉铁路广东段“争回商办不数月，而集成巨款，正期共矢一心，立观成效，不意风潮迭起，疑忌滋深，遂致绅商互相攻讦，以绝大之公益竟为私议所隳，殊堪痛惜”[1]；总协理等公司高管“因股东与股东冲突，均未任事”[2]。时人在公司股东会选举总协理风潮之后感叹：粤路公司“其风潮之起灭，已不知凡几”[3]。股东之间派别林立，矛盾丛生。其数次风潮，影响甚大，不得不由商部（农工商部）出为调处。赣省南浔铁路同样“迭闹风潮”[4]。安徽铁路公司1911年召开股东大会之时，“秩序紊乱”，部分股东“大为哄闹”[5]。通益公新公司“风潮迭起，疑毁交集”[6]。轮船招商局民国元年改组之际，股东“大起风潮”[7]。就连运行相对平顺的浙江铁路公司“自起股东会风潮，各办事人心理不和，于全路财产未免暗受影响”[8]。中国银行也发生股东会风潮[9]。股东会场出现的动武甚至伤人事件，时有所闻，例如民国元年（1912）轮船招商局股东大会就演成一场“恶战”[10]，其他股东在会场滋生事故者亦不鲜见。[11]股东会之所以迭起风潮，多因“股东各怀成见”[12]，形成各种利益派别，或受各种利益派别影响，“以致

[1]《张太仆辞粤路总理（广东）》，《申报》1907年5月9日，第4版。
[2]《粤路公司近日之状况（广东）》，《申报》1907年8月17日，第4版。
[3]《粤路之悲观》，《申报》1909年11月15日，第12版。
[4]《章江浪接楚江潮》，《申报》1911年10月26日，第11版。
[5]《皖路股东会大闹一场真相》，《申报》1911年3月24日，第10版。
[6]《通益公新公司戊申账略广告》，《申报》1909年4月2日，第1版。
[7]《敬告招商局股东》，《申报》1912年11月3日，第7版。
[8]《浙路近事》，《申报》1914年5月13日，第7版。
[9]《中行股东会风潮之因果》，《申报》1920年4月28日，第7版。
[10]《招商局一场恶战》，《申报》1912年8月6日，第7版。另见《招商局成大风潮》，《民立报》1912年8月7日，第10版；《招商局近日之风潮》，《大公报》1912年8月13日，第2版。
[11]《新业公司新世界紧要告白》，《申报》1920年10月20日，第1版；《宁绍公司开会争闹案之集讯》，《申报》1920年10月3日，第11版。
[12]《粤路公司近日之状况（广东）》，《申报》1907年8月17日，第4版。

真正股东迭受损害”[1]。

会场是股东“用权”冲突的集中体现，相关议案或公司决策因难得全体股东认同，无疑会促动另一部分股东进行“维权”。清末民国时期，在《申报》等新媒体上登载“通告”或“宣言书”之类进行“维权”的股东组织就有大清银行股东维持会、招商局股东维持会、通益公新公司股东维持会、粤路股东维持会、四川川汉铁路股东维持会、沙市普照电灯公司股东维持会、浔路新股东维持会、殖边银行股东维持会、苏经苏纶两厂老股东维持会、天津证券花纱皮毛杂粮交易所旅沪股东维持会、广州自来水公司股东维持会、中华国民制糖公司股东维持会、安徽烈山普益煤矿股份有限公司股东维持会、杭州通益公纱厂股东维持会、震华制造电机厂股东维持会等，这些组织在公司内外推波助澜，不仅对公司运行产生了较大的影响，而且受到社会各界的关注。

总体而言，中国近代公司股权在晚清至民国时期经历了不断发展的过程。大致而言，在晚清公司初创时期，民众投资公司耽于利而忽于权[2]，只有在公司发生重大经营变更或者股东投资权益受到重大侵害之时，才会进行集体“维权”。但因无法可依，只能通过发布通告、当面向公司管理层进行质询等方式表达诉求，从而对公司管理层产生道德压力，促其改正侵权行为，保护股东权益。

自 1904 年之后，中国公司进入有法可依时期，相关律例为公司股东会运行制定了较为完备的条款，从而使公司股权行使的程序化与规范化程度有所改进，借助股东会，公司的管理过程与经营业绩得以周知、重大决策付诸公论、取诸公意，从而使公司的“民主性”大为提升。但是，依股权机制运行的股东会又不可避免地产生股东派系，形成冲突，出现部分股东的“维权”诉求，从而增加了股东会运行的复杂局面。而股东会所维之权，已不是早期的股东收益权，更多的是关于公司治理的

[1] 《九善堂集议维持粤路》，《申报》1914 年 3 月 9 日，第 6 版。

[2] 关于这一点，包括笔者在内，学界已有关于官利制度的系列论文发表，可以参阅。

监督权，以及公司决策的参与权。股东维权的对象除了公司管理层、董事会以及另外的股东群体之外，还包括政府，例如轮船招商局股东会在助推该局对抗官权、保持商办方面就发挥了重要作用。这些内容在有限的篇幅之中难以展布，自当另文论述。

# 近代新式企业的产权保护机制

## ——工业化对晚清捐官的影响研究

燕红忠　卫辛

**摘　要**：文章基于清代官员履历档案，从产权保护的视角实证研究了近代工业化对晚清捐官行为的影响及其机制。研究表明，由于缺乏正式法规和特许权的保障，不同于官办和外资企业，以民办企业为代表的近代新式企业的发展，促使人们通过捐官纳衔的途径来提升社会地位，寻求产权保护。本研究通过对近代中国工业化推进过程中产权保护的独特机制讨论，为理解近代经济发展、产权保护与官僚体制之间的关系提供了一个微观视角。

**关键词**：新式企业；捐官制度；产权保护

## 一、引言与文献

制度安排与经济发展之间的关系一直是学术界关注的焦点问题。制度经济学家强调了制度和产权保护对于经济发展的推动作用，并从不同角度进行了实证研究。例如，诺斯和温加斯特的开创性研究探讨了英国光荣革命和宪政民主制度的建立，确立了权力的可信承诺，促进有利于产权保障的各项经济制度的逐步建立，而更有保障的产权则为市场发展和经济增长提供了良好的制度基础[1]。阿西莫·格莫、约翰逊等通过欧洲殖民者在各殖民地区的初始制度设计解释了这些地区当前人均收入的差异，并强调了良好的产权保护对经济长期发展的促进作用，即产权保护制度有利于防止特权阶层对企业财富的掠夺。[2] 在诺斯的基础上，萨姆特拉进一步利用英国议员的个人传记，指出光荣革命对于王权的限制主要是为了保护资产阶级的海外贸易和股份制企业股权。[3] 这些研究及大量相关文献都认为，制度和产权保护为英国工业革命的爆发奠定了重要的基础。

近年来，许多学者开始关注中国官僚体制、官员激励与经济发展的关系。马斯金等提出基于经济增长业绩的晋升标尺赛（yardstick competition），[4] 周黎安提出“晋升锦标赛”的假说。[5] 这些研究通过人均 GDP 等代理地方经济发展程度的指标，探讨了地方经济绩效与官员升迁变动之间的因果关系。在此基础上，一些学者承认官员执政期间的经济绩效会显著增加其晋升的概率[6]；而另外一些学者则对这一假说提出了质

---

[1] North, D. C., Weingast, B. R, “Constitutions and Commitment: The Evolution of Institutional Governing Public Choice in Seventeenth-century England”, *Journal of Economic History,* 1989, Vol. 49(4), pp.803–832.

[2] Acemoglu, Daron, and Simon Johnson, “The Colonial Origins of Comparative Development: An Empirical Investigation”, *The American Economic Review,* 2001, Vol.91, pp.1369–1401; Acemoglu, Daron, and Simon Johnson, “Unbundling Institutions”, *Journal of Political Economy,* 2005, Vol.113, pp.949–995; Acemoglu, D., Johnson, S., & Robinson, J., “The Rise of Europe: Atlantic Trade, Institutional Change, and Economic Growth”, *American Economic Review,* 2005, Vol.95, pp.546–579.

[3] Simon Johnson, “Financial Asset Holdings and Political Attitudes: Evidence from Revolutionary England”, *The Quarterly Journal of Economics,* 2015,Vol.130(3), pp.1485–1545.

[4] Maskin E, Qian Y, Xu C, “Incentives, Information, and Organizational Form”, *The Review of Economic Studies,* 2000, Vol.67, pp.359–378.

[5] 周黎安：《中国地方官员的晋升锦标赛模式研究》，载《经济研究》，2007 年第 7 期，第 36–50 页。*Li, Hongbin, and Li-An Zhou,* “Political Turnover and Economic Performance: The Incentive Role of Personnel Control in China”, *Journal of Public Economics,* 2005, Vol. 89, pp.1743–1762.

[6] 周黎安：《中国地方官员的晋升锦标赛模式研究》，载《经济研究》，2007 年第 7 期，第 36–50 页。王贤彬、张莉、徐现祥：《辖区经济增长绩效与省长省委书记晋升》，载《经济社会体制比较》，2011 年第 1 期，第 110–122 页。杜兴强、曾泉、吴洁雯：《官员历练、经济增长与政治擢升：基于 1978 ～ 2008 年中国省级官员的经验证据》，载《金融研究》，2012 年第 2 期，第 30–47 页。

疑。姚洋、张牧扬的研究认为，经济增长不会显著影响官员的晋升；[1]兰德里的研究也发现，人均 GDP、FDI 规模、服务业份额等经济指标并不是影响官员升迁调动的主要因素。[2]奥珀和布雷姆进一步指出，经济绩效并不能提供一个有效的监督机制，而政治关系网络、忠诚度等对省级官员的升迁变动则会产生重要的影响。[3]

除了对当代经济发展和官僚体制的关注，传统官僚体制与经济长期发展的关系也已经得到学术界的关注，如王亚南的《中国官僚政治研究》，以及围绕“李约瑟之谜”的大量探讨。最近，白营和贾瑞雪利用学额制度对晚清科举、社会稳定和政治变革之间的关系进行了探讨。他们的研究认为科举制度废除后，学额越多的地区新式企业设立越多，并且更多的学生会被送往日本留学，因此科举教育是抑制西方技术传播和经济发展的关键因素之一[4]；但科举制度废除后，原本以科举作为上升通道的知识分子丧失了提升社会流动的主要渠道，因此会转而参加革命，影响社会稳定[5]。代谦、别朝霞[6]讨论了唐代“均田制”改革与科举制度发展之间的关系，认为“均田制”的实施打破了传统贵族势力的政治垄断，促进了科举制度的发展和社会流动性的提升。

现有关于清代捐官制度的探讨，大多是从政府财政和企业资金筹集的角度着手，认为自然灾荒、战争起义所造成的财政压力促进了捐官制

---

[1] 姚洋、张牧扬：《官员绩效与晋升锦标赛：来自城市数据的证据》，载《经济研究》，2013 年第 1 期，第 137–150 页。

[2] Landry, Pierre F, “The Political Management of Mayors in Post-Deng China”, *The Copenhagen Journal of Asian Studies,* 2005, Vol.17, pp.31–58.

[3] Opper, Sonja, and Stefan Brehm, “Networks versus Performance: Political Leadership Promotion in China”, Department of Economics, Lund University, 2007, Working Paper.

[4] Bai Y, “Farewell to Confucianism: The Modernizing Effect of Dismantling China’s Imperial Examination System”, Diss. PhD thesis, 2014.

[5] Bai Y, Jia R, “Elite Recruitment and Political Stability: The Impact of the Abolition of China’s Civil Service Exam”, *Econometrica,* 2016, Vol.84(2): pp.677–733.

[6] 代谦、别朝霞：《土地改革、阶层流动性与官僚制度转型：来自唐代中国的证据》，载《经济学（季刊）》，2015 年第 1 期，第 53–84 页。

度的出现和发展[1]。同时，也有文献将科举制度与捐官制度进行比较，指出捐官制度促进了吏治的腐败[2]。

不同于现有文献从官员激励、社会流动等视角对官僚体制和经济发展关系的讨论，或者基于财政压力对清代捐官的解释，本文所考察的是近代工业化发展对于捐官制度的影响及其机制。另一方面，也不同于经典文献中关于英国宪政民主制度、产权保护与工业化之间关系的研究，本文所探讨的是近代中国这样的后发展国家，在缺乏正式法规保障的背景下，工业化的推进与产权保护的机制问题。中国的工业化始于 19 世纪 60 年代，而直到 1904 年才开始陆续颁行《商人通例》《公司律》等正式法规，以法律的形式确认民办企业的合法地位。但为了鼓励人们投资兴办新式企业，清廷仍然不得不实行“立奖励实业宠以爵衔之制”，颁发《奖励华商公司章程》《华商办理实业爵赏章程》《奖给商勋章程》等章程，通过给予不同品级的顶戴、爵位、职衔进行激励，促进人们对近代工业的投资。在这一背景下，本文的基本假说为：（1）在缺乏正式制度安排和特许权保障的背景下，近代中国工业化和新式企业的发展，促使人们通过捐官途径来提升社会地位，进而寻求产权保护。（2）由于官办或者官督商办企业本身就附属于政府体制，而外资企业享有不平等条约赋予的特权，其经营者捐官的动机主要是官僚体制内部的晋升或单纯提升社会地位；而在缺乏明确的产权保护和公平竞争的社会保障条件下，新式民办企业则是通过捐官纳衔来寻求企业发展的产权保障。

本研究的主要贡献在于：一是不同于经典文献中关于西方早期工业过程中通过特许权和宪政民主推进产权保护的发展路径，提出在中国近代工业化过程中，新式企业通过捐官途径来寻求产权保护这一新的假说，从而弥补了在儒家伦理和缺乏正式法规保障背景下，工业化的推进

[1] 许大龄：《清代捐纳制度》，文海出版社，1976 年；伍跃：《中国的捐纳制度与社会》，江苏人民出版社，2013 年。

[2] 谢俊美：《晚清卖官鬻爵新探：兼论捐纳制度与清朝灭亡》，载《华东师范大学学报》，2001 年第 5 期，第 50–61 页。

与产权保护的独特机制，发展了制度、产权与工业化关系的研究。二是首次利用微观数据从量化实证的视角，更为规范地考察了新式企业发展与捐官制度之间的内在关系，不仅补充了许大龄[1]、伍跃[2]等学者关于历史上捐官制度的研究框架，拓展了费维恺[3]、陈锦江[4]等对晚清官商问题的定性研究，而且在一定程度上丰富了经济发展和官僚体制关系的研究，同时也为处理当今企业发展中的官商关系提供一定的历史镜鉴。

本文以下的结构安排为：第二部分梳理清朝的月选与捐官制度，并考察近代新式企业的发展过程及其对捐纳偏好产生的影响。第三至五部分基于产权保护的动机和需求，使用量化分析方法探讨新式企业对捐纳行为的影响机制。其中，第三部分为模型设定和数据来源；第四部分为基本实证结果；第五部在数量实证的基础上，进一步对人们的捐官行为和微观动机进行分析。最后是全文的简要结论。

## 二、近代新式企业与捐官制度

晚清是中国历史上政治和经济制度大转变的时期，也是捐纳制度更为完善的一个时期。更为重要的是，这一时期出现了对政治和经济都有很大影响的新因素，即工业化和新式企业的产生与发展。近代工业化的出现不仅加速了“自强”“求富”运动的兴起，也通过产权保护的动机和需求促使制度不断调整和变革。

### （一）近代新式企业

近代工业化始于一批新式企业的兴办，由于资金来源和管理方式的差异，出现了官办企业、民办企业和外资企业三种不同的方式。为了模

[1] 许大龄：《清代捐纳制度》。

[2] 伍跃：《中国的捐纳制度与社会》。

[3] 费维恺：《中国早期工业化：盛宣怀（1844—1916）和官督商办企业》，中国社会科学出版社，1990 年。

[4] 陈锦江：《清末现代企业与官商关系》，中国社会科学出版社，1997 年。

仿生产西方先进的枪支炮弹，1861 年曾国藩设立“安庆内军械所”，揭开了近代官办企业的序幕。福州船政局、江南制造局等一批企业随之建立起来。与清代前期政府主导的专卖商业部门相比，晚清时期的官办企业种类更加丰富，包括纺纱、呢绒、缫丝、燃料采掘、金属采掘等 21 个行业。其中，官办企业进一步可以分为政府出资管理的官办企业，以及官商共同经营的官督商办企业或官商合办企业。根据杜恂诚所收集的数据资料进行统计，燃料采掘业、金属采掘业等重工业中官办企业数量远高于同一时期的其他行业。[1] 这是当时优先发展军事工业和重工业的战略所决定的；而政府对重要资源的垄断经营和限制也具有深厚的历史传统。

由于政府的强制介入，官办企业经营效率低下，官、商之间的矛盾逐渐突出。政府也认识到仅仅依靠官办企业难以弥补庞大的经费需求，意识到“大抵兴利之事，官办不如民营”，因此在“求富”的背景下，民办企业开始得到重视。随着《马关条约》允许外资企业在华设厂，清政府进一步放松对私营经济的限制，承认华商自主设厂的权利，从而掀起近代民办企业发展的一个高潮，纺纱、面粉、火柴等轻工业企业得到广泛设立和快速发展。虽然民办企业在资金、规模上远低于官办企业，但其地域和行业分布更为广泛。此外，外资企业的设立最早可以追溯到 18 世纪，然而其最初发展是伴随着通商口岸的开放而展开，进而在《马关条约》签订后得到迅速发展。至 1949 年以前，仅上海地区的外资企业数量就达到 1800 余家。[2] 尽管外资企业的主权掌握在外国人手中，但是与官办企业和民办企业一样构成了近代工业化的重要力量。

### （二）捐纳与月选

#### 1. 捐纳制度

自春秋战国开始，很多朝代都曾出现卖官鬻爵的现象。明清时期，

---

[1] 杜恂诚：《民族资本主义与旧中国政府（1840—1937）》，上海社会科学出版社，1991 年。

[2] 上海市档案馆编：《上海外商档案史料汇编》（一），上海市档案馆，1987 年，第 3 页。

科举、荫举与监生均为入仕做官的重要途径，监生即国子监学生的简称，由捐纳而取得应试资格者，亦称监生。正如《翼城县志》所述，“自来士子出身，由考试而得者半，由荫举而得者亦半，二者皆属正途出身，不得已捐例比。惟捐纳一门，谓之杂职，不问其人平日之学行材能果为奚若，但使家境丰富，一遇国家开捐，便可援例纳款，以求得其职位。故自明及清，翼人士之由荫举得实官固自不少，而由捐纳列入仕途者亦多”。[1]

清顺治六年（1649），由于军费压力，开始允许捐纳监生，并一直延续下来。“明贡生入监者曰贡监。顺治十一年（1654），定随征廪生准作贡监，是谓准贡；增附生员倍有军功者准作贡生，是谓功贡。近例（同治），廪生准捐贡生，加教听候选训导；增附生亦准捐贡加捐各职候选。”[2]清初“捐贡由庠士者，不论廪、增、附皆得援例为师儒，近则必廪善生方德报捐矣”[3]。乾隆以前对监生严加考试，后来仅存虚名，一般未入府、州、县学而欲应乡试，或未得科举而欲入仕做官者，都必须先行捐纳取得监生身份，但不一定在国子监读书。

康熙时期，尽管政府允许出卖实官，但是在捐纳时间、捐纳资格、捐纳数额以及捐纳金额上都有着严格限制，一般是作为军事、赈济的临时补给，并没有成为财政日常开支的组成部分。乾隆元年（1736），请停捐纳，但是不碍铨选的项目成为常例被延续下来。捐纳规模较之初期虽然有所增加，但是政府对实职捐纳仍有顾虑，在战争、灾荒等外生冲击结束后，往往会停捐。直到1851年开始的太平天国运动，对清政府统治造成重大打击，“军务日亟，各省军饷又非倚捐纳不可”[4]。此时的捐纳从临时性、地方性行为逐渐发展成为各个阶层踊跃参与的普遍现象，在捐纳人数和捐纳范围都达到历史顶峰[5]。

---

[1] 《翼城县志》，成文出版社影印，民国十八年（1929）铅印本。

[2] 《续修慈利县志》，同治八年（1869）刊本。

[3] 广东《揭阳县志》，乾隆四十四年（1779）。

[4] 许大龄：《清代捐纳制度》，第61页。

[5] 许大龄：《清代捐纳制度》。

与以前断续的、地区性的、没有制度化的买官现象相比，清代逐渐形成体系完整的捐纳制度。作为成熟的捐官制度，清朝捐纳有着较为严格的划分。虽然可以通过捐纳来直接获取实职官职，但更为常例的是捐纳例监、例贡[1]，以及荣誉性的虚衔奖励。实官的出卖价格一般大于荣誉性质的捐纳，也因为实职捐纳会对吏治产生影响而被政府部门所限制。从捐纳的官职看，捐纳不仅可以出卖文官，还可以捐纳武职，其中最为常见的武职捐纳是六品千总[2]。

2. 月选制度

捐纳官职只是获得任官的资格，而要得到真正的任派还需要严格的铨选，实现以官补缺。其中，月选作为铨补官吏的主要方式，分为双月选和单月选。双月选又称为“大选”，逢双月开选；单月选又称为“急选”，逢单月而开。其中，双月大选两班，分别为初次授予官缺的除班，以及通过议叙、推升等方式掣签的升班。单月急选更为细致，分为四班，包括转班、补班、改班、调班。清代中央郎中以下、地方道府以下除请旨、提调、拣选外的官缺均参加吏部铨选。因此，月选成为政府选取中下级官员的最主要途径，无论是科举、捐纳还是荫举的候选官吏，都需要参加铨选来补缺。

月选具体办理程序如下：八旗军官于每月初五开选，汉官为每月二十五日开选。各位候补官员根据到部顺序排列，分单双月各注于册，投供文书。吏部在收到文书后，详细记录造册，以方便堂官审阅。之后先通过“司仪”，再经过吏部“堂议”，然后定出选官名单。月选的掣签在午门举行，由吏部官员掣各官员名签，科道官掣缺签。通过分布掣出人名和官缺来决定最终的任命。[3]

其中，“旗员月选，双月有荫监、学习进士、散馆庶吉士、年满大使、三库司库等班，单月有捐纳、议叙、降调、开复、期满、教习、年

---

[1] 例贡，是指秀才通过捐纳钱粟取得贡生身份。例贡不算是正途，因此不被人所看重。

[2] 伍跃：《中国的捐纳制度与社会》。

[3] 张寿镛：《皇朝掌故汇编》卷3，文海出版社影印，第4–5页。

满、仓官等班，双单月均有进士、举人内用班，按班序选”。“汉员月选，双月有荫监、教习、肄业、议叙、就职、考职、役满等班，单月有行取、服满、开复、降补、七品京官、盐场期满等班。双单月均有学习进士、散馆庶吉士、进士、举人、俸满、教职、捐纳、明通等班，按班序选”。[1]因此，无论是满族官员还是汉族官员的任命，捐纳制度都是吏部铨选时的重要组成部分。

此外，月选中不同官职掣签的规则并不一致，而且十分繁杂。例如：道员单月急选的规定是，“先尽科道外转之人，如无人用，应补一人，捐纳一人”[2]。双月大选规定是“外官道员缺出，将各省知府升用一人，捐纳一人”[3]。“知府出缺，将在内各部汉郎中升用一人，在外运同、同知、直隶州知州、治中升用一人，捐纳一人，运同、同知俱一选一升。”[4]单月急选时“知府用，应补一人，捐纳一人”[5]。知县的铨选最为复杂，双月大选时“知县用进士五人，举人五人，捐纳四人，捐纳无人，将举人抵选，推升三人，十七人为一班”[6]。单月急选时“知县用，丁忧服满应补四人，开复应补二人，捐纳四人，进士四人，举人四人，捐纳无人将举人抵选”[7]。

从捐纳到月选需要一个非常复杂的过程。报捐者首先须向户部提交关于自己的详细信息和社会关系，并由当地衙门出具身家清白的证明，户部对其“呈文”登记后，依次进行审查，然后由捐纳房会发付款通知。按要求交款完成后，在户部领取“户部执照”，报捐手续才算结束。另一方面，与捐纳贡生、监生等常例不同，“大例”的开放往往有着明确的时间和地域限制，同时因捐纳政策的调整，如降价出售官职，铨选

[1] （清）允裪等编：《钦定大清会典》卷五，文渊阁四库全书，第六一九册，台湾商务印书馆影印，第68–69页。
[2] 《钦定吏部则例》，《铨选汉官》卷2《月选》，第173页。
[3] 《钦定吏部则例》，《铨选汉官》卷2《月选》，第170页。
[4] 《钦定吏部则例》，《铨选汉官》卷2《月选》，第170页。
[5] 《钦定吏部则例》，《铨选汉官》卷2《月选》，第173页。
[6] 《钦定吏部则例》，《铨选汉官》卷2《月选》，第170页。
[7] 《钦定吏部则例》，《铨选汉官》卷2《月选》，第173页。

优先权的变动等，从而导致并非按照注册排队的时间顺序来进行候选。因此，即使某些地区捐纳候选者人数众多，并不意味着其被掣签获取官职的概率就高。1905 年，清政府虽停止捐纳武职和科举考试，但月选官员制度一直延续到清朝灭亡。

为了更好地理解清代月选官员的捐纳状况，并满足量化实证分析的需要，我们以中国第一历史档案馆藏《清代官员履历档案全编》为基础，配合《钦定吏部则例》《清史稿》整理了光绪朝通过月选而获得官职的2837位官员的个人履历档案。[1]图9–1为月选官员的捐纳分布情况。图中最上面的实线分别是捐纳总数和获职官员中的捐纳比例，捐纳总数统计的是各年月选官员中具有捐纳经历的数量，包括捐纳“考试等级”（身份）和捐纳实职的总和。中间的虚线是捐纳实职的数量和比例。下面的实线是捐纳“考试等级”（身份）的人数和比例。可以看出，虽然部分年份具有捐纳经历的入选官员比例达到 50%，但是平均维持在 30% 左右。捐纳实职平均维持在 20% 以下，捐纳身份的比例最低，平均维持在 15% 以下。从任职官职的层级来看，在掣选的道员中，捐纳实职的比例为 4% 左右；在知府中，捐纳实职的比例约为 12%；知县的比例稍高，基本达到了 20%。显然，尽管晚清捐纳人数和捐纳规模都达到了历史高峰，但是从获职官员中的捐纳比例来看，并没有呈现出稳定的增长趋势。

### （三）新式企业对捐纳行为的影响

“买官”现象在传统社会长期存在，并随着经济发展而逐渐完善。在中国古代，“士农工商”的社会等级，使一些腰缠万贯的商人和大地主尽管经济条件优渥，却政治地位低下，为了获得更多权益，出资购买官爵便成为其提升社会地位的有效途径。另一方面，科举制度虽然为文人参与政治，乃至社会阶层的流动提供了机会，但因整个官僚队伍狭

[1] 由于原始的月选数据缺少 1885 年、1888 年、1893 年、1900 年 4 年的档案记录，因此，本文后面将根据剩余 30 年的数据构建捐纳与企业的省级面板数据进行实证研究。

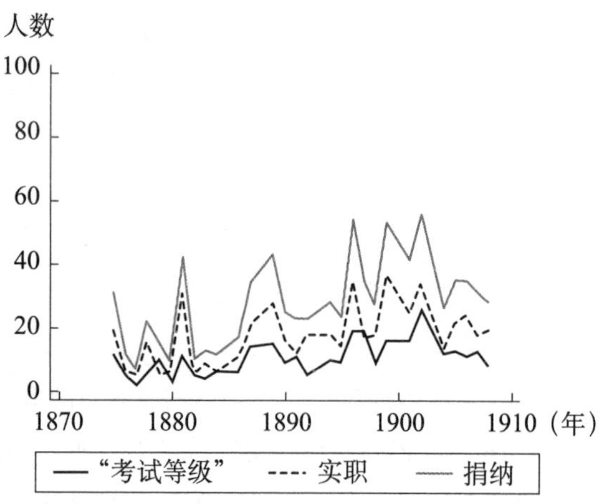


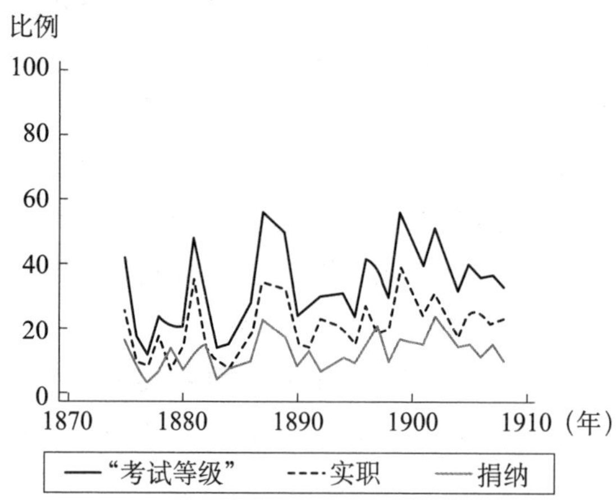


**图 9–1　晚清月选官员的捐纳分布**

数据来源：以中国第一历史档案馆编《清代官员履历档案全编》共 30 册（1997）为基础，配合《清史稿》中部分人物信息综合整理。

小，很多人终其一生也无法进入为官之列。特别是科举考试的录取率长期呈下降趋势，据统计，明初乡试举人的录取率为 6%，嘉靖以后下降到 4%，清代进一步下降到 1%—2% 之间[1]。因此，通过直接捐官或购买

[1]　巫仁恕：《明代平民服饰的流行风尚与士大夫的反应》，载《新史学》，1999 年第 10 卷第 3 期。

“考试等级”（身份）来跨过科举过程中的一些层级，如获取以贡生、监生为代表的国子监读书资格，就成为人们跨入官僚行列的主要捷径之一。

随着近代工业化和新式企业的兴起，捐纳成为商人地位提升、参与社会经济和推动企业发展的重要途径。“盖中国官商不相融洽，商虽富饶无与国家，且往往见轻于时。自西人请弛海禁，南北海口遍立埠头……因而渐有官商一体之意。然非各路剿荡发匪饷项支绌，借重殷商捐垫巨款，则商人尚不免市侩之羞，终不敢与大员抗礼，故商人之见重当自东南收复之日始也。”[1]为了鼓励商人投资近代企业，清政府更是颁布章程允诺向投资者奖励官衔。“向来官场出资经商者颇不乏人，唯狃于积习，往往耻言贸易，或改换姓名，或寄托他人经理，以致官商终多隔阂。现在朝廷重视商政，亟宜破除成见，使官商不分畛域，合力讲求，庶可广开风气。如有世家巨族出资凑集公司，办有成效者，亦准按照以上章程给奖；其或已有官阶，职分较崇者，分由臣部随时酌量情形，奏明请旨给奖，以示优异。”[2]

在近代工业化的背景下，商人们之所以积极投身捐纳，一方面是“士农工商”文化熏陶下对提升社会地位，享受特权的渴望；另一方面，更为重要的是由于当时创办企业为新兴事务，缺乏正式的法规和产权保障，人们可以通过职衔和身份来巩固和发展自己的商业，比如与政府沟通、交涉的资格，并免除或减少役税。由于通过捐纳而进入新式企业的官员较少受到儒学八股的熏陶，更容易学习西方先进的技术，进而可以更好地适应新式企业的管理经营。例如唐廷枢、盛宣怀、严信厚、李金镛等优秀的企业家都有着这样特殊的政治身份[3]。以轮船招商局为例，在1872—1890年，担任高级管理职务的人员中，捐纳比例高达83%。1876年创办的湖北开采煤铁总局，通过捐纳而进入管理阶层的人数众

[1] 《论官商相维之道》,《申报》1883年12月3日，第一版。

[2] 《奖励华商公司章程》，见汪敬虞编:《中国近代工业史资料》（第二辑上、下册），科学出版社，1957年。

[3] 费维恺:《中国早期工业化：盛宣怀（1844—1916）和官督商办企业》；陈锦江:《清末现代企业与官商关系》。

多，其中在开办 3 年中，就有候选道 1 人，候补知府 3 人，候补同知 32 人，候补县丞 1 人。[1] 表 9–1 为晚清时期，部分新式企业中通过捐纳入仕的官员情况，从中可以看出当时企业经营者捐纳官衔的普遍性。当然，由于官办或者官督商办企业本身就附属于政府体制，而外资企业享有不平等条约赋予的特权，其经营者捐官的动机主要是提升社会地位和官僚体制内部的晋升。而在缺乏明确的产权保护和公平竞争的社会保障条件下，民办企业则不得不通过捐官途径来寻求企业发展的产权保障。

**表 9–1　晚清部分企业中捐纳入仕官员的情况**

| 姓名 | 籍贯 / 民族 | 捐纳 | 曾担任政府官职 | 企业 |
|---|---|---|---|---|
| 李金镛 | 江苏 | 监生、同知、知府 | 道员 | 漠河金矿 |
| 盛宣怀 | 江苏 | 道员 | 道员 | 华盛纺织总厂等 |
| 岑春煊 | 广西 | 主事 | 布政使 | 广州自来水厂等 |
| 岑春煦 | 广西 | 同知 | 知府 | 广州自来水厂等 |
| 张翼 | 直隶 | 盐运司运同 | 试用道员 | 直隶开平矿务局 |
| 聂辑规 | 湖南 | 主事 | 道员 | 华盛纺织总厂等 |
| 唐绍仪 | 广东 | 县丞 | 道员 | 开平矿务局等 |
| 徐建寅 | 江苏 | 县丞、郎中 | 知府 | 天津制造局等 |
| 杨宗濂 | 江苏 | 员外郎 | 长芦盐运使 | 业勤纱厂等 |
| 端　方 | 满洲正白旗 | 分发行走 | 知府 | 南洋印刷局等 |
| 唐　炯 | 贵州 | 知县 | 试用道员 | 云南铜矿 |
| 陈　璧 | 福建 | 捐免 | 内阁中书 | 福建船政局 |
| 杨奎绶 | 江苏 | 内阁中书 | 知府 | 泰来面粉 |
| 周善培 | 浙江 | 知府 | 试用道员 | 乐利造纸 |
| 恽祖祁 | 江苏 | 县丞、知府 | 试用道员 | 大均饼油 |
| 绍　彝 | 蒙古镶黄旗 | 员外郎 | 知府 | 睿源纺织 |
| 吴懋鼎 | 安徽 | 通判 | 试用道员 | 天津织呢 |
| 史履晋 | 直隶 | 员外郎衔 | 员外郎 | 京师电灯 |
| 马吉森 | 河南 | 翰林院待诏 | 道员 | 晋益煤矿等 |
| 李经楚 | 安徽 | 廪贡、道员 | 道员 | 亨耀电灯 |

[1] 《盛宣怀档案资料选辑》之二，上海人民出版社，1981 年。

续表

| 姓名 | 籍贯 / 民族 | 捐纳 | 曾担任政府官职 | 企业 |
|---|---|---|---|---|
| 伍廷芳 | 广东 | 候选道 | 道员 | 中国铁路公司 |
| 严作霖 | 浙江 | 候补县丞 | 知府 | 上海华盛纺织总厂 |
| 黄建筦 | 广东 | 州同、通判 | 道员 | 轮船招商局 |
| 方汝翼 | 直隶 | 主事 | 巡抚 | 烟台缫丝局 |
| 王同愈 | 江苏 | 附贡 | 学政 | 苏经苏纶丝纱厂 |

资料来源：1. 企业数据来自杜恂城（1991）；汪敬虞（1957）；《光绪朝东华录》，第2册，第1770页、2290页；张国辉（1979）。2. 官员数据来自秦国经等《清代官员履历档案全编》。

## 三、模型设定与实证策略

通过对晚清捐官数据的整理，我们发现各个地区获得掣选的官员比例并不一致。那么，是什么原因导致各地"捐官"赴任产生差异？在缺乏正式法规和产权保护的背景下，新式民办企业的发展是否会促进人们的"捐官"行为？以下通过量化模型，对我们在引言部分提出的基本假说进行数量实证分析。

### （一）实证模型

为了准确度量新式企业对人们捐官行为的影响，本文采用线性回归模型，并控制了一系列可能影响官员掣选的因素。模型设定如下：

$$juanna_{it} = \beta_0 + \beta_1 \log firm_{it} + X'r + \delta_i + \eta_t + \varepsilon_{it} \cdots\cdots (1)$$

其中，$juanna_{it}$是省$i$在$t$年度内被掣选官员中具有捐纳经历人员的比例或者捐纳人数的自然对数，由于不同的捐纳类别对具体职位有着不同影响，因此，本文又将捐纳程度细化为获职官员中捐纳实职、捐纳身份的比例或者人数。$firm_{it}$是省$i$在$t$年度新建企业数量，由于不同所有制企业的资金来源、经营方式、社会背景差异很大，而且对于捐官的动机和机制存在很大不同，为了更好地识别捐纳行为和产权保护动机之间的关系，本文进一步将企业分为民办企业、官办企业和外资企业三种形式。

$X$为一系列控制变量。一般而言，当发生自然灾害和战争冲击时，基于财政压力和筹集款项的需要，政府会倾向于鼓励捐纳，人们通过捐纳而获取官职的概率也会增加，因此我们需要对自然灾害和战争冲击进行控制。其中，自然灾害的数据根据中央气象局科学研究院编著的《中国近五百年旱涝分布图集》中的信息配合 ArcGIS 4.0 进行整理。分别对观测样本从 1875 年至 1908 年各地水旱灾害进行整理，由于在本研究中灾害的程度相对灾害种类来说更为重要，因此我们直接构建灾害程度指数，具体计算公式为：受灾程度指数＝ |disaster–3|，其含义是如果数值离中值 3 越大，则表明灾害程度越大，越小则表明灾害程度越小。[1] 另一方面，根据中国军事史编写组编写的《中国历代战争年表》中的信息，梳理了 1875 年至 1908 年各地爆发的战争次数作为控制变量。同时，由于北京是清朝的首都，距离北京越近，受到的政治和经济辐射程度越强。由于官员任命由吏部铨选，信息传递、注册、排队等候等因素都会影响到官员铨选的概率。因此，本文对各省省会城市到北京的距离进行控制，数据根据 ArcGIS 4.0 计算。表 9–2 给出了主要变量的统计描述信息。$\delta_i$为省级固定效应，$\eta_t$为时间固定效应，$\varepsilon_{it}$为随机扰动项。

**表 9–2　主要变量统计描述**

| 变量名称 | 观测值 | 均值 | 标准差 | 最小值 | 最大值 |
|---|---|---|---|---|---|
| 捐纳比例（%） | 540 | 27.42 | 29.25 | 0 | 100 |
| 捐纳身份比例（%） | 540 | 10.80 | 18.61 | 0 | 100 |
| 捐实职比例（%） | 540 | 16.99 | 21.99 | 0 | 100 |
| 捐纳人数 | 540 | 1.52 | 2.05 | 0 | 15 |
| 捐纳身份人数 | 540 | 0.57 | 0.94 | 0 | 7 |
| 捐实职人数 | 540 | 0.96 | 1.41 | 0 | 10 |
| 民办企业数量 | 540 | 0.75 | 2.24 | 0 | 28 |
| 官办企业数量 | 540 | 0.14 | 0.44 | 0 | 3 |
| 外资企业数量 | 540 | 0.27 | 0.90 | 0 | 7 |

[1] 在中国气象科学研究院编著的《中国近五百年旱涝分布图集》中，对旱涝灾害从 1 至 5 划分了五个等级，其中：1、2 分别是特别严重和严重涝灾；4、5 分别是严重和特别严重的旱灾；3 是正常情况。

续表

| 变量名称 | 观测值 | 均值 | 标准差 | 最小值 | 最大值 |
|---|---|---|---|---|---|
| 自然灾害 | 540 | 0.80 | 0.71 | 0 | 2 |
| 战争次数 | 540 | 0.04 | 0.28 | 0 | 4 |
| 到北京的距离（公里） | 540 | 1088.72 | 516.77 | 0 | 2020.17 |

### （二）工具变量估计

由于估计结果会受到度量误差、互为因果以及不可观测的遗漏变量影响，具有很强的内生性。为解决该问题，我们选择使用工具变量的方法进行估计，为线性回归结果提供稳健性检验。由于捐纳也可能促进新式企业的发展，我们以该省通商口岸的开放时间到样本研究时点的时间间隔（年）作为企业数量的工具变量，这是因为近代企业的发展是与通商口岸的开放密切相关的，口岸开放的时间越久，经济发展环境越好，越有利于企业的设立。然而清代吏部的铨选方式，各类型人才的铨选人数主要是来自国家法律的规定，与是否通商口岸并没有直接关系。另一方面，虽然经济的发展也可能会增加本地区的管理机构和官员职数，但由于清代官员任职的地区回避制度，因此并不会直接增加本地区捐纳官员的任职。工具变量的两阶段回归设定如下：

第二阶段：$juanna_{it} = \beta_0 + \beta_1 \log \hat{firm}_{it} + X'r + \delta_i + \eta_t + \varepsilon_{it} \cdots\cdots$（2）

第一阶段：$\log firm_{it} = \alpha_0 + \alpha_1 kouan_{it} + \alpha_2 X_{it} + \mu_{it} \cdots\cdots$（3）

其中，方程（3）是第一阶段回归。$kouan_{it}$是省$i$最早通商口岸的存续时间（年），通商口岸的数据来自严中平《中国近代经济史统计资料选辑》。方程（2）给出第二阶段回归。方程设定与回归方程（1）的不同之处在于，将第一阶段获得的$firm_{it}$估计值直接代入方程（2）之中。

## 四、实证结果及发现

### （一）基准回归估计结果

表 9–3 给出新式企业发展与获职官员中捐纳情况的基准回归估计

结果。在前两列中，我们以捐纳比例作为被解释变量，考察不同性质企业的发展对其影响。第 1 列为未添加任何控制变量的估计结果。结果表明民办企业对捐纳程度具有促进作用，相反官办企业和外资企业并没有显著地影响官员的捐纳程度。第 2 列控制了自然、地理等相关因素后，回归结果依然显著。第 3—4 列为以捐纳人数为被解释变量进行估计，回归结果与以捐纳比例作为被解释变量相同。这表明，基于产权保护的动机和需求，新式民办企业的发展促进了人们的“捐官”行为。

**表 9–3　基准回归估计结果**

| 捐纳比例（%） | 捐纳人数（log） | | | |
|---|---|---|---|---|
| | （1） | （2） | （3） | （4） |
| 民办企业数量（log） | 13.358** | 14.262** | 0.202*** | 0.138** |
| | （5.769） | （6.829） | （0.056） | （0.057） |
| 官办企业数量（log） | 0.290 | –3.324 | 0.044 | –0.040 |
| | （11.984） | （11.300） | （0.117） | （0.094） |
| 外资企业数量（log） | 1.120 | 1.875 | 0.092 | –0.002 |
| | （9.017） | （10.504） | （0.088） | （0.088） |
| 战争次数 | | –4.610 | | –0.029 |
| | | （4.443） | | （0.037） |
| 自然灾荒 | | 3.170* | | 0.022 |
| | | （1.743） | | （0.015） |
| 到北京的距离（log） | | 0.803 | | –0.027 |
| | | （2.392） | | （0.020） |
| 时间固定效应 | 否 | 是 | 否 | 是 |
| 省级固定效应 | 否 | 是 | 否 | 是 |
| 观测值 | 540 | 540 | 540 | 540 |

续表

| 捐纳比例（%） | 捐纳人数（log） | | | |
|---|---|---|---|---|
| | （1） | （2） | （3） | （4） |
| R-squared | 0.015 | 0.262 | 0.048 | 0.478 |

注：括号内为稳健性标准误。*** $p < 0.01$, ** $p < 0.05$, * $p < 0.1$。

## （二）稳健性检验

虽然基准回归结果揭示了新式民办企业为寻求产权保护，对捐纳职衔起到了促进作用，但仍然有以下三个问题没有解决。首先，各地新式企业发展的差异很大，企业对捐官的促进作用，在不同区域内是否是一致的？其次，企业对捐纳的促进作用，对于不同的捐纳类别是否有所不同？再次，由于不同行业的资金来源和经营管理方式差异很大，回归结果在不同行业之间是否稳健？最后，是否会受到内生性的影响，而造成估算的偏差？为了回答上述问题，下面我们分别从不同地区、不同行业、添加工具变量进行一系列稳健性检验。

### 1. 地区差异的影响

为了验证地区差异对获职官员中捐纳程度的影响，我们将样本划分为东部地区和中西部地区分别进行回归，具体结果为表 9–4。在东部地区，民办企业对捐纳程度和人数都有促进作用。然而，在中西部地区，对于各种形式的企业，其估计系数都不显著。说明经济越发达的地区对于捐官需求及晚清官僚体制的影响越大。地区差异主要由近代企业发展的特点所决定。作为商品生产的场所，企业发展不仅需要不断扩张的市场需求和良好的经贸环境，也需要以货币财富和资本积累为支撑。与中西部相比，当时东部地区无论在地理、人力和物资资源、市场环境等方面都具有优势。也正因如此，大量的民办企业尤其是以面粉、棉纺、火柴等为代表的民办企业首先会选择在东部设厂，而非中西部。相应的，他们对产权保护和捐官的需求也更为强烈。

表 9–4 地区差异的影响

| 地区划分 | 东部地区 | | 中西部地区 | |
|---|---|---|---|---|
| | 捐纳比例（%）（1） | 捐纳人数（log）（2） | 捐纳比例（%）（3） | 捐纳人数（log）（4） |
| 民办企业数量（log） | 19.369** | 0.210** | 10.967 | 0.035 |
| | （8.104） | （0.097） | （12.517） | （0.090） |
| 官办企业数量（log） | 4.946 | –0.020 | –17.797 | –0.025 |
| | （14.258） | （0.170） | （19.054） | （0.137） |
| 外资企业数量（log） | 1.193 | –0.050 | –27.592 | 0.062 |
| | （11.331） | （1.135） | （24.448） | （0.176） |
| 自然、地理因素等 | 是 | 是 | 是 | 是 |
| 时间固定效应 | 是 | 是 | 是 | 是 |
| 省级固定效应 | 是 | 是 | 是 | 是 |
| 观测值 | 180 | 180 | 360 | 360 |
| R-squared | 0.391 | 0.471 | 0.265 | 0.478 |

说明：控制变量包括战争次数、自然灾害程度、距北京的距离，所有回归都控制了时间和地区固定效应。括号内为稳健性标准误。*** $p < 0.01$, ** $p < 0.05$, * $p < 0.1$。

2. 捐纳类型差异的影响

为了验证新式企业对捐官的影响，我们将样本划分为捐纳身份和捐纳实职分别进行估计，具体回归结果如表 9–5 所示。第 1—2 列是以捐纳身份为被解释变量的回归，结果显示，民办企业的发展促进了捐纳身份程度的提升，但官办企业和外资企业的影响并不显著。第 3—4 列是以捐纳实职为被解释变量的估计，回归结果显示，无论是哪一种性质的企业都不会影响捐纳实职的比例。这一方面是由于政府对实职官员的任命有着比较严格的控制；另一方面也说明民办企业捐纳的动机主要是对自身企业产权的保护，而非实职官位的获取与晋升。

表 9–5 捐纳类型差异的影响

| | 捐纳身份 | | 捐纳实职 | |
|---|---|---|---|---|
| | 身份比例（%）<br>（1） | 身份人数（log）<br>（2） | 实职比例（%）<br>（3） | 实职人数（log）<br>（4） |
| 民办企业数量 | 10.714** | 0.154*** | 3.876 | 0.058 |
| （log） | （4.687） | （0.045） | （5.253） | （0.051） |
| 官办企业数量 | –0.379 | –0.058 | –1.265 | –0.045 |
| （log） | （7.755） | （0.074） | （8.692） | （0.085） |
| 外资企业数量 | –8.708 | –0.103 | 9.787 | 0.105 |
| （log） | （7.207） | （0.069） | （8.079） | （0.079） |
| 战争次数 | –4.315 | –0.038 | –0.190 | 0.005 |
| | （3.049） | （0.029） | （3.418） | （0.033） |
| 自然灾荒 | 2.430** | 0.027** | 0.404 | 0.005 |
| | （1.198） | （0.011） | （1.343） | （0.013） |
| 到北京的距离 | –1.936 | –0.054*** | 2.759 | 0.009 |
| （log） | （1.641） | （0.016） | （1.840） | （0.018） |
| 时间固定效应 | 是 | 是 | 是 | 是 |
| 省级固定效应 | 是 | 是 | 是 | 是 |
| 观测值 | 540 | 540 | 540 | 540 |
| R-squared | 0.142 | 0.334 | 0.227 | 0.416 |

说明：控制变量包括战争次数、自然灾害程度、距北京的距离，所有回归都控制了时间和地区固定效应。括号内为稳健性标准误。*** $p < 0.01$, ** $p < 0.05$, * $p < 0.1$。

3. 行业差异的影响

晚清的工业化转型是重工业和轻工业共同推进的结果，与重工业相比，虽然轻工业的发展规模和投资金额较低，但是企业数量、发展速度、设立地区更加广泛，与人民日常生活的联系也更加紧密。为了检验不同行业对买官偏好和动机的影响差异，表 9–6 分别按照重工业企业、轻工业企业的划分来估计行业性质与捐纳程度之间的关系。回归结果发现，轻工业对捐纳身份的比例和人数都具有促进作用，重工业的影响并不显著，这是因为受制于资金与资源的限制，民办企业更多地只能参与轻工业。进一步对捐纳实职的情况进行估计，结果发现轻工业并不会促进捐纳实职比例的提升，但是重工业的发展对捐纳实职的人数会有提升作用，表明当时重工业主要由政府直接创办和管理，其发展在一定程度上促进了政府官僚队伍中捐官人员的增加，但其捐纳行为并非寻求企业发展的产权保护。

**表 9–6　行业差异的影响**

| | 捐纳身份 | | 捐纳实职 | |
|---|---|---|---|---|
| | 身份比例（%）（1） | 身份人数（log）（2） | 实职比例（%）（3） | 实职人数（log）（4） |
| 轻工业企业数量（log） | 7.938* | 0.084** | 1.007 | –0.002 |
| | （4.324） | （0.041） | （4.846） | （0.047） |
| 重工业企业数量（log） | –5.603 | 0.059 | 4.313 | 0.172* |
| | （9.214） | （0.088） | （10.325） | （0.101） |
| 战争次数 | –3.888 | -0.031 | –0.448 | 0.004 |
| | （3.045） | （0.029） | （3.412） | （0.033） |
| 自然灾荒 | 2.320* | 0.026** | 0.424 | 0.005 |
| | （1.197） | （0.011） | （1.341） | （0.013） |
| 到北京的距离（log） | –1.091 | –0.043*** | 2.191 | 0.003 |
| | （1.602） | （0.015） | （1.795） | （0.017） |
| 时间固定效应 | 是 | 是 | 是 | 是 |
| 省级固定效应 | 是 | 是 | 是 | 是 |
| 观测值 | 540 | 540 | 540 | 540 |
| R-squared | 0.137 | 0.323 | 0.224 | 0.415 |

说明：控制变量包括战争次数、自然灾害程度、距北京的距离，所有回归都控制了时间和地区固定效应。括号内为稳健性标准误。*** $p < 0.01$, ** $p < 0.05$, * $p < 0.1$。

4. 工具变量估计结果

基准回归结果表明出于产权保护的动机，民办企业发展对捐纳具有促进作用，但是这一结果可能存在因缺失变量、度量误差和互为因果关系所引起的内生性估计偏差问题。特别是人们捐纳获取官职后，可能会通过向企业经营者提供直接保护，或者改变有利于企业发展的政策来反过来促进企业的发展。我们通过带有工具变量的两阶段回归来消除这一效应。

按照前述方程（3）第一阶段回归的估计结果，口岸开放的时间越长，民办企业、官办企业和外资企业的设立数量越多。表 9–7 为 2SLS 第二阶段的回归结果，通过使用工具变量对内生性进行处理后，我们可以得出以下两个方面的结论：第一，就民办企业对捐官的促进作用，不论是获职官员中的捐纳程度，还是获职官员中购买身份的人数和比例，新式民办企业对其影响的系数都显著为正，并且与基准回归结果相比其系数有所增加，说明基准估计确实可能受到了内生性或度量误差造成的估计偏差，使回归系数有所低估。同时，与表 9–5 中的估计结果不同的是，民办企业的发展对于捐纳实职的人数也具有了正向影响。第二，不同于基准回归结果，利用工具变量分别对官办企业和外资企业进行估计，回归结果显示这两类企业对于总的捐纳程度、购买身份和购买实职人数也都具有了正向的促进作用。这进一步表明基准回归方程中可能存在互为因果和度量误差等问题，官办企业和外资企业的发展也促进了人们的捐官，同时也与表 9–6 中关于重工业和表 9–8 中关于外资企业对捐纳实职人数的促进作用是一致的。因此，工具变量回归结果一方面进一步确认了新式民办企业出于产权保护的动机，对捐官具有促进作用；另一方面，官办和外资企业的经营者为追求社会地位的提升、享受政治特权，或者官僚体制内部的晋升，也具有较为强烈的捐官纳衔的需求。近代工业化和新式企业基于不同的动机和机制推动了晚清捐官的发展。

**表 9–7　工具变量 2SLS 估计结果**

| | 捐纳类别 | | | | | |
|---|---|---|---|---|---|---|
| | 总比例（%）（1） | 总人数（log）（2） | 身份比例（%）（3） | 身份人数（log）（4） | 实职比例（%）（5） | 实职人数（log）（6） |
| 民办企业数量（log） | 59.647**<br>（29.119） | 0.676***<br>（0.228） | 46.515**<br>（21.995） | 0.573***<br>（0.173） | 18.181<br>（19.791） | 0.452 **<br>（0.195） |
| 官办企业数量（log） | 188.244*<br>（101.857） | 2.132**<br>（0.891） | 146.798*<br>（77.390） | 1.807**<br>（0.715） | 57.379<br>（63.675） | 1.425**<br>（0.696） |

续表

| | 捐纳类别 | | | | | |
|---|---|---|---|---|---|---|
| | 总比例（%）（1） | 总人数（log）（2） | 身份比例（%）（3） | 身份人数（log）（4） | 实职比例（%）（5） | 实职人数（log）（6） |
| 外资企业数量（log） | 168.747*<br>（92.301） | 1.911**<br>（0.815） | 131.593*<br>（70.689） | 1.620**<br>（0.661） | 51.436<br>（57.171） | 1.277**<br>（0.627） |
| 灾荒、地理因素等 | 是 | 是 | 是 | 是 | 是 | 是 |
| 观测值 | 540 | 540 | 540 | 540 | 540 | 540 |

说明：控制变量包括战争次数、自然灾害程度、距北京的距离，以及时间和地区固定效应。括号内为稳健性标准误。*** $p < 0.01$, ** $p < 0.05$, * $p < 0.1$。

总之，尽管官办企业和重工业是近代工业化的起点，并在创办之初就吸收了大量捐纳官员、候补官员参与经营管理，官办企业和外资企业的发展与捐官制度密切相关，但是，不同于官办企业经营者提升社会地位和官职晋升的捐纳动机，在缺乏正式法律地位和特许权保护的背景下，民办企业和轻工业的发展促使人们为寻求产权保护而进行捐官。其机制主要是通过捐纳“考试等级”、虚衔（身份）而非实职来推动的。[1]由于民办企业和轻工业更好地代表了近代经济和市场经济的发展，从而在很大程度上表明，正是新的经济因素激励了人们提升社会地位，激发了人们对新式经济提供保护的政治需求。也正是经济发展从根本上推动了晚清时期的法律法规和制度的变革。

## 五、捐官行为与动机

近代工业和新式企业的发展基于不同的动机和机制促进了人们的捐

[1] 由于大批进入近代新式企业的经营者或管理者大多是捐纳虚衔、身份而非实职来提升自身的社会地位，并寻求产权保障，而上述数据中并没有包括大量捐纳虚衔的情况，因此新式企业发展对于人们为寻求产权保护而进行捐纳的促进作用，仍然可能存在很大程度的低估。

官。但是，新式企业更倾向激励人们捐纳哪些品阶和阶层的官职呢？在通过月选来获得官职的官员中，有科举、捐纳和荫赐三种重要的途径，它们分别与新式企业发展有着怎样的关系？

### （一）捐纳对不同品阶官职的影响

清朝官僚体系从上到下分“九品十八阶”，等级制度十分严格。不同品阶的官员在待遇和行政权力方面具有很大差别。因此，通过对捐纳不同品级官员的分析，可以更好地理解国家行政、经济、法律的实施和管理。由于吏部通过月选铨选任命的官员为四品及以下官职，因此我们对四品至七品官员分品级进行考察。表 9–8 的回归结果显示，民办企业主要促进了六品、七品官阶的捐纳身份的比例，六品、七品官员主要为基层直接掌管地方经济、文化、政治大权的重要官员，说明拥有六品和七品职衔、身份已经可以较好地与地方政府沟通和交涉，可以对企业的发展起到较好的保障作用。外资企业对四品和五品的捐纳实职人数具有促进作用，这可能恰好反映了外资企业的发展对筹办地方洋务事业的推动，使得熟悉并热衷洋务，并具备一定经济实力的官员通过捐纳进入官僚等级的更高阶层。

**表 9–8　新式企业对捐纳不同等级官缺的影响**

| | 四品、五品 | | 六品、七品 | |
|---|---|---|---|---|
| | 捐身份人数（log）（1） | 捐实职人数（log）（2） | 捐身份人数（log）（3） | 捐实职人数（log）（4） |
| 民办企业数量（log） | –0.004<br>（0.017） | 0.031<br>（0.026） | 0.132***<br>（0.041） | 0.029<br>（0.047） |
| 官办企业数量（log） | 0.019<br>（0.028） | –0.032<br>（0.043） | –0.045<br>（0.068） | –0.101<br>（0.078） |
| 外资企业数量（log） | 0.016<br>（0.026） | 0.084**<br>（0.040） | –0.146<br>（0.063） | 0.102<br>（0.072） |
| 自然、地理因素等 | 是 | 是 | 是 | 是 |
| 时间固定效应 | 是 | 是 | 是 | 是 |

续表

| | 四品、五品 | | 六品、七品 | |
|---|---|---|---|---|
| | 捐身份人数（log）（1） | 捐实职人数（log）（2） | 捐身份人数（log）（3） | 捐实职人数（log）（4） |
| 省级固定效应 | 是 | 是 | 是 | 是 |
| 观测值 | 540 | 540 | 540 | 540 |
| R-squared | 0.128 | 0.142 | 0.308 | 0.403 |

说明：控制变量包括战争次数、自然灾害程度、距北京的距离，所有回归都控制了时间和地区固定效应。括号内为稳健性标准误。*** $p < 0.01$, ** $p < 0.05$, * $p < 0.1$。

## （二）对科举、荫举入仕的影响

由于参与铨选的官员入仕途径并不一致，为了更全面地分析新式企业对不同途径的官员入仕做官的影响，我们对捐官入仕、科举入仕和通过父辈荫赐入仕的官员分别进行估计，结果见表 9–9。其中，第 1—2 列为不同类别的企业对捐官获职的影响，回归结果显示民办企业仍然是促进人们捐纳的重要因素。第 3—4 列选择进士作为科举入仕官员的代理变量，回归结果显示，无论是官办企业、民办企业，还是外资企业，企业的增加都不会影响进士补缺官职的比例，相反，民办企业的增加，在一定程度上会降低获职官员中的进士人数。第 5—6 列为父辈荫赐官员入仕的情况，回归发现新式企业对荫举官员的获职并没有影响。晚清时期，由于科举入仕的难度越来越高，父辈荫赐又有着明显的身份限制，而新式企业的发展则为具有才能和高智商者提供了实现其自身价值的新途径。他们可以通过选择企业经营和捐官而非单纯的科举考试来提升自身的社会地位。因此，随着整个官僚队伍的扩充，工业化的推进和新式企业的发展对科举入仕做官具有一定的削弱作用。

表 9–9 新式企业对科举、荫举入仕的影响

| | 捐官获职 | | 科举获职 | | 父辈荫赐获职 | |
|---|---|---|---|---|---|---|
| | 人数（log）（1） | 捐官占比（%）（2） | 人数（log）（3） | 进士占比（%）（4） | 人数（log）（5） | 荫举占比（%）（6） |
| 民办企业数量（log） | 0.138**（0.057） | 14.262**（6.829） | –0.088*（0.051） | –7.094（6.138） | 0.011（0.030） | –0.726（2.647） |
| 官办企业数量（log） | –0.040（0.094） | –3.324（11.300） | 0.031（0.084） | –7.562（10.156） | –0.047（0.050） | –4.572（4.380） |
| 外资企业数量（log） | –0.002（0.088） | 1.875（10.504） | –0.075（0.078） | –6.401（9.440） | –0.032（0.046） | 0.356（4.071） |
| 自然、地理因素等 | 是 | 是 | 是 | 是 | 是 | 是 |
| 时间固定效应 | 是 | 是 | 是 | 是 | 是 | 是 |
| 省级固定效应 | 是 | 是 | 是 | 是 | 是 | 是 |
| 观测值 | 540 | 540 | 540 | 540 | 540 | 540 |
| R-squared | 0.478 | 0.262 | 0.296 | 0.267 | 0.226 | 0.194 |

说明：控制变量包括战争次数、自然灾害程度、距北京的距离，所有回归都控制了时间和地区固定效应。括号内为稳健性标准误。*** $p < 0.01$, ** $p < 0.05$, * $p < 0.1$。

## 六、结论

清代是传统社会捐官制度发展最为完善和成熟的一个历史时期，其捐纳种类分为捐“考试等级”（身份）、捐虚衔、捐实职、“捐升”等不同类别。与科举相比，捐纳给渴望入仕的庶民提供了更多选择的机会，成为提升社会地位和社会阶层流动的有力工具。由于清代捐纳制度的公开和合法化，各种官衔、考试等级常常明码标价，人们可以根据自身的经济和社会地位，选择不同的捐纳类别，或者反复多次进行捐纳，因此具有非常广泛的社会参与性。关于捐纳制度的探讨，以往研究大多是从政府财政压力角度，探讨捐纳制度的演变，并进一步指出政府出售官职的行为会导致吏治腐败。本文对现有假说进行回应，并提出影响捐官制

度发展的新机制。

由于月选是清政府铨选官员的主要途径，本文选择以清代吏部官员月选和官员履历档案为基础，提取出月选官员中具有捐纳行为（包括捐“考试等级”和捐实职）的人员构建微观数据库，围绕企业发展过程中的产权保护，量化实证研究了新式企业发展对捐官行为的影响机制。研究表明，基于产权保护的动机，相对于官办企业和外资企业而言，代表近代新式经济的民办企业促进了人们捐纳职衔，即使在控制了一系列地理、政治变量，以及利用工具变量法进行估计，结果依然稳健。从地域上来看，经济越发达的地区对产权保护和捐官的需求越强烈；从捐纳类别来看，民办企业的捐纳动机主要是通过身份提升来对自身企业产权加以保护，而非获取实职官位与晋升；从行业来看，因民办企业多属于轻工业领域，因此轻工业对捐纳身份的比例和人数都具有促进作用。此外，从捐纳职衔等级来看，民办企业更倾向于激励人们捐纳能够对企业发展起到保障作用的六品、七品职衔。

总之，晚清时期政府出卖官职源于自身的财政压力和资金需求，而人们捐官的偏好则受到两类不同的动机和机制所激励。由于官办或者官督商办企业本身就附属于政府体制，而外资企业享有不平等条约赋予的特权，其经营者捐官的动机主要是官僚体制内部的晋升或享受政治特权；而在缺乏明晰的产权保护和公平竞争的社会保障条件下，新式民办企业则是通过捐官纳衔来寻求企业发展的产权保障。本文的研究丰富了经济发展和官僚体制的关系，特别是关于晚清捐官机制和官商问题的研究，改变了以往单纯地区化、事例性或限于特定人物的定性考证；而且在一定程度上发展了制度、产权与工业化关系的研究，为理解近代经济发展、产权保护机制与官僚体制之间的关系提供了一个微观视角。同时也为当前企业发展、产权保护和制度安排之间的关系提供了一定的历史镜鉴。

# 近代中国公司注册制度的起源及商会的作用[1]

李志英

**摘　要：** 在清政府颁布《公司律》和《奏定公司注册试办章程十八条》之前，中国土地上存在外商在华企业、民间经营的各类企业以及官方举办的各种生产单位。这些经济组织的设立都有一个合法性问题。外商在华企业或在本国注册，或在港英政府当局注册，或者干脆依仗侵略特权长期非法存在。民间企业大都在政府的管理下取得合法性，但政府实际上是通过行会管理的。机器工业产生后，无论是官办工业还是民间举办的机器工业企业，均以取得政府特许权的方式获得设立的合法性。这些企业设立的方式对于后来的公司注册制度的建立均产生了重要影响。

**关键词：** 公司注册；特许权；外商在华企业；行会；民间工商业

近代中国的公司制度是研究近代中国企业制度的重要一环，近年来学界关注较多，取得了丰硕成果。学术前辈汪敬虞先生在《十九世纪西方资本主义对中国的经济侵略》一书中关于华商在外商企业附股的研究，是近代中国公司制度的开创性和奠基性研究。21 世纪以来，《艰难

[1] 本文原发表于《北京师范大学学报（社会科学版）》，2011 年第 1 期，原题为《近代中国公司注册制度探源》。

的变迁：近代中国公司制度研究》《晚清公司制度建设研究》等专著以及多篇论文先后问世。上述专著和论文对近代中国的公司制度进行了多方面深入的探讨和研究。在近代中国公司注册制度的起源方面，张忠民先生在《艰难的变迁：近代中国公司制度研究》一书中提出，由于近代早期中国尚无公司法，所以在华的外商公司或者注册于本国国内，或者注册于当时已成为英国势力范围的香港。至于 19 世纪 70 年代以后中国出现的类似公司的近代企业，主要采取向地方衙门和中央朝廷呈报的方式，获得批准后设立并营业[1]。张忠民先生的说法并不错，但只是概述性的呈现，缺乏深入论证。另外，外商企业和洋务企业之外曾经广泛存在的民营企业的合法性问题还缺乏研究。关于公司注册制度的论文，目前仅有李玉的《北洋政府时期公司注册制度研究》[2]和卢征良的《北洋政府时期公司注册制度研究》[3]两篇，二文均是对北洋政府时期注册制度的梳理和评价，并不涉及公司注册制度的起源问题。

## 一、近代中国早期[4]的企业

近代中国公司注册制度形成的标志是清政府于 1904 年颁布的《公司律》和《奏定公司注册试办章程十八条》。但学界普遍认为，在此之前公司的设立经历了一个特许设立阶段。杨在军将特许设立制度归结为在“某一项制度缺乏一般法律规定情况下，由政府采取一事一议的方式决定是否实施”的制度[5]。具体到公司注册，他认为特许设立的公司和在

[1] 张忠民：《艰难的变迁：近代中国公司制度研究》，上海社会科学院出版社，2002 年，第 60–61 页。

[2] 该文收入张忠民、陆兴龙、李一翔主编：《近代中国社会环境与企业发展》，上海社会科学院出版社，2008 年，第 11–20 页。

[3] 该文分别发表在《郧阳师范高等专科学校学报》第 27 卷第 1 期，2007 年和《五邑大学学报》，第 9 卷第 21 期，2007 年 5 月。

[4] 本处的“近代中国早期”指甲午战争前的近代中国。

[5] 杨在军：《晚清公司与公司治理》，商务印书馆，2006 年，第 10 页。

准则主义条件下设立的公司[1]的区别主要在于政府权力作用与市场、法律作用的不同。严亚明认为，包括公司在内的企业的设立经历了放任主义、特许主义、核准主义和准则主义四个阶段[2]。他以清末新政颁布公司律为界，将晚清的公司创立[3]分为前后两个阶段，前一阶段自洋务企业创立始，其创立的原则是政府特许核准创立，后一阶段自清末始，向依法设立转变。在此之前，则几乎没有关于企业创立的法律规范[4]。然而，在洋务企业出现之前，中国虽然不存在现代意义上的公司或曰特许公司，却存在大量各种形态的经济组织，或曰企业[5]。这些企业既然存在着，就有一个履行设立手续的问题。

在数量众多的企业中，一类是外商在华企业。这类经济组织大都叫做公司，如怡和洋行的英文名称是 Jardine,Matheson & Co.，宝顺洋行的英文名称是 Dent & Co.，老旗昌洋行的英文名称则是 S.Russel & Co.，东印度公司的英文名称是 East India Company。这些外商企业虽然都叫做公司，但从资本组织方式看，企业的本质并不一样。前一类洋行虽然都叫做公司，但在组织形式、管理方式和资金筹措上并不实行股份制，而是实行合伙制。严格意义上，这些公司应当叫做私人公司

---

[1] 杨在军将依照相关法律设立的公司称为准则公司。

[2] 严亚明：《晚清企业制度思想与实践的历史考察》，人民出版社，2007 年，第 84–85 页。

[3] 严亚明认为，按照现代企业制度理论，企业设立是组建企业并使之取得法人资格的一系列行为的总称。但晚清的近代企业缺乏法律地位，所以对于晚清的企业不使用企业设立的说法，而使用较为宽泛的经济学意义的企业创立一语。见《晚清企业制度思想与实践的历史考察》，第 72 页。

[4] 严亚明：《晚清企业制度思想与实践的历史考察》，第 85–86 页。

[5] 什么是企业？沈祖炜主编的《近代中国企业：制度和发展》的定义是：市场经济中的行为主体，它通过一定的组织形式集合生产要素，它是独立进行产销活动的经济实体，它有营利的冲动。沈祖炜认为自然经济条件下的经济单位不是市场经济的行为主体，置而不论。严亚明认为企业是个历史概念，是社会生产力发展到一定水平的产物，经历了从无到有，从个体（家庭）手工业到手工业作坊、商人雇佣制（包买商）、手工业工场、机器工厂，最后到现代公司的发展阶段（见《晚清企业制度思想与实践的历史考察》，第 1 页）。严氏的定义比较宽泛，考虑了历史因素。本文使用严氏关于企业的定义。

（private company），或封闭式公司（closed company）[1]。通常这类公司参与合伙的人很少，并且经常变动。这种变动大都能从行号的变化上显示出来。例如，怡和洋行最初叫做柯克斯·里德行（Cox, Reid & Co.），以后先后改组为比尔·里德行（Beale, Reid & Co.）、汉弥尔顿·里德行（Hamilton, Reid & Co.）、比尔·麦尼克行（Beale, Magniac & Co.）、麦尼克行（Maginiac & Co.）等，1832 年最终改组为渣甸·马地臣行（Jardine, Matheson & Co.）。东印度公司则不同，它在资本组织上实行股份公司制，并得到了英王特许经营的权利。鸦片战争后，外商企业大量进入中国。至甲午战争前夕的 1893 年，外商在华洋行数量已高达 580 家[2]。这些洋行有的是股份公司，有的则仍然呈私人公司的形态。

其次是民间经营的各类企业。这类企业非常多，清政府并无准确的统计。从资本组织方式看，有独资、合资、合伙、合股等等方式。这些词语均在中国古代记载中出现过，表明这类企业在实际经济活动中长期存在。但是，对于这些企业的资本组织方式，当今学者有不同理解。对于独资，学界并无歧义，指全靠自有资金经营的企业。对于合资、合伙、合股的理解则有分歧。有学者从当代合伙企业法的理解出发，将合资、合伙、合股三种资本组织形式全部归结为合伙，“即具有盈利性及联合经营两个特征的盈利性组织”[3]。有学者认为，合资的含义是“两个或两个以上的人共同出资，共同经营，共同负担无限责任，得利按资本

[1] 此处取张忠民的说法，见《艰难的变迁：近代中国公司制度研究》，第 103–104 页。但沈四宝在《西方国家公司法概论》一书中指出，有限责任公司在英国称为 limited liabilities company，在美国称为 closed corporation，在西欧称为 private company。他说，所谓有限责任公司，一般是指股东人数较少、不公开发行股票、股东责任有限的一种公司企业。（见《西方国家公司法概论》，北京大学出版社，1986 年，第 18 页）这个定义与张忠民的解释不一致，张忠民把以家族为基础、吸收一些合伙人的股份组织起来的公司叫做“私人公司”或“封闭式公司”，并未提及责任问题。

[2] 汪敬虞主编：《中国近代经济史 1895—1927》（上册），人民出版社，2000 年，第 140 页表 8。

[3] 刘秋根：《中国古代合伙制初探》，人民出版社，2007 年，第 49 页。

分配”[1]；合伙的含义是“东家出本，伙计经商的一种制度”[2]；合股的含义是“几个资本所有者与一个资本经营者之间的合作”[3]。依笔者所见，中国古代乃至近代，工商业中确实存在方式不同的资本组织方式。如果均归为合伙，从词义的当代理解出发并不错，但如果细致区分，则更接近历史上的本来面貌。在上述资本组织方式中，除独资外，均存在资本的合作，以及资本与经营的合作，如果用现代语言来表述，则为货币资本与人力资本的合作。近代以降，上述资本组织方式仍然存在，但生产技术方面发生了变化，出现了使用机器进行生产的企业。

此外，中国社会内部还存在一些官方举办或者参与举办的生产单位。如官办的织造局、盐运局以及官办的铜矿、钱币局等等。同治以后，又出现了官方投资的官办军用工业，以及官督商办、官商合办的民用工业。截至甲午战争时期，洋务派先后建立军用工业局厂 25 家[4]，民用工业企业 40 家[5]。

以上各种企业或生产单位相加，其数量显然是巨大的。它们共同生存在中国的土地上，活动在中国社会中，显然不可能没有一个管理体制，或者最起码的准入规则。

## 二、近代早期外商在华公司创办的合法性

所谓合法性问题，指企业设立的准入。从世界历史的发展看，企业

[1] 参见张忠民：《艰难的变迁：近代中国公司制度研究》，第 2 页。

[2] 吴承明：《中国资本主义与国内市场》，中国社会科学出版社，1985 年，第 243 页。张忠民也持这种说法。

[3] 参见张忠民：《艰难的变迁：近代中国公司制度研究》，第 2 页。张忠民的观点来自汪士信和刘秋根。刘秋根在《论中国古代商业、高利贷资本组织方式中的“合资”与“合伙”》一文中也取这种说法（见《河北学刊》，1994 年第 5 期），与《中国古代合伙制初探》一书的说法有所不同。杨在军、高新伟均采用张忠民的说法。

[4] 参见李时岳、胡滨：《从闭关到开放：晚清洋务热透视》，人民出版社，1988 年，第 23–25 页。

[5] 参见李时岳、胡滨：《从闭关到开放：晚清洋务热透视》，第 129 页。

的设立一般都经历了由自由放任向法制化、规范化、程序化的方向发展的过程，最终建立了企业设立的注册制度。近代中国在清末之前虽然尚未建立企业注册制度，但并非没有制度约束，每个企业的设立都有一个取得合法性的问题。

鸦片战争前在华设立的外商公司，特别是经营对华贸易的外商洋行，其设立没有任何条约根据，即使是从外商自身的角度看也是非法的。最初，经营对华贸易的外商除东印度公司外，主要是专营港脚贸易[1]的英印散商。东印度公司为维持自身的垄断地位向英印散商颁发营业许可证，允许他们从事印中贸易。但不许他们直接与中国人贸易，并规定港脚商不得在广州或澳门长期停留，一般只能停留到每一季度的最末一班船离开为止。由于贸易和运输条件的限制，以及中国行商资金的匮乏，一个贸易过程在一个季度内一般难以完成，港脚商不得不办理委托业务。

按照规定，委托业务必须交给东印度公司驻广州商馆的大班代理，然后领取公司开出的在伦敦或孟买兑付的汇票。这种做法对东印度公司很有利，有利于它解决在中国购买丝茶资金不足的问题。然而，散商并不喜欢这种做法。因为，东印度公司的投资规模十分固定，港脚贸易却处于不断膨胀中，“即使在 19 世纪初叶，监理委员会通常所能接受的也只是散商交来款项的一半左右”[2]，剩余款项的支付周期变得十分漫长，或者不得不寻找其他变通方法。因此，散商总是千方百计摆脱监理委员会的控制，寻找种种借口延长在广州的停留时间。

1779 年，苏格兰人约翰·里德（John Reid）带着奥地利皇帝派为领事和奥地利商馆主持人的委任令来到广州。由于里德已不再是英国臣民，东印度公司受英王特许管制英国臣民的一切禁令就不再有效。这对他在中国贸易活动极为有利。其他散商见状纷起仿效。从此，由英国散商经营的代理行号不断出现。另外，活跃在广州的还有美国的代理行

---

[1] 港脚贸易是专指印度、东印度群岛同中国之间的贸易，其词义来源已不清楚。

[2] 格林堡：《鸦片战争前中英通商史》，康成译，商务印书馆，1961 年，第 143 页。

号。至1833年东印度公司宣布废除对华贸易的垄断时，广州已有外商行号数十家。上述代理行鸦片战争后大都继续存在，还增加了不少新的行号。由于洋行最初来源的非法性以及中国经济法律制度的缺失，代理行一般都以非法的形态存在着。

但是，此时公司制度在西方国家已经普遍建立起来。英国公司法的历史开始于1825年，法国则至迟在1856年已经对公司有了法律规定[1]。在这种情况下，外商在华公司为了保持其外国公司的法人地位，“或者注册于本国国内，或者注册于当时已经成为英国殖民者势力范围的香港”[2]。“从1875年起，上海正式成为英国所谓的船舶注册港，诸凡英籍船只都可在上海转移产权。其次，从19世纪70年代下半期起，英国的股份有限公司条例，也普遍应用于它在中国的航运公司。”[3]除注册于本国和港英当局外，还有外商企业注册于租界当局。例如，1864年成立的法商自来火行就注册于法领事署[4]。另外，还有打着外商旗号的船只在澳门注册[5]。

---

[1] 沈四宝：《西方国家公司法概论》，第5–6页。

[2] 张忠民：《艰难的变迁：近代中国公司制度研究》，第60页。

[3] 汪敬虞：《十九世纪西方资本主义对中国的经济侵略》，人民出版社，1983年，第493页。汪敬虞先生和张忠民先生虽然对外商公司在华注册问题做了明确的表述，但尚有细节问题须明晰。根据笔者所见资料，中国大地上最早出现的规范公司行为的法律是1865年港英当局颁布的《新公司法令》（New Companies'Ordinance）。第一个按照这个法律注册的公司是1865年7月31日注册的于仁船坞公司（Union Dock Company）。次年10月11日，香港黄埔船坞公司（Hong Kong and Whampoa Dock Company）。见孙毓棠编：《中国近代工业史资料》第一辑上册，科学出版社，1957年，第8–9页。另见张学仁：《香港法概论》，武汉大学出版社，1992年，第293页；E.J.Eitel: *Europe in China*，1895，p.453；雷麦在《外人在华投资》中说：“由于缺乏‘当地’注册的办法，当时在华外商都感觉不便。……后来外商公司，都到香港按照‘直辖殖民地’（Crown Colony）的放任法律去注册，因此不便情形为之大减。非英籍的在华外国商人也可以到香港注册，丝毫不生问题，英国官府也不在国籍上严立限制”，见雷书第236页。在这一页的下面，雷麦还有一段小注：“汇丰银行（Hongkong and Shanghai Corporation）系于1866年依一香港法令成立”。汇丰银行的成立所依照的应当是《新公司法令》，但由于没有注明月日，无法判断是否在香港黄埔船坞公司之前注册。

[4] 孙毓棠编：《中国近代工业史资料》第一辑上册，第182页。

[5] 聂宝璋编：《中国近代航运史资料》第一辑下册，上海人民出版社，1983年，第1325页。

外商在华公司在中国尚无公司注册制度的情况下急于确立合法地位，一方面固然反映了西方商人的法律意识，但是更多的还是企图借此获得治外法权的庇护。对此，美国学者雷麦在《外人在华投资》一书中有明确的宣示：在华外商投资的“这种资本，由外人带到中国来，他们自己住在中国，或者代表不在中国的外人。它依然是外人自己经营的合法财产。治外法权一日存在，则外人身体与财产不受中国法院的管辖”[1]。显然，在《马关条约》签订之前，外商在华举办公司并无条约根据，处于非法状态。因此，他们非常需要借治外法权来保护自己。

值得注意的是，并非所有的外商均感到注册的重要性，他们仅仅依仗侵略特权依然可以存在。以近代以来最先成立的外商轮船公司——旗昌轮船公司为例。旗昌洋行的大股东 R.B. 福士在多年后的回忆录中写道：“长江开放激起了人们在这条河流上进行航运的疯狂追逐……旗昌洋行首先进入现场，他们组成了一个公司，但不具股份公司形式，由各股东自行负责……”[2] 旗昌轮船公司主要创办人金能亨则将公司定性为“私人合伙”。他的主要根据是“旗昌轮船公司一直未能组成公司或取得执照”[3]。取得营运执照的前提是实施注册，从而取得合法地位，旗昌轮船公司尽管曾经在中国的内河航运业煊赫一时，却从未为此操心，说明旗昌轮船公司从未实施注册。

旗昌轮船公司并非没有条件注册。旗昌轮船公司正式成立于 1862 年，此后在中国内河水域活动多年，完全有可能根据港英当局的《新公司法令》注册。旗昌轮船公司还可以依照本国法律注册成立。根据胡国成和曾繁正、赵向标等学者的研究，最初美国公司的设立沿用的是欧洲

[1] 雷麦：《外人在华投资》，蒋学楷、赵康节译，商务印书馆，1959 年修订版，第 60 页。至于近代中国外商的投资是否都是来自境外，本文只是照转原文，以说明外商的侵略性问题。吴承明先生、汪敬虞先生等前辈学者对此已有深入探究和论述，证明近代外商在华投资之相当比重来自对中国财富的掠夺，本人同意诸位前辈学者的观点。

[2] 福士：《福士回忆录》，转引自刘广京：《英美航运势力在华的竞争》，邱锡荣、曹铁珊译，上海社会科学院出版社，1988 年，第 35 页。

[3] 美国国会《国会文件汇编》第一部分，第 886 页，转引自刘广京：《英美航运势力在华的竞争》，第 29 页注 4。

的特许状制度。以后，随着美国经济特别是自由资本主义的发展，特许状制度中残留的封建特权已经越来越不适应公司的发展，并被一些人看做对美国民主制度的新威胁。于是，美国各州立法机构迅速行动，很快将特许公司制变成了一般公司制。1811 年，纽约州率先制定了有关工商业的一般公司法，至 19 世纪 60 年代，“以前那种根据立法机关发给特许状而成立公司的程序，完全改变了，公司发起人根据州的普通公司法拟定公司章程，并向有关当局申请领取公司执照，便可成立公司”[1]。也就是说，旗昌轮船公司成立时，美国已经有了比较完备的公司法，旗昌如不愿按照港英当局的公司法律注册，完全可以在美国国内注册。

类似旗昌轮船公司这种以未注册的非法方式存在的外商公司还有：厦门新船坞公司（The New Amoy Dock Company），它于 1858 年建立后一直以非法方式存在，直至 1892 年才在香港注册成立[2]。平和洋行（Liddell Bros. &., Ltd）1870 年在上海设立，主营棉花包装业，兼营毛皮、皮革、羊毛等输出业，先后在天津、汉口设立分店，但直至 1919 年才在香港注册为有限公司[3]。大英自来火房（Shanghai Gas Co., Ltd），1865 年成立，为一小的私人合伙公司，曾于 1885 年和 1896 年先后增资，1901 年依照香港法律注册改组为股份有限公司，登记资本为 2500 万两[4]。德国礼和洋行（Carlowitz & Co.）于 19 世纪中叶进入中国，最初兜售缝衣针，后逐渐扩大到经售矿山机械、铁路器材等，但迟至 1887 年才在上海正式成立，并在德国登记备案[5]。类似的外商在华公司还有许多，不一一赘述。

综上所述可知，外商在华公司的合法性问题以 1865 年为界分为两

---

[1] 参见胡国成：《公司的崛起与美国经济的发展》，《美国研究》，1993 第 3 期。曾繁正、赵向标等编译：《西方国家法律制度、社会政策及立法》，红旗出版社，1998 年，第 88 页。

[2] 孙毓棠编：《中国近代工业史资料》第一辑上册，第 41 页。

[3] 孙毓棠编：《中国近代工业史资料》第一辑上册，第 102 页。

[4] 孙毓棠编：《中国近代工业史资料》第一辑上册，第 174 页。

[5] 高渤海：《我在天津礼和洋行的所见所闻》，载中国人民政治协商会议全国委员会文史资料研究委员会编：《文史集萃》第四辑，文史资料出版社，1984 年，第 236 页。

个阶段，第一个阶段自鸦片战争前外商在广州设立洋行至1865年港英政府颁布《新公司法令》止，是外商公司以非法形态存在的阶段。此后外商公司开始在港英政府当局注册，或在本国注册，有的向租界当局注册，有的则在澳门注册。但是，即使是在第二个阶段仍有许多外商公司并不想办法注册，而是以非法的形态存在着。

## 三、民间企业创办的合法性

前近代时期，中国社会经济中存在着数量众多的商号和自产自销的手工生产作坊，它们均程度不同地参与到中国社会经济的商品交流中来。为此，它们的存在都有一个合法性问题。从历史传统看，商号和自产自销手工生产作坊的存在有很强的官方管理传统。早在唐代，“官方为了便于管理坊市的行，使从事工商业的同业者皆分别聚居于同一市区之内，各行设有‘行头’或‘行首’”[1]。行头的职责除管理好行会的内部事务外，主要是要协助政府完成市场管理、赋税缴纳、徭役征派等任务。宋以后，工商业和行会的规模都有所发展，地位也愈发重要，但是行会协助政府维护市场秩序和行业秩序的职责没有变。

降至清代，政府通过行会管理工商业的传统依然存在，并且有所加强。对于某些重要的行业，清政府实施特许管理的方式。例如盐商、茶商、典商、丝业、粮货行等均属于朝廷特许经营的行业。特许权在这些行业行会的条规均有所反映。例如，订于光绪年间的《益阳山货行条规》就宣称：“我行以山货居奇，自乾隆间为承应科场巨款开设，屡经奉宪核定章程，其法甚良，其意甚美……迄今盖百有余岁矣，值此海禁大开，与外洋各国通商，而山货尤为急需之物，我等欲开致富之门，广生财之路，能不率由旧章而扩充新规乎？”[2]典商的条规曰：“窃典商为便

[1] 彭泽益主编:《中国工商行会史料集》上册，中华书局，1995年，第5页。
[2] 彭泽益主编:《中国工商行会史料集》上册，第215页。

用起见，交质相通，始自乾隆间奏准，奉宪批示章程。”[1]特许商之外，其他工商行业由各级地方政府管理。例如，《钱店公议条规》特别声明，此条规是“蒙各大宪俯赐批词”的[2]。《皮鞋店条规》曰：“兹集同人酌议，重整条规，奉宪颁示核准在案，务望我等，各宜禀遵，共相恪守。”[3]最典型的是浙江丝业会馆的筹建，先后呈报浙江巡抚、浙江布政使、浙江筹饷局、江苏布政使、苏松太道等政府部门批准才最终建立[4]。总而言之，各行会“凡董其事者，无不请立案，求给晓谕，以期永远遵行”[5]。

但是，清政府是一个管理能力很弱的政府，它无力统辖社会经济的方方面面。对于各商号和手工作坊设立的合法性管理，它实际上是授权行会管理的。因此，各行会的行规大都有新开铺面准入问题的具体规定，一般是纳牌费（或曰入会费、入帮费、行底银等）若干，方取得合法身份，可以开业。制订于1678年（康熙十七年）的汉口米市公所帮规规定：“凡同业之入帮，先缴入帮费纹银十五两。”[6]南海、番禺布行的《布行规定》曰：“凡新张之店，必须先到本会馆挂号。自开市之日起，限二十日内，尽将招牌行银两兑足，交执事收管。”[7]盐号的条规规定：“新开盐油号者，捐牌费钱六串文。”[8]有的行会对于新开店还有资质的审查，例如《刻字店条规》就规定：“新开店或原牌改字，或租牌加记，或顶牌及同宗挂旧牌名，必先具柬知会值年，查其果系老成谙练，向无不法事故，许牌费钱贰串文交值年，以便发给示谕规条，违者禀究。”[9]《钱店公议条规》规定：“今议嗣后凡欲新开，必先请至总值年处，登立

[1] 彭泽益主编：《中国工商行会史料集》上册，第205页。
[2] 彭泽益主编：《中国工商行会史料集》上册，第233页。
[3] 彭泽益主编：《中国工商行会史料集》上册，第273页。
[4] 彭泽益主编：《中国工商行会史料集》下册，第766–790页。
[5] 彭泽益主编：《中国工商行会史料集》下册，第799页。
[6] 彭泽益主编：《中国工商行会史料集》上册，第607页。
[7] 彭泽益主编：《中国工商行会史料集》上册，第607页。
[8] 彭泽益主编：《中国工商行会史料集》上册，第201页。
[9] 彭泽益主编：《中国工商行会史料集》上册，第295页。

新开牌名于总簿，说明店东何人，司事何人，别无胶葛，然后开张。”[1]没有遵守行会的规则擅自入市者则有严厉的处罚规定：“如逾限及交除照数收，是外仍罚香油银一十两，以为违者戒。倘限外仍不交出，即传帖通知阖行停止交易，另拟禀究，决不徇情。”[2]《砚店条规》规定：“外来面生客师，不知心性者，不许在城帮贸，如有容留越请，一经查出，该店罚戏一台敬神。”[3]这些罚则更加充分地表明，企业的生存资格是从行会获得的，如果没有行会的允许，企业的开设实际上是失去了合法性的。

近代以降，这种传统沿袭了下来，并受时代发展和外商的影响，开始向现代注册制度的方向发展。成立于1858年的上海振华堂洋布公所于光绪年间订立了公所规则，其中关于入所的规定这样写道：“凡同业愿入本公所者，须自具报名单一纸，将店号、住址、执事台衔、同事人数详细开载，盖印送交本公所收执，并随缴银三十两，以作注册之费。”[4]在这份规则中，已经明确地出现了注册的字眼，其注册成立的规定，除了没有资本额的注册外，已经具有很浓厚的现代气息了。然而，这只是行会中的个别现象，直至清末公司法出台，大部分行会依然沿袭旧有的准入制度。

在旧式工商业继续繁衍的同时，机器工业等新式工商业产生了。由于新式机器工业诞生于洋务运动时期，最初都是由官方举办或者官方倡办的，所以企业的设立一般采用政府特许的方式[5]。此后，民间也开始使用机器进行生产。由于用机器生产属于新产生的行业，尚未建立行会，又由于其生产技术手段与官办机器工业相似，因此人们一般认为其开办应当首先获得官方的特许。“随查沿海各省制办机器，均系由官设局，奏明办理，平民不得私擅购置。即如长江轮船往来，除招商局及洋商

[1] 彭泽益主编：《中国工商行会史料集》上册，第235页。

[2] 彭泽益主编：《中国工商行会史料集》上册，第607页。

[3] 彭泽益主编：《中国工商行会史料集》上册，第293页。

[4] 彭泽益主编：《中国工商行会史料集》上册，第613页。

[5] 学界对这个问题的观点基本一致，并且已有诸多研究成果，此不赘述。参见前述张忠民、杨在军、严亚明等人著作。

贸迁外，并无内地商人置用贸易。又如本省定章，除捕盗缉私外，不得以轮船贩运货物、渡搭人客，即官用之船亦需禀明立案。原以杜富商大贾专利病民，立法极为详密。今裕后昌等店擅制机器缫丝，并未禀明立案，以至失业佣流籍端启衅。”[1]这是1881年（光绪七年）广东南海县知县徐赓陛在处理机器缫丝厂遭民间手工缫丝工匠攻击案时，向上禀报中的一段话。从这段话可以看出，彼时人们是将机器工业企业的设立作为一种特例看待的，其合法性的获得只能遵照先前官办工业的模式，必须“禀明立案”。再如，近代中国民族资本经营的最早的机器缫丝企业——继昌隆缫丝厂，在最初建立时，由于没有获得特许，被人们视为异端，并于1881年被迫关闭。“三年后得政府之许可，乃复在简村继续经营。”[2]

民间新式工商业设立的官方特许方式有两种，一种是官方认为特别重要或者阻力特别大而政府又认为十分必要举办的，一般采取官方倡办的方式。这样企业的设立，其特许权自然来自官方。例如机器煤铁业的创办，洋务派认为“各省所设机器轮船等局，制造一切以煤铁为大宗”，而南北洋防务又“以制造船炮为第一要义”[3]。煤铁的开采是“力致富强”的重要一环，可以借此“收回利权”[4]。因此，对于此类企业的创办洋务派都大力推进。商人禀报要求举办的，除条件不具备者，洋务派大吏一般均在审查后予以批准。有的企业创办甚至是官方首先发起，随后组织商人集股开办的。例如，徐州煤矿的筹办就是在徐州道程国熙禀报的基础上，由左宗棠“饬令候选知府胡恩燮延聘洋矿司入山探验，煤铁均堪开采”[5]后，招商集资开采的。直隶临城内邱煤矿由李鸿章委派候选郎中

[1] 徐赓陛：《办理学堂乡情形第二禀》，孙毓棠编：《中国近代工业史资料》第一辑下册，第964页。

[2] 孙毓棠编：《中国近代工业史资料》第一辑下册，第958页。

[3] 左宗棠：《开采徐州铜山县境煤铁援案请减税银折》，见孙毓棠编：《中国近代工业史资料》第一辑下册，第1109页。

[4] 李鸿章：《峄县开矿片》，见孙毓棠编：《中国近代工业史资料》第一辑下册，第1094页。

[5] 左宗棠：《开采徐州铜山县境煤铁援案请减税银折》，见孙毓棠编：《中国近代工业史资料》第一辑下册，第1109页。

钮秉臣集款试办[1]。

另一种则是商人有创办意向，向官方申报获得批准后，取得合法的举办资格。例如，天津商人吴崇仁等创设火柴制造公司，“禀请开办”，李鸿章认为此事可以“敌洋产而保利源”,“自应批准”[2]。1889年（光绪十五年）6月，张之洞致电使美大臣张荫桓：“华商黄秉常请在广东试设电灯，便民用、塞漏卮，甚好，已咨复准办。请饬该商速来。洞现调湖广，如该商愿于武昌、汉口设办，请询复。”[3]这是张之洞奉调湖广总督但尚未赴任时发给张荫桓的电报，可知是美国华侨商人欲回国内举办新式工商业，通过驻外公使张荫桓来联系张之洞，并取得张之洞的批准。

但并不是所有民间工商业的创办都能获得官方的批准。有些民间工商业经营的是鸦片或者走私货物等非法物品，就不能获得政府的创办授权。有些企业则干脆是因为保守势力的阻挠或者政府办事效率的低下不能获得授权。出于上述种种原因，很多急于生财的商人就采取了诡寄洋人企业，或者干脆借用洋人旗号的方式来获得创办的合法性。

近代中国史上有名的“亚罗号事件”的主角——亚罗号运输船就是一个典型例证。亚罗号是一艘被外国人称为绿壳（Lorcha）的划艇，1854年由中国人苏亚成制造，随后通过波碌洋行（其老板波碌[F.H.Block]是丹麦驻香港领事）用1000元买得了一纸香港执照，并雇佣一个叫亚罗的外国人在船上工作，从事货运。后来，船被海盗夺去，以后又被民团擒获，并卖给了广州一家公司。公司在修缮船只后，又将船卖给了一个叫方亚明的中国人，并以他的名字在香港注册，取得有效期一年的执照，同时雇用了英国人托马斯·肯尼迪（Thomas Kennedy）为名义上的船长[4]。从上述亚罗号的历史可以看出，这完全是一艘中国人制造、中国人拥有、中国人经营的中国船，但是却两次在香港注册，目

[1] 孙毓棠编：《中国近代工业史资料》第一辑下册，第1100页。

[2] 李鸿章：致总理衙门函《议制造火柴》，见孙毓棠编：《中国近代工业史资料》第一辑下册，第991页。

[3] 孙毓棠编：《中国近代工业史资料》第一辑下册，第1019页。

[4] 蒋孟引：《第二次鸦片战争》，生活·读书·新知三联书店，1965年，第33页。

的就是可以“自命为英国船，享受英国国旗的保护”[1]。即所谓“舟人贪走私之利，甘心领票，遂以洋船自命”[2]。

在航运领域，这样的船只非常多，早在鸦片战争后不久，澳葡当局为了和香港竞争，宣称澳门为通商口岸，强行撤销了澳门的中国海关分卡，许多船只“图挂洋船以为保护起见，故在澳门当局注册”[3]。1855年，港英当局发布第四号法令，其中第六条称：“本地的中国居民，申请并取得船只执照，是合法的，只要作为所有者而申请的人或人们是本地王家土地的注册租户，并有两个租户作为保人，而这些所有者在本的财产各值二千元，经审核属实者。”[4]这个引诱“如此巨大（从注册费和船舶费来看），以至其它各国的领事都行使了法律上并不属于他们的权利，他们也印发航行证给中国人所有的船只，给予他们该国国旗的保护。后来在1861年的关册上曾经指出单在上海这一个口岸，在到12月31日为止的六个月中，就有一百九十三只悬挂英国国旗的、一百二十九只悬挂美国国旗的以及五十只悬挂他国国旗的‘宁波小船和汉口沙船’”[5]。汉口此类船舶的数量更大,“在1862年，悬挂英国国旗的这类船只为三百四十二艘，一万七千吨”[6]。还有的船只在英国的殖民地槟榔屿和新加坡注册[7]。

美籍学者郝延平将这类企业称作“西方名义下的中国企业”，他在所著《中国近代商业革命》一书中详细列举了种种中国商人寄居西商企业的情况，并指出甚至连官僚企业家盛宣怀也在香港当地注册他的棉

[1] 蒋孟引：《第二次鸦片战争》，第33页。

[2] 华廷杰：《触番始末》，载《近代史资料》，1956年第二期，第100页。

[3] 聂宝璋编：《中国近代航运史资料》第一辑下册，第1325页。

[4] 蒋孟引：《第二次鸦片战争》，第33页。根据蒋孟引先生的考证，这个法令实际上是非法的。因为它完全违背了英国法律关于英国船必须完全为英国人民（英国人民指或在英国自然出生，或已取得国籍证并宣过效忠之誓的人）所有的规定。又据英国《商船运输法规》的规定，任何英国领土的法律须得到国王批准，但这个法令从未得到英王的批准。

[5] 聂宝璋编：《中国近代航运史资料》第一辑下册，第1327页。

[6] 聂宝璋编：《中国近代航运史资料》第一辑下册，第1329页。

[7] 聂宝璋编：《中国近代航运史资料》第一辑下册，第1332页。

纺厂[1]。

综上可知，民间工商企业的设立有一个合法创办的问题。这些企业获得创办资格的途径有三条，其中两条与特许权有关，但政府的特许权是与历史的传统和行会在行业中的权威联系在一起的。最后一条途径则与外国的侵略特权有关。

## 结语

近代中国早期的公司或曰企业的创办路径并非完全是一种铺路式的过渡状态，其存在样式对后来的公司注册制度的建立产生了重要影响。

最典型的表现就是民间企业注册的中间管理机构由行会向商会的转化。1904 年 1 月，清政府商部颁布了《公司律》，规定“凡设立公司，赴商部注册”[2]。同年 6 月奏准的《公司注册试办章程十八条》又规定，凡公司的设立，应当首先呈报当地商会，“凡公司设立之处业经举行商会者，须先将注册之呈，由商会总董用图记呈寄到部，以凭核办。其未经设有商会之处，可暂由附近之商会或就地著名之商会公所加盖图记，呈部核办”[3]。即商人如欲举办公司，须先将注册登记所需材料，包括公司章程、公司注册呈式、股票式样等，呈报地方商会审查，再由商会转呈商部，由商部最终决定是否准予立案注册。同年 1 月颁布的《奏定商会简明章程》又规定，商会应按照公司注册章程的规定，“令商家先办注册一项，使就地各商家会内可分门别类编列成册，而后总协理与各会董随时便于按籍稽考，酌施切实保护之方，力行整顿提倡之法”。这个规定不但申明了《公司注册试办章程十八条》赋予商会的职责，还增添了商会的稽考权限，大大扩张了商会的权限，将各公司置于了商会的领导之下。由此，商会不但是工商各界的行业性团体，甚至带上了行政机构权力的色彩。一方面，商会是商部派出

[1] 郝延平，陈潮、陈任译、陈绛校：《中国近代商业革命》，上海人民出版社，1991 年，第 298 页。

[2] 伍廷芳：《大清新编法典》，文海出版社，1985 年影印版，第 2、7 页。

[3] 伍廷芳：《大清新编法典》，第 121 页，《奏定公司注册试办章程十八条》第七条。

的公司注册机构，任何公司的创办都必须首先经过商会的审核，审核合格后再转呈商部注册；另一方面，商部的任何指示又须由商会负责转达，行使宣布公司注册成功的权力，并可随时稽考各公司的情况。

1908 年，上海华通水火保险公司拟在天津设立分公司。呈报上海总商会后，上海总商会《移津商会文中》称："查该公司营业，系因华商产业，从前均就外人所设洋行购买保险，利权外溢，为杜塞漏卮起见，禀经鄙会呈请农工商部注册有案。现该公司又拟在各埠设立分公司，自是推广营业，借冀收回利权之意。……为此合移贵会请烦查照，移会府、道、县宪一体出示保护，以安商业，实纫公谊。"天津商务总会回复："似可准如所请，以资保护。理合照录原单，禀请宪台查核，赏发示谕，并请转行府县一起出示保护，实为公便。"天津劝业道批复："据禀已悉。查前准上海商务总会移会，业经转行天津府县出示保护在案。仰即知照。"[1]经过这样一番手续后，上海华通水火保险公司分公司的注册终于完成。在这一过程中，上海总商会、天津总商会同天津劝业道一道履行了审核批准的职责。在这个层层传达、环环相扣的过程中，处处都离不开商会的参与和权力的行使。由此，我们仿佛看到了行会的影子，工商企业的开设是否合法，其权力来自政府，但政府将权力授予了行会，由行会行使审核乃至收取开办费。商会建立后，清政府依然沿着惯行的路径，依赖在行会基础上建立起来的商会管理企业，商会依然是横亘于企业与政府之间的权力中介。制度的变革表现出鲜明的延续性，新制度中总是闪现了传统的影子。

行会到商会的这种过渡表明，民间组织在辅助政府管理具体领域方面发挥着重要作用。政府并不万能，也不可能事无巨细、面面俱到，在政府的统一领导和规范下，民间组织完全可以发挥良好的管理本行业、规范本行业的作用。这种历史的经验值得当今记取。

---

[1] 《上海商会为上海华通水火保险公司拟在津设立分公司请地方官予以保护事移津商会文及批文》，津商会二类 2033 号卷。引自天津档案馆等编：《天津商会档案汇编（1903—1911）》（上），天津人民出版社，1989 年，第 727–729 页。

# 联营：民国时期华资商业银行的组织创新与实践

## ——以“北四行”为例[1]

马长伟

**摘　要**：20世纪初，欧美各国处于银行合并联合的高峰时期。中国金融界积极探讨、传播西方的银行联营理论，并将之付诸实践。金城、盐业、中南、大陆银行借助密切的人事关系、集团化发展的追求以及彼此业务上的差异等客观条件，促成了北四行联营集团的形成。北四行出于理性的追求，将个体利益与集团利益绑定，形成了北四行联营集团，开创了中国金融史上新的经营、管理模式。北四行联营集团是时代发展的产物，是近代中国企业家创新精神的典范。

**关键词**：北四行；联营集团；企业家精神

创新是企业家的标志。近代中国，在剧烈的制度变迁和社会动荡背景下，企业家的创新活动体现为在具体业务中积极应用新知识，并努力多样化利用稀缺资源的特征。通观整个历史，组织创新对经济增长做出了重要贡献。钱德勒断言，在现代工商界，企业家对开展组织创

---

[1] 本文原发表于《安徽师范大学学报（人文社会科学版）》，2018年第5期。本文系国家社科基金青年项目（16CJL006）；安徽省高校人文社科研究重点项目（SK2016A038）；安徽师范大学博士科研启动金项目（2014bsqdjj12）成果。

新起着重要作用，并奠定了大型现代企业得以创立的基础。[1] 中国近代的银行家，在不公正的市场竞争机制下，一方面不断学习西方的金融理论，丰富、创新中国的金融思想；另一方面勇于探索，创建符合中国国情的银行组织结构与管理模式。北四行联营集团就是金融创新的典型案例。

北四行联营集团指的是在北洋时期相继成立的盐业、金城、中南、大陆（四）银行组成的经营集团。其中盐业银行成立于 1914 年；金城银行成立于 1917 年；大陆银行成立于 1919 年；中南银行成立于 1921 年。在北洋时期，北四行是中国、交通两行之外实力较大的四家银行。据统计，自 1914 年盐业银行成立到 1921 年中南银行成立，7 年中新成立的银行有 93 家，而北四行却在此基础上更进一步，开创了联营制度。《银行周报》总编辑徐沧水评价："银行而有联合营业之创举，实始于盐业、中南、金城、大陆四银行。"[2]

北四行联营集团的出现，在近代乃至当代中国的金融界都是一个创举。它突破了传统金融的经营格局，开创了新的经营、管理模式，体现了近代中国银行家的创新精神。目前，学界对北四行的研究成果比较丰富[3]，但是对北四行联营集团制度层面的分析尚显薄弱，对北四行联营集团的性质缺乏理论分析。基于此，笔者在查阅相关档案、资料的基础上对此申述，并请教于方家。

---

[1] 戴维·兰德斯：《历史上的企业家精神》，姜井勇译，中信出版社，2016 年，第 598 页。

[2] 徐沧水：《盐业、中南、金城、大陆四银行联营业述评》，《银行周报》，1923 年第 47 期，第 8–12 页。

[3] 目前学界对北四行的研究主要有：马长伟：《集聚上海：近代北四行南迁研究》，载《历史教学》，2016 年第 22 期；康金莉：《北四行研究（1915—1937）》，冶金工业出版社，2010 年；田兴荣：《北四行联营研究（1921 ～ 1952）》，上海远东出版社，2015 年；顾关林：《关于"北四行"联营的几个问题》，载《海南金融》，1998 年第 4 期；洪葭管：《"北四行"与四行联营事务所》，载《中国金融》，1988 年第 1 期；阚立军：《"北四行"联营集团浅析》，载《江海学刊》，1997 年 5 期。这些成果多关注北四行的经营机构和业务状况，还有一些成果专门研究"四行准备库""四行储蓄会"等联营机构，而对北四行联营集团的成因及性质分析不足。

## 一、北四行联营集团形成的时代背景

19世纪中叶以来，英国银行合并、联合的浪潮，影响着欧美诸国的银行业，同样也对近代中国产生巨大的冲击。北洋时期，中国金融市场竞争激烈，银行界人士积极探讨、传播西方的银行联营理论，并付诸实践。在这样的市场环境下，北四行借助过从甚密的人事关系、集团化发展的追求以及彼此业务上的差异等客观条件，促成了北四行联营集团的形成。

### （一）西方银行业合并浪潮

20世纪初到30年代，西方国家发生了两次企业合并浪潮。第一次企业并购浪潮是在19世纪到20世纪转折时期的1895—1904年。这次企业并购浪潮以横向合并为主。第二次合并浪潮出现在1916—1929年。这次合并的重要特点是纵向合并和混合合并的数量大大增加。[1]

一战期间，欧美各国正处于银行合并联合的高潮。[2]德国银行合并联合始于1897年，地域上逐渐集中于柏林，资本及势力则逐渐集中于大银行。英国银行业联合趋势特别明显，1917年，伦敦著名的11家大银行，联合成为5家银行。同期，法国、美国也出现了合并联合的高潮。[3]1937年，科斯《企业的性质》一文就在这种背景下发表。他指出企业和企业合并可以节约交易费用。回顾中国，“欧美各国银行界联合为一银行团对我国投资，既可以免相互间之竞争，而又可遂其任意要求，是其最著者”。[4]20世纪初，中国曾相继出现了四国银行团、六国银行团和五国银行团。20年代以后，中国银行业联合经营初步显现出来，徐沧水评价说：四行联营正是“适合经济思潮之一种实验”。[5]

[1] 袁庆明：《新制度经济学教程》，中国发展出版社，2005年，第10页。
[2] 甘奈·马铿：《欧美银行制度》，李达理译，世界书局，1934年，第20页。
[3] 徐沧水：《银行组织上集中与扩张（上）》，载《银行周报》，1921年第3期，第22–26页。
[4] 于树德：《银行之合并及联合（上）》，载《银行周报》，1919年第46期，第22–27页。
[5] 徐沧水：《盐业、中南、金城、大陆四银行联营业述评》，载《银行周报》，1923年第47期，第8–12页。

## （二）国内商业银行的经营困境

20世纪20年代，是中国近代金融业快速发展的时代，也是管理非常混乱的年代。以北四行为代表的商业银行的生存环境并不乐观。

第一，钱庄、票号等旧式金融行业对商业银行的排挤。其中最为突出的是钱庄业的竞争。经过多年的发展与积累，钱庄业通过其独特的汇划制度、庄票制度等，在全国各大商埠之间建立了庞大的内汇网络。各地商业往来的汇兑结算，以及拆借交易均受其控制。钱庄控制内汇市场，挤占了商业银行的大量利润，并隔断了商业银行与工商业的直接往来。以上海钱庄为例，1912年为28家，1926年增至87家；资本额由148.8万元，增加为1875.7万元，利润则由88.4万元增加至453万元。[1]"钱庄业倘使全部停了业，的确可使上海的商界完全停掉，而银行停了业恐怕倒没有多大影响。"[2]从这个评价可以看出钱庄业在近代中国金融市场上的重要地位。

第二，外资银行通过特权掌控中国金融市场。中国的新式银行业是在外资银行进入中国以后兴起的，是近代"师夷"的一种表现。甲午战争前，外国银行通过对中国钱庄的掌控而成为实质上的银行的银行；甲午战争后，外国银行通过提供贷款而成为中国政府的银行。[3]外资银行有长久的历史与经验，更可以凭借领事裁判权逃避中国的管制，无论制度规范、资金实力还是权势地位，华资银行都步其后尘。以汇丰银行为例，1914年汇丰银行的净利润为732.8万元，1918年因大战影响略有下降，为659.7万元，而到了1922年猛增为1293.2万元。[4]外资银行在华发展势头如此强劲，是与它们拥有的特权分不开的。外资银行在中国可以发行纸币，办理储蓄、贷款等业务，中国的外汇市场也一直被外资银行垄断。

---

[1] 《中国金融史》编写组：《中国金融史》，西南财经大学出版社，1993年，第226页。
[2] 章万器：《金融业之惩前毖后》，载《银行周报》，1932年第19期，第1–11页。
[3] 《中国金融史》编写组：《中国金融史》，第220页。
[4] 毛里斯、柯立斯：《汇丰–香港上海银行（汇丰银行百年史）》，李周英等译，中华书局，1979年，第90页。

第三，商业银行根基不稳，倒闭现象频发。据统计，1912—1921年，中国共新设银行109家，倒闭76家，[1] 倒闭率达到70%。其原因在于中国的银行在业务上没有一个巩固的基础，在制度上缺乏一个健全的、完整的系统。[2] 北洋时期，中国银行业投资以政府公债为主，与财政关系密切。政府财政危机频发，往往引发债务风潮与银行业的倒闭。加之，中央银行尚未建立，金融监管体系缺位。据统计，北洋时期发行钞票的银行计74家[3]，纸币发行泛滥。这种局面的存在对社会经济、商品交换的发展造成种种窒碍。而最为严重的是挤兑风潮时有发生。

1921年，中国金融界相继爆发了中交第二次挤兑风潮和“信交风潮”。经历了这两次打击之后，中国金融界大受创伤。周作民曾回忆说：“我们这几行合作的行动韧始于1921年的联合营业宣言，那时中交第二次止兑，金融风潮突起，私营金融业一时陷于呼天不应，求地不灵的无援状态，盐业、中南、金城乃相互联系发表了这个联合营业宣言。”[4] 北四行“在平时联合，如共同投资于实业，可使范围扩大；在有事时联合，可使危险减少”[5]。可以说，1921年挤兑风潮成为四行联营的直接原因。此外，社会上对银行联营问题的理论研究与自发的实践探索，也对北四行联营产生了一定影响。

### （三）金融界对银行联合的理论探讨

晚清时期，西方的金融思想及制度传入中国，并且由浅入深，不断演进，这为中国金融制度、思想的发展提供了理论、人才和经验等方面的资源。中国在官商合办或官督商办模式下设立新式银行，践行西方的

[1] 中国银行经济研究室：《全国银行年鉴1937》S1，中国银行经济研究室，1937年。

[2] 吴承禧：《中国的银行》，岳麓书社，2013年，第139页。

[3] 中国第二历史档案馆：《中华民国史档案资料汇编》（第三辑金融二），江苏古籍出版社，1991年，第556–589页。

[4] 中国人民银行上海市分行金融研究室：《金城银行史料》，上海人民出版社，1983年，第972页。

[5] 中国人民银行上海市分行金融研究室：《金城银行史料》，第85页。

金融制度。晚清新政的一系列政策又极大地加速了金融思想与制度的转型。民国成立至20世纪20年代，中国的银行业出现了新的发展与变迁。一方面，留学归来的金融家，如谈荔孙、周作民、陈光甫等抱着自己的财团梦，相继成立商业银行；另一方面，中国金融风潮迭起，部分银行界人士重新认识银行制度，寻求新的发展模式。在西方银行业合并潮流的影响下，中国银行界及学术界对西方银行合并联合理论进行了讨论。

1919年，中国近代信用合作的先驱于树德在分析中国银行业的缺点之后，认为中国金融机构最应该优先改良的是“合并与联合”。[1]于树德指出：联合是指几个或十几个甚至更多银行、银号为采取共同行动而组织起来。联合之后，各银行仍各自独立，对于联合契约，负共同行动的责任。如共同投资，各银行银号平均出资，共享利益。如此可以聚集巨额资金，以供投资。于树德认为，无论是银行合并还是联合，皆集中多数小资本为大资本，集多数小信用为大信用，集多数小势力为大势力。如此，银行联合对国民经济和银行业本身都有利。

为迎合时代发展的需要，各国银行，“几无不努力于增加资本，合并其他之小银行……同时，复与其他之大银行，结营业上之关系契约。……以期适应时代之要求，俾得在经济界占有势力也”。[2]同样，欲改善中国商业银行资力薄弱、规模甚小、信用未固等问题，应实行联合组织。其目的在于集中资本，扩大信用，使业务发展，经济活动，营业稳当，利益增加。[3]羲农、士浩、姚仲拨、远钦等人也都结合中国的国情，撰文支持银行合并与联合理论。

1921年的挤兑风潮和“信交风潮”，影响银行业的生存和发展。“国家银行实际既不可恃为后盾，经营商业银行自不得不与同业携手。”[4]银行界开始思考银行业联合的方式与制度。郑维钧提出：“一、联合各地

---

[1] 于树德：《银行之合并及联合（上）》，第22–27页。

[2] 徐沧水：《银行组织上集中与扩张（上）》，第22页。

[3] 郑维钧：《论小银行联合组织之必要》，载《银行周报》，1921年第43期，第18–19页。

[4] 中国人民银行上海市分行金融研究室：《金城银行史料》，第85页。

薄资之银行，结成一团体；二、公推一总行，统理一切；三、凡经联合之各银行间，订明条约，互相遵守；四、各银行虽各自分立，可相约为共同之行动；五、有亏分担，有利均沾。”[1]总之，银行之间联合行动，通力合作。同年，吴鼎昌考察欧洲金融事业之后认为，“中小银行或被鲸吞或趋合并”，主张借鉴西方国家多成立大银行。[2]谈荔孙认为银行联营“且有互相扶助之义，确是发展营业巩固行基之一种办法”[3]。

面对金融风潮，银行合并联合主张的提出，“是一种规避金融风险的自救行为”[4]，具有很强的时代特征；同时，指导着中国金融界在银行制度建设上做出尝试和探索。

### （四）金融界对银行联营的具体实践

中国银行界在进行理论和制度上讨论和研究的同时，在具体的实践中也有尝试和创新。北四行联营前金融界对银行联营的实践分为两个层面。

一是在华外资银行团。各国银行界联合成一银行团，合力对我国投资是最为突出的现象。1910 年，由美、英、德、法四国成立四国银行团，列强对中国的贷款权由互相争夺，转到互相联合。民国成立后，日、俄加入，并于 1912 年成立六国银行团。1913 年 3 月，美国退出银行团，六国银行团变成五国银行团。第一次世界大战爆发后，五国银行团中德国被除名，俄国爆发十月革命，英、法无暇自顾，银行团实际变成日本一员，日本在华势力急剧膨胀。1918 年美国提议组建国际新银行团，负责对华所有借款。银行团成为帝国主义对华资本输出的新发展、新形式。而要改变这种状况，需要华资银行业联合起来，寻求新的发展道路。中国各银行合并乃是大势所趋。

二是华资银行业对联合营业的探索与尝试。外国银行团在华投资不

[1] 郑维钧：《论小银行联合组织之必要》，第 19 页。

[2] 中国人民银行上海市分行金融研究室：《金城银行史料》，第 81 页。

[3] 中国人民银行上海市分行金融研究室：《金城银行史料》，第 86 页。

[4] 田兴荣：《北四行联营研究（1921 ～ 1952）》，第 35 页。

断扩张，“若我国银行同业犹赋昧于时机，守其故步，则他日全国实业界金融操纵运用之途，恐将无我涉足之余地”。[1] 面对新银行团意欲操控中国财政、实业，交通银行董事长梁士诒“思之殊深危惧”，他领导中国金融界创办了中华银公司。中华银公司是中国最早出现的中国银行团，[2] 自中华银公司之后，我国银行业“相率投资于生产事业，于是有银行团之名”。[3]1921 年，中国银行业以联合投资的运营模式组建的银行团，先后有经募车债银行团（1921 年 1 月 15 日），上海造币厂借款银团（1921 年 3 月 3 日），经募通泰盐垦五公司债票银团（1921 年 7 月 1 日）。此后，在投资放款方面，华资银行组织银行团联合放贷成为普遍现象。

这些银团的成立是华资银行业联营的表现，为北四行联营提供了实践经验。而此前，盐业、金城、中南这几家银行平时遇到重大问题总是互通声气，例如对待承担北京政府发行的公债和摊派借款等事，总是经过商量，形成共识，采取一致步骤，似成一个小集团。[4] 在北四行联营之前，金城银行曾打算联合所有的华资商业银行，成立中国联合银行，但未能成功。北四行的联营成功应该说是基于上述实践与经验之上的。除此之外，北四行之间特殊的人事关系及共同的利益诉求是它们走向联合的根本原因。

## 二、北四行联营的利益诉求

熊彼特强调，企业家要从事创新活动、尝试新的经商模式并形成新的生产组合。中国企业家有别于熊彼特式企业家的地方似乎在于，他们尤为注重建立人脉关系。由于中国人深受有关组织及个体和群体间关系

---

[1] 桂生：《北京通信》，《申报》1919 年 3 月 24 日，第 6 版。

[2] 姚会元、马长伟：《梁士诒与中华银公司》，《中国社会经济史研究》，2012 年第 2 期，第 81–90 页。

[3] 徐寄庼：《我国银行团之前途》，载《银行周报》，1923 年第 40 期，第 1–4 页。

[4] 徐矛、顾关林、姜天鹰：《中国十银行家》，上海人民出版社，1997 年，第 234 页。

的传统观念影响，其管理风格和组织架构同西方仍有很大差别。[1]

中国是一个注重人际关系，重视情谊的国度。旧式的钱庄、票号投资放款多为信用放款，其对象大部分为熟人，或者信得过的客户，这样可以降低交易成本。而新式的银行业成立初期也多依靠旧有的人事关系建立自己的经营网络。从图 11–1 可以看出中南银行的胡笔江，金城银行的周作民，盐业银行的吴鼎昌，大陆银行的谈荔孙，他们彼此之间拥有业缘、乡缘、学缘等诸多关系。此外，他们的背后都有军阀和银行团体的支持。如金城银行的发展得益于交通银行的支持，盐业银行的发展得益于中国银行的辅助，而中、交两行在北洋时期都是政学系的金融资本。除此之外，北四行的主要负责人均参与了金城、盐业、大陆、中南银行的创建，并在北四行中相互兼任职务。在金城银行组建之初，王郅隆与胡笔江原想推荐吴鼎昌为金城银行总经理，后因吴不就，才改推周作民担任。胡笔江、吴鼎昌等长期担任金城银行监察人。

这种特殊的人事、政治背景，为北四行联营提供了制度保障。在总经理负责制下，北四行的总经理具有绝对的经营决策权。北四行负责人之间既有良好的人际关系，又彼此拥有北四行经营大权，这个完美的结合，为四行联营奠定了基础。金城银行董事会在批准三行联营时曾提到："盐业内容，夙所共知，其股东且大率与本行相同；中南成立稍迟，而其股东及在事诸君前后亦深有关系。盐业及我行资力偏重在北，中南则在南方著有声势，以此联合，彼此认为有益。"[2]

北四行总经理之中，除了胡笔江是钱庄学徒出身，吴鼎昌、周作民、谈荔孙都曾留学日本。他们在日本学习经济，对日本的三菱、三井财团深有感触。尤其是谈荔孙曾与大仓财阀嗣子大仓喜七郎是同学。谈荔孙创办大陆银行后有志将金融企业办好，进而发展到工业和商业两大部门，想把金融资本以银行为桥梁过渡到产业资本，做一个所谓大仓式

[1] 戴维・兰德斯:《历史上的企业家精神》，第 592 页。

[2] 中国人民银行上海市分行金融研究室:《金城银行史料》，第 85 页。

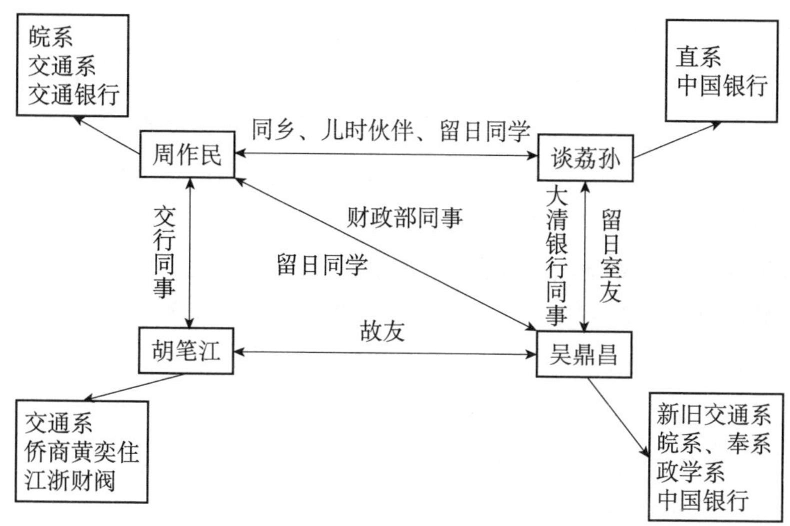


**图 11-1　北四行人物关系**

的中国企业家。[1]周作民也梦想着走集团化发展的道路，希望创建三井、三菱那样的大财团，以便由金融资本走向产业资本，打造银行业控制的集团。

1921 年 11 月，盐业、金城、中南银行联营，此时大陆银行不愿意参加联营，后经谈荔孙的同学吴鼎昌劝说，银行联合营业可以增加社会声势，可以相互支援，并期待谈在银行业务计划和开拓方面多负点责任，[2]谈荔孙才同意加入联营。正是周作民、谈荔孙等北四行负责人的财团梦为四行联合经营提供了动力。1932 年谈荔孙去世，周作民的挽词写道："志同道合，求之似难；而我与君，若切肺肝。"足见他们之间友情深厚。也正是这份志向相投、目标一致的情谊，成为彼此联手发展的基础。

社会心理学家指出："集团成员身份的吸引力并不仅仅在于一种归

[1] 谈季桢、谈在唐：《大陆银行兴衰纪略》，载全国政协文史资料委员会：《中华文史资料文库》（经济工商编），中国文史出版社，1996 年，第 119 页。

[2] 谈季桢、谈在唐：《大陆银行兴衰纪略》，载全国政协文史资料委员会：《中华文史资料文库》（经济工商编），第 120 页。

属感，而是在于能够通过这一成员身份获得什么。”北四行的章程中几乎都注明其业务范围包括往来存款、定期存款、各种放款、据单押汇、有价证券买卖、生金银买卖、各种汇兑及贵重物品保管等商业银行的业务。但是，由于其经济资力、人事背景的不同，各行的经营领域和侧重范围还是有所区别的。如盐业银行开办之初，具有国家银行的性质，所以更多地购买公债和外币债券。大陆银行大量购置房地产，其仓库业务在各行中也最具特色。金城银行则以投资工商业而著称。中南银行具有侨商背景，在国外汇兑业务上更具优势。大陆银行董事会在加入联营前，调查发现金城、盐业、中南三银行“营业既各不牵涉，合作亦不受束缚。且有互相扶助之义，确是发展营业巩固行基之一种办法”[1]，因此，大陆银行加入联营行列。正是存在不同的经营理念和“势力范围”，北四行联营才成为可能。

1921年，张镇芳在张作霖支持下重新出任盐业银行董事长，吴鼎昌受到排挤，借考察之名赴欧美游历。同年，周作民逐渐掌握了金城银行大权，但是由于皖系军阀的失势，金城银行也少了些依靠。9月，吴鼎昌归国，途经上海，与胡笔江（1921年6月中南银行成立，胡笔江任中南银行总经理、金城银行董事）商议联合营业之事。吴鼎昌主张效仿国外，联合经营。胡笔江认为中南银行要打基础，要依仗官僚金融资本势力，因此，他赞成中南、盐业、金城三行联合成立准备库。两人还为此先后赴京，与周作民商议。吴鼎昌、胡笔江是金城银行重要的发起人。而且金城银行在成立最初三年内，胡笔江借助其交通银行北京分行经理的职权，对金城银行业务开展有所帮助。所以周作民平日里对胡笔江、吴鼎昌比较尊重，也很重视他们的意见。中南银行创办伊始，周作民曾帮胡笔江申请中南银行发钞权。

此时，周作民缺少依靠，胡笔江在中南银行羽毛未丰，吴鼎昌在盐业银行权力受到限制，三行联营，可以互为声援，对他三人巩固在各该

[1] 中国人民银行上海市分行金融研究室：《金城银行史料》，第86页。

行的地位都有帮助。当时局势多变，京津金融紧迫，中交两行都在困难之中。金城银行领用交通银行钞票，“彼时情势已与现在不同”，而与中国银行订约领用钞票,“亦无若何利益”。[1]金城与其向中交两行领用钞券，不如将中南所取得的发行权，改由三行联合准备、联合发行，进而与中交两行相竞争，更为得计。[2]若三方合作，盐业、金城领用中南银行钞票，盐业、金城银行可以增加收益，中南银行钞票信誉也更加巩固。所以，周作民基于他本人地位的考虑，以及对银行利润的追求，积极推动三银行联营。吴鼎昌和胡笔江对银行联营的考虑也基本相似，他们是出于个人利益的需求而选择了集团经营，从而将个人利益与集团利益绑定。对利益的追求正是四行联营凝聚力的表现。

康金莉说：“北四行的联合营业组织是当时的一个典型事例，但却不是偶然现象。”[3]笔者认同她的观点，从客观环境来看，国际银行团在华兴起，银行联营或者抱团投资已经成为一个趋势。如国内的银行业，无发行权的银行、钱庄通过领券等方式挂靠于有发行权，且信誉比较好的银行以增强实力，减少市场上带来的冲击与风险，这些方式在国内银行界已经司空见惯。[4]加上，银行联合经营理论在金融界的广泛讨论，北四行之间亲密的关系以及共同的利益追求，北四行联营集团的形成是历史与现实的共同结果。

## 三、北四行联营集团的形成及属性

若想要理性的个体在一个潜在的群体中采取集体行为，需要一定的激励机制，即个体基于能从中获益，才会采取统一行动。换言之，这些个体有共同利益，这个组织才能长久持续下去。北四行正是出于利益的

---

[1] 中国人民银行上海市分行金融研究室：《金城银行史料》，第 90 页。

[2] 中国人民银行上海市分行金融研究室：《金城银行史料》，第 82 页。

[3] 康金莉：《北四行研究（1915—1937）》，第 308 页。

[4] 马长伟、姚会元：《民国时期纸币发行中的领券制度及其启示》，载《国际金融研究》，2014 年第 6 期，第 21–30 页。

追求成立了集团组织，这是一种集体行为。北四行将银行经营的忧患意识转换成了实际行动。有学者评价："北四行联合经营，在中国金融史上是个创新，反映了近代商业银行初步呈现资本主义银行业的联合和集中倾向。"[1]

1921年11月16日，盐业、金城、中南银行在北京盐业银行总行召开联营会议，会上，周作民、胡笔江认为，"联合之必要，既如以上吴君所述，此后厚集资力，共策进行，实业上庶可稍资辅助"，三行遂决定联营。[2]会议议定组织"联合营业事务所"，并达成联营决议七条。此次会议还制定了《三行联合规约》和《三行联合营业事务所简章》。1922年7月，在吴鼎昌的劝说下，大陆银行"因商领此项钞票（中南银行钞票），旋亦加入联合营业。"[3]大陆银行加入后所有规约各条均与三行共同遵守，约内"三行"字样均改为"四行"。"北四行联营集团"形成。联营范围以不侵害各行各自的营业为前提。

四家银行的经理吴鼎昌、胡笔江、周作民、谈荔孙为联合机构的领导人。四行联营事务所下属的部门相继有：四行准备库、四行储蓄会、四行企业部和调查部。1937年，四行准备库改组为四行信托部。1948年，四行储蓄会和四行信托部合并，重组为联合商业储蓄信托银行。

北四行联营之后的业务具体表现在，联合发行在中南银行钞票、联合储蓄、联合投资。四行联营事务所成立的当年，就联合向交通银行自置地基（上海黄浦滩14号）和房屋修建提供贷款100万；此后，向裕元纱厂联合放贷50万元；承做南通大生纱厂放款。四行储蓄会先后在上海投资兴建国际饭店、虹口公寓、古柏公寓、四行仓库等。四行联合投资的工商业有：久大永利永裕、诚孚信托公司、天津北洋纺织公司、天津恒源纺织公司、大公报、南洋企业公司以及孚中公司和保险公司等。

北四行联营对盐业、金城、大陆、中南四家银行的发展起到重要的

---

[1] 潘连贵：《"北四行"和"南三行"》，载《中国金融》，2003年第1期，第59页。
[2] 中国人民银行上海市分行金融研究室：《金城银行史料》，第82页。
[3] 中国人民银行上海市分行金融研究室：《金城银行史料》，第90页。

保障作用。

第一，四行联合发钞，极大地降低了发钞风险。围绕中南银行钞票的发行，北四行在预先宣传、发行仓库租赁，以及发行章程的制定等细节方面做了充足的准备，[1] 这些措施有效提升了中南银行钞票的市场信誉。

第二，四行储蓄会起到了稳定金融作用。1923 年初，北四行各出 25 万元联合成立四行储蓄会。四行储蓄会规定四行借用资金以栈单再抵押，这促进了四行间的资金融通，巩固了四行联营模式。在中央银行缺位的情况下，四行储蓄会部分地承担了央行的职能，起到了降低拆解风险、稳定金融市场的作用。

第三，当时中国商业银行资本实力较为薄弱，单独从事信贷业务风险较大，联合办理放贷业务，银行间可以互通信息，有助于分散贷款风险。

第四，联合营业避免了银行间通过减低贷款利率或提高存款利率等方式开展恶性竞争，在利益一致的基础上保障了银行的盈利空间，增强了北四行的整体竞争力。[2]

吴鼎昌曾就北四行联营的主旨及业务发表谈话。他说："四行联营之宗旨，系为活泼金融，压轻利率起见，以期实业勃兴，而国民生计可借以发展。其办法，第一，使硬货之代表品，有确实保障机关。第二，使不生产之游金，有确实存放机关，故有准备库与储蓄会之设，俾金融事业渐入正轨。四行准备库之组织，第一，使准备金完全独立保证，所有四银行营业金，不能混杂或流用丝毫。第二，使准备金数目完全公开，四银行与使用者同立于稽查地位。"[3]

北四行联营集团的形成增强了彼此的实力，也提升了北四行的金融地位、社会信誉，巩固了其在华北乃至整个中国金融界的优势地位。

---

[1] 参见吴鼎昌致周作民、谈荔孙、王孟钟、岳乾斋、朱虞生、吴言钦函，收入刘平：《民国银行家论业务经营》，上海远东出版社，2017 年，第 120 页。

[2] 曾康霖、刘锡良、缪明杨：《百年中国金融思想学说史》（第 3 卷），中国金融出版社，2015 年，第 664 页。

[3] 徐沧水：《盐业、中南、金城、大陆四银行联营业述评》，载《银行周报》，1923 年第 47 期，第 8–12 页。

银行营业实力可以从其本身资力和运用资力两个层面考察。本身资力指的是银行的实收股本、各项公债以及盈余滚存。银行的运用资力指的是本身资力加上各项存款。如表 11–1 所示，1922 年北四行联营时，盐业银行因开办较早，且当初具有国家银行的性质，所以各项公债及盈余滚存数目较大，而金城、中南、大陆银行则相对少些。但是四家银行联合后，本身资力合计达到 2245 余万元，已然成为华北最大的金融组织。

**表 11–1　北四行联营后的资力**

单位：元

<table>
<tr><td rowspan="6">本身资力</td><td>行名</td><td>实收股本（万元）</td><td>各项公债</td><td>盈余滚存</td><td>共计</td></tr>
<tr><td>盐业银行</td><td>550</td><td>2700000</td><td>3560000</td><td>8556000</td></tr>
<tr><td>金城银行</td><td>500</td><td>600000</td><td>14633.73</td><td>5614633.73</td></tr>
<tr><td>中南银行</td><td>500</td><td>184516</td><td>3799.71</td><td>5188315.71</td></tr>
<tr><td>大陆银行</td><td>250</td><td>600000</td><td>46.05</td><td>3100046.05</td></tr>
<tr><td>合计</td><td>1800</td><td>4084516</td><td>734479.49</td><td>22458995.49</td></tr>
<tr><td colspan="6"></td></tr>
<tr><td rowspan="6">运用资力</td><td>行名</td><td colspan="2">资本与公债及盈余滚存</td><td>各项存款</td><td>共计</td></tr>
<tr><td>盐业银行</td><td colspan="2">8556000</td><td>20210548.17</td><td>28766548.17</td></tr>
<tr><td>金城银行</td><td colspan="2">5614633.73</td><td>19688621.79</td><td>25303255.52</td></tr>
<tr><td>中南银行</td><td colspan="2">5188315.71</td><td>6694168.79</td><td>11882484.50</td></tr>
<tr><td>大陆银行</td><td colspan="2">3100046.05</td><td>10018156.81</td><td>13118202.86</td></tr>
<tr><td>合计</td><td colspan="2">22458995.49</td><td>56611495.56</td><td>79070491.05</td></tr>
</table>

资料来源：徐沧水：《盐业、中南、金城、大陆四银行联营业述评》，载《银行周报》，第 8–12 页。

四行联营后，四行准备库和四行储蓄会互为犄角，为四行的后盾，其联营事业更是发展迅速。1922 年底，北四行的运用资力达到 7907 万余元，各行库存现金及存放同业合计达 2450 余万元。如图 11–2 所示，从历史的发展来看，北洋时期，北四行联营集团的资产总额、公积金及盈余滚存、各项存款、放款等均取得长足的发展。北四行的纯益占全国重要银行纯益的比重，1921 年为 28.08%，1924 年猛增至 33.81%。[1] 到

[1] 中国银行总管理处经济研究室：《中国重要银行最近十年营业概况研究》，商务印书馆，1934 年，第 36 页。

1934年，北四行联营集团总资产45455.7万元，[1]占全国重要银行资产总额的12%，成为国内最大的私营银行集团。

社会将检验经济组织的有效性。通过联营，北四行增强了实力，提高了信誉，扩展了业务，在银行挤兑风潮、倒闭事件频发的近代，北四行没有发生一起挤兑事件。它们联合经营的活动引发了其他银行的效仿，如四川美丰银行联合川康银行组建"川美联合营业事务所"，联合经营汇兑业务。[2]

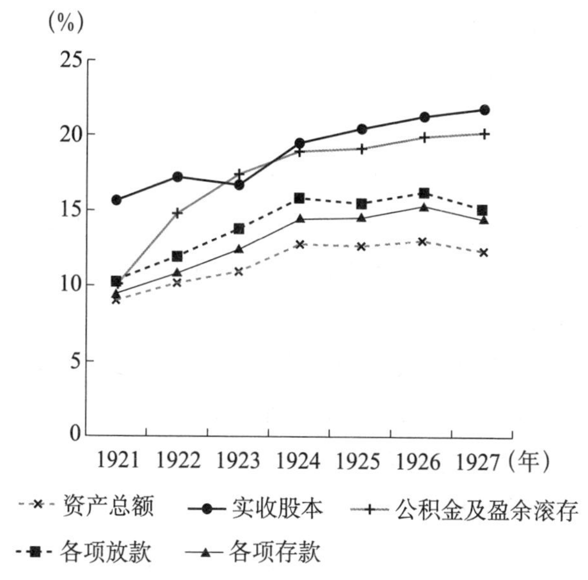


**图 11–2　北四行联营集团各项指标占全国重要银行的比重**

资料来源：相关数据见中国银行总管理处经济研究室：《中国重要银行最近十年营业概况研究》，第 4、6、8、12、14 页。该书记录的全国重要银行指北四行、中央银行、中国银行、交通银行、广东银行、中国通商银行、四明商业储蓄银行、中华商业储蓄银行、新华信托储蓄银行、中国农工银行等 29 家银行。

---

[1] 中国银行总管理处经济研究室：《民国二十三年度中国重要银行营业概况研究》，商务印书馆，1935 年，第 13 页。

[2] 兰日旭：《近代中国银行联合兼并活动探析》，载《青海社会科学》，2009 年第 3 期，第 110–113 页。

一般而言，集体利益有两种，一种是相容性的，即利益主体在追求某种利益时目标一致，彼此包容。如处于同一行业中的公司在向政府提出税收减免、政策优惠、资金扶持等要求时，它们的利益就是相容的。这就是所谓的“一损俱损、一荣俱荣”，这时利益主体之间是正和博弈。

另外一种是排他性的，即利益主体在追求这种利益时是相互排斥的，如处于同一行业中的公司在通过限定产出，提高价格，追求收益时就是排他的。即市场份额一定的前提下，产量是此消彼长的关系，你多生产了就意味着我少生产。这时利益主体之间是零和博弈。[1] 据此，可以将各种各样的集团分为利益相容性集团和利益排他性集团，他们集体行动的逻辑是不同的。

常说的“既存利益”就是排他性的，这时集团碰到的是“分蛋糕”的问题。集团成员排斥他人的进入，既定的“蛋糕”，分利者越少越好，分利集团越小越好。而相容性集团遇到的是“做蛋糕”问题，为把蛋糕做大，集团成员总是希望做蛋糕的人越多越好，集团规模越大越好，欢迎具有共同利益追求的行为主体加入。

当盐业、金城、中南银行商议联营之时，就想邀请大陆银行加入。但是，谈荔孙心存疑虑，担心业务受到影响，没有立即同意，采取观望态度。此后，谈荔孙看到联营确实有利于银行发展，才于 1922 年 7 月 11 日加入联营。1922 年 7 月大陆银行董事会上提到：“银行营业全在厚集资力，以图发展。该三行上年联合之始，曾请本行加入，其时因事须加考虑，未允实行。日前，该三行又重申前请，敦劝再三，以同业论，固不宜过却，以厚资力论，本行亦大有关系，拟请议决加入。”“较之排他性集团，相容性集团就有可能实现集体的共同利益。”[2] 盐业、金城、中南、大陆等银行由三行联营走向四行联营正是相容性的表现。

但是，一个集团的行为是排他的还是相容的，取决于集团寻求的目

[1] 曼瑟尔·奥尔森：《集体行动的逻辑》，陈郁等译，格致出版社、上海三联书店、上海人民出版社，2011 年，“译者的话”第 5 页。

[2] 曼瑟尔·奥尔森：《集体行动的逻辑》，“译者的话”第 6 页。

标的本质，而不是成员的性质。同一个企业或个人的集合可能在一种情况下是排外的集团，而在另一种情况下是相容的集团。面对集体利益，北四行具有相容性，可以共同组建四行准备库，发行中南银行钞票；可以共同出资组建四行储蓄会，开展业务。但是，四行之间营业既不牵涉，合作也不受束缚，这就决定了他们之间竞争的存在。例如，面对存款户这个既定“蛋糕”，他们之间就存在着“排他性”。面对钞票兑现这个责任，他们之间存在“搭便车”的行为。由于搭便车行为倾向的存在，“除非存在强制或其他某些特殊手段以使个人按照他们的共同利益行事，有理性的、寻求自我利益的个人不会采取行动以实现他们共同的或集团的利益”[1]。所以北四行在联营之初就制定了相关的规约和章程。

如果某些人彼此之间的共同利益足够大，同时，当事人已经清晰地认识到这一点，那么他们必定会团结起来，为实现他们共同的或集体的利益而联手奋斗。这是北四行联营的重要原因所在。北四行实现联营的基本条件是它们有相同的利益与诉求。盐业、金城、中南、大陆银行联营集团形成以后，在发展中彼此合作，互为帮衬，具有“相容性集团”的特点，但是在具体经营的商业银行业务上又互不牵涉，彼此竞争，又具有“排他性集团”的特点。

## 四、结语

在市场经济中，企业与企业之间的关系本质上是一种竞争关系，但是，企业如何对待和处理这种竞争关系则因“人”而异。北四行联营集团的领导人周作民、吴鼎昌、谈荔孙、胡笔江等都是近代著名的金融家。前三位，接受过新式教育，具有近代金融的专业知识。胡笔江从钱庄学徒一直做到交通银行北京分行经理（后任交通银行董事长），对中国的金融问题非常熟悉。他们均具有发展中国银行事业的强烈愿望，具

[1] 曼瑟尔·奥尔森：《集体行动的逻辑》，第 2 页。

有创业情怀和企业家精神。在中国金融史上，北四行的联合经营可以说是强强联合，是一个金融创新。它们联合发行、联合投资、联合储蓄，共存共赢。这种经营模式是市场选择的结果，是中国近代商业银行向西方银行业联合、集中经营模式学习的结果，其效果是明显的。

北四行没有像其他行业或企业那样树立起自由地追求私利的行为准则，因此，在他们之间形成的企业关系也有了特别之处。

第一，在单个银行力量较为薄弱的情况下，要想与强大的外资银行、国有银行竞争，只能借助团体的力量，在企业间开展有组织的联合行动。实践表明，北四行之间形成的这种相互配合和支持的关系，不仅壮大了四家银行的实力，提高了它们在中国银行界的地位，也进一步推动了中国银行业的发展进步。

第二，北四行联营集团的形成，不是以损失效率的行政撮合方式进行的，而是依靠市场力量。北四行之间并没有因为采取联营模式而放弃相互间的竞争行为。事实证明，他们之间的竞争也是相当激烈的，但是，与其他银行间的竞争有所不同，北四行之间竞争的焦点不是获得短期、高额的利润率，而是着眼于企业的长期存续问题。这种立足于长期发展的竞争是企业家创新精神的体现。

第三，北四行联营不同于欧美各国的银行合并或联合。北四行通过共同出资的方式，联合经营，彼此独立，地位平等。欧美诸国的银行合并或联合，是以一家大银行为中心，通过购买小银行的股权，控制其他银行。直到 1929—1933 年世界性的经济危机之后，在发展和危机的双重因素作用下，中国的银行业才开始走上合并的道路。[1]

北四行联营之后，即便是制定了规章制度，四行之间依然是存在着“排他性”和“搭便车”的行为，挑战着四行联营的有效性。它们彼此之间的矛盾冲突与潜在暗流是不断涌现的，加上政治、经济环境的改变，使得北四行联营的实际运行效果大打折扣。20 世纪 30 年代，北四

[1] 程霖:《中国近代银行制度建设思想研究（1859—1949）》，上海财经大学出版社，1999 年，第 99–100 页。

行的历年纯益均有所下降。1931 年，北四行纯益占全国重要银行的纯益，已经由1923年的30.5%，下降到16.65%。[1]30年代后期，基于收益性、安全性的考虑，北四行的总行相继南迁。北四行南迁进一步巩固了上海金融中心的地位，做到了商业银行应有的历史贡献。[2] 北四行彼此间潜在的冲突及南迁后发展式微的问题，笔者会专文论述，此处不再赘言。

[1] 中国银行总管理处经济研究室：《中国重要银行最近十年营业概况研究》，第 36 页。

[2] 马长伟：《集聚上海：近代北四行南迁研究》，载《历史教学》，2016 年第 11 期，第 34–42 页。

# 太平洋战争爆发后上海证券市场与企业间关系[1]

朱荫贵

**内容提要：** 1941 年 12 月太平洋战争爆发后，在多种因素的综合作用下，上海进入了一个与此前很不一样的阶段，突出的特点之一就是华商企业有了明显的发展，而这种发展在很大程度上与证券市场的中介、资金的流通和集聚等作用分不开，是近代中国比较有特色的一段时期。尽管这段时期由许多特殊因素集聚形成，但其反映出来的特色和中国特殊的国情，仍然值得我们重视和深入研究。

**关键词：** 太平洋战争；近代上海；证券市场；企业

上海是近代中国的金融和经济中心，也是近代中国证券市场最发达和最具代表性的地区。抗战全面爆发后，上海曾出现过"孤岛"繁荣。1941 年 12 月 8 日太平洋战争爆发后，上海的经济形势更为之一变，这时出现的一个显著变化，是上海的华商工厂企业有了明显的发展：新的工厂不断诞生，旧的工厂不断增资，证券市场上的标的物也完全变为清一色的华商股票。那么，这时候的上海工厂制造业为何会有明显的发

---

[1] 本文原发表于《社会科学》，2016 年第 6 期。

展？动力何来？尽管此期上海集中了相当多的游资，[1]可这些游资又是如何进入制造业的？情况如何？此前对此方面的研究较为集中于证券市场本身，[2]对这期间经济演变特别是证券市场与企业发展之间的关系，很少涉及，缺乏深入考察分析，本文将把重点放在这期间证券市场与工商企业发展间的关系上，以期能够对上述问题的回答和深入了解有推动作用。

## 一、太平洋战争爆发后上海的经济变化

近代上海成为经济和金融中心，其支柱与发达的对外贸易和制造业分不开。1937 年抗战全面爆发后，这种情况也没有大的变化。这时，推动上海经济复苏和发展的动力，仍然来自对外贸易和制造业这两个支柱产业。我们先来看工厂制造业：

---

[1] 抗战全面爆发后，大量游资在此期间汇聚上海，成为一个十分引人注目的现象。1940 年 5 月出版的《经济统计月志》(第 7 卷第 5 期）认为，“上海之游资……至少在三十万万元以上”。中国学者根据“最近各日报所载消息”，认为 1940 年 12 月时上海的游资数量，“仍在二十万万元以上”(朱通九:《游资时出路及其安全》，载《日用经济月刊》，第 2 卷第 12 期)。南京《中报》1940 年 6 月 28 日刊载文章指出：“( 1937 年 ) 事变以来，沪市已无形成为一般富有者避难之乐园，资金麕集，金融活动，各项事业均呈畸形之繁荣。迨欧战爆发，南洋、香港各地之华侨，复以大批资金向沪市逃避，至去年底止，据估计竟达三十万万元之巨。最近两周间，欧战局势急转直下，华商各大小银行活期存款骤增，其存户以外商银行转入华商银行者居多，约其有六十万万元之巨。而各华商银行，均因存款过巨，拒收新户存款。”(《战后沪市金融概况》，载南京《中报》1940 年 6 月 28 日，第 3 版。转引自天津市档案馆等编:《天津商会资料汇编（1937—1945)》,（天津人民出版社，1997 年，第 328 页。）日本调查者则认为，抗战爆发时华人出逃的资金约有 2 亿美元，“其中约有一半即一亿美元自 9 月以降已渐次回流上海”，又认为，“无论这个数字正确与否，总有二十亿乃至四五十亿的游资汇聚上海”，“这一点是十分明白的”。(松本信次:《中国の证券市场》，载日本《经济志林》第 15 卷 2 号，第 51 页；川朝雄:《上海外商株式市场论》，上海三通书局，1941 年，第 25 页）

[2] 参见刘志英:《近代上海华商证券市场研究》，学林出版社，2004 年；以及笔者下述的几篇论文:《孤岛时期的上海众业公所》，载《民国档案》，2004 年 1 期；《抗战时期的上海华商证券市场》，载《社会科学》，2005 年 2 期；《抗战时期的上海中国股票推进会》，载《中国经济史研究》，2006 年 4 期；《上海华商证券市场研究（1927—1945)》，载《上海档案史料研究》，第六辑（2009 年 3 月)；《试论近代中国证券市场的特点》,《经济研究》，2008 年第 3 期等。

1938年初，没有受到战争大的波及和损毁的沪西纱厂及小工业，相继重新开工，以供市上经济生活需要。上海的各种金融行业也在救济经济和谋取自身利益打算的双重考虑下，开始办理各种货物押款。同时，在租界中新设的工厂更是迅速出现。据统计，1938年1月1日起至5月1日止，“在公共租界中、西、北三区，以及沪西外国军队防线以内越界筑路上，开始之新工厂共计560家，所用工人共计31162名。截至9月底，公共租界中、西、北三区之工厂复增达2540家，而工人人数在中、西、北、东及界外马路五区亦增为154296名”。1938年10月至1939年12月，公共租界内“向电力公司陈请接通电流之大小工厂数目总计达到1994家”[1]。

这里以染织厂和造纸厂这两个行业为例对这期间工厂制造业的情况略窥一斑：

抗战全面爆发前上海共有染织厂270家，布机约12000台，全年生产棉布约700万匹，每月平均约60万匹，厂址大部在南市闸北及虹口一带。“‘八一三’后，毁坏大小染织厂约80余家，损失达三分之一强。迨（民国）二十七年（1938）后，前租界特区比较安定，市面日趋繁荣，被毁各厂设法迁移至特区内整理复工，他如锡、常等地之厂，亦有迁沪开工者。”此后，至“（民国）二十八年（1939）新设染织厂犹如雨后春笋，据布厂业同业公会（民国）三十二年（1943）冬季调查记录，计有（A）织布组之单纯织布厂516家，布机18000台，如全部日夜运转，估计每月可产棉布约117万匹，需要纱线约35000件；（B）染织组之染织厂20家，布机3300余台，如日夜全部运转，估计每月可产棉布约216000匹，需要纱线约6500件；（C）手织组287家，布机1900余台，如全部开工，每月可产棉布36000余匹，需纱约1090件以上”。[2] 也就是说，到1943年冬时，不算染织组和手织组的数字，仅仅织布组之单

[1] 上引均见汤心仪：《上海之金融市场》，载王季深主编：《战时上海经济》第一辑，上海经济研究所，民国三十四年（1945）10月，第15页。

[2] 王子嘉：《上海之棉纺织业》，载王季深主编：《战时上海经济》第一辑，第198页。

纯织布厂一月的产量，与抗战全面爆发前相比就几乎增长了一倍。

上海在抗战全面爆发前各厂生产的纸类，主要行销于上海本埠、长江流域一带及沿海交通便利之处，如华北的天津、青岛、威海卫、烟台等地。出口至境外者，多运销于中国香港地区、安南（越南）、泰国、日本、缅甸、新加坡及南洋一带，专供华侨应用为多。1936 年总出口额为法币五百四五十万元，1937 年增为七百余万元，“八一三”后，物价飞涨漫无止境，1938 年之出口额增为七百七十余万元，1939 年增至九百二十余万元，1940 年突增至一千九百四十余万元，1941 年更剧增为三千八百八十八余万元。而上海各纸厂的营业额，“逐年有增无减，1939、1940 年度平均恒在三四千万元，1941 年度约五千万元左右，1942 年度全业营业总额约六千万元，大厂每家平均约一千二百万元，小厂每家约七十二万元”。[1]

在单岩基、王季深《上海之造纸业》一文中，所列举的 10 家“华商重要造纸厂”中，除 4 家开办年代不详外，剩余 6 家中，1 家开办于 1939年，3家开办于1940年，1家开办于1941年，2家开办于1942年，[2] 可见抗战全面爆发后也成为造纸业发展的重要时期，太平洋战争爆发后依然延续了这种趋势。

其次再看看上海的另一经济支柱贸易业。

上海是近代中国的最大对外商埠，对外贸易额长期占据全国一半以上。1937 年抗战全面爆发前，对外贸易是英美日德四国竞争的局面。抗战全面爆发后，1938 年进口方面，“以美国占第一位，日本占第二位，英国占第四位，德国占第五位”。出口方面，“以美国占第一位，中国香港占第二位，英国占第三位，印度占第四位，日本占第五位”。1939 年欧战爆发后，情况发生变化，“南洋与上海之贸易，日见繁盛”。其原因

---

[1] 上引见单岩基、王季深：《上海之造纸业》，载王季深主编：《战时上海经济》第一辑，第 205、210 页。

[2] 上引见单岩基、王季深：《上海之造纸业》，载王季深主编：《战时上海经济》第一辑，第 213–218 页。

在于欧洲战事发生以后，上海与交战各国之间的交通逐渐阻塞，进出口数量逐渐减少，而南洋距上海较近，富于农产矿产等物，需要上海的工业制造品，凡“各种部门之制造，皆有其相当之建设与发展”。“虽重工业尚未发达，然凡一切衣食住日用所要之物品，上海能制造者不少。”再加上上海的制造业所出制品，虽然“以长江流域及国内各地为其销货之区域，然海外有南洋为尾闾，则于上海之工业实有莫大之利益。而南洋各国亦自有天然的特殊条件，足以形成其贸易上不变之特性”。因而“自二十八年（1939）欧洲战事爆发以后，上海之贸易已渐侧重南洋方面”。[1]

显然，上海作为制造业和贸易的重镇，依托其基础、设备和地理区位的优势等条件，在抗战全面爆发后，各种物资需求大增的背景下，成为少有的能够快速回复生产能力的地区。这种特点还因太平洋战争爆发日本军队占领上海租界后，“上海之英美势力，彻底解除”“海道不通，输入断绝”等情况而进一步得到激发。这时，上海对各方物资供应“不特不能减少，且因需兼筹日方之军需，而数量大增”，[2]使得抗战全面爆发特别是太平洋战争爆发后，上海的工商业在种种复杂变化的背景下，勉力支撑，获得发展的动力，进而改变了此期上海的经济状况。

## 二、太平洋战争爆发后上海企业的新设增资与证券市场

1941 年 12 月 8 日，太平洋战争爆发，日军进占租界，上海的经济局势由此一变，进入另一阶段，此时上海由英美商人主导买卖外国人股票为主的西商众业公所被强令停业，直接后果是“外汇冻结，外股外币群在禁止买卖之列”，大量游资为求得归宿，群向中国股票集中，使得“从来未曾受人青睐之中国股票，至此始告勃兴”。[3]另一方面，1942 年上半年，汪伪政权财政部公布所谓新旧法币脱离政策，伪中储币对法币

[1] 潘吟阁：《上海之贸易》，载王季深主编：《战时上海经济》第一辑，第 60–62 页。
[2] 汤心仪：《上海之金融市场》，载王季深主编：《战时上海经济》第一辑，第 36 页。
[3] 吴毅堂编著：《中国股票年鉴》，中国股票年鉴社，民国三十六年（1947），第 8 页。

之比率，“由 77、74、70、66、60、53，而降为 50，币值日低，一般人均求资金安全之道，中国股票乃受第一次普遍欢迎，盛况空前”。吴毅堂在《中国股票年鉴》一书中对当时的状况描述为：“其时因无法令束缚，发展颇为迅速，企业界之增资，固能顺利进行，新公司之设立，新股票之发行，亦得美满结果，亦是你仿我效，一窝蜂地皆在股票投机园地上寻求出路。同时以利之所在，群趋若鹜，参加者日众，上至有产阶级，下至贩夫走卒，无不兼营中国股票，而风声所播，外埠游资，亦赶向上海，从事股票买卖，一时中国股票之盛况，驾乎黄金之上，而有领导市场之势。”

这时上海的企业主要循着两条途径发展。

首先是新设。由于战时物资缺乏，原料限制，也由于物资求过于供，以及生产的供不应求，因此，这时“凡是拥有制成品和原料者当然都有因增值而赚钱的把握”，[1]也因此，在大量游资追逐华商股票寻求增值的气氛中，这期间除了老公司和老工厂复业复工外，新成立的公司工厂迅速增加，仅从 1942 年下半年看，新设立的公司企业就有 208 家，具体情况如表 12–1。

**表 12–1　1942 年下半年新设公司企业统计表**

| 类别 | 1942 年 6 至 11 月 | 1942 年 12 月 | 合计 |
|---|---|---|---|
| 纺织业 | 47 | 1 | 48 |
| 企业公司 | 28 | 12 | 40 |
| 银行业 | 21 | 30 | 51 |
| 电力机器业 | 11 |  | 11 |
| 交通车辆业 | 10 | 2 | 12 |
| 新药业 | 6 | 1 | 7 |
| 化工业 | 6 |  | 6 |
| 出版业 | 5 | 1 | 6 |
| 造纸业 | 5 |  | 5 |

[1]《华股一年》，载江川主编：《华股指南》，转引自金融史编委会编：《旧中国交易所股票金融市场资料汇编》下册，书目文献出版社，1995 年，第 1725 页。

续表

| 类别 | 1942 年 6 至 11 月 | 1942 年 12 月 | 合计 |
| --- | --- | --- | --- |
| 食品业 | 4 | | 4 |
| 饮食业 | 3 | 2 | 5 |
| 地产业 | 3 | 1 | 4 |
| 农植业 | 3 | | 3 |
| 百货业 | 2 | 1 | 3 |
| 钟表业 | 2 | | 2 |
| 电影业 | 1 | | 1 |
| 总计 | 157 | 51 | 208 |

说明："总计"栏为笔者增加及计算。

资料来源：江川：《上海企业之综合观》，载江川主编：《华股指南》，转引自《旧中国交易所股票金融市场资料汇编》下册，第 1727 页。

上表有两点值得注意：一是 6 至 11 月这 6 个月中，上海新设的公司企业为 157 家，而 12 月 1 个月就新设 51 家，速度明显加快；二是前 6 个月新设公司企业中以纺织业最多，其次是企业公司，再次是银行业，到 12 月时此项顺序发生变化，银行业新设 30 家排在第一，纺织业新设只有 1 家，但因此前基数较大，总数仍然排在第二，企业公司新设 12 家，总数排在第三，而银行业、纺织业加上企业公司，这三类企业合计 139 家，占总数的 67%。

其次是增资。在不断新设公司企业的同时，原有的老公司采用增资扩股的方式，也使得自身的实力增强和规模不断扩大。

下表是太平洋战争爆发后 1942 年上海主要公司的增资情况。

表 12–2 显示的是 1942 年上海 20 家主要企业的增资扩股情况，从扩股的方式看，有持有老股的股东才可认购的新股，有对老股东的赠股，有由公司同人认购的扩股和从公司出资认购新股等多种方式。当然，在企业增资扩股的背后，这时的证券市场上华商股票受到追捧，股价上涨或投机情况严重也是一个重要的推动原因。关于这一点，吴毅堂在《中国股票年鉴》一书中对公司企业增资现象出现的原因分析后说："原来新股票充斥市场以后，由于经营技术的幼稚与股票上市时大涨大

表 12-2 1942 年上海主要公司股票增资情况表

| 企业名称 | 原有资本 | 增资后资本 | 增资办法 |
|---|---|---|---|
| 五和织造 | 法币 100 万元 | 中储券 300 万元 | 原有股票一股，除照升为中储券外，并得认新股二股 |
| 永安纺织 | 法币 1200 万元 | 中储券 6000 万元 | 除照升为中储券外，每股再有四股赠予 |
| 世界书局 | 法币 300 万元 | 中储券 500 万元 | 原有股票一股除折成中储券外，所缺由公司之准备金下拨付之。此外老股作为二股（因改票面为 25 元）亦认新股一股，尚有 50 万元由公司董监及同人分认之 |
| 丽华公司 | 法币 70 万元 | 中储券 175 万元 | 原本照升为中储券外，每股得赠半股，认新股一股 |
| 新亚酵素 | 法币 100 万元 | 中储券 300 万元 | 原有老股一股，除照升为中储券外，每一老股有一股赠予 |
| 宁绍商轮 | 法币 150 万元 | 中储券 300 万元 | 原有老股一股，除照升为中储券外，每一老股有一股赠予 |
| 中华商店 | 法币 20 万元 | 中储券 50 万元 | 原有老股一股，除照升为中储券外，每股除再有半股之赠予外，得认新股一股 |
| 中英药房 | 法币 160 万元 | 中储券 240 万元 | 每股依法折成中储券外，80 万元由公司固定资产内提出补足，再有 80 万元另由公司支出之，合计每股得有二股之赠予 |
| 信宜制药 | 法币 710 万元 | 中储券 2000 万元 | 原有普通股一股，赠送新股六股，并得认新股一股半，即原有普通股一股投资中储券 75 元，共可得普通股八股半。原有之优先股改为普通股，赠新普通股二股，即原有优先股一股，其可得新普通股 3 股，尚余股额 82 万 5000 元，由公司同人认购之 |
| 康元制罐 | 法币 200 万元 | 中储券 1000 万元 | 执有老股一股，赠送新股一股，并可认新股二股，尚余 200 万元，再由老股二股照市认购一股，计为 100 万元，另 100 万元由公司同人认购之，实际即以 50 元（连票面）溢价发行 |
| 中国国货 | 法币 600 万元 | 中储券 1000 万元 | 凡老股一股得认新股一股 |
| 中法药房 | 法币 500 万元 | 中储券 1500 万元 | 凡老股一股得认一股，另赠送二股。该二股由存货准备金名下拨之，尚有 500 万元，除由同人分认 100 万元外，余 400 万元照票面溢价 15 元发行之 |
| 中华书局 | 法币 400 万元 | 中储券 800 万元 | 每一老股得照票面国币 50 元认购新股 1 股 |
| 大中华火柴 | 法币 360 万元 | 中储券 2400 万元 | 每一老股得升新股 5 股，尚余 210 万元，由各董监及同人分认之 |

续表

| 企业名称 | 原有资本 | 增资后资本 | 增资办法 |
| --- | --- | --- | --- |
| 新亚药厂 | 法币 800 万元 | 中储券 3000 万元 | 每一老股得升新股半股及认购新股一股半，尚余 600 万元，以 17 元半溢价发行之（连票面共为 27 元半） |
| 民谊药厂 | 法币 100 万元 | 中储券 250 万元 | 每一老股得认溢价股一股（连票面每股 65 元） |
| 美亚绸厂 | 法币 400 万元 | 中储券 1 千万元 | 原有股本依法折成中储券，此外每股认新股二股，再得赠予股二股 |
| 荣丰纺织 | 法币 1000 万元 | 中储券 1250 万元 | 增资办法，250 万元悉由中国投资管理公司承募，以 30 元溢价发行（连票面 40 元） |
| 中国内衣 | 法币 500 万元 | 中储券 1000 万元 | 每十股老股可认新股六股，其余四百股由中国布匹经销公司股东分认之，办法为每十股认四股 |
| 梅林罐头 | 法币 120 万元 | 中储券 500 万元 | 除将原有资本折为中储券外，每一老股可认新股三股，其余 20 万元，由盈余中提出补足之 |

资料来源：吴毅堂编著：《中国股票年鉴》，第 15–17 页。

跌之刺激予大众以恶劣印象，减削买户信仰心理，从而对新股深表怀疑”，因而“转移目标，群相争购老股”。在这种情况下，“老公司厂商利用时机，开始增资，一部分固属正当需要，一部分则完全视股票流通之需求而增发，亦即因牟利而制造多量的股票，此种不依产销状况为标准，不从业务着眼而滥行增资，竟成一时风气”。[1]

继上表1942年20家企业增资扩股后，1943年增资扩股的企业一下剧增至145家，1944年也有48家，[2]且增资扩股的方式和内容也与1942年的相仿。

也因此，1942年可以说成为上海企业发展的转折年，同样也成为上海证券市场的转折年。对于这种变化，当时人评论说，1942年“在上海产业历史上，不能不说是一个值得重视的新阶段。在这个阶段中，我们看见了许多工厂的复活，也看到了无数工厂的新生。这一方面表现了民族的更生能力，一方面也预示了企业前途的希望。（民国）三十一年的上海，在经济上可说是一个产业年，在市场上可说是一个华股年。老工厂的扩大与新工厂的勃兴，造成了无数的企业家，同时，也造成了许多的投机家。这些投机家靠了办工厂投机发财；也靠了做股票投机发财。到后来简直是泾渭不分，真实企业家与投机企业家混淆在一起，而投机企业家与股票投机家更是一而二二而一。这就是躲在所谓产业景气——其实应该称为物价景气——背后的庞大黑暗面”。这一年中国企业股票的价格都有大幅的上涨，以至于编著《华股指南》的江川认为，“统观这一年的整个状况，华股之投资不能不说稳妥可靠，而又利益优厚”。如以6月为基期，“则至少有半数左右的老股，均涨至一倍以上，此外亦大多涨七八成，仅有十分之一二所涨不过一二成”。[3]

表12–3统计的是全面抗战时期上海证券市场上部分企业增资和分红的状况，从这张表中可以看出，这期间上海市场上华商企业的增资扩

[1] 吴毅堂编著：《中国股票年鉴》，第14页。

[2] 参见吴毅堂编著：《中国股票年鉴》，第17–28页。

[3] 《华股一年》，载江川主编：《华股指南》，转引自《旧中国交易所股票金融市场资料汇编》下册，第1724页。

股背后除了证券市场上股票的上涨外，还有企业的分红支撑。换言之，这时期投资华商企业股票的股东，即使不参与股票的投机，也可从企业分红中获得比较丰厚的回报。

表12-3是根据汪伪政权时期复业的上海证券交易所编印的杂志《证交》各期所刊载上市企业的内容所作。《证交》杂志从1944年9月16日到1945年3月17日，共编印发行了12期，每一期中都有企业内容介绍。其介绍的所有企业都有增资记录，也都有股息红利分配的记录。这里随机选取的14家企业与该杂志刊载的其他企业一样，共同的特点是全面抗战期内增资次数多、数额大，特别是1941年太平洋战争爆发以后，多数企业年年增资，有的甚至一年内增资不止一次，例如景纶衫袜厂有限公司在1942到1943年的两年中增资4次，资本金从全面抗战前1935年的24万元迅速增为1943年的5000万元。同丰印染股份有限公司1936年成立时资本仅为6万元，1937年增为15万元，此后历经1940、1942、1944年的增资，到1944年时已成为资本金6000万元的企业。成立于1931年的中国萃众制造股份有限公司，开始时资本金只有微不足道的2.5万元，但从1939年开始每年增资，有时一年增资两次，到1943年时历经7次增资，资本金已增为800万元。而在这期间，如表12-3所示，这些企业都还有不低的股红利可分，有的还有赠金赠股等好处。

## 三、太平洋战争爆发后证券市场与企业发展之间的关系

我们先来看看太平洋战争爆发后上海证券市场的发展演变，再来考察证券市场与企业发展之间的关系。

这期间上海证券市场经历了自发自由和汪伪政权主持的上海证券交易所两个大的发展阶段：

1941年12月8日太平洋战争爆发，直接导致上海华商证券市场出现了重大变化，这就是此前上海证券市场上一直占据重要地位的西商众业公所被进入租界的日军禁止经营，华商证券行业由此前的陪衬地位转

表 12–3 全面抗战时期上海部分上市公司增资和分红状况统计表

| 企业名称 | 增资时间及数量 | 增资方式 | 分红状况 |
| --- | --- | --- | --- |
| 永安纺织股份有限公司（每股 10 元） | 资本 600 万元，1930 年增为 1200 万元，1943 年增为 12000 万元 | 每次增资均为赠股 | 1938 年股息 5 元；1939、1940、1942 年股息红利各 5 元；1941 年股息 5 元红利 15 元 |
| 美亚织绸股份有限公司（每股 10 元） | 资本 200 万元，1941 年 11 月增资为 400 万元；1943 年 1 月增资为 1000 万元；1943 年 8 月增资为 4000 万元 | | 1939 年股红利共 1.2 元；1940 年股红利 1.25 元，1941 年股红利 1.25 元另赠 4.5 元；1942 年股红利 1.3 元另赠 20 元；1943 年老股 0.8 元新股 0.3 元 |
| 康元制罐股份有限公司（每股 10 元） | 1933 年资本 100 万元；1936 年增为 200 万元；1942 年增为 1000 万元；1943 年增为 4000 万元 | 1942 年增资为每一老股升一股认 2 股；同时发行溢价股 20 万股，其中 10 外股由老股 2 股认 1 股，其余公开招募 | 1939、1940、1941 年均为百分之十；1942 年百分之七十；1943 年股红利一分，赠品代金一分 |
| 新新百货股份有限公司（每股 10 元） | 1926 年成立时资本 320 万元；1934 年增为 352 万元；1943 年 8 月增为 4000 万元 | | 1938 年 4 元；1939 年 0.4 元；1940 年 1.6 元；1941 年 3 元；1942 年 4 元 |
| 同丰印染股份有限公司（每股 10 元） | 1936 年成立时资本 6 万元；1937 年增为 15 万元；1940 年增为 40 万元；1942 年 11 月增为 1200 万元；1944 年增为 6000 万元 | 增资升股方式 | 1939 年股息 1 分红利 1 分；1940 年股息 1 分红利 3 厘；1941 年股息 1 分；1942 年、1943 年增资升股 |
| 中国火柴厂股份有限公司（每股 20 元） | 1932 年创设时资本 12 万元；1941 年增为 24 万元；1943 年 3 月增为 72 万元；同年 9 月增为 600 万元；1944 年 5 月增为 1500 万元 | | 1940 年股息红利 4 元；1941 年股息红利 4 元，升股 20 元；1942 年股息红利 4 元；1943 年升股 40 元又升股 60 元 |

续表

| 企业名称 | 增资时间及数量 | 增资方式 | 分红状况 |
| --- | --- | --- | --- |
| 信义机器厂股份有限公司（每股10元） | 1938年成立时资本120万元；1942年8月增为500万元；1943年8月增为2000万元 | 1943年增资时老股1股可照面值认购1股外，并可认购溢价股1股（每股溢价20元，连票面共30元） | 1939年股息红利1.8分；1940年股息8厘红利1分6厘；1941年股息8厘红利1分2厘；1942年股息8厘红利7厘；1943年股息8厘红利7厘 |
| 中国国货股份有限公司（每股30元） | 1933年成立时资本10万元；此后历经8次增资增为600万元；1943年第9次增资增为4800万元 | | 1938年股红利共2元；1939年股红利4元；1940年股红利4.4元；1941年股红利3.8元；1942年3.6元 |
| 中国内衣股份有限公司（每股10元） | 创办于1920年。1943年增资为1000万元；1943年8月增为3000万元；1944年2月增为1亿元 | | 1938、1939、1940年股息1分；1941年股息1分红利8厘；1942年股息1分红利1分；1943年股息1分 |
| 中原染织厂股份有限公司（每股10元） | 1940年10月创立时资本10万元；1941年6月增为20万元；1942年7月增为50万元；同年12月增为200万元；1943年8月增为1000万元；1944年2月增为3400万元 | 第1次增资实收现款，2、3、4次增资均由公司增值项下每一老股增一新股，余额由新旧股东以现金收足 | 1941年股红利1分4厘；1942年股红利连同增资共计百分之五百另二分四厘 |
| 五和织造厂股份有限公司（每股10元） | 1928年成立时资本10万两；1931年增为15万两；1933年改为25万元；1937年增为40万元；1940年增为60万元；1941年增为100万元；1942年增为300万元；同年增为800万元；1943年增为2400万元 | 1941、43年均为增一赠一 | 1938年股红利5元；1939年股红利9元；1940年股红利12.5元；1941年股红利8元；1942年股红利6元；1943年股红利1.2元 |

续表

| 企业名称 | 增资时间及数量 | 增资方式 | 分红状况 |
|---|---|---|---|
| 祥生汽车股份有限公司（每股 10 元） | 1931 年成立。1942 年 11 月资本增为 500 万元；1943 年 6 月 9 月两次增资，增为 1200 万元；1943 年 4 月增为 3000 万元 | | 1937 年股红利 1 分 3 厘；1938 年股红利 2 分 4 厘；1939 年股红利 4 分 5 厘；1940 年股红利 5 分；1943 年股息 8 厘；1944 年股息 8 厘之外赠代价券 |
| 景纶衫袜厂有限公司（每股 10 元） | 1896 年成立时资本 12 万两；1917 年改为股份有限公司时资本 16.8 万元；1935 年 6 月增为 24 万元；1942 年 9 月增为 200 万元；同年 11 月增为 1200 万元；1943 年 9 月增为 2400 万元，同年 12 月又增为 5000 万元 | | 1938 年股红利 8 厘；1939 年 7 厘半；1940 年 1 分 3 厘；1941 年 1 分 5 厘；1942 年 6 厘（每股赠 1.25 股），1943 年股息 0.2 元 |
| 中国萃众制造股份有限公司（每股 100 元） | 1931 年成立时资本 2.5 万元；1939 年 1 月增为 12 万元；1940 年 3 月增为 40 万元；1941 年 3 月增为 60 万元，同年 6 月增为 80 万元；1942 年 3 月增为 100 万元，同年 6 月增为 200 万元；1943 年 11 月增为 800 万元 | | 1939 年股红利 1 分 2 厘；1940 年股红利 1 分 6 厘；1941 年股红利 2 分 3 厘；1942 年股红利 1 分 2 厘；1943 年股息 8 厘 |

资料来源：根据汪伪政府时期上海华商证券交易所编印《证交》杂志（民国三十三年［1944］9 月 16 日—民国三十四年［1945］3 月 17 日），第 1—12 期内容制作。

为主角。[1] 太平洋战争爆发后，日军进入租界，西商众业公所被强制停业，直至 1943 年 7 月汪伪政权证券交易所复业前这一阶段，因为既无证券交易所的存在，又没有法律规范，没有政府主导，纯由市场自身演变和制约，故称为自发自由阶段。这个阶段出现的动因正如吴毅堂在《中国股票年鉴》中所述："民国三十年（1941）12 月 8 日，太平洋战事发动，日军进占租界，上海经济局势转变入另一阶段。其时外汇冻结，外股外币群在禁止买卖之列，大量游资为求得归宿，群向中国股票集中，从来未曾受人青睐之中国股票，至此始告勃兴。"其后，汪精卫伪政府以伪中央储备银行纸币取代法币，并将兑换率一再变动的政令公布后，为求资产保值，华商股票热得以进一步被激发。针对这一时期华商股票市场发生的变化，王相秦在《华商股票提要》一书中也指出："及至今年（1942）自币制发生变动，及物价厉行统制后，一般拥有资金者，均争相收购华商股票，以期资金运用于企业之妥途。故近来华商股票之交易，已日趋旺盛。截至目前止，上海虽无正式华商股票市场之成立，而经营华商股票之公司，均已相率设立，蓬勃之象，迥非昔比，查其前途，实犹方兴未艾也。"[2]

在这一阶段，游资寻求出路，上海企业生产出品供不应求，社会上急于设立新厂和扩大老厂，在没有证券交易所的前提下，沟通游资和企业的中介证券公司遂纷纷涌现。这些专业经营中国股票买卖的公司数量在 1941 年以前成立的仅有 10 家，1941 年成立的有 8 家，可在太平洋战争爆发后华商股票成为追逐对象的 1942 年，一年间成立者即为 127 家。曾创造过"新设者竟日有数起"的记录，"统计先后成立者竟达 145 家，其中大多皆为向日经营黄金、纱花、钱兑业者所改组"。这 145 家股票公司若以资本分类，资金在 10 万元以内者 56 家，10 万元以上 20 万元

[1] 此前主要是英美证券交易所即西商众业公所在证券市场上扮演主角。参见拙文《孤岛时期的上海众业公所》，载《民国档案》，2004 年第 1 期。

[2] 王相秦：《华商股票提要》，兴业股票公司，民国三十一年（1942），第 195 页。

以下者 72 家，20 万元以上者 17 家。[1]

第二阶段即为汪伪政权设立后恢复上海证券交易所，力图以此规范上海游资和将生产流通等领域纳入控制轨道的时期。这段时期从 1943 年 7 月开始至 1945 年 8 月抗战胜利为止。

汪伪政府之所以要恢复上海证券交易所，在于上述太平洋战争爆发后，上海地区证券买卖在自发自由状态下投机严重，导致“市价高涨，刺激物价，间接威胁市民生活”，实际是想将证券市场控制在手。[2]故而在 1943 年 2 月 18 日，汪伪政府直接查封了永昌、中国两家股票公司，3 月 6 日更是“一举查封股票公司达 65 家之多”，“继而全沪 150 余家之股票商，亦被迫停业”。此后，经过与伪上海市经济局交涉磋商，达成协议：此后“每次交易时，卖方需缴纳每千元之五角证明费外，同时工部局方面亦需缴收同样之证明费，合为千分之一”，即可获得营业执照。在分别向伪上海市经济局和工部局两方交纳合计千分之一的“证明费”后，35 家股票公司获准分两批于 5 月 19 日和 6 月 9 日恢复营业。由于这种做法引起市场骚动，为了对控制证券市场更加有利起见，1943 年 7 月间，伪财政、实业两部决定恢复上海伪华商证券交易所，“令饬华商证券交易所筹办复业”。[3]

---

[1] 参见吴毅堂编著:《中国股票年鉴》，第 9 页。

[2] 吴毅堂编著:《中国股票年鉴》，第 32 页。

[3] 上引均见吴毅堂编著:《中国股票年鉴》，第 32、34–35 页。关于此时在上海恢复伪华商证券交易所的动因，过去的说法主要是认为此时“适有日敌经济要员来沪考察，认为此种经济病态（指资金无正当出路，囤货之风弥漫全沪），必须建立证券市场，疏导游资方可改善，伪华商证券交易所之复业，其动机即起于此”。（见朱斯煌主编:《民国经济史》，1970 年影印版，第 154 页。洪葭管、张继凤著《近代上海金融市场》一书亦采此种说法）实际上，值得注意的应该说还有汪伪政权背后日本方面的态度和动向。从日本方面来看，认为恢复上海伪华商证券交易所，首先是认为战争进入持续阶段后，在上海成立证券交易所，是在上海当地筹集生产建设资金支撑大东亚战争的手段，认为这不仅是“现实的课题，而且作为理念，必须将其纳入‘大东亚共荣圈’的构想之下进行考虑。当前的急务，一方面是整备上海的金融机构，另一方面是对上海的产业进行再整合”，因此，“当局的意向，是再开交易所，作为吸收游资的方策”。见《证券经济调查资料第四号》，《上海の证券市场》，川岛屋证券株式会社调查课，昭和17年（1942）出版，第13页。由此，从日本方面看，恢复上海伪华商（转下页）

1943 年 7 月中旬，南京伪财政、实业两部发布商字第 1448 号令，指出，“上海为全国实业首要之区，该交易所因事变影响陷于停顿状态，迄已数年。兹为调整证券流通稳定金融基础起见，着即早日筹备复业”。[1] 随后，该所于 7 月 24 日召集股东临时会，商讨修改章程、补选理监事及其他复业事项，并决定增加资本至二千万元。10 月 29 日，该所举行复业礼，发布四项上市股票审查原则，规定得以上市进行交易的公司股票需符合下列条件：

1. 遵照中华民国法律组织并领有主管官署执照之股份有限公司股票；

2. 公司成立已营业一年以上者；

3. 公司实收资本五百万元以上者（如有增加资本，其增资部分未经主管官署核准者不得上市）；

4. 依照规定呈送必要之书件者。

---

（接上页）证券交易所并非仅仅是停留在解决当时上海游资和投机的问题，而是有着更深的考虑在内。松本信次在日本《经济志林》第 15 卷第 2 号（1942 年出版）上发表的《中国の证券市场》一文，就从另一个角度透露了日本方面的这一设想，尽管这个设想看来近乎妄想。文章开篇他就指出，“当日美英开战，我方取得决定性胜利之际，使人痛感‘大东亚共荣圈’的确立已近在眉睫。‘大东亚共荣圈’确立后，在证券市场政策方面，必然出现划时代的新时期，这个新时期就是‘大东亚共荣圈’证券市场政策的确立”。他接着解释建立这个所谓“大东亚共荣圈”证券市场的必要性是，“至今为止，我国的证券市场政策，可以说仅仅局限于日本的内地市场，换言之，即现在日本的证券资本主义，是以日本内地的资本供给及分配的理论作为背景的。然而，如今我国的经济已飞跃发展到日本、（伪）满洲、南洋等广大的区域。关于证券市场政策，理所当然，必须以涵盖这一广阔区域、且是统一体系的构想作为政策。简言之，就是应在东京、大阪、名古屋、朝鲜、台湾、（伪）满洲、北京、天津、上海、广东、火奴鲁鲁、曼谷、马尼拉、香港、夏威夷、西贡、新加坡、巴达维亚等各地设立证券交易所，并将这些证券交易所作为‘大东亚共荣圈’交易所的一环，统一进行活动，并统一调节‘大东亚共荣圈’内各国的资本供给以及分配”。他声明，这个以广大区域为对象的大证券市场的构想，要以各地各领域的证券市场作为其构成要素。他声称，他写《中国の证券市场》一文的目的，正在这里。由此看来，此时上海伪华商证券交易所的复业，并非简单的事情，也不能仅仅局限于从上海伪华商证券交易所复业本身进行考察，而可能有着更为复杂的背景。

[1] 怀方：《吾国证券交易所之简史与股票市场之演进》，载《中国工业月刊》，第 1 卷第 10 号，民国三十二年（1943）11 月 15 日。

结果，依据以上原则审查合格，第一批得以上市的华商股票按类型分为金融投资股 21 种、百货股 6 种、化学工业股 16 种、文化股 9 种、纺织股 43 种、其他实业股 13 种，合计六大类共 108 家。[1]

伪上海华商证券交易所由原上海华商证券交易所的张慰如、沈长赓主持。各项准备工作完成后，“(1943 年) 11 月 8 日正式开拍，所订营业细则凡 75 条，规定经纪人名额为二百人。为避免法令上之重复起见，先于 9 月 24 日废止（民国）三十一年（1942）8 月 26 日所颁之伪实部取缔买卖华商股票 12 条，更为避免执照上之重复起见，同时亦废止伪经济局所发给之股票营业执照，规定持有该局执照之二人，得合并为交易所经纪人一人”。[2] 此后，直到 1945 年 8 月日本投降为止，是为太平洋战争爆发后上海证券市场发展的第二阶段。

毋庸讳言，太平洋战争爆发后上海的证券市场投机气氛浓重，这在当时留下的如《中国股票年鉴》《华股日报》《证交》等资料中多有提及，可在游资汇集、物资短缺、投机严重的环境中，上海的证券市场与企业间的关系究竟是一种什么样的关系？这里分别各举一则史料，观察上海证券市场在自发自由和伪证券交易所复业两阶段对企业的作用和影响。

先看上海证券市场自发自由阶段的情况：

1943 年 1 月 8 日，吴毅在《华股日报》第一版上发表论文《从股市的紊乱说到正式市场的建立》，文中说“过去一年，可以说是华股年。因为在（民国）三十年（1941）12 月 8 日后，各项生产事业，大多遭遇着各种牵制，尤其是投机市场的被取缔，游资的充斥，时势所趋，造成了这个空前的局面。自从浙东战事发生后，资金更无所归宿，于是群向华股集中了。根据当时流产的华股同业公会的统计，华股同业由十九家而增加到一百二十八家，真是一时的盛会”。吴毅在文中接着指出，“因为经营华股买卖的众多，影响了筹码的短少，于是小型工厂的

[1] 上引均见怀方:《吾国证券交易所之简史与股票市场之演进》，载《中国工业月刊》，第 1 卷第 10 号，民国三十二年（1943）11 月 15 日。

[2] 吴毅堂编著:《中国股票年鉴》，第 35 页。

抬头，同时产生许多小额股票，利用当时的机会，流入市上来待价而沽，更聪明的复利用了币制改革时的波浪，使资本加了倍”。吴毅对这种现象的解释是，“当时的情形，因为只要能认到股票，一转手间即可获利。于是投资者趋之若鹜”。在对这种新股产生怀疑后，“投资者转移了目标，群相购买老股，于是使老股的市价，突飞猛进。老的公司厂商，就利用了这个弱点开始增资，同时，再利用了老的关系而将股票溢价发行……”[1]

吴毅的这篇文章，对当时证券市场与上海市面上企业新设和增资扩股等的相互关系，描述得十分清楚。

至于1943年伪上海华商证券交易所复业后，证券市场发挥的最大作用，就是培育出了一批在近代中国经济发展中不多见的被称为“企业公司”的工商集团。

什么是“企业公司”？据陈禾章在《上海之企业公司》一文中称，“企业公司无异于百业公司”，其业务大多包括以下四方面：“（一）工商农矿企业之投资管理；（二）国内外贸易暨运输仓库业务；（三）买卖有价证券；（四）买卖及经营房地产等”。“企业公司”产生的原因，陈禾章认为是“太平洋战争发生，贸易、金融及投资，不得不予以改编，于是物资统制，金融统制先后实施，游资遂无以往之便利，以从事于物资投机。在此情形下，银行、钱庄、保险公司、工厂之新设或增资，比比皆是”。其中“尤以企业公司之设立，蓬勃一时，竟如雨后春笋”，究其原因“乃游资充斥与投机猖獗两种现象之综合耳”。陈禾章估计，“近年来新设之企业公司，包括实业、建业、兴业、营业、投资管理、贸易等，不下三百余家”。在陈禾章进行分析的146家企业公司中，“成立于民国三十年以前者计14家，三十年者3家，三十一年43家，三十二年57家，三十三年29家”，“而其蓬勃兴起，则在三十一年十月以后”。可见太平洋战争后是企业公司兴起的主要时期。1943年11月伪政权交易

[1] 吴毅：《从股市的紊乱说到正式市场的建立》，《华股日报》第244期，第一版。

所筹备就绪，正式开拍，“一时兴高采烈”。1944 年 1 月，企业公司新设者盛况空前，“计共 16 家”。这些企业公司积极设立，主要动机为：“一、组织企业公司，准备逐鹿股市；二、设立企业公司从事股票买卖，此类公司实即证券公司之化名；三、组织企业公司以为投机囤积之掩护，避免政府之取缔；四、频年工商经营莫不获利盈丰，工商巨子为进一步巩固自身经营之事业，纷集巨额资金，从事有组织之活动，故大规模之企业公司如新新实业（资本二万万）、泰山房地产企业（资本二万万）、泰山实业（七千万）、中信实业（五千万）、新业投资（三千万）、元泰实业（二千五百万）、大中国企业（一千万）等，均于此时应运而生。”[1]

这些事例，显示出当时证券市场与企业之间的相互扶持关系。也因此，通过证券市场进行的这些活动能够大见成效。在这短短的几年内，通过证券市场的运作，中国企业历史上前所未有的产业与金融业结合的巨大企业集团——企业公司得以出现就是一个明证，而且不止一个集团一个行业。这期间出现的企业集团，有五大集团六大体系之说，[2]其中，五大集团之首的新亚集团，在抗战全面爆发之前，尚不过是“资本仅有数十万元之组织”的一般企业，“初不料十年发展，形成范围最庞大，机构最复杂体系。依当时情形，隶属新亚财团下之公司厂商，有三十六家之多，各公司资本总额在十万万元以上。从体系言，可分为新亚系、新亚副系及新中系三大系统”。[3]其他的各大企业集团和体系除了规模略小外，情况也大体类似。这些企业集团“内部构成分子有企业地产一类公司为之扩大范围，擘画经营；有银行信托一类公司为之周转资金，予以支援；一方面从事基本事业之积极推展，以巩固集团之基础；一方面运用种种方法，向外扩展。总之，集团之内，枝连气通，一方稍受波折，可以群力挽救……”[4]

---

[1] 上引均见陈禾章：《上海之企业公司”，载王季深主编：《战时上海经济》第一辑，第 84–87 页。

[2] 关于这五大集团六大体系的情况，吴毅堂在《中国股票年鉴》第 44–50 页有所介绍。

[3] 吴毅堂编著：《中国股票年鉴》，第 44 页。

[4] 陈禾章：《上海之企业公司》，载王季深主编：《战时上海经济》第一辑，第 88 页。

抗战全面爆发以后，上海因为租界的缘故，一时成为难得的安全地带，游资以及人口的大量汇聚，加上战争对物资需求的急剧增长，使得上海一时出现了少见的以金融和制造业为主支撑的“孤岛”繁荣。这种繁荣奠定的基础一直持续到太平洋战争爆发后，只不过太平洋战争爆发后出现了与此前不同的新变化，这就是在上海租界内的英美系势力遭到极大打击后，华资系势力却在种种因素下得到了难得的发展机遇，其中，尤其是华资系企业和华商证券市场获得了快速的发展。上述华资多家企业多次增资、普遍丰厚的分红和诞生了集团式发展的“企业公司”就是明证，这些现象，在此前和此后的中国，几乎都是未再出现过的“唯一”。

值得注意的是，这些现象的出现，特别是华资企业的快速发展，与此期证券市场的中介、流通和集聚等作用分不开。没有证券市场的作用，此期上海华资企业不可能获得资金支持和扩张规模，没有华资企业的发展，证券市场也将是无源之水、无本之木。这种企业和资本市场之间的互动，是近代中国比较有特色和少有的一段时期，尽管这段时期因许多特殊因素汇聚形成，但其反映出来的特色和中国特殊的国情，仍然值得我们重视和深入研究。

# 华商与华人社会

# 社团账本与二战前新加坡华人社团经济研究

## ——以应和会馆为个案[1]

曾玲

**摘　要：**与一般的商号账册不同，包括新加坡在内的东南亚华人社团账本具有社群属性，是华人社团为所属社群建立与书写的经济档案，具有非常重要的文献价值。本文以一个在新加坡华人社会舞台上扮演重要角色的华人社团——应和会馆为研究个案，运用该社团及其他相关华人社团保留下来的账本账册，透过对这些账本细致的爬梳、整理、分类与解读，并结合会议记录、章程等文献，在移民时代新加坡的时空环境下，具体考察与讨论二战前的新加坡华人社团。本文首次提出华人社团经济的概念，并讨论华人社团经济所具有的维持华人社会运作与凝聚整合华人社群的双重功能。

## 前言

在东南亚华人史研究领域，华人社团是海内外学者普遍关注的一个

[1]　本文原发表于《中国社会经济史研究》，2016年第4期。本文系国家社会科学基金项目“新加坡华人社团账本的整理与研究”（编号：13BZS095）的阶段性成果。

重要课题。其所以如此，主要是因为在东南亚华人社会建构的历史进程中，华人社团扮演极其重要的角色，尤其是在殖民政府统治的移民时代，由于那一时期的东南亚各殖民政府实施半自治的政策，会馆等各类社团就像华人社会的“政府”，不仅是中华文化在东南亚传承与发展的最重要的载体之一，亦为华人社会运作提供基本的组织架构。为了让南来拓荒的闽粤移民在新土地上重建家园，华人社团不仅设立会馆，为不断南来的新客同乡提供最初的落脚点与聚合中心；也办华校、建医院、设坟山，教育南来移民的子弟与传承中华文化，解决华人的医疗与身后丧葬祭祀等问题。为了承担上述社会功能，作为民间性质的华人社团，必须拥有足以支撑其各项运作的经费来源与财务制度。换言之，建立经济运作系统与财务管理制度，对于移民时代包括新加坡在内的东南亚华人社团至关重要。

然而，受制于文献缺乏等原因，迄今为止的东南亚华人社团研究，多从社会文化视角，考察华人移民的社群结构、方言群认同、华人社团功能等问题，对华人社团的财务制度与经济问题的讨论则基本不见涉及。本文以一个在新加坡华人社会舞台上扮演重要角色的华人社团——应和会馆为研究个案，运用该社团及其他相关华人社团保留下来的账册并结合会议记录、章程等文献，通过对这些账本细致的爬梳、整理、分类与解读，在移民时代新加坡的时空环境下，从社团经济的视角具体考察与讨论二战前的新加坡华人社团。

## 一、新加坡嘉应五属移民社群总机构

创立于 1822 年的应和会馆，是作为嘉应五属移民社群总机构出现在新加坡华人社会舞台上的。

在新加坡，祖籍为中国广东梅县、兴宁、五华、平远、蕉岭五县之华人被称为“嘉应五属”或“嘉应客家人”。新加坡开埠之后的第三年即 1822 年，嘉应五属移民成立应和会馆作为该社群的总机构。之后，伴随嘉应五属同乡不断南来拓荒，作为应和会馆属下的“五华同乡总会”“嘉侨同乡会”“兴宁同乡会”“嘉应五属公会”“梅蕉平同乡会”等社团相继成立。这五个同乡会和总机构构成了新加坡嘉应社群的基本组织架构，并从移民时代延续至今。

为了照顾南来的移民同乡，殖民地时代的应和会馆先后设立坟山、医院、华文小学等，以承担其作为社群总机构之职能。光绪十三年（1887），应和会馆购置六百多英亩的土地作为安葬先人的“五属义山”，并在坟山内设“五属义祠”，以安放五属先人的神主牌位[1]。1905年[2]，应和会馆创办应新学校。这是第一所且经英殖民政府正式注册、开新加坡现代教育之先河的华文小学，在包括新加坡在内的东南亚现代华文教育发展史上占有重要的地位。1926年，会馆还在“五属义祠”内设立应新分校，以因应更多华人子弟入学的需求[3]。此外，为了帮助五属移民解决医疗问题，应和会馆还于20世纪20年代设立嘉应留医院[4]。

1965年，新加坡独立建国。因新加坡社会发展和市区重建需要，“五属义山”在1965年后被政府征用。应新学校也因建国后新加坡的社会和教育制度的改变而在1969年被迫停办。面对社会变迁的新形势，1969年，应和会馆在政府拨回的四英亩土地上重建整齐划一的新型坟场，同时将保留下来的“五属义祠”重新修整以继续安放五属先人神主牌位，另外新建二层楼的“嘉应五属纪念堂”。纪念堂的一层安放骨灰瓮，二楼则作为礼堂之用。1998年，应和会馆被确定作为新加坡国家古迹被保留（但部分应新学校校舍因公路建设需要被拆除）后进行翻修。历经新加坡从移民时代到本土社会的时代变迁，翻修后的应和会馆仍作为嘉应五属社群的总机构，且为适应当代新加坡社会发展的时空环境，在社

---

[1] 《光绪十三年双龙山嘉应五属义祠碑记》，载陈育崧、陈荆和编著：《新加坡华文碑铭集录》，香港中文大学出版社，1970年，第247–248页。

[2] 关于应新学校创办的年代，学界有1906和1905年两种说法。笔者根据该学校编撰的特刊，采用1905年创办之说。

[3] 该分校在日本1942年南侵新加坡后停办。

[4] 该医院在20年代末因世界经济大萧条之影响而被迫停办。

会功能与运作方式等方面不断进行调整[1]。

笔者在多年的新加坡田野研究中，收集到一批二战前新加坡各类华人社团的历史文献，其中包括近二百部应和会馆和其所创办与管理的应新学校的章程、议案簿[2]、账本等。这些保存下来的文献尤以账本账册占绝大部分。应和会馆账本始于民国七年（1918），到1965年新加坡建国前共计有一百多册。其中从民国七年至二战后初期的各类账本有近六十册。除了应和会馆与应新学校文献资料，作为移民时代新加坡广、客两移民帮群总机构的海唇福德祠绿野亭[3]、与“嘉应五属”同属客帮的新加坡南洋客属总会、“丰永大”[4]等会馆、庙宇和坟山等，也都有相当部分涉及与应和会馆相关的文献记载。

从上述收集到的账本看，移民时代的新加坡华人社团承传中国传统会计的记账方式，建立一个以“进”“支”为主要内容的账目登录系统。账本的“码”是传统中国的“商码”，且以毛笔“由上而下”“从右往左”书写账目。账目的登录，则为传统中国“天地账”的格式。账册的每一面分成“上、下两阕”，“上阕”为“天”，登录社团收入即“进”之账

---

[1] 上述有关应和会馆与应新学校的记录，都见《星洲应新小学特刊：本校史略》，新加坡应新学校民国二十七年（1928）；《应和会馆一百四十一周年纪念特刊：新加坡应和会馆史略》，新加坡应和会馆，1956年，第10–16页，第39页；《应和会馆纪念特刊》，新加坡应和会馆，1987年，第25–32页；《应和会馆纪念特刊》，新加坡应和会馆，2003年，第33–37页；《新加坡应和会馆双龙义山暨产业征用概况》，新加坡应和会馆，1969年，第1–6页。上述特刊均为非卖品。

[2] 即会议记录。以下所提议案簿，均指“会议记录”。

[3] 曾玲：《移民社群整合与华人社团建构的制度化：新加坡福德祠绿野亭（1824—1927）研究》，载《史学理论研究》，2008年第3期；《庙宇、坟山的社群化与新加坡华人移民帮群组织之建构：兼对东南亚华人社会结构研究的新思考》，载《海外华人研究国际学报》，新加坡南洋理工大学，2015年第1期。

[4] 在东南亚，作为一个社群及其社团形态的“丰永大”仅存在于新加坡华人社会。根据碑文的记录，该社群至少在在咸丰十一年（1861）已出现在新加坡华人社会的舞台上。不过，“丰永大”在新加坡有多重的指涉，即是祖籍地为广东丰顺、大埔和福建永定的客家移民及其后裔的简称，亦指三地移民在殖民地时代所建立的社群组织。此种社群组织又分成两种形态。其一是指自移民时代以来，丰顺、大埔、永定三属移民以祖籍地缘为纽带建立的“丰顺会馆”“茶阳（大埔）会馆”和“永定会馆”。其二是丰顺、茶阳（大埔）、永定三会馆合作建立的坟山组织“丰永大公会”。

目。“下阕”为“地”，登录社团开销即“支”的款项。收集到的账本账册种类繁多，既有“日清簿”“草记簿”“草清簿”，亦有“进支月结簿”“月清簿”“逐月结册簿”，还有“往来总簿”“杂费总簿”“大总簿”“总清簿”等等不同形态，十分复杂[1]。

本文主要以上述账册为基本文献，并结合议案簿、章程等其他华人社团档案，通过对这些账册“进”“支”账目的细致分类、整理并进行列表统计与解读，在二战前新加坡社会的时空环境下，具体考察应和会馆运作的经费来源与财务系统。

## 二、账本中所见应和会馆的经费来源[2]

这一节，笔者从账本的“进款项”入手，讨论应和会馆运作的经费来源。

以下是笔者根据应和账本“进款项”列表整理的四份表格。表13–1是民国七年（1918）“进款”账目一览表。这是到目前为止保留下来的有关应和会馆财务的最早记录。其他三份表格是笔者从20世纪20、30、40年代应和会馆账本中，随意选取其中一年的“进款项”进行的列表整理与统计。

**表13–1　应和会馆民国七年（1918）进款一览表[3]**

<table>
<tr><th>月份</th><th>类别</th><th>内容</th><th>金额（元）</th></tr>
<tr><td>一月至二月</td><td>店租</td><td>11条</td><td>417</td></tr>
<tr><td rowspan="3">三月</td><td>店租</td><td>9条共360元</td><td rowspan="3">2610</td></tr>
<tr><td>银行</td><td>“四海通”：1500元</td></tr>
<tr><td>香油钱</td><td>大伯公庙：750元</td></tr>
<tr><td>四月</td><td>店租</td><td>11条</td><td>408</td></tr>
<tr><td>五月</td><td>店租</td><td>10条</td><td>366</td></tr>
<tr><td rowspan="2">六月</td><td>店租</td><td>9条共336元</td><td rowspan="2">665.50</td></tr>
<tr><td>银行</td><td>“四海通”进：329.5元</td></tr>
</table>

[1] 有关新加坡华人社团账本的形态与分类，笔者将另文讨论。

[2] 本文所用的应和会馆与应新学校账本，原件均保留在应和会馆资料室。

[3] 应和会馆戊午年逐日流水草簿（1918—1921）。

续表

<table>
<tr><th>月份</th><th>类别</th><th>内容</th><th>金额（元）</th></tr>
<tr><td>七月</td><td>店租</td><td>10 条</td><td>401</td></tr>
<tr><td>八月</td><td>店租</td><td>11 条</td><td>429</td></tr>
<tr><td>九月</td><td>店租</td><td>10 条</td><td>345</td></tr>
<tr><td>十月</td><td>店租</td><td>10 条</td><td>460</td></tr>
<tr><td>十一月</td><td>店租</td><td>11 条</td><td>443</td></tr>
<tr><td rowspan="2">十二月</td><td>店租</td><td>10 条：415 元</td><td rowspan="2">515</td></tr>
<tr><td>银行</td><td>“四海通”来：100 元</td></tr>
<tr><td rowspan="3">总计</td><td>店租</td><td>店租计 4380 元</td><td rowspan="3">7059.50</td></tr>
<tr><td>银行</td><td>银行进款：1929.50 元</td></tr>
<tr><td>大伯公庙</td><td>庙宇香油钱：750 元</td></tr>
</table>

**表 13-2 应和会馆民国十五年（1926）进款一览表** [1]

<table>
<tr><th>类别</th><th>内容</th><th>金额（元）</th></tr>
<tr><td rowspan="2">上年结存</td><td>承乙丑日清部存来：740.81 元</td><td rowspan="2">11700.71</td></tr>
<tr><td>承乙丑“四海通”存：10959.9 元</td></tr>
<tr><td>店租</td><td>全年收来</td><td>9410</td></tr>
<tr><td rowspan="2">利息</td><td>李登朗来：700 元</td><td rowspan="2">1315</td></tr>
<tr><td>黄云辉来：615 元</td></tr>
<tr><td rowspan="3">双龙山（坟山）</td><td>地租：287.5 元</td><td rowspan="3">490.50</td></tr>
<tr><td>开坟：150 元</td></tr>
<tr><td>安葬：53 元</td></tr>
<tr><td>祭祀</td><td>会底银</td><td>17</td></tr>
<tr><td>还款</td><td>客属总会还来</td><td>1900</td></tr>
<tr><td>其他</td><td>美朱律广告费</td><td>24</td></tr>
<tr><td>总计</td><td>11 条</td><td>24857.21</td></tr>
</table>

[1] 应和会馆民国十五年丙寅正月立“日清簿”。

表 13–3 应和会馆民国二十年（1931）进款一览表[1]

| 内容 | 金额（元） |
| --- | --- |
| 店租 | 8731 |
| 坟山地租 | 1363.08 |
| 息款 | 390 |
| 牌位与开坟 | 105 |
| 安葬费 | 39 |
| 总计 | 10628.08 |

表 13–4 应和会馆民国三十四年（1945）进款一览表[2]

| 内容 | 金额（元） |
| --- | --- |
| 店租 | 7163 |
| 地租 | 273.80 |
| 留医院租金 | 260 |
| 会底银 | 87 |
| 开坟费 | 995 |
| 安葬费 | 43 |
| 溢息（整会馆存款得利息） | 2700 |
| 总计 | 11521.80 |

表 13–1 至表 13–4 内容显示二战前应和会馆财务运作中的主要经费来源为：

### （一）店租收入

从以上四份表格的统计，可以看出应和会馆在二战前的 1918、1926、1931、1945 四个年份的财务来源中，店租收入所占比重最大。其中最低为 1918 年的 62%，最高为 1931 年的 82%。见以下表格的统计。

[1] 应和会馆民国二十年辛未岁立“进支月结簿”。

[2] 应和会馆民国三十四年立“杂费总簿”。

表 13–5 店租在应和会馆财务收入中所占的比重一览表

（1918、1926、1931、1945）

| 年代 | 店租（元） | 总收入（元） | 所占比例（%） |
| --- | --- | --- | --- |
| 民国七年（1918） | 4380 | 5462 | 62 |
| 民国十五年（1926） | 9410 | 24857.21（扣除上年结存的11700.71 元） | 71 |
| 民国二十年（1931） | 8731 | 10628.08 | 82 |
| 民国三十四年（1945） | 7163 | 11521.80 | 62 |

应和会馆在财务运作中有店租收入，是因为会馆拥有产业。根据民国十四年（1925）九月十五日[1]的记录，当时应和会馆有如下产业：

（1）双龙山新旧呀兰[2]共八张；

（2）长江寮日本街新旧呀兰共四张（店三间，门牌 481 号、483 号、28 号）；

（3）鹅槽路新旧呀兰共十四张（屋三间，门牌 15、16、17 号）；

（4）缴场街新旧呀兰共四张（屋一间，门牌 8 号），又新旧呀兰共五张（屋一间，门牌 9 号）；

（5）本馆“五城福地”三，共新旧呀兰二贴共九张。

此后，会馆所拥有的产业不断扩展。到了 1958 年在重新修订章程的第十一章“产业”中，明确列出“本会馆所有之产业”的具体条文。其中涉及房产的有：

（1）直落亚逸街门牌 98 号及 102 号店屋两间；

（2）中国街门牌 8 号及 9 号店屋两间；

（3）马来街门牌 2 号店屋一间；

（4）小坡大马路门牌 481 号及 483 号店屋两间；

（5）爪亚街门牌 140 号及 142 号店屋两间；

（6）墨根西律门牌 70、72 及 74 号店屋三间；

（7）美芝律门牌 523 号及 525 号店屋两间；

---

[1] 应和会馆民国十四年来往总簿：九月十五日查点本馆呀兰。

[2] 马来语，“地契”之意。

（8）直落亚逸街 98 号及 102 号对面之空地一块；

（9）纽马吉街门牌 130 号店屋一间。

由于文献的不完整，笔者看不到民国七年以前有关会馆购买产业的记录。但保留下来的账本，印证了 1958 年章程中会馆拥有房产的状况[1]。

事实上，在笔者所整理的账本中，拥有店屋房产并出租，是移民时代新加坡华人社团的普遍做法，应和会馆并非特例。例如，根据新加坡永定会馆保留下来的“民国六年大总簿”“民国十二年大总簿”“民国十三年大总簿”“民国十四年大总簿”“民国十九年月清册”“民国三十一年大总簿”等账本[2]，都有“店租集”的目录。而与“店租集”相关的记录购置产业资金情况的“置产业集”则是另外一项。例如在永定会馆“民国六年大总簿”的“置业”条中，有“丁巳年英 1917 年闰二月十二日买牛车水店去银 6600 元”的款项。此外，因店租而产生的纠纷也出现在账册中。永定会馆民国十二年立“大总簿”的目录中有“逐租店集”条“支租讼费去 450 元”的账目。即使是殖民地时代的新加坡华校，也有相当部分是以店租作为学校运作经费的来源之一。以应和会馆创办与管理的应新学校为例，从 1928 年至 1941 年，店租在该校总收入中所占的平均比重为 12%[3]。从以上这些账册记录的内容，说明购买店屋并出租以获取店租收入，不仅是移民时代新加坡华人社团运作资金的一个重要来源，亦是华人社会普遍存在的经济运作方式之一。

## （二）利息收入

如果说“店租”是华人会馆等社团以经营房产而获得的租金收入，那么“利息”则是 20 世纪上半叶新加坡华人社团的一种理财方式。

从上述四表，都显示应和会馆的财务来源中包括利息收入。利息主要来自以下几个方面：

---

[1] 有关移民时代新加坡华人社团购买产业的资金来源及其相关问题，将另文讨论。

[2] 上述账本的原件均保存在新加坡永定会馆资料室。

[3] 曾玲：《以数字实录华人社会的历史图像：华人社团账本与二战前东南亚华校研究》，载《文史哲》，2015 年第 1 期，第 96–97 页，表七。

1. 银行利息

从账本看，二战前应和会馆多将款项存在四海通银行以获取利息。如表一，民国七年（1918）的三月、六月、十二月，来自四海通银行的款项分别为 1500 元、329.5 元、100 元。表二，民国乙丑即 1925 年会馆在四海通银行里存有 10959.9 元。

2. 会馆出借款项所得之利息[1]

在保留下来的二战以前的应和会馆账本中，涉及相当多有关会馆出借款项以收取利息的记录。根据这些记录，应和会馆出借款项的对象主要是嘉应社群的侨领、嘉应商家及当铺、会馆兴办的学校、医院等。换言之，这是在嘉应五属社群内部展开的经济行为。从应和会馆借出款项者，不论个人还是团体均隶属嘉应五属，即在社群的内部。

在表 13–2 中，有李登朗和黄云辉[2]支付会馆 1315 元息款的记录。查阅"应和馆戊午逐日流水草簿"，这笔款项来自民国八年（1919）八月初八李登朗所借会馆 1500 元和民国九年（1920）四月初五黄云辉所借会馆 2000 元所支付的利息。

将款项借给嘉应商家、当铺以收取利息，这是应和会馆出借款项的另一对象。笔者整理了应和会馆保存下来的最早账本"戊午逐日流水草簿"，涉及此类借款与利息的记录就有以下数条：

民国七年戊午十月十六日：同益兴借去大银 2000 元。

民国九年庚申二月三十日，大和当借去大英银2000元，每月利息8厘。

民国九年庚申八月二十三日：

收邱瑞昌隆（向会馆借 1000 元）乙巳十二月十一日至庚申八月十一日八个月来息款 80 元；

[1] 以下有关应和会馆借款利息的利率等问题，将另文讨论。

[2] 根据笔者查阅到的资料，李登朗情况不明，黄云辉在 1926 年去世以前则是新加坡客帮与嘉应五属的一个重要侨领。他曾担任新加坡中华总商会董事多年，也曾任广客两帮总机构福德祠绿野亭的总理，亦是应新学校的创办人之一，对应和会馆发展有诸多贡献。

收同益兴公司（向会馆借2000元）乙巳十二月初一至庚申八月初一八个月来息款160元。

民国九年庚申八月二十五日：

收大和当（向会馆借2000元）庚申三月初一起至八月初一止，五个月来息款80元。

除了嘉应社群的侨领与商家，二战前应和会馆还借出款项给其创办管理的应新学校与留医院。从收集到的账本、会议记录、叻报等华文报刊报道等文献看，应新学校与嘉属留医院在建设与发展过程中，其所需较大笔之经费均主要来自会馆。例如，民国九年应新学校新建校舍，据“戊午年逐日流水草薄”记载，这一年学校向会馆借款1600元。再如，根据应和馆民国二十四年（1935）立“来往总簿”“应新学校条”：民国十九年（1930）六月二十九日，应新学校因买店屋向应和会馆借4000元。过后每月还利息30元，每年则支付会馆利息360元，直至民国二十七年（1938）才将本金及利息全部还清。在二战前应和会馆账本中有“校款”条，专门记录会馆与学校之间的借贷经费之往来[1]。

与出租店屋一样，应和会馆出借款项收取利息的做法，在二战前的新加坡华人社团亦具有一定的普遍性，一些社团还将此项经济活动写入章程及董事部会议记录。如丰顺会馆民国三年（1914）章程第十六条规定，“本会馆如存银若干……务由总理、财政、董事、职员议交何处生息”。章程中还载明，“议决将丰永大三邑众银五百大元正，每月贴息银一分两厘正，交由当铺生息”[2]。永定会馆民国六年（1917）章程第十二条规定，“财政处仅得存银壹佰元。如百元以上即当储入银号生息”[3]。丰永大公会民国十四年（1925）二月九日董事会议案簿里，有“董事会议决将八千元放在大同当月息八厘”的记录[4]。

---

[1] 有关应和会馆与应新学校之间的经济关系，将另文详细讨论。

[2] 该章程原件保存在新加坡丰顺会馆资料室。

[3] 该章程原件保存在新加坡永定会馆资料室。

[4] 该议案簿保存在新加坡丰永大公会资料室。

上述记录显示，二战前华人社团的理财方式不仅透过现代银行，还有当铺及个人等民间渠道[1]。

### （三）与坟山相关的收入

如前所述，作为嘉应五属移民社群的总机构，应和会馆在19世纪80年代末设立“五属义山”与“五属义祠”，以解决本社群先人的丧葬与祭祀问题，由此坟山与祠堂就成为会馆的产业。在1958年修订的应和会馆章程的第十一条“产业”项中，包括“新加坡双龙山义山一座及义祠一所、新加坡双龙山风雨亭一座及纪念亭一所”的内容。而在章程的第十章“坟场”条中，则对葬地尺寸及价格做了详细的规定。

根据表13–2至表13–4的内容，应和会馆与坟山相关的收入主要有两部分。一是地租。地租的产生，是因坟山内有些低洼地带仅适合种植果蔬而无法作为葬地，会馆就将这些地段出租。从议案簿对地租租金的讨论看，承租坟山土地者多来自嘉应五属。在表13–2、表13–3、表13–4中，可见坟山内地租的收入分别是287.50元、1363.08元、273.80元。二是先人丧葬与祭祀的费用，包括“开坟”“安葬”和春秋二祭的“会底银”[2]等项。

值得提出的是，应和会馆在处理嘉应五属先人的丧葬与祭祀时，所收取的费用非常低廉。“安葬”与“会底银”均每位先人一元，“开坟”也仅十数元的费用。因此，虽然丧葬与祭祀费在应和会馆经费来源中属常年收入，但在会馆总收入中所占比例非常小。以民国三十四年（1945）为例，这一年的“会底银”“开坟费”“安葬费”总计为1125元，

---

[1] 在收集到的二战前新加坡华人社团的账册中，涉及华人社团与当铺、个人的借贷关系实际上是双向的，不仅华人社团将款项放置钱庄、当铺等处生息，当有需要时，华人社团也向钱庄、当铺等借款还息。因限于文章的篇幅及讨论的问题，有关华人社团与钱庄、当铺、个人等的借贷问题，以及由此所显示的移民社群关系之建构、当商在二战前华人社会领导层中所扮演的重要角色等问题，笔者将另文深入讨论。

[2] 关于会底银，根据所收集到的账本，这一款项在二战前广、客社团普遍存在，主要与对坟山内先人的祭祀有关。有些社团的总坟设置与对总坟的祭祀，也是从会底银发展而来。有关这一问题，将另文讨论。

约占该年总进款数 11521.80 元的 9.7%。这充分显示出会馆承担照顾社群所属成员这一基本功能。

（四）庙宇等其他收入

除了上述“店租”“利息”“坟山”这三项基本收入，在账册中还可见应和会馆另一项收入，那就是来自庙宇的分款与香油钱。在新加坡开埠初期，来自华南的闽粤移民因其方言的不同，在新加坡形成“福建”“潮州”“广府”“客家”“海南”等五大基本的方言帮群。在当时社会、政治、经济等诸因素的制约下，五大帮群为各自的利益或独立成帮，或互相联合，形成移民时代新加坡华人社会的帮群结构。在华人社会帮群对立与互动的舞台上，不少华人庙宇扮演非常重要的角色。这些庙宇不仅是宗教场所，往往也作为华人社会的组织机构，承担整合移民社群的重要功能[1]。移民时代的“嘉应五属”，在方言群上隶属“客家”，在华人帮群互动的架构上，则与“广惠肇”联合结成统一阵线[2]。“嘉应五属”与新加坡另一客家社群“丰永大”的合作，将丹容巴葛福德祠作为两社群的总机构[3]。而“嘉应五属”与另一客帮社群“丰永大”和广府帮的“广惠肇”的联合，则以共同管理的庙宇与坟山组织海唇福德祠绿野亭作为广、客两帮群的联络中心。“嘉应五属”在新加坡华人移民社会的方言群与帮群所属对应于会馆的直接影响，就是获得上述两个庙宇的香油钱与分款。在保留下来的应和会馆账本关于这两个庙宇分款的记录，例如应和会馆民国十八年（1929）己巳岁起立《逐月结册部（1929—

[1] 例如，在 19 世纪早期，天福宫曾经是新加坡福建帮的总机构。粤海清庙在新加坡潮州八邑会馆未建立之前，是潮州移民的信仰与凝聚中心等。

[2] 有关“嘉应五属”与“丰永大”“广惠肇”的关系，见曾玲：《坟山组织与华人移民之整合——十九世纪新加坡华人建构帮群社会的历史考察》，载周南京主编：《华侨华人百科全书总论卷》，中国华侨出版社，2002 年。

[3] 迄今为止有关该庙建立的时间无从得知。道光十一年（1831）“客社八邑立《重修丹容吧葛大伯公祠宇碑》”的碑文显示，该庙在咸丰十一年由“嘉应五属”和“丰永大”重建。客社八邑即指“嘉应五属”与“丰永大”三属。碑文收录在陈育崧、陈荆和编著：《新加坡华文碑铭集录》，第 94–98 页。

1935）》，在每个月的“进支数目列表”中，都可见“（丹容巴葛）福德祠是月来22元”的款项。另一庙宇与坟山组织海唇福德祠绿野亭对应和会馆的分款记录，则见于应和会馆与海唇福德祠绿野亭保留下来的账册中。

以下是笔者根据相关账本账目整理的海唇福德祠绿野亭分派应和会馆款项及使用情况表。

**表13-6 新加坡海唇福德祠绿野亭分派应和会馆款项及使用情况表（1906—1933）**

| 年代 | 款项（元） | 使用情况 | 文献来源 |
|---|---|---|---|
| 光绪丙午（1906） | 2060 | 应新学校开办费 | 福德祠绿野亭义山逐岁进支簿（1887—1933）<br>星洲应新小学民国二十七年特刊“本校史略” |
| 民国丁巳（1917） | 625 | 应新学校 | 福德祠绿野亭义山逐岁进支簿（1887—1933） |
| 民国戊午（1918） | 750 | 应新学校 | 福德祠绿野亭义山逐岁进支簿（1887—1933）<br>应和馆戊午逐日流水草簿（1918—1921） |
| 民国己未（1919） | 1250 | 应新学校 | 福德祠绿野亭义山逐岁进支簿（1887—1933）<br>应和馆戊午逐日流水草簿（1918—1921） |
| 民国庚申（1920） | 1450 | 入“四海通银行”，作为应新学校费用 | 福德祠绿野亭义山逐岁进支簿（1887—1933）<br>应和馆戊午逐日流水草簿（1918—1921） |
| 民国癸亥（1923） | 2000 | 应新学校 | 福德祠绿野亭义山逐岁进支簿（1887—1933）<br>应和馆民国十二年立“总清簿” |
| 民国乙丑（1925） | 1100 | 应新学校 | 福德祠绿野亭义山逐岁进支簿（1887—1933） |
| 民国丁卯（1927） | 2000 | 应新学校 | 应和馆民国十六年立“来往总簿：应新学校条” |
| 民国己巳（1929） | 5000 | 应新学校2500元；嘉属留医院2500元 | 福德祠绿野亭义山逐岁进支簿（1887—1933）<br>应和馆民国十八年乙巳岁立“日清簿”：“乙巳拾月二十九拜五日”“来往总簿”“月结簿” |
| 民国癸酉（1933） | 1000 | 应新学校 | 福德祠绿野亭义山逐岁进支簿（1887—1933）<br>应和馆民国十八年起立“逐月结册簿”：“民国二十二年二月进支”：“息款对绿野亭分来一千元” |
| 总计 | 17235 | 应新学校、嘉属留医院 | 海唇福德祠绿野亭账本、应和会馆账本 |

以上内容显示，从 1906 年到 1933 年，应和会馆仅从海唇福德祠绿野亭得到的十次分款就达到 17235 元之多。这说明，在二战前的新加坡华人帮群社会，应和会馆的财务来源得到来自联合阵线的广、客两帮群的支持。

## 三、账本中所见应和会馆的财务支出

在会馆的财务运作系统中，经费支出是另一重要组成部分。为了更好地讨论移民时代华人会馆的财务支出状况，笔者选择与上一节“进款项”相对应的“支出项”账册内容，列表整理成以下四份表格。

**表 13–7　民国七年（1918）十二月应和会馆支出款项一览表**[1]

| 类别 | 内容 | 金额（元） |
|---|---|---|
| 津贴 | 应新学校 2 个月（每个月为 100 元） | 200 |
| 与庙宇有关的支出 | 粤海清庙：167.86 元<br>1. 初九老爷宫敬神祭品：17.16 元<br>2. 初九老爷宫做戏本：109.50 元<br>3. 老爷宫香油钱：1 元<br>4. 粤海清庙门前演戏杂用两单：40.20 元 | 259.26 |
| | 北帝诞祭品：77.01 元 | |
| | 转神祭品：14.39 元 | |
| 与殖民地政府有关的支出 | 工部局应新学校火餉费用：40.75 元 | 563.78 元 |
| | 工部局门牌税：372.78 元 | |
| | 贺皇家百年纪念：150 元 | |
| | 贺皇家百年纪念车费：0.25 元 | |
| 与会馆、坟山相关的支出 | 看公所林三 2 个月薪金：10 元 | 52 元 |
| | 新年会馆用费：20 元 | |
| | 看会馆黄桐薪金：10 元 | |
| | 看义祠黄福薪金：5 元 | |
| | 看仓库薪金：3 元 | |
| | 收店税车费：4 元 | |

[1] 应和馆戊午年“逐日流水草簿（1918—1921）”。

续表

| 类别 | 内容 | 金额（元） |
|---|---|---|
| 与出租店有关的支出 | 整店两间工料：124.65 元 | 124.90 元 |
| | 看休整店的车费用：0.25 元 | |
| 公益 | 施彭运粪埋葬棺木 | 13 元 |
| 其他 | 与绿野亭地事相关的费用：1.25 元 | 4.50 元 |
| | 买拖把：2 元 | |
| | 杂费：1.25 元 | |
| 总计 | | 1217.44 元 |

**表 13-8　应和会馆民国十五年（1926）支出款项一览表**[1]

| 类别 | 内容 | 金额（元） |
|---|---|---|
| 上年结存 | 存四海通银行 | 5063.09 |
| 借款 | 客属总会借去：3000 元 | 4700 |
| | 应新学校借去：1500 元 | |
| | 嘉属方便留医院借去：200 元 | |
| 津贴 | 应新学校 | 3360 |
| 公益捐 | 捐客属总会：2000 元 | 2250 |
| | 捐保良局：200 元 | |
| | 捐芽笼火灾：50 元 | |
| 恤老费 | 谢老初等四人回唐川资，每人 15 元 | 60 |
| 行政费 | 公事费：82 元 | 2573.26 |
| | 薪金：1414.01 元 | |
| | 买桌凳：200 元 | |
| | 杂用：877.25 元 | |
| 筹办费 | 嘉属方便留医院 | 400 |
| 休整费 | 休整会馆、双龙义（坟）山、出租店屋、水沟、绿野亭坟山等的工料银 | 637.97 |
| 福酌费 | 关帝诞、财神诞、中元节、大伯公诞、董事部交代宴席等 | 426.51 |
| 祭祀费 | 春秋二祭、会底拨牲、会馆与双龙义山中元节度孤等 | 321.69 |

[1] 应和会馆民国十五年丙寅正月立“日清簿”。

续表

<table>
<tr><th>类别</th><th>内容</th><th>金额（元）</th></tr>
<tr><td rowspan="4">与殖民地政府相关的费用</td><td>水饷：170 元</td><td rowspan="4">4486.80</td></tr>
<tr><td>火饷：446 元</td></tr>
<tr><td>纳地税：26 元</td></tr>
<tr><td>抽街（店税）三季：3844.80 元</td></tr>
<tr><td>保险费</td><td>先施保会馆</td><td>159</td></tr>
<tr><td>总计</td><td></td><td>24438.32</td></tr>
</table>

**表 13–9 民国二十年（1931）应和会馆支出款项一览表 [1]**

| 内容 | 金额（元） |
|---|---|
| 津贴应校（每月 165 元，共计 12 个月） | 1980 |
| 分校（每月 20 月，共计 12 个月） | 240 |
| 恤老（每名 15 元） | 15 |
| 开销 | 27 |
| 公益捐 | 无 |
| 印刷 | 63.90 |
| 报费 | 38.40 |
| 电话 | 175 |
| 休整 | 412.82 |
| 车仿 | 160 |
| 纳地税 | 21.5 |
| 抽介 | 353.92 |
| 保险（投保“亚洲保险公司”） | 221.65 |
| 置物 | 38.61 |
| 薪金 | 1182 |
| 福酌 | 72 |
| 祭祀 | 690.15 |
| 会底 | 12 |
| 杂用 | 297.17 |
| 总计 | 6001.12 |

[1] 应和会馆民国二十年辛未岁立“进支月结簿”。

**表 13–10 民国三十四年（1945）应和馆支出款项一览表**[1]

| 内容 | 金额（元） |
|---|---|
| 津贴应校（每月 80 元，共计 3 个月） | 240 |
| 战时生活津贴 | 1020 |
| 公益捐（3 月 7 日捐本区救济金） | 20 |
| 分校（每月 20 元，总计 3 个月） | 60 |
| 印刷费 | 59.40 |
| 报费（1—8 月买《昭南日报》《南洋》《星洲》《华侨》《新民》各报） | 329.60 |
| 广告费（9 月 30 日《星洲日报》登《选举大会启事》） | 4.05 |
| 水费 | 108 |
| 电火费 | 220 |
| 休整费 | 979.20 |
| 门牌税 | 1632.48 |
| 地税 | 282.50 |
| 电话 | 163.63 |
| 薪金 | 2344 |
| 应酬费（主要为接待来宾与发给贫难侨） | 222 |
| 福酌 | 515.70 |
| 祭祀 | 412.60 |
| 贺仪 | 3 |
| 车费 | 270.90 |
| 杂费 | 3278.60 |
| 公事费 | 619.52 |
| 文具费 | 108.8 |
| 整义祠 | 1750 |
| 整会馆 | 1200 |
| 开销 | 660.92 |
| 总计 | 15305.2 |

表 13–7 至表 13–10 显示 20 世纪上半叶应和会馆财务运作中，经费支出的主要内容如下：

[1] 应和会馆民国三十四年立“杂费总簿”。

### （一）与嘉应五属社群相关的支出

在应和会馆的支出经费中，最大的一项是常年津贴应新学校办学。根据应新学校校董会章程[1]，“本校每月经常费由应和会馆酌拨款项津贴”。从保留下来的各类账本账目的内容看，应和会馆主要以两种方式津贴应新学校。其一为不定期地为学校缴纳包括水费、电火费、地税等各种费用，以及为学校设备的建造与修缮提供经费。以戊午年立逐日流水草簿（1918—1921）为例，从民国七年（1918）至民国十年（1921），应和会馆为学校缴纳的各项费用的账目有数十条之多，其内容包括学校的“水饷”“火饷”“电费”“马打[2]薪金”，以及殖民政府工部局征收的各种税款等。此外，会馆还出资为学校进行“整堂屋”“建浴房”“扫灰水”“改建厕所”等项。应和会馆另一种提供经费的方式是定期拨款“津贴”应新学校。应和会馆保留下来的账本，详细记录了在 20 世纪上半叶的近半个世纪里会馆每月不间断地津贴应新学校的款项，其数目从每月 80 元至 280 元不等。根据笔者的统计，从 1928 到 1943 年，这些津贴数额平均约占当时应新学校经费来源的 23%[3]。

除了应新学校，对会馆所属的“嘉应留医院”“五属义山”，以及会馆产业管理修葺等项的支出，在账册中亦留下记录。如表七“筹办留医院去银 400 元”。其他如休整“嘉应五属义山”、与会馆产业相关的“整店”等账目，亦大量出现在上述四表与应和会馆保留下来的其他账册中。此外，在上述支出款项表中，还有“恤老”条目。所谓“恤老”，即资助贫困的同乡回返祖籍地的费用，每人的份额为十五元。这是会馆照顾社群成员的开支。

在会馆支出款项中，与祭祀先人与神明相关的款项，也是一项常年

---

[1] 《星洲应新学校特刊：本校校董会章程》，第 85–87 页，应新学校民国二十七年（1938）出版，非卖品。

[2] 马来语，门卫、校警之意。

[3] 曾玲：《以数字实录华人社会的历史图像：华人社团账本与二战前东南亚华校研究》，表一与表七，载《文史哲》，2015 年第 1 期。

的开支。账本的条目显示，每年“清明”和“重阳”前后，会馆都会举行祭拜先人的“春秋二祭”。此外，会馆每年还会定期举办“关帝诞”和“中元普渡”民间宗教活动。相关活动的开支多记录在账本的“福酌”条中。

作为“嘉应五属”总机构，应和会馆的行政与办公等费用在支出款项中也占有相当的比重。在上述的四个表格中，这些费用最大项的支出是“薪金”。其他方面包括订阅报刊的费用、电话费、印刷费、文具费、交通费、水电费、购买保险及购买办公用品等一些杂费。

### （二）与华人社会相关的开支

与华人社会各项相关事务的开支，是上述应和会馆支出款项账册表格的另一项重要内容。这些“开支”主要包括捐款与参与其他社团华人民间宗教活动等项的费用。

在捐款方面，如表 13–8 中的“公益捐”条“捐客属总会：2000 元”。表 13-10 中的“公益捐”条“捐本区救济金”“20 元”等。再如应和会馆民国十九年（1930）“进支月结簿”有“特捐客总 8000 元”的款项记录。事实上，在保留下来的应和会馆、永定会馆等其他华人社团账本中，“公益捐”“特捐”等均是其中不可或缺的条目，显示各类捐款在华人社会所呈现的常态化特点。

应和会馆与华人社会相关的另一项开支，涉及华人民间宗教活动。如表 13–7，民国七年（1918）十二月，应和会馆四次参与潮州社群所属的粤海清庙活动，支出 167.86 元；参与三水会馆的北帝诞活动，支出祭品 77.01 元。这类款项的记录，在保留下来的应和会馆账本中还有不少。

上述内容显示，二战以前，应和会馆主要是透过捐助款项与参与其他社团民间宗教这两种方式，与“嘉应五属”以外的华人社群发生关系。不过，受制于移民时代新加坡华人社会的帮群结构，应和会馆所参与的均是其所隶属的海唇福德祠绿野亭总机构内广客两帮群，如客属总会、广帮的三水会馆等。而与潮州社群的关系，则主要发生在 20 世纪二三十年代以前。在这之后，在账本、议案簿等文献中，已基本不见嘉应五属参与潮州社群活动的相关记录[1]。

### （三）与殖民地政府相关的开支

上述表格的内容，还显示应和会馆另有一项是与殖民地政府相关的开支。这些开支主要涉及两部分。一部分是殖民政府向华人社团收取的各项税。如社团税、地税、门牌税等等不同的项目。另一部分是会馆参与殖民政府经济与社会活动而支付的费用。如表 13–7 贺皇家百年纪念及车费总计 150.25 元。另，应和会馆民国二十七年戊寅立“进支月结簿”有购买政府公债 505 元的账目。

## 四、结论与讨论

本文主要运用新加坡应和会馆账本等历史文献，并以该社团为个案，从经济层面考察与讨论二战前的新加坡华人社团。这项研究虽然还有许多需要深入了解的内容[2]，但本文的研究已显示，与一般的商号账册不同，包括新加坡在内的东南亚华人社团账本具有社群属性，是华人社团为所属社群建立与书写的经济档案。透过对这些账本细致的爬梳、整理、分类与解读，有助于研究者深入与具体地了解移民时代华人社团经济的历史图像。

在这幅历史图像中，新加坡华人社团在半自治的殖民地时代，建立了一个支撑华人社会各项运作的经济系统。这个系统重要与基本的功能，是透过对地产、坟山、借贷款项等经营，为包括应和会馆在内的移民时代的新加坡华人社团承担诸如设坟山、办医院、建华校等社会功能提供经费支持与经济保障。

---

[1] 此一情况，也出现在同属新加坡客家社群的“丰永大”坟山组织的账本中。相关的问题，将另文研究与讨论。

[2] 如有关账本的形态、分类、会馆购买地产的资金来源、应和会馆与其创办及管理的应新学校等之间的经济关系与处理方式等等问题。

另一方面，华人社团的经济系统亦具有整合与凝聚社群的重要功能。在本文的考察中，二战前新加坡应和会馆所建构的财务系统，具有明确的嘉应五属社群与广府客家的帮群边界。透过应和会馆与嘉应五属侨领、商家、应新学校、嘉应留医院之间的款项往来、海唇福德祠绿野亭对应和会馆的分款及应和会馆参与所属帮群内社团各项活动而支付的经费款项，从经济层面维系与强化了作为嘉应五属总机构的应和会馆与属下社团及与所属帮群内其他社团之间的凝聚与认同。

上述有关移民时代华人社团经济系统双重功能的讨论，有助于思考华人社团账本的文献价值。众所周知，记录自己历史的华人社会文献，大致可分成文字类的碑铭、会议记录、章程、名册等文字记录与数字类的社团账本账册等两大类。这两类文献在记录内容与方式等方面差异很大。文字类的“碑铭”镌刻了华人社会发展过程中的一些重大事件。“会议记录”记载了华人社团每年、每月或数月一次举行的董事会、理监事会、“同人大会”等各类会议的内容。而华人社团账本则是以具有计量学与统计学意义上的“实录”的方式，透过账本所属社团对其管理运作中所有往来账目系统、细致的登录，真实、具体且不间断地保留了账本所涉及年代华人社会内部的社群关系、认同形态、管理系统、运作方式、华人社会与殖民地政府、与祖籍地及祖籍国中国的关系等的记录。换言之，账本是以“数字”“实录”华人社会的历史图像，它不仅为研究者提供可与碑铭、会议记录等互为映证的文献，亦因其记录的内容与方式具有真实、具体、细致、全面、连续等特点而给予研究者以新资料与考察视角。

本文运用社团账本研究二战前的新加坡华人社团，期盼可以为学界提供一项有益的尝试。

# 厄瓜多尔的潮汕新商帮

张应龙

厄瓜多尔是拉丁美洲潮汕人最多的国家。与东南亚潮汕人不同的是，厄瓜多尔潮汕人是在 20 世纪 70 年代末以后才陆续移民此地的。厄瓜多尔的潮汕人虽然只有区区的几百人，但他们却有很大的能量，并在某些经济行业形成垄断优势。他们具有独特的行事风格和商业理念，成为厄瓜多尔一个特色鲜明的新商帮。

## 家族移民链

厄瓜多尔潮汕人的历史，始于 1977 年，移民的"始祖"是一个叫杨溥桓的人。杨溥桓原籍汕头澄海，1963 年移居香港，他在香港从底层做起，最后从事的职业是制衣，用他的话说，"一路坚持下来很辛苦"。因为有朋友在厄瓜多尔，便过来旅行观光，他看到厄瓜多尔地方广阔，顿觉其天地不是地小人稠的香港所能相比，便毅然决定留下来。一个月后，他的太太林佩珊带着三个小孩来到厄瓜多尔，大的 6 岁，小的 2 岁。杨家首次落脚的地方不是首都基多，而是第三大城市安巴托。在那，他选择了开餐馆，因为他认为"做餐馆很容易立足，做好的话很容易成功"。不过，那时的安巴托很落后，什么都没有，没有中国食品，"能吃的就是榨菜了”。[1]

杨溥桓在安巴托开的第一家餐馆叫香港楼，他太太的任务就是学习炒饭，因为厄瓜多尔人到中餐馆吃饭基本都会点炒饭，所以在厄瓜多尔，中餐也叫“炒冷饭”，“炒冷饭”变成中餐馆的代名词。

很快，杨家觉得人手不够，便打算从家乡申请亲戚过来帮忙。对怎样让亲戚过来，让什么亲戚过来，杨溥桓的太太林佩珊显然更具有顶层设计的思维。她认为乡下生活比较穷，要改变这种状况不能只靠寄钱的输血方式，每一家要有人出国发展，让他们出来闯世界，取得发展后他们自然会去照顾自己的家庭，这样她自己就可以减轻对那些家庭的负担。“这个社会如果每个人都靠别人救济，那还有什么希望？还是自力更生才是长久之计。”对于新移民，“我经常和他们聊天，告诉他们既然出来闯荡，就要学会自己求发展”。[2]由于亲戚多，申请谁出来要有章程，否则会好心办坏事。林佩珊按每一个亲戚一家办一个移民的思路，然后论资排辈列出先后次序，一个一个办出来。林佩珊的原籍是潮安，与老公不同县，所以他们夫妇两人各申请自己的亲戚出来。杨溥桓说：“因为我的生意发展，哪里需要人，我就带人到哪里去。我有计划的：所以我每年都带了十几个移民过来，钱、机票都是我来出。”[3]1979年，林佩珊首先叫舅舅的儿子过来，然后是姨妈、舅父、外甥女、姐姐等亲戚轮流来。林佩珊说：“经我手或由我出钱来的最少都有20个。我最开心的就是每一个来到这里的亲戚都能赚到钱。”这些人在厄瓜多尔立足和发展后，又请他们的亲戚过来，就这样一个带一个，一个变成了一大串。洪庭亮是1994年6月到厄瓜多尔的，几年后，他自己出来创业，从2001年起陆续将家乡亲戚弄了过来。首先是他的舅舅两公婆，后来是他的外甥、侄女、老婆的外甥等。[4]洪楚然是他哥哥搞他出来的，而他则

---

[1] 《广东华侨史》调研团：“杨溥桓口述历史”，厄瓜多尔基多，2016年11月26日。

[2] 《广东华侨史》调研团：“林佩珊口述历史”，厄瓜多尔基多，2016年11月28日。

[3] 《广东华侨史》调研团：“杨溥桓口述历史”，厄瓜多尔基多，2016年11月26日。

[4] 《广东华侨史》调研团：“洪庭亮口述历史”，厄瓜多尔基多，2016年11月26日。

先后搞了10个人过来，有他的二哥二嫂、侄子、侄女，太太的哥哥嫂子、侄子，自己的同学等[1]。林佩珊很高兴地说："第一个来这里的表弟现如今已经带了50多个人来这里，主要是他老婆那边的亲戚。"[2]如今，整个厄瓜多尔大约500个潮汕人，他们之间多少都有亲戚关系，主要由两支"源流"组成，一支是杨溥桓带的澄海亲戚，一支是林佩珊带的潮安亲戚。他们之中的不少人在潮汕的时候互无交集，互不认识，来到厄瓜多尔以后才认识和联系起来的。

到厄瓜多尔的潮汕新移民，其移民费用主要是厄瓜多尔这边的人出。那时办一个移民大概需要7000—10000美元，到后来要一万多美元，不是小数目。杨氏夫妇办理潮汕亲戚来厄瓜多尔，都是他们出的钱，而且不用还。杨氏夫妇立下的"规矩"以后被其他人遵从。林佩珊直言，潮汕人与广府人一个不同点就是海外亲戚帮忙申请出国的费用不用偿还，而广府人则不同，他们到了国外之后要先打几年工，还清亲戚的机票钱之后才可以出去自己发展。"我的原则就是，你们到了这里之后，自己帮自己求发展，我不求回报。"[3]的确如此，在我接触的美洲广府人（花都人、五邑人）中，除非是父母，否则都是到了国外之后赚钱还机票钱。厄瓜多尔的潮汕人常说，潮汕人喜欢做生意，不喜欢打工，所以他们到了厄瓜多尔不久就纷纷自己出去创业。其实，支撑潮汕人很快能够自己出来创业的重要前提就是他们没有"移民债务"，不用像广府新移民那样要熬一段较长的时间。

从1977年到现在已经四十多年了。在这四十多年里，潮汕人依托亲缘的关系陆续来到厄瓜多尔。从相对意义上说，八九十年代过来的移民都能吃苦，出国时也不带钱，用洪楚然的话说："反正我们中国人漂洋过海就是去赚钱，我们一定会赚到钱……有这奋斗心，就能保证我们

[1] 《广东华侨史》调研团："洪楚然口述历史"，厄瓜多尔安巴托，2016年11月28日。
[2] 《广东华侨史》调研团："林佩珊口述历史"，厄瓜多尔基多，2016年11月28日。
[3] 《广东华侨史》调研团："林佩珊口述历史"，厄瓜多尔基多，2016年11月28日。

一定会成功。”[1]不过，现在的新移民情况就不一样了。他们没有到海外吃苦的心理准备，以为到了海外可以掘金。2014年，林佩珊大约花了十万人民币让一个澄海亲戚到厄瓜多尔，他没到厄瓜多尔之前以为到处是黄金，到了之后顿觉失望，看不起厄瓜多尔，觉得厄瓜多尔挺落后的。整天只知道玩手机，不做事，可是他自己又没本事去做出什么动静来，最后收拾行李回了家乡。[2]类似的例子还不少，这反映了当前新移民的问题。在这些年，先后有30多个潮汕人来到厄瓜多尔后又回去了，短则一个月，长则一两年。[3]他们觉得中国现在环境不错，社会比较进步，科学技术发达，好过厄瓜多尔。而且，待在家乡有侨汇，海外亲戚会寄钱回去，衣食无忧，为何还要来到这里打拼？看来，不同经济发展水平会影响移民欲望。

目前，厄瓜多尔的潮汕人大约有500人。其中，在首都基多的有150人左右，海滨城市瓜亚基尔有一二百人，分散到其他城市的就一家几个人的。[4]这500个潮汕人即使住得很分散，也经常联系来往。他们以首都基多为中心，从外地聚到基多见面，一年一两次。在传统中秋节的时候，一般都会相聚，他们最初是在杨溥桓家，后来改到潘坤平家。[5]由于当地环境的关系，厄瓜多尔的潮汕人只要经济能力允许，都会将孩子送到外国留学，起码在几个孩子中有意识地送个别到海外，分散风险。潮汕人很重视对下一代的培养，他们自己没有文化，因此希望下一代有文化。除了在本地上大学之外，不少送到海外读书，其中也包括送回中国读书。他们的下一代，在美国读书的玩在一起，在澳洲读书的玩在一起，用心维系着潮汕人的亲戚关系。近些年来，中国人到厄瓜多尔的少了，潮汕人也少了，因此厄瓜多尔的潮汕人总体规模大概维持了现状。不过由于潮汕人的下一代到国外留学后一般不愿意回厄瓜多尔，所

[1] 《广东华侨史》调研团：“洪楚然口述历史”，厄瓜多尔安巴托，2016年11月28日。
[2] 《广东华侨史》调研团：“林佩珊口述历史”，厄瓜多尔基多，2016年11月28日。
[3] 《广东华侨史》调研团：“林佩珊口述历史”，厄瓜多尔基多，2016年11月28日。
[4] 《广东华侨史》调研团：“蔡汝强口述历史”，厄瓜多尔基多，2016年11月26日。
[5] 《广东华侨史》调研团：“蔡少珠口述历史”，厄瓜多尔基多，2016年11月27日。

以，未来厄瓜多尔的潮汕人群体可能会萎缩。

对于中国来说，现在时常提到经济发展上的“人口红利”问题，在国际移民活动上，也存在着“移民人口红利”的问题。移民除了经济等因素之外，还有人口的因素，独生子女家庭要移民更加不容易。在海外一些地方的华人社区，由于年轻人出外不回，导致该地华人社区日趋萎缩，例如毛里求斯华人社区等。

## 亲帮亲

潮汕人到了厄瓜多尔之后，最初是开餐馆，然后是养虾、经营汽车零配件和进口贸易。毫无疑问，餐馆的低门槛有助于新移民迅速在厄瓜多尔站稳脚跟，所以，新移民大多数选择从餐馆起步。杨溥桓起初在安巴托开餐馆，然后从家乡找来人手，因为炒饭、收钱等关键岗位要有自己人才能放心。在厄瓜多尔是这样，在其他国家也是这样。1982 年杨溥桓转到首都基多，开了一家新餐馆。在基多，他与大使馆建立了关系，偶然之间得知天津要在厄瓜多尔寻找出口商，杨溥桓立刻抓住机遇，从天津进口家用电器。经营家用电器利润非常丰厚，用他的话说，“赚死了”。有了钱之后，他便到处寻找投资机会。厄瓜多尔首都基多有一个古色古香的中国餐馆，叫中国大酒楼，规模很大，杨溥桓初到的时候见到这家中国大酒楼，心中充满向往，梦想有一天可以拥有这样的餐馆。在他有钱后，他花了 200 万美元买下中国大酒楼，他很骄傲他这个“最好的投资”。[1]在杨溥桓带动下，陆续移民来厄瓜多尔的潮汕亲戚们都投身到餐饮业，复制从餐馆起步的移民传说。

大约在 1994 年左右，有个中国的养虾专家在厄瓜多尔时鼓动杨溥桓养虾。林佩珊听说养虾生意不错，便自己做主买下一个养虾场，面积达 240 公顷（即 3600 亩），很快养虾获得成功。接着，杨溥桓又与当地

---

[1] 《广东华侨史》调研团：“杨溥桓口述历史”，厄瓜多尔基多，2016 年 11 月 26 日。

一个有钱人合作买了虾场，加上以前的虾场共有 500 公顷，杨溥桓觉得一个人管理这么大的虾场太辛苦，便从亲戚中叫人来帮助养虾。在他的带动下，一些潮汕亲戚也买了养虾场，来自澄海的蔡志鹏两兄弟从马查拉省长的手中买下了 220 多公顷的养虾场，蔡志鹏自己的虾场 110 公顷，据说一年的利润 80 多万美元。[1] 洪楚然在 1998 年买了 100 公顷虾场，价格 48 万美元，其中 20 万美元从太平洋银行贷款，其余是大家借的，包括杨溥桓夫妇都帮了大忙。洪楚然的虾场自己才做了两年便租给亲戚做，他每年收 4 万多美元的租金。2014 年，他把虾场卖掉，大约赚了 100 万美元。[2] 按杨溥桓的说法，在养虾最高峰的时候，潮汕人手上掌握的养虾场（包括租的）面积达 1500 公顷，2 万多亩，以杨氏为首的潮汕人成为厄瓜多尔养虾大户。养虾一般四个月收成一次，在顺利的时候，投资两年可以回本，利润丰厚。可是在 2000 年左右，厄瓜多尔的虾场染上白尾病，虾大批死亡，那个时候没有什么办法可以有效控制病情，他们也没有料到虾病会延续六七年，加上收虾的时候有当地人打劫，甚至杀人，风险甚大，于是潮汕人逐步退出了养虾业，卖掉虾场。目前只有几个潮汕人还在养虾。后来，这些潮汕人反思当初退出养虾业的得失，觉得退出养虾业是一个重大的失误，否则现在的潮汕人经济实力会厉害得多。因为以 1500 公顷算，现在的价值是 4000 万美元，[3] 而导致虾生病的问题也已经解决。

在养虾之前，潮汕人就开始经营汽车零配件业务了，退出养虾业之后，潮汕人大批转行经营汽车零配件。厄瓜多尔的汽车零配件生意开始是台湾人在做，潮汕人跟台湾人学。厄瓜多尔的汽车零配件起初来自中国台湾地区和日本，1994 年后，蔡志鹏从中国大陆进口汽车零配件，改变了厄瓜多尔汽车配件市场的供货渠道。由于中国大陆的产品性价比高，利润约 2—3 倍，他们从销售汽车零配件当中获利很多。据说，一

[1] 《广东华侨史》调研团："蔡志鹏口述历史"，厄瓜多尔瓜亚基尔，2016 年 11 月 30 日。
[2] 《广东华侨史》调研团："洪楚然口述历史"，厄瓜多尔安巴托，2016 年 11 月 28 日。
[3] 《广东华侨史》调研团："杨溥桓口述历史"，厄瓜多尔基多，2016 年 11 月 26 日。

般的汽车零配件生意的利润率大约是30%—40%（日本的配件），具体还要看是做批发还是做零售。在几种生意中，做汽车零配件的工作比较舒服，早上九点开门，下午五点就关门了，不像开餐馆工作时间很长，而养虾的也很辛苦。现在，厄瓜多尔每个省都有潮汕人做汽车零配件生意，他们自成体系，从一级批发到二级销售，其他省籍的华人极少插手这个行业，可以说，在厄瓜多尔，汽车的零配件生意基本上被潮汕人所控制。与潮汕人不同的是，广东台山人主要做自行车生意，大家河水不犯井水。

在多数潮汕人退出养虾业之后，有的人转型做国际贸易。潘坤平是其中的代表。潘坤平是杨溥桓的外甥女婿，1996年从澄海到厄瓜多尔，起初到杨溥桓养虾场帮忙，1999年离开虾场，来到基多，自己创业，成为基多第一个做国际贸易的华人。第一年的生意好得有点意外，一年赚了十几万美元。而他在中国的时候，每月的工资大约几百人民币，差别很大，因此也鼓舞了他大干一场的雄心。最初几年，生意好得不得了，一年几十条货柜，而且还是货柜一到货物立刻被抢光，为此，他还要想办法摆平那些来拿货的人。[1] 其他潮汕人看到此情形也跟进转做国际贸易，如蔡汝强，原来是做餐馆和汽车零配件，2004年到中国考察商机，2006年开始从中国进口鞋子和纺织品，自己跑到义乌、上海，以及广交会进口鞋子、拖鞋、书包等商品。到2010年因为当地政策变化，税收大涨，蔡汝强改回做餐馆。[2] 尽管现在的经济形势不如以前好，但潘坤平依然是厄瓜多尔做贸易很成功的人。

厄瓜多尔潮汕人的生意大致包括餐馆、汽车零配件、进口贸易、养虾、金矿等，其中，汽车零配件行业是潮汕人的绝对优势行业。不少潮汕人往往经营两种以上的生意，一般会兼营餐馆。因为他们认为，不管什么时候，人总是要吃饭的，经济形势不好最多影响消费支出，开餐馆总是有钱赚，像杨溥桓现在的手里依然有三间餐馆。那些有钱的潮汕人

---

[1] 《广东华侨史》调研团："潘坤平口述历史"，厄瓜多尔基多，2016年11月27日。

[2] 《广东华侨史》调研团："蔡汝强口述历史"，厄瓜多尔基多，2016年11月26日。

也都是开了几间餐馆，不过往往是让亲戚去经营，自己收收租金就算了，不会自己直接经营。

## 潮汕新商帮

厄瓜多尔的潮汕人，出国前大多数人的身份不是商人，对经商缺乏知识和经验。虽然他们多数人一到厄瓜多尔便到餐馆“炒冷饭”，可是他们在家乡的时候并不会做饭。当他们积累经验之后便自己出来创业，开设属于自己的餐馆。几年的打工只能积累部分创业资金，一般都需要亲戚帮忙借钱，而亲戚都乐意支持。蔡志鹏在 1986 年创办“大中国餐馆”时，两个舅舅一个给了 8000 美元，一个给了 10000 美元。[1] 由于有了这种互相扶持的机制，潮汕人很快壮大了他们的商业实力。

不但在餐饮业是如此，在养虾业和汽配业也都是如此。洪庭亮 1994 年 6 月来到厄瓜多尔，刚开始在其姐姐、姐夫的汽车配件店里打零工，帮送货，四年多后出来自己发展，也是做汽车配件。2001 年，他学姐姐的模式，从家乡请亲戚过来帮忙，起初是妻舅两公婆，后来是外甥、侄女，老婆的外甥等人，为此他开了几家分店，让他们去经营。2004 年，洪庭亮将四家汽配店以赊账的方式交给这些亲戚，“我出钱，你出力”，赚的钱就一人一半，[2] 将这些亲戚扶上马，送一程。在“复制”汽配店的过程中，潮汕人实际上也是在构建一个独立的汽配零件商业网，在这个商业网之内，商品的配给、资金的流动等都很灵活便捷，大大减少了经营的成本。通过这种扶持互助模式，潮汕人建立了遍布厄瓜多尔主要城市的汽车零配件销售网。

对于第一代移民来说，勤奋、吃苦、节俭、敢闯是在当地立足和获得成功的基本素质。潮汕人到了厄瓜多尔之后，面临着生活技能和生活环境转变的考验。蔡少珠移民前在澄海时是百货公司的售货员和出纳，

---

[1] 《广东华侨史》调研团：“蔡志鹏口述历史”，厄瓜多尔瓜亚基尔，2016 年 11 月 30 日。
[2] 《广东华侨史》调研团：“洪庭亮口述历史”，厄瓜多尔基多，2016 年 11 月 26 日。

到了厄瓜多尔之后她到餐馆干活，老公则去养虾。“刚来的时候，我们真的很辛苦，每天晚上都是只能睡四五个小时。”后来两公婆出来创业，西班牙语没懂得多少，“在还不会说当地语言的情况下，拿着字典就已经开始跟当地人做生意，打交道”。[1]市场并没有留下多少时间让他们去学习，只能在干中学，在学中干。

诚信、遵守法纪永远是经商立于不败之地的基石。作为移民，潮汕商人在厄瓜多尔经商难免会吃亏。“反正在这里，我们要站住脚真的要经历很多吃亏，然后慢慢地我们才融入当地的生活、社会。”潮汕人很注重遵守当地的法律，他们对后来的福建人和浙江人捞快钱的手法不以为然，认为“到外国就应该遵守他们的法律”。[2]

家族性移民赋予潮汕人源于家族的商业信用，它规范和制约潮汕商帮内部的行为，在潮汕商帮内没有发生什么有违信用的事。差序格局的关系规范着他们在商业网络中所处的地位。那些后来的移民者，假如在原来行业内发展的话，通常都是处于下级，尤其是在销售网络中。洪庭亮开了几家店给亲戚经营，其实就是在延伸他的商业网络，他们之间存在上下的供货依存关系。不过，在餐馆和养虾业方面就不存在这种关系。

家族性是厄瓜多尔潮汕商帮最突出的特征。这个家族性是从整个厄瓜多尔国家范围来说的，不是以某个城市某个地区而言的，这在全世界来说可能是独一无二的。商业活动最忌讳内部竞争，尤其是恶性竞争，许多很好的商业活动，往往因为恶性竞争一哄而起一哄而散。厄瓜多尔潮汕人的“老祖宗”杨溥桓说：“我们家族有个协议，你做这一行，我们大家都不做，让你一个人去对外竞争，所以玩具是蔡志鹏他弟弟做，汽车柴油配件就由他大哥做。最近我儿子做汽艇的配件，因为这里的渔船经常出海捕鱼，数量很大，我们的家族没人做这方面的生意，所以我儿子准备做，已经在大陆和台湾那边拿货了，明年准备开了。”[3]这个方

[1]《广东华侨史》调研团：“蔡少珠口述历史”，厄瓜多尔基多，2016 年 11 月 27 日。
[2]《广东华侨史》调研团：“蔡少珠口述历史”，厄瓜多尔基多，2016 年 11 月 27 日。
[3]《广东华侨史》调研团：“杨溥桓口述历史”，厄瓜多尔基多，2016 年 11 月 26 日。

法也叫错位经营。如果不是家族力量可以控制的话，错位经营实践中是很难做到的，因为谁也很难阻止那些寻找“机遇”的“商人”。在厄瓜多尔，体现潮汕商帮帮性的就是汽车零配件行业，在这个行业中，潮汕商帮紧紧地抓住了行业的垄断权。

## 结 语

在广东新移民历史中，一个国家内某个方言群移民来自一个家族的情况大概只有厄瓜多尔一个地方。潮汕人以滚雪球的方法逐步移民厄瓜多尔，使后来者在先到者庇护下能够很快适应当地的新生活，而家族移民模式则为“新客”的生活、工作、发展提供了全方位的庇护。潮汕人敏锐地抓住汽车零配件这个行业，不断从家乡移入人力投进这个行业，从而逐步拓展它的商业网，构建和夯实了在汽车零配件行业的垄断性江湖地位。经济行业的“一致性”，人员构成的亲缘性，使潮汕人迅速形成了新商帮。

在海外华社中，经济实力往往决定其社会地位。潮汕商帮以其抱团敢闯的精神在厄瓜多尔这个中美洲国家站住了脚。他们积极参与华社活动，出任华团的领导，杨溥桓是厄瓜多尔华侨华人联合会首任会长，潘坤平连续担任华侨华人联合会与华人联谊会合并后的多任会长，而蔡志鹏则是现任厄瓜多尔华侨华人总会会长。这三人是厄瓜多尔潮汕人的领袖，也是厄瓜多尔华人社区的领袖。2009 年新中国成立 60 周年的时候，厄瓜多尔有四位华侨代表应国务院侨办的邀请出席了国庆阅兵式，他们站在天安门东观礼台上，意气风发。这四个人中的三人就是杨溥桓以及他的外甥蔡志鹏、外甥女婿潘坤平，[1] 由此可见潮汕人在厄瓜多尔华社中的重要地位。

作为新移民，潮汕人注意处理好各种社会关系。杨溥桓回忆道，大

---

[1] 《广东华侨史》调研团：“潘坤平口述历史”，厄瓜多尔基多，2016 年 11 月 27 日。

概是 1980 年的时候，一个四川杂技团到厄瓜多尔演出后，由于承办者的问题导致他们没有机票回国，在这个关键时刻，杨溥桓挺身而出，自掏腰包买机票让他们回国，为中国解决了一个外交难题，从此与外交部建立了很好的关系。对于当地社会，杨溥桓也十分重视，“我的体会就是同当地人搞好关系最重要，赚到钱了我们会回报社会，当地有什么赈灾啊，我们都给钱，圣诞节我们买糖果、饼干大包大包送给那些工人，大家相处得很好”。[1]潮汕人与厄瓜多尔的广府老移民新移民都建立友好的关系，得到广府人的支持。会址在瓜亚基尔的厄瓜多尔华侨华人总会是以广东人为主的社团组织，蔡志鹏在广府人支持下出任总会会长。虽然几百个潮汕人在厄瓜多尔几万人的华人社会中是很少的，但其影响却很大。

[1] 《广东华侨史》调研团：“杨溥桓口述历史”，厄瓜多尔基多，2016 年 11 月 26 日。

# 巴西华商与中国企业在当地的投资

高伟浓[1]

**内容摘要：**近年来，在中巴政治经济关系稳步发展、成果丰硕的背景下，中国企业加快了走进巴西的步伐，并利用中国和巴西经济互补性强的特点，投资巴西的基础设施领域，在当地设厂也提上了日程。在此过程中，巴西当地华商发挥了重要的桥梁和纽带作用。同时，华商在巴西地方当局对华招商方面，在巴中城市/省际合作方面，在巴西企业与中国企业合作方面，都发挥了不可替代的作用。中国企业也要学会融入当地，适应当地游戏规则，了解当地文化。

**关 键 词：**华商；中国企业；投资；巴西

近年来，因应中国国内经济发展的需要，中资企业走出去的趋势在加快。其中，走进巴西的中资企业在拉丁美洲国家中先声夺人。在此过程中，巴西当地华商发挥了重要的桥梁和纽带作用，也为中国企业走进其他拉美国家提供了重要经验和借鉴。

毋容置疑，中国和巴西之间业已存在的政治经济关系，是中国企业走进巴西的重要基石。首先，两国政治关系发展总体良好。中国是世界

---

[1] 本文系“国家社科基金重大招标项目”《世界华商通史》（六卷本）前期成果，项目批准号：17ZDA228。

上最大的发展中国家，巴西是西半球最大的发展中国家，两国同为发展中大国，又同为重要新兴市场国家。政治上的发展目标和战略以及面临的机遇和挑战都十分相似。早在 1993 年，两国已经建立战略伙伴关系。自那以来，两国关系快速发展，各领域的务实合作成果丰硕。到 2013 年，两国关系提升为全面战略伙伴关系，政治互信进一步加深，合作领域不断拓展，高层交往和对话越来越频繁，彼此在国际事务中均保持沟通和协调。这一切表明，中巴关系正朝高水平、多层次和宽领域方向发展，中方始终从战略高度和长远角度重视发展中巴关系。今天，中巴关系在很多方面都走在中国与其他拉美国家的双边关系的前面。其次，两国经济存在着良性互补。巴西拥有广阔的土地，丰富的物产资源，但缺乏先进的生产技术，也缺乏发展资金，且工业结构不完整；中国拥有先进技术，金融储备雄厚，有庞大的市场和消费人群。无疑，中巴双方各自的经济优势明显，互补性强。同时应该看到，这些年来，巴西经济发展瓶颈越来越明显，中国的发展短板也不少。两国各自的发展需求，对中国企业和居住在巴西的华商来说，却是难得的机遇。

面对巨大的需求，巴西政府迫切希望开展国际合作，而中国的潜能更被看好。巴西很多州都有希望中国企业投资的基础设施项目，包括机场、公路、高铁、城轨、桥梁、港口、市政、水力发电等项目，以及大型农业、光伏发电、油厂等项目。这些基础设施项目，不但有属于联邦的，还有很多是属于州、市的。在经济发展和合作层面，巴西各州的自主性较强，因此中国企业与巴西多个州开展合作的磋商和互动十分频繁。当然，中巴两国的进出口贸易势头也令人欣喜，中国企业也大有作为。但篇幅有限，下面就中国企业在巴西的投资问题做一简要梳理和分析。

## 一、巴西的可投资领域与中国企业

2013 年，中国提出了“一带一路”倡议，大力推进与“一带一路”沿线国家的经济合作。包括巴西在内的拉美国家虽然不在“沿线国家”之列，但不久就被明确列为“一带一路”国家的“延伸”。

此外，巴西有一个其他拉美国家没有的优势：巴西是“金砖五国”之一。从“一带一路”倡议的原意来看，主要立足点是基础设施建设。现在，中巴双方在巴西基础设施方面开展合作的共识度很高。到过巴西的中国人都很清楚，巴西的基础设施的确很落后。巴西在20世纪中期建设起来的、当时还可以引以为傲的基础设施，到今天已显得陈旧不堪，要继续承担国家经济升级的历史使命，可谓勉为其难。实际上，不只是巴西，整个拉美地区的基础设施都好不到哪里去。不过笔者感觉到，巴西政府和有识之士对自己国家基础设施的落后状况是十分清楚的，对迫切改变这一现状的期待也溢于言表。这表现在，巴西各级政府特别是各州政府首要的任务是对基础设施（包括公路、港口、铁路、机场等等）进行改造。巴西政府认为需要更多投资的领域，是在农产品加工、能源和保税区、开发区等。此外，巴西对电力等方面的投资需求也很大。据说在一大批设想的投资项目中，仅电力一项，从2015年到2019年的5年内，就需要吸引投资1250亿美元。按照拉丁美洲开发银行的说法，在拉美地区，物流成本占最终产品成本的比重高达18%—35%，中小企业的这一比重甚至超过40%，而经济合作与发展组织（OECD）成员国的这一比重仅为8%[1]。巴西作为有强烈加速发展意向的新兴大国，这方面的缺陷更加突出。毋容置疑，物流成本的攀高，就是落后的基础设施惹的祸。据说，如果决定拉美地区物流的基础设施建设能达到中等收入国家的平均水平，那么拉美地区的GDP年均增长率可提高约2个百分点。所以，巴西要全面发展，非常希望吸引外资进入各行各业。显而易见，中巴经济合作，既是中国企业的机遇，也是巴西华商的机遇。

春江水暖鸭先知。中国企业利用中巴经济互补性强这一特点，已经加快了在巴西的投资。然而在2009年之前，中国对巴西的非金融类直接投资并不稳定，在一些年份还出现了高速增长之后紧接着大幅下落的

[1] 马豪恩：《“一带一路”倡议下的中拉合作：基于铁路基础设施的案例研究》，载《当代世界》，2018年第10期。

局面。2009 年之后，投资增幅开始较快。到 2010 年，中国就已成为巴西最大的投资来源国。截至 2011 年底，中国对巴西非金融类直接投资达到 10.72 亿美元。据巴西工业贸易发展部的统计，2003 年至 2011 年，中国企业在巴西宣布的投资项目有 86 个（其中 9 起为企业兼并收购），投资总额为 317 亿美元，涵盖了采矿、钢铁、石油天然气、输电、汽车制造、交通运输等多个部门。[1]

中国对巴西投资以“国企和资源领域先行”为特色。除中石化集团外，对巴西进行较大规模直接投资的，还有中化集团、国家电网、武钢集团和重庆粮食集团等，多为收购兼并。一些中国的制造业企业在巴西也获得成功。例如，格力电器 1998 年进入巴西市场，经过多年努力，已经成为当地市场占有率第二的空调品牌。2002 年，格力电器在巴西圣保罗成立销售公司，专门负责巴西市场的销售和服务。目前格力电器在巴西的销售已经遍及 24 个州，共有 200 多家经销商以及 300 多个服务网点[2]。

应该看到，中巴投资合作从“量”和“质”两个方面都有明显的提升。作为巴西的重要投资来源国之一，中国在巴西的投资领域在不断扩大，投资结构在逐渐优化。中国企业在巴西的最初投资从农业和矿业开始，现已扩大到电信、金融服务和电力等领域，并开始延伸到数字经济领域。例如，华为是巴西城市战略的重要合作伙伴，阿里巴巴旗下的全球速卖通已成巴西最受欢迎的跨境电商平台之一。此外，腾讯投资巴西新兴金融科技公司努班克，滴滴公司投资巴西移动出行平台 99 公司[3]，等等。遥望将来，这种投资前景还将越来越广阔。

除了投资外，中国企业在巴西建厂的可能性已经开始显现，企业这

---

[1] 王飞、吴缙嘉：《中国和巴西经贸关系的现状、机遇与挑战》，载《国际论坛》，2014 年第 4 期。

[2] 王飞、吴缙嘉：《中国和巴西经贸关系的现状、机遇与挑战》，载《国际论坛》，2014 年第 4 期。

[3] 彭桦、宫若涵（新华社记者）：《财经观察：中国和巴西多维度经贸合作不断升级》，新华社（巴西）圣保罗 2019 年 11 月 9 日电。

方面的积极性也很高。过去十多年来，中巴贸易额虽然翻了百十倍之多，但相形见绌的是，中国在巴西落地设厂不多。这种情况对中国不利。原因很简单，如果中国企业把较为便宜的巴西原材料运回中国，加工成产品后再运回巴西销售，还不如在巴西直接设厂就地销售更为有利可图（路途遥远会导致成本更高），而且可避免反倾销风险。众所周知，巴西的关税很高，反倾销也常发生。所以，在巴西已有成熟市场的华商，都希望在巴西设厂。

就地设厂的迫切性会随着市场的正向变化而增大。按照国际贸易的一般规律，在海外市场还不确定的情况下，可以选择出口；当有了一定的市场后，就要选择代理商；到了增长情况很好时，就要设门面店；一旦打开了市场，就要考虑设厂。现实情况是，中国一些有实力的厂商已经落地巴西，而且取得了不错的成效。所以，中国企业在巴西设厂应该提上议事日程。不过也应承认，中国企业在巴西的发展刚刚开始，在很多方面与一些早已进入巴西的他国企业相距甚远。例如，美国和日本企业进入巴西较早，均已在巴西建立了稳固的市场，且在巴西当地的企业制度发育已经十分成熟。中国企业进入巴西并在当地立足，肯定还需要时间，需要一个适应过程。这个过程可能是充满艰难曲折的，对此要有充分的估计。但对于中国企业来说，重要的是把握机遇，跟上形势，树立信心，以变应变，不能守株待兔。只有正确认识客观世界，勇于面对现实，才能少走弯路，减少犯错误。

显而易见，随着中国改革开放的深化，有条件有实力的中国企业走出国门，已经成为一种必然趋势，既是中国企业本身的期待，也是一些期待吸引中国资金和技术的国家的企盼。就前一方面来看，随着中国企业在巴西建厂的条件比过去成熟，巴西华商联合中国的“走出去”企业在巴西建厂的前景普遍被看好。比如，一些巴西华商乐意利用自身熟悉巴西国情特别是熟悉巴西法律的优势，为中国企业建厂提供各种形式的咨询服务。就后一方面来看，巴西的国情对中国企业十分有利。巴西自然资源丰富，工业基础落后，但巴西是金砖国家，又是拉美首屈一指的大国。还有，就巴西政府层面来说，则希望市场能够在作为开放经济体的巴西资源配置上发挥重要作用，同时希望中国企业在巴西经济发展中发挥助力功能。当然，也希望中国企业成功实现本地化，在巴西创造更多就业机会，与巴西本土企业一道共同推动巴西经济和社会发展。

## 二、巴西华商在中国企业投资中的助力和桥梁作用

众所周知，中国企业要到巴西投资，不可能靠企业本身在前景和目标不明的情况下“摸着石头过河”进入巴西。巴西有需要，中国有能力，看起来是两情相悦、一拍即合的事情，但在实际运行过程中，时而会遇到困难。敢于问鼎巴西基础设施项目的，多是中国国内技术能力和融资能力雄厚的实力型企业。实事求是地说，它们多是国企和央企。问题是，一段时期内，它们对进入巴西市场还缺少基本的信息。虽然这种情况肯定会随着时间的流逝和经验教训的积累（包括交“学费”）而逐渐减少，但作为一种曾经发生、现在可能还在延续的现象，还是有必要做好总结，以免重蹈覆辙。一些国内大型民企派到巴西的，往往是销售经理。他们的业务能力无懈可击，但却对巴西情况了解不多甚至近乎空白，因而在竞投标过程中难以做到游刃有余。例如，在洽谈中，听到对方需要的装机容量后，当场就开出工程报价，但实际上他们只是按照国内的报价。如果就此签约，投资必赔无疑。再如，有的已经拿到项目的企业，在项目实施过程中也常对合作方或效益的期盼值大吐苦水，好像拿了个烫手山芋。搞得不好，还会中途搁浅。不能说中方企业负责人对这些情况一无所知，一些参加过国际合作项目的人的头脑是清醒的，但他们的投资毕竟是跨洋过海作业，人生地不熟。尽管已找到了合作伙伴，尽管已考虑到了相关的法律和进行了必要的沟通，但这还是远远不够的。工程项目的竞标是一个综合工程，要考虑到多方面的因素。

首先，投标的标书可能需要当地的专业机构配合。其次，需要组合当地可能的社会资源，寻求支持。当然，要真正摸清当地情况，不仅在于业务领域，还应该包括政情、社情和侨情。扎实可靠的市场调研和风险评估报告是项目成功的保证，不可掉以轻心。此外，与对方的对接，

不仅是业务上的对接，还包括心理和文化的对接。另外，适当和准确的广告投放和项目宣传是不可或缺的，因为需要为项目建设争取人气。中国企业还应明白巴西的一个基本国情是，政府的钱是掌握在议会手中的。因此，争取与议会沟通不是可有可无的。

从巴西的角度来看，吸引中国投资的积极性，这之中包括法律保护的现实性。当前中巴两国各领域合作蓬勃发展。中国积极推动构建相互尊重、公平正义、合作共赢的新型国际关系，构建人类命运共同体。巴西是中国在拉丁美洲进行这“两个构建”不可或缺的战略伙伴。要使中巴经贸关系百尺竿头更进一步，双方应该关注以下几个问题：一是如何认识双方的比较优势及互补性；二是如何推动双向投资；三是如何在良好愿望与现实之间寻求最佳的平衡点，在这些方面，构筑中国与拉美民间经济交往的平台，助推中国和拉美国家经济交往十分重要；四是“国之交在于民相亲”，夯实中巴关系的民意基础，提升中国在巴西的“软实力”和国家形象，促进中巴合作的全面开展。这就需要加强中巴之间的人文交流。人文交流的基础，在于民心相通。民心相通，既包括中国民间与巴西当地民族的民心相通，也包括中国与居住国华侨华人的民心相通，以及中国通过居住国华侨华人作为桥梁和纽带，与当地居民的民心相通。这一切，都需要发挥当地巴西新老华侨华人的作用。此外，随着中巴贸易不断攀升，两国企业对中巴双边金融合作的需求也日益增强。应注意的是，中国的贷款和投资大多涉及能源和基础设施领域，直接投资以兼并和购买为主，这难免会使巴西的“防范之心”有所增强。此外，中国的贷款项目在环境保护等方面也受到质疑。中国今后要与世界环境保护规则相接轨，顺应国际通行的环境保护法规，这将是中国贷款援助成熟化的重要标志[1]。根据不完整的资料，20 世纪 70 年代以来，巴西就陆续出台了对中国企业开展投资合作的保护政策，签订了一系列协议，不同程度地为后来中巴两国在新形势下的合作打下了一定基础。

---

[1] 参见王飞、吴缙嘉：《中国和巴西经贸关系的现状、机遇与挑战》，载《国际论坛》，2014 年第 4 期。

巴西方面也有一些希望加强巴中合作的热心人士，有的在巴西官方和商界还有一定的影响力。这些热心人士与巴西华侨华人及其企业也有直接的联系渠道。例如，“巴中议员阵线”在当地与华商的合作中发挥了特殊的作用。2017 年 6 月 23 日，巴西国会众议员、“巴中议员阵线”主席皮纳多拜访巴中国际发展商会。他非常看好双边的经贸合作，愿意为推进巴中合作而努力。在巴西国会，由他牵头组建了“巴中议员阵线”，超过巴西众议院一半的议员参与了这个阵线。该阵线已经正式挂牌成立，据说成员达到 280 个，且还在不断增加中，在巴西政坛的影响力不小。

巴西一些州和市也表现出与中国合作的积极意向。大量的电力基础设施项目邀请中国企业投标。中国的高端电力装备企业思源电气全力参与了多个世界杯相关项目建设，在拉美市场树立了良好的市场口碑。特高压设备已成为中国装备制造业的“金色名片”，华侨华人在其中发挥了重要中介作用。2017 年 9 月 1 日，巴西圣保罗市长刚刚结束了在巴西的行程，福塔莱萨市市长罗伯托 · 克劳迪奥（Roberto Cláudio）开启中国之行，目的是吸引中国投资者来福塔莱萨投资，尤其是利用公私合作（PPP）的模式。据巴西《东北日报》8 月 1 日报道，这一行程的安排是在福塔莱萨政府公布了“福塔莱萨城市竞争力项目”之后。罗伯托 · 克劳迪奥表示，中国有兴趣在 PPP 模式下投资福塔莱萨的快速公交（BRT）项目。在中国，福塔莱萨市长及其团队还将在北京参加中国和巴西两国政府官员、企业家共同出席的论坛，两国的投资者将对合作机会进行探讨。此外，罗伯托 · 克劳迪奥还将赴上海同金砖国家银行的代表会面，商讨福塔莱萨市的融资项目。据悉，福塔莱萨市将利用 PPP 模式同国外投资者合作 15 个项目，包括公共场合的免费无线网、公园学校的建设、医疗设备等项目。除了福塔莱萨市政府外，其所在州——塞阿拉州州政府团队也于 9 月前往中国，参加金砖国家领导人第九次会晤相关活动。塞阿拉州州长卡米洛 · 桑塔纳（Camilo Santana）将利用这一机会推广该州的炼油厂项目等，同年 5 月，成立了中巴产能合作基金[1]。在巴西各州和市的层面，也表现出与中国合作的积极意向。华侨华人在其中所发挥的中介作用明显。例如，2018 年 7 月 14 日，巴西南大河州 8 位市长（代表巴西 70 位市长、联盟领导代表 6000 多家企业和 400 多个城市）、巴西 Palmeiradas Missões e Celeiros 地区代表、AMZOP 代表、CONTAC 代表、MPA e AMUNOR 代表一行 20 人组成的代表团，由巴中国际发展商会胡会长率领抵达北京考察。组织这次考察的巴中国际发展商会受巴西时任总统米歇尔・特梅尔委托。巴西南部市长团代表着南大河州，在农业生产方面拥有很大竞争力，需要寻求在环境领域的合作伙伴。他们此次到访中国，见到了很多中国高级官员、企业家和专家。访问旨在将巴西大豆、鸡肉、牛肉、猪肉、马黛茶等农产品推荐到中国，并学习中国先进的科技产业、食品深加工技术、智慧城市建设、基础设施建设、城市污水处理、LED、新能源汽车等，期盼将中国先进的企业引荐到巴西。巴西代表团受到了热情接待并与中粮集团签订了意向书。意向书的签署，旨在通过粮食库存政策，缩短巴西产品和中国市场的距离；巴西工业品的渠道开放，重点是进入中国市场，供应给超市连锁店和食品公司以及最终的消费者[2]。

巴西有丰富的自然资源，且以北里奥格兰德州为例。该州位于巴西紧邻大西洋的东北之角，风能、太阳能等可再生资源丰富，首府纳塔尔更是因为常年日照强烈，享有“太阳城”之誉，在太阳能、风能开发和使用方面，堪称巴西的重镇。此外，这里的矿业和农业资源丰富，也是铁矿石、海虾和水果的主要产地。两国的优势互补性表现在，巴西没有与之相匹配的基础设施，中国企业则有自身优势，因而巴西期待与中国开展新技术、新能源、智慧城市方面的合作，希望中国企业的技术和投资能够让双方的合作成为新时代巴中合作的模式。就中国方面来说，中国国家电力投资集团有限公司（国家电投）已在巴西风电领域运营超过

---

[1] 梦娜：《吸引投资，巴西市长相继赴中国访问》，巴西《南美侨报》，2017 年 8 月 3 日。

[2] 《祝贺巴西南大河州市长代表团的中国之行圆满成功》，巴中国际发展商会，2018 年 7 月 31 日。

10 年，纳塔尔周边就有其风电项目。其海外公司技术总监说，该企业希望在这里加大投资，共同开发新能源；中广核能源国际公司巴西公司 2019 年在北里奥格兰德州收购了两家小型风电厂，其巴西公司负责人说，北里奥格兰德州风能和太阳能资源丰富，除了收购，今后还希望在这里展开绿地项目；就巴西方面来看，巴西一家可再生能源公司的贸易经理丹塔斯表示，公司对与中企合作很感兴趣，其计划书已经获得巴西环保许可，正在寻求合作伙伴，公司已有与法国、意大利企业等开展合作的经验，希望能与技术上更为领先的中国企业成为新的合作伙伴。北里奥格兰德州官员说，铁矿和盐矿开采都是该州支柱产业，而海虾和水果是当地特色产品，质优量大，都有出口能力，但目前需要铁路和港口等配套基础设施。中铁十局巴西公司副总经理对洽谈会上有关铁路投融资项目介绍很感兴趣，和巴西有关部门就企业在中南美洲投融资和实体项目进行了交流，表示将认真了解该州资源和优惠政策，做进一步可行性研究。由于纳塔尔附近有卫星发射基地，与会的巴西科技创新部门官员奥拉沃 · 奥利韦拉在洽谈会上不仅积极寻找可再生能源开发和智慧城市建设的合作伙伴，也不放过空间合作的机会。他认为州政府和研究机构应协调更多企业开拓合作，比亚迪、海康威视等都是该州项目理想合作伙伴。该州州长贝泽拉则说，参加洽谈会的中资企业实力雄厚，多为高新技术领域领军企业[1]。2019 年 7 月上旬，中国驻累西腓总领事严宇清率领的由 10 多家中资企业组成的中国企业家代表团参加了纳塔尔洽谈会，双方在基础设施和新能源领域表示了强烈的合作意向。这表明，中巴经济合作发展到今天，已不是从前简单的货物买卖，而是迈上了新台阶，发展到清洁能源、高新技术等诸多领域。

包括在能源开发等高科技领域在内，目前中国方面可以与巴西开展合作的企业，主要还是国有企业。但它们在进军巴西、与巴方合作的过程中，不可能独力而为，不可能没有相应的中介人作为桥梁。实际上，

---

[1] 赵焱：《我们有资源，等你们的技术：巴西“太阳城”期待中国投资》，新华社（巴西）纳塔尔 2019 年 7 月 10 日电。

一些中国企业有自己进军巴西的桥梁，也已建立了自己的前哨站。他们就是改革开放后先后进入巴西的华侨华人，还包括他们在当地创办的企业。巴西的华人企业大多是依托中国前来发展的，因此他们与祖（籍）国的联系更加紧密。例如，2012 年，中国银行（巴西）有限公司开办了个人金融服务。经过不懈努力，个人客户逐步增加，业务范围亦不断扩大，并开办个人账户的开立、境内汇出汇入业务、外币兑换业务、境外汇出汇入业务等金融服务。2013 年还逐步提供网上银行、信用卡业务等各类金融服务产品，以进一步满足广大客户的金融服务需求。与此同时，为了加深巴中双方的相互了解，不少巴西华侨华人做了大量工作。

巴西的华侨华人和企业本身或许没有雄厚的资金，没有与之对接的技术，但由于他们来到巴西早，自身企业在巴西已积累了一定的经营经验和与当地官、商合作的经验，且比较熟悉当地法律（包括知道那些很容易误蹈其中的投资沼泽地），不少华人企业愿意充当这样的前哨站和平台，有的已经为中国企业到巴西投资进行意向性的合作探索，取得了一定的经验。就巴西地方政府和企业来说，则需要华侨华人及其企业在中巴之间牵线搭桥。于是，这些华侨华人及其企业便顺理成章地成为中巴两国企业投资合作的中介。应该指出，中国企业在巴西还有很长的路要走，其中包括与其他外资企业的竞争。从中国在巴西和拉美投资的情况来看，对当地情况了解不足，是一个很重要的原因。

其一，巴西华商在巴西地方对华招商意向中发挥中介作用。一个例子是亚马孙地区新的投资发展计划。亚马孙地区的确是外来投资者包括华侨华人和企业可以大显身手的地方，其中马瑙斯免税区是巴西政府优先发展的地区。据悉，作为全国一体化计划的一部分，马瑙斯免税区创建于巴西军政府时期的 1967 年。2013 年，巴西宣布延长马瑙斯免税区优惠年限 50 年。据巴西《经济价值报》报道，其时巴西总统罗塞芙在参加马瑙斯黑河新桥开通仪式上表示，为在亚马孙地区创造更多就业机会、实现该地区可持续发展，在前巴西总统卢拉执政期间，将马瑙斯免税区由 2013 年延长至 2023 年的基础上，决定将免税区优惠年限再次延长 50 年，并将优惠地域范围扩大至马瑙斯大都市圈[1]。

其二，巴西华商在巴中城市 / 省际合作中发挥中介作用。例如 2017 年，雅佩里市与厦门市的城市合作。适值金砖国家领导人厦门会晤议程进入第二天，经过前期考察、洽谈和深入了解，2017 年 9 月 4 日下午 16∶00，组团来厦参会的雅佩里市政府、巴中国际发展商会举行多方一揽子战略合作签约仪式。2018 年 11 月 25 日，巴中国际发展商会诚邀巴西 20 余位市长及政府代表、100 余家巴西企业助力中国湖北省（圣保罗）经贸合作洽谈会。巴中国际发展商会会长、湖北省国际贸易促进会副会长、中国驻圣保罗总领馆商务参赞、巴西南里奥格朗德州圣地亚哥市长，以及巴西企业家及中资公司代表等近 300 人出席。其中，有 200 多位巴西企业家出席洽谈会，其中有数十人从巴西的中部和南部赶来参加会议，举行双方签署合作协议，充分显示出巴西企业家对投资湖北的兴趣和热情。中国湖北贸促会的张副会长与巴中国际发展商会的胡会长签署了友好协议书。巴西南大河州圣地亚哥市市长代表巴西南部 110 余市的市长、巴西最大的工业和粮食联盟 CONTAC CUT、MPA 与中国湖北贸促会张副会长签署 1 亿美元的巴西农产品采购协议。此次洽谈会由湖北省人民政府主办，湖北省国际贸易促进会承办，巴中国际发展商会、鼎鸿商旅、巴西湖北联谊会等单位协办，并得到了中国驻圣保罗总领馆、巴西精英企业家联合会、巴西圣保罗州外贸协会等单位的支持。

又如，2018 年福斯伊瓜苏市与厦门市之间的友好城市战略合作意向。2018 年 1 月 11 日，巴中国际发展商会胡会长一行应邀对巴拉那州福斯伊瓜苏市市长进行为期三天的友好访问。该市 FRANCISCO 市长签署委托授权文件，意欲通过巴中国际发展商会加强与中国的全面合作。福斯伊瓜苏市是巴西的旅游重地，位于巴西与阿根廷交界处的伊瓜苏大瀑布号称是“世界新七大奇迹”之一，该市是所有到访巴西的旅游及商务考察团必游之地。该市有数万名中国侨民，一直致力于巴中两国的经

[1]《巴西宣布延长马瑙斯免税区优惠年限 50 年》，来源：驻巴西使馆经商处，2013 年 12 月 30 日。

贸和旅游合作。早在 2013 年，经巴中国际发展商会的牵线，福斯伊瓜苏市与中国厦门市签署友好城市合作意向书，4 年间，双边开展了 10 多项次的友好往来和项目合作。在 2017 年厦门金砖峰会前后，双边利用友好城市的便利加强了互访，确定了多项战略合作意向。为了将合作推向实处，伊瓜苏市决定再次委托巴中国际发展商会进行全面招商，促进伊瓜苏市和厦门市的友好城市正式签署。据说伊瓜苏市决定发展伊瓜苏国际机场扩建、BR–469 联邦高速公路拓宽、LINEAR MBOICY 主题公园建设、伊瓜苏市文娱中心建设以及建设五星级酒店、建设会议展览中心和中国保税产业园等项目[1]。

其三，巴西华商可以在巴西企业与中国企业的合作中发挥作用。无论是中国还是巴西，每个城市都有自己的发展特色。巴西各个城市都有众多的发展项目，希望借助中国的发展东风，将中国的优秀企业、优秀技术和产品、发展资金引进巴西。有消息说，巴西城市联盟愿意与巴中国际发展商会结成友好关系，共同开拓中国市场，也让更多中国企业参与巴西的投资。2019 年 5 月下旬，巴西巴中国际发展商会率领由 32 人组成的巴西政商代表团访华，先后访问了上海、江苏、浙江、湖北等地。该代表团由南里奥格朗德州“巴西中国议员阵线联盟”主席、圣保罗州 645 个城市市长联盟代表、巴中国际发展商会会长和巴西企业家组成，是近年来巴西赴华代表团规模较大的参访团，受到了中国当地政府和机构热情接待。其间，代表团进行参观访问、考察经贸、洽谈项目、出席论坛、签署协议等活动，并取得了圆满丰硕的成果，签署了多项合作协议，推动了中巴两国经贸、文化、科技等领域的交流与合作[2]。

2019 年 6 月 14 日下午，“2019 厦门国际投资贸易洽谈会”在圣保罗市议会举行推介会。中国驻圣保罗总领馆商务参赞、厦门市会议展览

[1] 《再受重托，福斯伊瓜苏欲加强与中国的合作交流》，来源：巴中发展商会网站，2018 年 1 月 18 日。

[2] 《巴西青田侨领率巴西政商代表团访华建立伙伴关系》，来源：（巴西）青田网，2019 年 6 月 24 日，巴中国际发展商会秘书处整理。

事务局副局长、山西省投资促进局副局长、南美洲闽南同乡会会长、圣保罗市议员、圣保罗市国际关系局特别助理、圣保罗市旅游局协调员、圣保罗州旅游厅厅长助理，以及圣保罗各侨团侨领等近 200 人参加了推介会[1]。

圣保罗坎皮纳斯（Campinas，简称坎市）政府多次与中国广东进行经贸文化交流。已有中国著名企业比亚迪、国家电网落户该市，为坎市经济发展做出了贡献。坎皮纳斯市政府除了支持双方的经贸合作，还鼓励倡导两国的文化交流。2019 年 4 月，坎市市长一行参观广东深圳等城市交流回来，亲见中国改革开放以来中国的变化，愿意加强跟中国的合作。2019 年 5 月 15 日下午，坎市政府邀请巴西广东同乡总会、巴中工商文化总会、巴西江门五邑青年联合会和坎市华人协会 4 个侨团聚集在坎市市政府办公厅与坎市政府官员进行合作交流座谈会议。坎市市长希望与广东方面的经济合作，得到广东四侨团和广东侨联及政府部门的支持与协助[2]。为了推进坎市与中国的往来，该市市长在 7 月再次访问了中国深圳和北京等地。在深圳，他参观了云计算中心等中国的科技巨头，希望通过对深圳这个新兴的创新科技城市的访问，借助中国“一带一路”的发展契机，进一步推动坎市与中国科技领域的交流合作。8 月，由一位副市长率领的代表团将访问中国的广东等地，以落实双方合作共赢的具体对接项目[3]。

此外，中国有的省份在巴西设立了海外商会或分支商会，表明了这些省份对发展与巴西经济关系的重视。例如，巴西广东商会早在 2013 年 11 月 5 日就已经正式揭牌成立，会长为苏梓祐先生。会址设在南美洲最大的国际都市之一巴西圣保罗最繁华的商业中心——保利斯达大街。商会向巴西政府注册，是在广东省贸促会和广东国际商会的指导和

[1] 《走进金砖巴西：2019 厦洽会圣保罗推介取得圆满成功》，中国国际投资贸易洽谈会网站，2019 年 6 月 18 日。

[2] 《圣保罗四侨团与坎皮纳斯市政府交流座谈会》，巴西侨讯，巴西侨网。

[3] 《庆祝中巴建交 45 周年：访坎皮纳斯市市长》，巴西侨网，《南美侨报》记者袁一平访问了市长 Jonas Donizete 先生后的报道。

支持下，由巴西、中国广东省以及其他地区的经贸界人士，企业法人团体等组成的非盈利、公益性民间团体组织。商会秉承服务家乡建设，服务侨胞经济发展，服务工商企业开拓巴西市场的宗旨，为巴西和广东省之间搭建友好交往和商贸交流的一个平台。依据巴西的法律和国际贸易的法规，积极开展会务，团结发展会员并提供相关服务，配合广东经济转型升级，为广东企业开拓巴西市场服务，宣传广东的招商引资政策，促进巴西和广东之间的经贸合作交流活动。到 2018 年，为服务国家的“走出去”战略和广东省的“引资、引智、引技”工作，亦为了响应广东省贸促会（广东国际商会）在全球范围内积极推动成立海外粤商会的形势，原巴西广东商会于 2019 年 1 月改名为巴西粤商会，会长亦为苏梓祐先生。广东省有关部门还制定了《海外粤商会工作管理办法》，规定粤商会以“开放、共赢、诚信、奉献”为宗旨，以“宣传广东，服务海外粤商”为目标，努力塑造“团结、开拓、务实”的粤商形象，依照国家对外经济部署和广东省委、省政府的总体规划部署，在广东省贸促会（广东国际商会）的指导下设立的海外粤商合作平台，着力整合粤商资源，打造粤商品牌，建立粤商长效统筹机制。粤商会同时接受当地中华总商会的指导。按照《海外粤商会工作管理办法》的规定，申请加入粤商会者，应是在驻在国（地区）实力雄厚、有影响力和号召力的爱国企业家或先进行业领军人物。需要具备“四有”条件，即，有一定数量规模较大的会员企业，有固定办公场所，有专职工作人员，有完整的组织架构和工作制度。同时要符合驻在国（地区）法律法规，申请人有驻在国（地区）批准设立的登记证书。粤商会（巴西分会）积极统筹和组织会员单位参与境内外重大经贸活动、大型公益慈善活动，服务境外企业参与国家的“一带一路”和粤港澳大湾区建设，帮助企业“走出去、引进来”。

在中国企业走进巴西的过程中，中国官方的推进作用仍是必不可少的。2019 年 6 月 28 日上午，中国驻圣保罗陈总领事应邀出席由巴西中资企业协会和巴西维拉诺律师事务所联合举办的“中巴合作圆桌会议”并致辞。巴西联邦地区发展部部长、副部长以及巴西中资企业协会、徐工、中行、国网巴控、工行、中交建等 10 余家中资企业代表出席活动。发展部部长的讲话有助于中资企业了解巴西政府经贸政策以及重点合作项目，进一步挖掘双方合作潜能，共同推进中巴务实合作朝着更加均衡、全面的方向发展。双方共同看好未来合作愿景。

必须指出，华商对企业的中介服务不可能是永远不变的，中资企业也要尽快成长起来，学会融入当地。要在当地更好地生存和发展，就要适应当地的游戏规则，了解当地的文化。例如 DL 公司，在 2006 年因为会计操作失误，被圣保罗财政机关罚款 25 万美元。当罚款单送达公司之后，该公司领导才意识到，国际投资还有最重要的一面，就是对所在地工商规则的熟悉与尊重。从那一天起，DL 公司组建了自己的报税团队。到约 2018 年，在这个 1000 来人的公司里，报税团队就有 15 人和两名专业税务顾问。在投资团队中，中国同事时常会淹没在近千名巴西同行的人群里，变得“鹤立鸡群”。公司其他管理层全部聘用巴西当地人，这样做，是为了尽可能让文化的差异减到最少。此举效果显著，例如，公司员工莱安德鲁是圣保罗人，13 年前加入了徐为的 DL 公司。很多时候，他甚至忘记了这是一家中资企业，而将之当作自己的家。这也堪称是一种文化了解与文明融入。

有一个并非无关紧要的问题是，企业走出去如何进行必要的“文化备课”。“文化备课”的目的，是要做足功课，避免“文化自伤”[1]。为此，就要向当地专家、民众以及老牌跨国公司学习，向当地民众学习（包括向生于斯长于斯的华侨华人学习），真正做到入乡随俗，入境问禁，知己知彼，进行跨文化学习、适应和改变，实现不同语言文化的愉快相处。当前，中国在加速走近世界舞台中心。在当地人眼里，走出去的中国企业，总是不可避免地跟中国这个迅速崛起中的世界大国联系在一起。因此，中国企业走出去，不能素面朝天，须视情势需要进行适当的“梳理打扮”。文化走出去，既是慢功，也是硬功。走出去的过程就是不

[1] 参陈效卫（记者）:《文化走出去，怎样不“自伤”》，人民网巴西 2019 年 3 月 25 日电。

断学习的过程，学海无涯，学无止境。

最后还要提到的一点是，中国企业走出去，也要熟悉拉美当地的生活观念和无处不在的“享乐文化”。包括巴西在内，拉美当地民族的“美好生活”理念由来已久，根深蒂固。这种理念曾经体现在居住地的多民族、自治、集体形式和共同体土地所有制与经济原则，推动了拉美社会的理念发展与民族文化的现代化。地区社会发展，需要“美好生活”理念中的集体认同观念[1]。拉美人认为“美好生活”对团结、集体、劳动的尊重，源自对自然的尊重，契合了当今社会的发展理念。对此，应该正确分析，认真看待。中国与拉美国家需要积极推进人类文明互鉴，共同探索人—自然—社会多维和谐的“美好生活”。

[1] 韩晗：《印第安传统理念在拉美的制度构建与挑战》，来源：中国社科院国际研究学部，2019 年 4 月 28 日。原题为《略述“美好生活”印第安理念在拉美的制度实践与挑战：以玻利维亚、厄瓜多尔为例》，载《中央民族大学学报（哲学社会科学版）》，2019 年第 1 期。

# 印尼华人历史纪念馆与印尼华人集体记忆重建

## ——兼谈当代印尼华裔企业家的社会责任[1]

施雪琴

**摘　要：** 后苏哈托时期见证了印尼华人的族群意识与文化复兴，其中华人历史纪念馆的兴建成为华人族群文化意识复兴的一个重要象征。本文在对印尼华人纪念馆田野调查的基础上，考察了后苏哈托时期华人历史博物馆兴建的动因、机制与意义。印尼华人博物馆的兴建，不仅体现了华人对族群历史文化的追溯，同时也反映了华人与当地的融合与政治认同的变迁。更值得指出的是，华人历史博物馆通过华人参与民族国家建构历史的展示重新塑造了华人的集体与文化记忆。值得指出的是，当代印尼华裔企业家是参与建设华人历史博物馆的重要推动力量，他们捐资兴建华人历史博物馆的行动充分彰显了华人企业家在传承华族历史文化方面的社会责任与使命担当。

**关键词：** 印尼华人；历史博物馆；集体记忆；社会责任

## 引言

1998 年印尼苏哈托威权统治垮台后，伴随着印尼政治改革，尤其是

[1] 本文原发表于《八桂侨刊》，2016 年第 3 期。原文题为《文化传承与集体记忆构建：当代印尼华人历史纪念馆的功能分析》。

在加快民主化进程、推动多元文化发展、逐渐取消歧视压制华人的政策法律的大背景下，印尼华人文化与社会开始逐渐步入复兴与发展阶段，集中表现为华人社团的恢复与发展、华文报纸的创办以及华文教育的繁荣。后苏哈托时期，消失了 30 多年的华人文化在印尼社会重现并呈现出繁荣的态势，凸显印华社会对华人文化复兴与华人文化认同的肯定。在印华社会复兴其族群文化与身份认同的过程中，不能回避对其族群历史记忆的追溯与建构，因此，印尼华社开始兴建华族历史纪念馆（博物馆），以此作为保存华人历史文化、延续或重建华人集体记忆的基石。近年来印尼华社兴建了三个印尼华人历史纪念馆，即文登土生华人文化博物馆、渤良安福利基金会印尼华人历史纪念馆以及印尼客家博物馆，这些华人历史纪念馆、博物馆成为印尼华人保存历史与重建集体记忆的重要方式，其中华裔企业家是参与建设华人历史博物馆的重要力量，他们捐资兴建华人历史博物馆的行动充分彰显了华人企业家在传承华族历史文化方面的社会责任。

## 一、后苏哈托时期印尼华人历史博物馆的建立

目前在印尼有三个比较有影响力的华人历史纪念馆，它们是位于雅加达市郊的文登土生华人文化博物馆、万隆的渤良安福利基金会印尼华人历史纪念馆以及位于雅加达印尼微缩公园的客家博物馆。下面先对上述三个博物馆的基本情况做一简单的介绍。

### （一）文登土生华人文化博物馆

文登华人文化博物馆位于雅加达市西郊 20 公里的唐格朗市，因该处有荷兰人建立的大碉堡（Benteng），所以华人习惯上称之为文登（或文丁）。华人移居文登历史悠久，可追溯到 1407 年，相传来自福建的 CHEN CI LUNG 带领一些乡亲沿着芝沙丹尼河来文登经商贸易并逐渐定

居下来。[1] 荷兰人占领雅加达后，大批华人从雅加达到文登开拓，发展农业、制糖业、酿造酱油等行业，使文登的开发进入黄金时期，并形成规模较大的华人聚居区与商业市镇。1684 年，华人在文登建立了文德庙（Boen Tek Biao），经过 300 多年的变迁，如今依然香火旺盛，信众络绎不绝。

文登华人具有鲜明的特点，在数百年的历史变迁中，他们已经与当地人通婚、融合，肤色黝黑，与土著无异，且不会讲中文，但令人惊异的是，文登华人还保留着祖先传承下来的传统习俗与节庆活动，如祭祀祖先，过端午节赛龙舟，舞狮舞龙，中国古代的结婚仪式与民居陈设布置等。

华人文化在文登的传承为文登华人历史博物馆的创办孕育了土壤。2011 年 11 月 11 日，经过数年的筹备，文登华人历史文化学者、教育家与企业家林振鹏（Udaya Halim）、林振正兄弟创办的文登土生华人历史博物馆正式落成。该博物馆位于文登唐人区的传统集市 Lama Pasar 内，靠近文德庙。博物馆共有两层楼，原为华人会馆遗址，后林振鹏先生花巨资购下，修缮后正式开辟为文登土生华人文化博物馆（Benteng Heritage: Museum of Chinese-Indonesian Culture）。林振鹏先生祖籍厦门同安角尾（现福建漳州龙海角美镇埔尾村），出生在印尼文登，为第三代印尼华人。他父亲曾担任文登华侨学校与华人社团的负责人，林先生少年时曾接受短期的华文教育，华侨学校被强制关闭后失去了继续学习中华文化的机会。但受父辈影响，林先生热爱华人文化并热心华社公益事业，现担任文德庙基金会主席（2013—2016），他也积极推动文登地区的教育事业，在文登创办了王子国际学校，并兼任印尼国王教育集团的执行主席。林先生 1997 年移民澳洲，开始关注印尼华人文化传承与文博事业的发展，并萌生了在文登创办华人历史纪念馆的想法。他在澳洲进修博物馆管理后，相继考察了马六甲、槟榔屿等地的华人历史博物馆，最后决定筹资创办印尼文登土生华人历史博物馆，以此来保存与传承华人历史文化，并向印尼社会展示华人对印尼开发的贡献与成就。

---

[1] "Indonesia Raya" di Benteng Heritage, KOMPAS, Sabtu, 15 August, 2015.

2011 年 11 月 11 日，文登土生华人历史博物馆正式落成开馆，成为印尼首家土生华人博物馆。该博物馆主要收藏关于华人历史文化实物、对联、牌匾、神像雕塑、生活用品、生产工具、印尼土生华人的家具服饰以及印尼华人的一些珍贵历史图片与文物。尤其是收藏了录制印尼民族主义者 Wage Rudolf Supratman 于 1928 年 10 月创作 “Indonesia Raya”（伟大的印度尼西亚）的首张唱片，该歌曲在 1945 年 8 月 17 日印尼独立时被宣布为印尼国歌。值得指出的是，印尼华人对这首印尼民族主义歌曲的发表与传播做出了巨大贡献。是印尼华人首次于 1928 年 11 月 10 日不顾荷印殖民政府禁令在印尼华人创办的马来文周报《新报》（*Sin Po*）上公开发表这首歌曲，另一位华人 Yo Kim Tjan 在海外录制该首歌曲，并将复制唱片秘密带回印尼传播。印尼华人与印尼国歌的这一段关系，成为华人支持印尼民族主义、支持印尼独立建国的重要见证。如今，林先生收藏的这张唱片成为文登土生华人历史博物馆的“镇馆之宝”。

### （二）万隆渤良安福利基金会印尼华人历史纪念馆

渤良安福利基金会[1]（Yayasan Dana Sosial Priangan，缩写为 YDSP）是印尼万隆华人商业巨子李湘生先生[2]于 1976 年倡议筹建的华社公益组织。李湘生等万隆华社领袖与闻人在 20 世纪 70 年代提出建立办理华人

[1] 该基金会是印尼万隆各姓氏华人联合创办的一个慈善机构，最初共有 9 名立案人，他们是李湘生、方高明、张爱枢、陈侣盛、吴元昌、钟顺文、宋达如、谢发新、李玉宜以及 65 名发起人。基金会以印尼建国五原则 PANCASILA 为基本准则，不分种族、区域与宗教信仰，致力于印华族群之间的友好亲善，积极融入主流社会。参见《印尼万隆渤良安福利基金会成立三十周年纪念特刊（1976—2006）》，印尼万隆渤良安福利基金会，2006 年。

[2] 李湘生（1917—1984），祖籍广东梅县丙村郑均乡，20 世纪 30 年代南渡印尼谋生，在印尼万隆创业数十年，创办永兴公司染织厂，经营纺织行业，后成为印尼军队毛巾、军靴、制服等军需物品的供应商，事业得到迅猛发展。李先生创下辉煌的事业后，不忘社会公益福利事业，他利用与万隆地方与印尼中央军政官员的良好关系，创建并领导了苏哈托时期印尼万隆华人的第一个社团——渤良安福利基金会。该基金会积极推动华印民族友好关系，修路架桥，兴办学校，救灾济贫，并协助政府训练治安人员，改善万隆地区治安，成为印尼华人融入印尼社会的重要推动者。参见《印尼万隆渤良安福利基金会成立三十周年纪念特刊（1976—2006）》。

丧事之殡仪馆，该倡议得到万隆华社各姓氏基金会[1]的积极响应，华社出资出力，购得2000多平方米的土地，于1977年初建成基金会会所，并向印尼政府有关部门申请备案，同时选出理事会监事20多人，李湘生先生担任首届理事会主席。1979年会所正式落成使用，万隆军政长官及社会名流均前来祝贺。渤良安基金会建立近四十年来，一直致力于推动华社参加慈善公益事业，推动华印族群关系和谐发展，取得了突出的成就，并多次得到万隆市与西爪哇省政府的肯定与表彰，为华人融入印尼主流社会，构建华印族群友谊桥梁做出了积极贡献。（见表16–1）

**表16–1 印尼万隆渤良安福利基金会大事表（1976—2011）[2]**

| 时间 | 主要事件 | 备注 |
|---|---|---|
| 1976 | 华人企业家李湘生倡议建立会所，得到华社响应，当年购得2000多平方米土地。 | 目的是沟通华人社区信息，联络情谊，保留华族优秀文化，致力社会慈善福利事业。并向司法公证人处立案，定名为渤良安福利基金会。 |
| 1978 | 选举首届理监事 | 由数十姓宗亲单位选出27名执监委员，李湘生当选为第一届主席 |
| 1979 | 会所落成启用 | 万隆地方军政长官亲临立碑剪彩 |

---

[1] 目前万隆华社约有100个姓氏基金会。分别为李氏、黄氏、梁氏、池氏、黎氏、卢氏、田氏、康氏、毛氏、邝氏、吴氏、谢氏、游氏、侯氏、温氏、蒋氏、孙氏、欧氏、伍氏、肖氏、丘氏、叶氏、古氏、赖氏、余氏、冯氏、韩氏、翁氏、甘氏、董氏、刘氏、徐氏、宋氏、朱氏、罗氏、蓝氏、薛氏、严氏、戴氏、柯氏、钟氏、何氏、赵氏、廖氏、郑氏、谭氏、江氏、尤氏、俞氏、利氏、郭氏、林氏、程氏、巫氏、庄氏、倪氏、纪氏、詹氏、曾氏、葛氏、陈氏、张氏、颜氏、邓氏、彭氏、傅氏、幸氏、洪氏、方氏、杨氏、蔡氏、潘氏、饶氏、邬氏、卜氏、房氏、丁氏、姚氏、吕氏、唐氏、许氏、望氏、曹氏、胡氏、涂氏、文氏、高氏、阙氏、管氏、沈氏、周氏、汤氏、邹氏、关氏、童氏、范氏、熊氏、施氏、苏氏宗亲会。参见《印尼万隆渤良安福利基金会成立三十周年纪念特刊（1976—2006）》。

[2] 笔者根据《印尼万隆渤良安福利基金会创会35周年纪念特刊（1976—2011）》整理。参见《印尼万隆渤良安福利基金会创会35周年纪念特刊（1976—2011）》，印尼万隆渤良安福利基金会，2011年。

续表

| 时间 | 主要事件 | 备注 |
|---|---|---|
| 1980—1981 | 救灾济贫，捐资兴学 | 成为印尼国民义务培育活动常年性的捐助者 |
| 1982 | 打横的加隆贡（Galunggung）火山爆发，基金会带领万隆华裔开展大规模的捐助活动 | 基金会第一次融入印尼主流社会，搭建了印华族群之间的桥梁；与其他宗教机构共同赈灾济贫 |
| 1983 | 购得 8000 多平方米地皮 | |
| 1984 | 李湘生先生逝世 | 吴世友先生继任 |
| 1986 | 百氏祠落成开幕，各姓氏供奉祖宗牌位共 70 座 | 此后，百氏祠每年举行春祭秋祭仪式来祭祀各宗姓祖先 |
| 1987 | 陈富声先生当选为第五届主席，设立百氏祠康乐部 | 设立国乐组卡拉 OK，象棋组，成为华人娱乐与中华文化传承之场所 |
| 1992 | 在纪念印尼国民社会效忠日（HKSN），成为慈善机构之一，并获得印尼社会部长颁发的荣誉奖状 | |
| 1993 | 再购得 5000 多平方米地皮，作为免费供贫苦华人去世后的安葬坟地 | |
| 1994 | 接待中华人民共和国民政部代表团考察殡仪馆建设运作模式 | |
| 1995 | 印尼政府颁布简化外侨选择印尼国籍条例，基金会协助 5000 多名印尼华裔获得归化证 | |
| 1998 | 李冠汉先生在任主席期间，建立思亲堂；举办廉价义卖 9 种生活品活动，救济万隆贫民 | |
| 2002 | 李湘生先生之子李振健先生当选第十届主席 | |
| 2003 | 万隆与西爪哇省社会福利统筹机构访问并赠送一笔福利基金，获得万隆市市长颁布的奖状 | |
| 2004 | 获得国民义务培育机构的感谢状，获得万隆市市长颁发的国民社会效忠日的表彰，积极参加亚齐大海啸救济灾民 | |
| 2005 | 获得西爪哇省社会福利统筹机构的嘉奖 | |
| 2006 | 参与一系列救济灾民活动 | |
| 2007 | 捐赠万隆伊斯兰习经院文教用品；印尼国庆日，联合万隆其他华人基金会共同举办义诊与医疗保健服务 | 包括万隆企业家慈善机构，客属联谊会，劲松基金会，闽南基金会，永定同乡会 |

续表

| 时间 | 主要事件 | 备注 |
| --- | --- | --- |
| 2008—2011 | 开展一系列慈善与推动华印族友谊的活动，建立印尼华人历史纪念馆 | 包括救济灾民，救济孤儿院、养老院，捐资助学，义诊，华印族友好座谈会 |

在梳理了万隆渤良安福利基金会的发展历史与主要活动后，我们看到万隆华社在苏哈托时期探索出一条印尼华人融入主流社会、保存传统文化、在艰难环境中求得生存与发展的道路。渤良安福利基金会的活动紧紧围绕慈善福利宗旨，不仅为华人谋福利，而且秉承中华文化“老吾老以及人之老，幼吾幼以及人之幼”的传统，将慈善事业扩大到印尼友族，以表达华人融入印尼社会的目标，并塑造华社领袖热心公益的形象与华人乐善好施的文化传统。

推动华人融入印尼社会是渤良安福利基金会的宗旨，在这种背景下，2011 年渤良安福利基金会建立的华人历史纪念馆及其展览内容也反映了福利基金会的这一思想。该华人历史纪念馆面积不大，展览内容也不是特别丰富，以图片展览为主，主要分为华人传统文化、华人迁移印尼简史、华人对印尼国家建设的贡献三个部分，其中重点是展示华人在各个领域对印尼的贡献，尤其是华人参与印尼独立斗争的历史及华人在政治、文化、艺术与体育领域对印尼的杰出贡献，宗旨是体现华人的政治认同以及与印尼国家独立和发展融为一体的历史。（见表 16–2）

**表 16–2　渤良安福利基金会华人历史纪念馆展示华人对印尼的贡献 [1]**

| 姓名 | 备注 |
| --- | --- |
| 参加 1928 年“青年宣誓”的华人志士：郭添红、叶全明、林群贤、黄廷瑞、陈英华、黄开祥、刘全福、周仁贵 | 1928 年的“青年宣誓”是印尼民族独立运动的里程碑，华人参与“青年宣誓”反映了华人政治上认同印尼、支持印尼独立运动的思想 |

[1] 笔者根据渤良安福利基金会华人历史博物馆展览内容整理。

续表

| 姓名 | 备注 |
| --- | --- |
| 李约翰将军 | 为印尼独立做出巨大贡献，2009 年 11 月 9 日，苏西洛总统授予他“印尼民族英雄”荣衔及“优秀先驱伟大儿女”勋章 |
| 饶吉祥 | 为印尼独立运动的领袖提供住宿与会议场所，1945 年 8 月 16 日印尼独立宣言在饶家平房起草完毕。饶家平房成为印尼独立运动的历史见证 |
| 陈振丰 | 曾任苏加诺总统的私人医生，国会议员，“国民交流理解统一轴心委员会”主席，1997—1998 年协助万隆华人迅速办理印尼国籍证件；创办“万隆企业家慈善机构”，推动万隆华人积极参与社会公益慈善活动，对维护族群和谐做出巨大贡献 |
| 陈博源、萧玉灿、黄自达、王恩德、大卫振宏、李捷登、陈金良 | 苏加诺政府时期的华人部长 |
| 郑建盛 | 苏哈托时期担任内阁工业与贸易部部长 |
| 郭建义 | 瓦希德时期经济、财政及工业部部长 |
| 冯惠兰、陈端鑫 | 苏西洛总统时期的华人部长 |
| 冯莱金 | 经济学家、教育家 |
| 林阿五 | 著名建筑设计师，万隆多座市政大楼的设计者 |
| 谢道灿、李清德、赖龙直 | 廖内省独立斗争战士，印尼共和国退伍军人 |
| 韩连光 | 为印尼独立运动时期游击队“共和国之虎”提供联络站与武器 |
| 林泰义 | 积极参加反荷兰武装斗争，1947—1948 年被荷兰军队逮捕监禁 |
| 黄英树 | 独立运动时期西里旺义第三军区后勤部司令 |
| 苏文生准尉 | 参加独立运动 |
| 谢玉全医生少尉 | 参加独立运动 |
| 詹兰娘 | 为独立军办理食堂，被称为“军队的母亲” |
| 郭察光 | 参加独立运动，1950 年荣获国家勋章 |
| 温北兴 | 为独立军提供物资 |
| 黄金毕 | 为独立军提供物资，数次被捕入狱，1960 年获印尼退伍军人勋章 |

续表

| 姓名 | 备注 |
| --- | --- |
| 施金连 | 参加梭罗学生游击队牺牲，是梭罗市如鲁克烈士陵园唯一安葬的华人烈士 |
| 唐金登 | 苏门答腊第四军雄牛第九师，为独立军筹集物资，荣获第二次独立战争效忠勋章 |
| 陈友福、梁海量、林水镜、王莲香、魏仁芳、梁春生、洪亚比、洪忠和、李英华、阿迪、纪明发、洪忠中、范德峰 | 印尼著名羽球运动员 |
| 林传福 | 印尼著名电影导演，连续六次获得印尼最佳电影导演奖，培养了众多印尼电影明星 |
| 米拉西塔尔达 | 印尼著名的华人文化研究者 |
| 郭德怀 | 华人文学家，作品多以小说、戏剧为主，反映侨生的社会生活与宗教信仰 |
| 甘国亮 | 翻译家，将 50 多部中国武侠小说翻译成马来文在印尼传播 |
| 许平和 | 印尼著名的武侠小说作家，在印尼武侠小说史上有重要地位 |
| 许振立 | 印尼著名电视节目制作人与喜剧演员 |
| 黄锦堂 | 著名武侠小说翻译家，将上百部闽南语武侠小说翻译成马来文在印尼流传，其代表作为《钦勇之鹰三部曲》 |
| 甘国辉 | 华人武侠小说作家与出版家 |

### （三）印尼客家博物馆

印尼目前最大的华人历史博物馆是 2014 年才落成开幕的客家博物馆，该博物馆位于印尼雅加达东区印尼微缩公园内部。占地 5000 平方米，三层楼高，建筑物呈圆形，每一层直径 45 米，总实用面积为 5000 平方米。它是依照福建省永定客家土楼，素有“土楼王子”美称的“振成楼”为蓝本建造的。建筑蓝图是聘请中国梅州市城市规划设计院设计的；从规划、建造到布展工作共费时两年半，并于 2014 年 8 月 30 日由印尼总统苏西洛阁下主持，在众多印尼政商名流的见证之下鸣锣开馆，正式启用。

根据客家博物馆工委会主席李世镰先生的介绍，客家博物馆的兴建要追溯到 2004 年。当时，前总统苏哈多将微缩公园内 45000 平方米的土地拨给华社作为建造“印尼华人文化公园”的场地，由时任“印华百家姓协会”总主席的熊德怡（Tedy Jusuf）退休准将收领。此时，适逢中国厦门市市长张昌平访问雅加达，知悉这情况后便承诺由他们来免费设计整个公园的规划。但由于资金筹措的问题，工程迟迟没有开工。2011 年，时任印尼客属联谊总会主席的叶联礼先生决定由印尼客属联谊总会来推动建立“印尼华人文化公园”。基于他作为“印尼客属联谊总会”主席的身份与地位，他呼吁全印尼的客家人积极支持，提出首先聚集客家人的力量来先完成“印尼客家博物馆”的建设，以此作为建立“印尼华人文化公园”的替代方案。多位印尼客家乡贤带头捐献，共募集到 2000 万美元资金，终于在 2014 年建成印尼客家博物馆，博物馆以闻名世界的客家土楼——福建永定“振成楼”为模本，结合现代建筑理念，打造了一座外观形似土楼、内部设施完善的博物馆。2014 年 8 月 30 日，印尼客家博物馆分为三个部分，一楼为中华文化展厅，二楼为客家博物馆，三楼为印尼永定客家人文展厅。展示内容包括以下几个部分：中华文化简介，客家人迁徙的历史，尤其是华人祖先南来的历史；印尼华人文化传统，包括从语言、音乐、戏剧、美术、器具、食物、医药、服饰等方面展示华人对印尼的影响与华印文化的融合。特别值得指出的是，博物馆的重点展览内容是介绍近代以来对印尼做出杰出贡献的华人，包括参与印尼各地开发、参加民族独立运动的华族先驱，以及许多在军政、体育、学术、文化、教育、美术、电影各领域做出杰出成就的华裔人士。

印尼微缩公园是印尼各民族文化的展示厅，它被认为是苏哈托“新秩序政府为了建立公民意识、贯彻印尼主体性且让印尼国民臣服政府统治所建立的展示橱窗”。[1] 由此可见，微缩公园不仅蕴含了苏哈托政府

[1] Alliaioli, Greg, Pavilions and Posters: Showcasing Diversity and Development in Contemporary Indonesian, *Eikon*, No.1, pp.27–42. 转引自云昌耀：《当代印尼华人的认同》，群学出版有限公司，2012 年，第 103 页。

国家文化政策的政治含义，而且体现了印尼的民族主义与印尼人的归属感。在新秩序时期，印尼华人被视为“外来者”“非原住民”，其文化自然被排斥在微缩公园之外。而“缺少一个属于印尼华裔的文化场馆，不言而喻地透露出该族群的地位”。[1]新秩序政权垮台后，随着印尼各届政府对歧视华人政策的废除与修正，代表华人文化的客家博物馆被放置在象征印尼多民族文化橱窗的微缩公园内展示，这对印尼政治与印尼华人都具有深远意义，客家博物馆在政治层面上可谓是印尼多元主义政治理念的体现，对印尼华人而言，它是印尼政府对其政治身份与文化身份的肯定，正如熊德怡主席所言：“这个博物馆将变成已经成为印尼民族大家庭一分子的所有华裔印尼公民的骄傲。”[2]

## 二、印尼华人历史博物馆之建立：动因与基础

### （一）当代印尼华人文化的复兴

从根本上看，近年来印尼华人历史博物馆、纪念馆的兴建是后苏哈托时期印尼政治民主化进程加快、多元文化政策得到推广、歧视华人的法律与政策被废除、中国影响力在印尼极大提升、中印尼关系良性互动等因素推动下华人族群意识觉醒与复兴的表现与产物。

1998 年，苏哈托军人政权垮台后，在印尼华人社团的呼吁与推动下，废除苏哈托时期颁布的歧视华人的法律与政策、改善华人地位、推动种族平等与和谐成为后苏哈托时期印尼政治的一个焦点。华人社会也开始觉醒并组织起来呼吁改善华人地位，争取族群平等，保障华人合法权益。1998 年华裔企业家、社会活动家汪友山先生率先联合几十位印尼华裔创办了“百家姓”组织。1999 年 2 月，在汪友山（Eddie

[1] Purdey, Jemma, Reopening the Asimilasi vs Integrasi Debate, Ethnic Chinese Identity in Post-Suharto Indonesia, *Asian Ethnicity*, Vol.4, No.3, pp.421–437.

[2] 云昌耀：《当代印尼华人的认同》，第 103 页。

Lembong)、傅志宽、黄进益等 19 位印尼华裔领袖的倡议下，又在雅加达成立印尼华裔总会。华裔总会提出华人效忠印尼、族群平等、尊重人权、为华人谋取福祉、建设新印尼等主张。华裔总会的倡议得到华人社会的积极响应，自 1999 至 2009 年，已在全印尼 12 个省设立了分会，印尼华裔总会和各地分会积极参与印尼经济建设、扶贫、救灾和文化教育，赢得了政府和民众的广泛赞扬，并在推动中印尼民间交流中发挥了积极作用。在印尼华人族群意识的觉醒与复兴浪潮中，印尼华人领袖汪友山先生可以说在引导华人推动民族和解与国家建设过程中扮演了重要的角色。汪友山先生在 2006 年离开华裔总会后，创立了“民族建设基金会”（National Building Dalam Kesetaan Tanpa Pembedaan，简称为 Yayasan NABIL），其中心任务是研究如何促进各民族和谐相处、多元民族如何共存。该机构提出五项宗旨：第一，积极参与发展民族建设，增进族群之间的和谐关系；第二，相信“知识就是力量”，民族建设基金会要通过教育和研究工作，科学地推进和拓展民族建设；第三，在推动民族建设过程中，组成平等与人道主义的，有文明、有尊严、团结一致、巩固与和谐的印尼民族；第四，努力有效和全面解决殖民者遗留下来的所谓‘印尼华人问题’；第五，发展和维护印尼华人和其他族群之间的跨文化交融。”[1]

在苏哈托时期，印尼政府在政治、经济、社会、文化领域均对华人实行了一系列的歧视、压制政策，包括限制华人取得印尼国籍，在华人身份证上显示特殊的记号，强迫华人改用印尼人姓名，公共场所禁止使用华语，限制华人在公立学校的比例，压制华人经济发展等。[2] 后苏哈

[1] “民族建设基金会”主席汪友山在多次关于印尼政治与印尼华人的公共演讲中谈到该基金会的宗旨与任务，笔者在 2013 年 2 月印尼三宝垄首届“印尼华裔研究国际论坛”访问汪友山先生。关于 NABIL 的详情，可参见 http://www.nabilfoundation.org.

[2] Tim Lindsey, Reconstituting the Ethnic Chinese in Post-Soeharto Indonesia: Law, Racial Discrimination and Reform. Tim Lindsey, Helen Pausacker, *Chinese Indonesians: Remembering, Distorting, Forgetting*. Institute of Southeast Asian Studies, Singapore, 2005, pp.8–57.

托时期，由于印尼政治民主化浪潮的推动以及华社的努力，印尼各届总统都重视改善华人地位，如：哈比比总统废除限制华人参政的法令并禁止官方使用“原住民”（Pribumi）与“非原住民”（non-Pribumi）（1998年，第26号总统法令）称呼；瓦希德总统废除了对华人文化与宗教的歧视与禁令（2000年，第6号总统法令）；2002年印尼内政部签署471.2/1265/SJ文件，允许华人获得印尼公民权，梅加瓦蒂总统下令华人新年为全国假日（2002年，第19号总统法令）。2004年，印尼司法与人权部移民局总署长签署P.U.M.01.10.0626文件，允许华人申请印尼护照。[1]在苏西洛总统时期，印尼国会进一步通过了12号国籍法令，该国籍法摒弃了对“原住民”与“非原住民”的区别对待，规定：“凡出生在印尼并从未接受过他国国籍的人，自动成为印尼公民。”12号国籍法明确指出，凡是在印尼出生的就是印尼公民，华人申请护照不再需要出示国籍证明书，政府同时取消了华人身份证的特殊记号。[2]这一系列改善华人地位的政策与措施无疑对促进华人族群意识与文化复兴有极其重要的影响。

### （二）彰显印尼华裔企业家热心公益的社会责任与传承文化的历史使命

没有华人深厚的经济基础、热心社会公益的精神与传承华人历史文化、促进种族和谐的大义，印尼华人历史博物馆的建立就不可能完成。本文所提到的三个华人历史博物馆都是华社独立筹资创办的，没有得到印尼政府的资助。如2011年落成的附属渤良安福利基金会的综合大楼就是226名印尼华人和机构捐款共计200亿6100万印尼盾建成的，捐助数量从1000万印尼盾到10亿印尼盾不等，华人历史博物馆设立在该

---

[1] Frans H.Winarta, No More Discrimination against the Chinese. *Ethnic Chinese in Contemporary Indonesia*. Leo Suryadinata (eds), Institute of Southeast Asian Studies, Singapore, 2008, p.65.

[2]《星洲日报》，2006年8月2日。

综合大楼的第二层楼。而客家华人博物馆也是在印尼客属联谊总会的倡议下，印尼客籍华人捐助 2000 多万美元建成主体大楼，文登的土生华人纪念馆几乎完全是林氏兄弟一手创建与维护，可以说没有华人文化薪火相传的精神，没有华人企业家热心华社公益事业的社会责任感与强烈的传承族群文化的历史使命感，就没有今天印尼华人博物馆的建立。

## 三、印尼华人集体记忆之建构

在华人族群意识复兴的过程中，面临两个重要问题：一是如何传承华人历史文化，建构华人对本族群的集体记忆或文化记忆，增强华人的凝聚力与集体意识，提升族群自豪感；二是如何促进族群沟通与理解，推动印尼主流社会对印尼华人参与印尼国家建构的全面认知，促进种族和谐。

社会文化理论的相关研究表明，集体记忆对保存、强化与传承族群的文化认同有着重要影响。法国社会学家涂尔干认为共同记忆会创造一种凝聚感，有助于形成“集体意识”，并能为共同体找到描述他们自己的事实的方式。其弟子、德国学者哈布瓦赫（Maurice Halbwachs）进一步将记忆赋予社会内涵，他强调记忆的社会性。在他看来，记忆产生于集体，即只有参与到具体的社会互动与交往中，人们才可能产生回忆，集体记忆是个体记忆的集合。[1]另一社会记忆研究学者康纳顿则指出“群体通过各种仪式塑造的共同记忆，并不仅是每一个群体成员的私人记忆相加的产物，更是属于这个群体自身的”，康纳顿将集体记忆从“集合起来的记忆”变成了“集体的记忆”。[2]而杨·阿斯曼（Jan Assmann）更进一步将集体记忆概念升华为“文化记忆”。文化记忆以文化体系为

[1] Halbwachs, *Collective Memory*, New York: Harper and Row, 1980. 转引自燕海鸣：《集体记忆与文化记忆》，载《中国图书评论》，2009 年第 3 期。

[2] Connerton, *How Societies Remember,* Cambridge: Cambridge University Press, 1989. 转引自燕海鸣：《集体记忆与文化记忆》，载《中国图书评论》，2009 年第 3 期。

记忆的主体，是超越个人的。他指出记忆不只停留在语言与文本中，还存在于各种文化载体中，比如博物馆、纪念碑、文化遗迹、歌曲、公共节日与仪式等。[1] 通过这些载体，一个民族、一种文化才能够将传统代代延续下来。他强调文化记忆靠的是有组织的、公共性的集体交流，其传承方式可分为"与仪式相关的"和"与文字相关的"两大类别。任何一种文化，只要它的文化记忆还在发挥作用，就可以得到流传，相反，文化记忆的消失也就意味着文化主体性的消亡。法国学者诺拉（Pierre Nora）进一步将这些能够传承文化记忆的载体形象地称为"记忆场"（sites of memory）。[2] 从这种意义上而言，华人历史博物馆、纪念馆等公共场所就充当着华人历史文化"记忆场"的角色，在保存、延续、强化与重构华人集体文化记忆中发挥着不可忽视的作用。

因此，当下印尼华人博物馆、纪念馆的建立对印尼华人集体记忆的建构具有不可忽视的意义，更重要的是，我们看到当前印尼华人历史博物馆对华人记忆建构符合印尼华人认同转变的现实并呈现出鲜明的特征；

第一，各个华人历史博物馆展览内容都包含华人迁移历史与文化，强调华人文化是印尼多元文化之重要构成，如渤良安华人历史纪念馆展示的印尼华人传统节日庆典、华人对印尼饮食文化的影响、文登土生华人博物馆展示的土生华人的服饰与生活用品、婚嫁仪式等凸显了华人文化的嬗变。第二，华人迁移历史也是博物馆展览的内容，但并不是重点。第三，华人历史博物馆最重要的内容是展示华人对印尼多元文化的塑造以及对印尼民族国家建构的贡献。如上所述，文登土生华人纪念馆收藏的"Indonesia Raya"的首张唱片，渤良安福利基金会华人历史纪念馆与客家博物馆的大量内容都是展示华人在印尼民族国家建立、地方发展、政治治理、市政建设、文化艺术及体育发展等领域做出的重要贡

[1] Assmann Jan, Collective Memory and Cultural Identity, *New German Critique, 65th,* 1995. 转引自燕海鸣，《集体记忆与文化记忆》，载《中国图书评论》2009 年第 3 期 .

[2] Nora, Pierre, Between Memory and History Les Lieux de Momoire, *Representations,* 1989. 转引自燕海鸣：《集体记忆与文化记忆》，载《中国图书评论》，2009 年第 3 期。

献，意图构建华人与印尼现代国家独立与发展不可分离的集体记忆，凸显印尼华人是印尼民族的一个重要构成的历史事实。而这些事实并没有在印尼主流历史中得到承认，[1]这是导致华人在印尼历史中被污名化的重要原因，正如云昌耀指出的，“华人被认为在印尼独立的关键时刻缺席，强化了人们对其可疑忠诚度的刻板印象——一个无法抹灭的‘污点’”。[2]在今天的华人历史博物馆的展示内容中，对华人的经济成就的展示都比较低调，甚至可以说是刻意回避，没有出现一些中国媒体经常渲染的“XX大王”的内容，而是凸显华人在其他领域的贡献，力图纠正印尼社会根深蒂固的华人是“经济动物”与“暂居者”的刻板印象与偏见，反映了华人社会领袖努力推动族群沟通与种族和谐的苦心与深切用意。从根本上看，印尼华人历史博物馆与中国的华侨博物馆存在本质的差异，中国华侨博物馆的陈设与展览更着重展现华侨出国的历史以及华侨华人与家乡、祖籍国的联系，而印尼华人历史博物馆则更多体现华人在地化的历史，体现华人融合、认同印尼的历史的进程，更多强调华人对印尼的贡献与文化融合，表现华人在地化的特征。

## 结语

毋庸置疑，印尼华人历史纪念馆是后苏哈托时期印尼政治民主化浪潮推动下华人族群意识觉醒与华人文化复兴的产物，是印尼华人地位改善的象征，华人历史纪念馆不仅是凝固印尼华人历史文化遗产的空间，

[1] 由于“新秩序”政府的全面排华政策，在20世纪70年代以来出版的印尼国民历史教科书里，极少提及印尼华人的历史与文化，更遑论印尼华人对印尼民族独立的贡献。1998年印尼排华骚乱爆发引起了世人对印尼华人问题的普遍关注，但印尼历史教科书的修订再版仍然很少提到印尼华人的历史。一些有远见的印尼历史学家意识到印尼历史教科书迫切需要增加对华人历史文化的书写，并对华人在印尼历史上的贡献做出全面而公正的评价，重建印尼社会对印尼华人的集体记忆，以推动族群了解，缓和种族冲突。Adam, Asvi Warman, The Chinese in the Collective Memory of the Indonesian Nation, *Kyoto Review of Southeast Asian 3*, March, 2003.

[2] 云昌耀:《当代印尼华人的认同》，第106页。

更是华人融合于印尼社会与国家的历史见证，可以说，当代印尼华人博物馆的创建对华人集体记忆与文化记忆的构建有着极其重要的意义，对促进华人融入印尼社会、促进族群融合与和解也有不可忽视的影响。可见，华人历史博物馆的功能，显然已经超越了教育与文化传承，更进一步凸显其社会与政治功能。如何进一步保护与传承华族历史文化遗产已成为当代印尼华裔企业家思考的一个重要问题。本文的主角之一——文登土生华人博物馆馆长林振鹏先生正在探索一条可行的途径。林先生1997年移民澳洲，修读博物馆学，在保护华人历史文化遗产方面，具有专业知识与宽广的国际视野。他还继续在印尼担任数个华人文化、宗教、教育机构的管理职务，经常在印尼、澳洲之间往返。他依托文登华人历史博物馆，经常受邀表演与展示土生华人文化，他还在文登组建了学生舞龙队，不仅在文登地区表演展示华人文化，而且还组织队员到澳洲表演，并与马来西亚的华人文化团体联合，推广印尼华人文化。值得指出的是，林振鹏先生的努力得到文登地方政府的肯定，文登华人文化展示已被纳入当地的旅游推广项目之中，成为地方历史文化遗产的重要象征。此外，林振鹏先生在有丰富华人历史文化遗产的拉森，正在规划筹建以华人历史文化遗产为主题的观光项目，这种文化遗产保护以及活态化利用、开发的新途径，得到了印尼社会的广泛认可与赞扬。可以说，当地印尼华裔企业家，他们所拥有的多元的思想文化、宽广的国际视野、传承华族文化的社会责任、雄厚的经济实力对促进印尼华族文化的传承与族群融合发挥了积极的影响。

# 新华商企业跨文化管理中的“鸡尾酒效应”及其启示

## ——以日本华商严浩及其高技术企业EPS为例[1]

沈博　周建波

**摘　要：**论文以知名海外华商严浩所创办的高技术企业EPS为例，从EPS的组织理念与行为准则、EPS的组织与管理模式，以及EPS的市场发展策略等角度出发，展现多元文化在EPS跨文化管理中所形成的“鸡尾酒效应”。案例分析表明，中国传统元素、侨居地本土元素和现代化元素的有机结合将为海外华商企业带来多元文化背景下的“跨文化优势”，并在竞争激烈的现代高技术市场中立足。

**关键词：**新华商；跨文化管理；“鸡尾酒效应”；跨文化优势

新时期，大量高知移民成为新华商群体的重要组成部分。根据中国与全球化智库（CCG）发布的《世界华商发展报告（2018）》，华商

---

[1]　本文原发表于《华侨华人历史研究》，2019年第3期。本文系国家社科基金重点项目“日本东亚同文书院对华经济调查研究”（批准号：16AJL003）、第二届“商的长城”重点项目“佛教传播、商业伦理与中国金融业的创新”、国家社科基金重大项目“中国特区发展史（1978—2018）”（批准号：16ZDA003）之阶段性成果之一。

精英化正在不断增强华商的内部升级动力。[1] 在这一背景下，一批海外新华商企业脱颖而出，日本中华总商会会长严浩所创立的 EPS（Ever Progressing System 的简称）便是其中的典型代表。

EPS 意即“永恒进步的机制”。它是严浩在日本创设的一家高新技术企业，是目前日本乃至亚洲医药研发业务外包（Contract Research Organization，下文简称 CRO）行业的引领者。EPS 具有鲜明的新华商特色。传统华商的基本特征包括以下几个方面：华商受教育层次较低；经营范围多处于产业链中低端；非透明化的家族式经营；封闭的关系网络；重视传统儒家伦理等。与传统华裔相比，EPS 则呈现以下不同的特征：创办人学历层次高；属于高技术企业；采用现代组织管理模式；本土化程度高。从经营领域到经营管理角度，均体现出华商企业的新转向。

EPS 具备现代企业追求效率、收益、科学管理与创新的特征，还保留华商文化印迹，同时具有日企风格。EPS 在企业经营管理中展现由多元文化有效组合所带来的“鸡尾酒效应”（the cocktail effect）。本文通过严浩与 EPS 的案例，阐释其在企业经营管理层面的新转向，探索以严浩与 EPS 为代表的新华商企业成功之秘钥，以期对当前中国本土企业走向海外提供参考。

## 一、研究理论与研究对象

### （一）研究理论：跨文化管理、“鸡尾酒效应”与企业发展

#### 1. 华商企业研究的简要回顾

以往对海外华商企业经营管理的研究多集中于华商文化的视角，突出强调中华文化对华商企业的利与弊。譬如，龙登高聚焦于华商企业

[1] 王辉耀、康荣平主编：《世界华商发展报告（2018）》，社会科学文献出版社，2018年，第 22 页。

的家族式经营与非透明化经营管理模式。[1] 日本学者中岛岭雄将 20 世纪 80 年代后海外华商企业的成功归结于“儒家资本主义”。[2] 郑学益、林勇强调海外华商企业所奉行的基于儒家伦理的管理观念。[3] 戈登·雷丁（Gordon Redding）、丘立本、龙登高、王勤、江扬等学者关注海外华商企业的商业网络问题，强调关系网络在海外华商企业成功中所扮演的角色。[4] 此外，詹姆斯·麦基（James Mackie）、岩崎育夫等从华商与所在地社会间互动关系的视角探讨华商企业，强调华商对当地政治经济环境的适应。[5]

亚洲经济危机后，越来越多的学者反思华商企业经营管理的转型问题。譬如，朱炎和郭梁认为，走现代经营之路是未来华商企业发展的选择。[6] 彭兆荣认为，华人企业在技术与管理创新之外，应重点关注企业文化认同问题。[7] 周建波等则借泰国华侨中医院的案例提出中外结合的创新发展模式。[8] 多文化结合已经成为海外华商企业未来发展的一大趋向。

2. 跨文化管理、“鸡尾酒效应”与企业发展

在全球化日益加快的背景下，多元文化融合成为跨国企业经营管理

---

[1] 龙登高：《海外华商非透明化经营分析》，载《华侨华人历史研究》，1997 年第 4 期。

[2] 中岛岭雄：《亚洲的繁荣与儒家资本主义》，载《经理月刊》，1993 年第 3 期。

[3] 郑学益：《中华文化与海外华人实业家》，载《经济科学》，1994 年第 4 期；林勇：《中华传统文化与海外华商》，载《八桂侨史》，1997 年第 2 期。

[4] Gordon Redding, *The Spirit of Chinese Capitalism*, Berlin and New York: Walter de Gruyter, 1990；丘立本：《从历史的角度看东南亚华人网络》，载《华侨华人历史研究》，1998 年第 2 期；龙登高：《论海外华商网络》，载《学术研究》，1998 年第 5 期；王勤：《东亚区域经济整合与华商》，载《亚太经济》，2009 年第 2 期；江扬：《浅析海外华人商业网络的特性：以国家与地区的视角》，载《南洋问题研究》，2011 年第 3 期。

[5] James Mackie, *Changing Pattern of Chinese Big Business in Southeast Asia Capitalist*, Cornell University, 1992；岩崎育夫：《新加坡的华人企业集团》，亚洲经济研究所，1994 年；梁英明：《海外华人经济活动研究若干问题》，载周南京主编：《华侨华人百科全书·总论卷》，企业管理出版社，1996 年。

[6] 朱炎、郭梁：《金融危机冲击下的亚洲华人企业集团》，载《华侨华人历史研究》，1999 年第 1 期。

[7] 彭兆荣：《华人家族企业的认同、变迁与管理》，载《广西民族研究》，2000 年第 3 期。

[8] 周建波、李婧：《泰国华侨中医院的创新发展模式探究：基于新熊彼特理论的分析》，载《华侨华人历史研究》，2018 年第 1 期。

的重要议题。诚然，很多学者意识到多元文化背景下文化冲突对企业管理与发展所造成的消极影响。珀修库奇（Pothukuchi）等曾指出，文化差异会对跨国合资企业经营绩效带来明显的副作用。[1] 但是，多数学者同样认可多元文化为企业跨文化管理所带来的积极作用。霍夫曼（R. C. Hoffman）认为，多元文化有助于为企业提供不同的管理实践，进而营造企业创新的多种情境，中和创新所带来的冲突。[2] 闫放和金兆怀认为，跨文化管理有助于企业形成“跨文化优势”，从而提升企业应对市场的变革与创新能力。[3] 实际上，若企业“惯例”会对企业演化路径产生决定作用，[4] 那么多元文化将有助于为企业发展提供创新实践的土壤，进而在跨文化管理中形成“鸡尾酒效应”。

对“鸡尾酒效应”的关注源于 18 世纪末 19 世纪初鸡尾酒的调制，后来延伸至因组合协调而产生的意外效果。[5] 在跨文化管理背景下，多元文化的“鸡尾酒效应”同样存在于企业经营管理实践中。目前，社会对“鸡尾酒效应”的关注多集中于环境中多种化学物质混合反应对人类健康所产生的影响。[6] 无论何种情境，“鸡尾酒效应”主要聚焦于多种元

---

[1] Vijay Pothukuchi, Fariborz Damanpour, Jaepil Choi, Chao C. Chen & Seung Ho Park, National and Organization Culture Differences and International Joint Venture Performance, *Journal of International Business Studies*, 2003,33(2), pp.243–265.

[2] Hoffman, “Organizational Innovation: Management Influence across Cultures”, *Multinational Business Reviews,* 1999(7), pp.37–49.

[3] 闫放、金兆怀：《多元文化、企业文化变革与企业绩效作用关系分析》，载《工业技术经济》，2013 年第 6 期。

[4] Richard R. Nelson & Sidney G. Winter, *An Evolutionary Theory of Economic Change*, Cambridge: Harvard University Press, 1982.

[5] 有关“鸡尾酒”最初说法及相关现象的讨论可详见 John Hammond Moore, The Cocktail: Our Contribution to Humanity’s Salvation，*The Virginia Quarterly Review*, 1980, Vol. 56, No.2, pp.336–344. 此外另一常见的相关说法是“鸡尾酒会效应”（cocktail party effect），专指混杂情境中注意力集中于某一人的谈话而忽略背景中其他对话或噪声的现象，这一说法最初源于 E. Colin Cherry(1953)，详见 E. Colin Cherry, Some Experiments on the Recognition of Speech, with One and with Two Ears, *The Journal of the Acoustical Society of America*, 1953, Vol. 25, No. 5, pp. 975–979.

[6] 比　如，Government Offices of Sweden，“Government Wants to Investigate Cocktail Effects of Chemicals”，2018 年 3 月 29 日，https://www.government.se/press-releases/2018/03/government-wants-to-investigate-cocktail-effects-of-chemicals/。

素组合而形成的效果放大现象，即要素的组合效应要大于要素个体效应之和。在跨文化管理中，企业身处一个由多元文化所构成的生态体系，必然面临多种文化相互作用而产生的“鸡尾酒效应”。尽管目前学界鲜有学者用“鸡尾酒效应”讨论企业跨文化管理，但“鸡尾酒效应”的确能为我们看待跨文化管理问题提供启示。

学界中多数学者认为多文化的协调配合有助于帮助企业获得“跨文化优势”。莫朗（R. T. Moran）提出跨文化组织管理理论，强调跨文化管理中存在一种潜在的多种文化最佳协和作用[1]；阿德勒（Nancy J. Adler）提出文化协调配合论，认为凌越、折中和融合是处理组织内文化差异的三类方式；此外，俞文钊等提出“共同管理文化模式”[2]；胡军则探讨合资企业的“合金文化”建设；[3]丁鑫冰倡导建设“鸡尾酒”式的新型企业文化模式。[4]类似研究数不胜数，然而，一系列说法的核心均强调不同文化之间的协同配合，由此形成超越单体文化功能或影响的组合体，这是多种文化形成“鸡尾酒效应”的重要表现。

“鸡尾酒效应”包含积极影响与消极影响。多种文化之间既存在融合的可能性，亦存在相互冲突的潜在危险。这意味着，在跨文化管理过程中，企业应当重视多种文化协调组合的效果问题。对于鸡尾酒而言，色香味俱全的效果取决于不同饮品之间合理比例的勾兑。同样，在企业跨文化管理中，领导者应充分发挥主观能动性，在理解多种文化内涵的

---

[1] R. T. Moran & P. R. Harris, *Managing Cultural Synergy*, Houston: Gulf Publishing Company, 1982; Robert T. Moran, Philip R. Harris, Sarah V. Moran, *Managing Cultural Differences: Global Leadership Strategies for the 21st Century*, 7th ed. (first published in 1979), Burlington: Butterworth-Heinemann, 2007.

[2] Nancy J. Adler, *International Dimensions of Organizational Behavior,* Boston: Kent Publishing Company, 1986.

[3] 根据日本学者广中歌和子的说法，“合金文化”一词源于美国的马克斯·拉纳。他认为美国人种构成复杂，文化多元，属于一种合金文化。详见傅高义：《日本第一》，上海译文出版社，2016 年版，序言。

[4] 俞文钊、贾咏：《共同管理文化的新模式及其应用》，载《应用心理学》，1997 年第 1 期；丁鑫冰：《调制特色“鸡尾酒”——外资企业新型企业文化模式探究》，载《当代经理人》，2006 年第 4 期。

基础上有效组合，方能形成并发挥积极的“鸡尾酒效应”[1]，促进企业发展。这意味着，在多元文化背景下，企业领导者对目标的追求和对不同文化的理解程度将影响他们对不同文化的组合，由此形成不同的企业跨文化管理特色。

### （二）研究对象：严浩与 EPS

一方面，EPS 跨文化管理中的“鸡尾酒效应”集中体现为多种文化元素的有机融合；另一方面，严浩自身对多种文化的理解、筛选与糅合充分体现企业领导者在多元文化协调配合中的主观能动性。二者相互结合形成 EPS 创新实践的重要动力。

#### 1. 严浩与 EPS 的发展

EPS 的创立得益于严浩在日本留学的经历。严浩于 1962 年出生于江苏省张家港市。改革开放之初，他被选中前往日本留学。在山梨大学修完学士、硕士学位后，他考入东京大学医学部攻读医学统计博士学位。由于当时医学统计人才稀缺，很多医药企业上门寻求与严浩导师大桥教授合作。严浩由此开始接触医学统计项目工作。久而久之，严浩意识到其中巨大的市场需求，便萌生创业念头，并于 1991 年 5 月创办“易普思东京”。

当时日本很多医药公司精于药物研发与生产制造，却缺乏进行临床试验数据证明的部门。EPS 于 1993 年将业务重心由临床试验软件开发转变为药品上市前的研发外包工作，次年承接日本厚生劳动省“美百乐镇”（Prevastin）调查项目，耗时 10 年完成调查，并在全球医学界顶级期刊《柳叶刀》发表研究结果，赢得世界性赞誉。

与此同时，严浩与 EPS 开始进行市场的横向扩张。2003 年，EPS 进军新加坡；2007 年，EPS International 成立，与欧美领军企业争雄；2008 年，严浩在苏州工业区投资兴建“益新（中国）”，提前布局中国市

[1] 本文讨论企业跨文化管理中“鸡尾酒效应”时，如未做说明，一律均强调多元文化融合后所产生的积极的“鸡尾酒效应”。

场。目前，EPS 拥有 30 多家子公司，遍布日本、韩国、新加坡、美国、澳大利亚、马来西亚、印度、中国等国家和地区。[1]

在取得成功后，严浩进一步瞄准临床试验现场专业服务业务（Site Management Organization，下文简称 SMO）。SMO 和 CRO 同为临床外包的“两个轮子，缺一不可”。[2]2011 年，严浩推动 EP Mint 株式会社上市，真正实现临床试验业务领域全覆盖。目前，EPS 正在积极向新药研发、临床试验开发管理、临床数据统计分析、人才派遣等业务拓展。

严浩适时推动企业组织变革，激发企业活力。与严浩一起创业的共五人，彼此都是朋友。严浩曾回忆道，当时“有业务了，大家分分工；有赚头了，一起分分账”。待业务壮大时，EPS 开始招聘新员工，推进企业规范化管理，祛除企业私人化色彩。2001 年 7 月，EPS 成功在日本创业板上市；2004 年，进入东证二部；2006 年，进入东证一部，至此完成上市三部曲，成为日本 CRO 行业第一家上市企业。为适应企业开拓海外市场的需要，EPS 采用日本“商社”模式，在促进内部信息流动的同时，发挥产业孵化器作用。

EPS 始终重视技术创新。2004 年，EPS 对“美百乐镇”临床效果的跟踪调查结果刊发于《柳叶刀》，这标志着 EPS 技术处于领先地位。此外，EPS 重视硬件设施建设，自主研发 EDC 系统（Electronic Data Capture System），为医药研发企业提供定制化服务。EPS 还将积极推动大数据技术应用，以更好地支持医药研发企业、医院与 CRO 公司之间的数据共享需求。

2. 严浩与 EPS 的创新源泉：“鸡尾酒效应”与跨文化优势

EPS 在市场、产品、组织与生产方式等方面均有创新实践，这是所有成功企业的共同特征。EPS 的独特性在于多元文化“鸡尾酒效应”所

[1] 《EPS 集团董事长严浩先生获得日本〈财界〉杂志“经营者奖”殊荣》，华商智库，2017 年 11 月 16 日，http://www.ttcepku.org/index.php?m=content&c=index&a=show&catid=105&id=327。

[2] 华商智库：《构建永恒进步机制，争做亚洲 CRO 第一》，http://www.ttcepku.org/index.php?m=content&c=index&a=show&catid=113&id=245。

形成的跨文化优势推动其创新。

理论上讲，大多数华商企业管理具有跨文化背景下的“鸡尾酒效应”，但实际表现不尽相同。传统华商企业管理中，所在地本土文化和现代全球化文化的色彩较淡；走出去的中国企业较多忽视对所在地本土文化的利用；海外新华商本土化、现代化程度更浓，但较少强调中华传统文化中的企业管理智慧。[1]而EPS的经营管理风格明显异于以上三类。严浩和EPS通过三种文化要素并重的新组合而发挥多元文化在跨文化管理中的“鸡尾酒效应”，而这种新组合符合熊彼特创新的内涵。

下文将从EPS的组织理念与行为准则、EPS的组织与管理模式、EPS的市场发展策略三个层面，剖析多元文化在EPS跨文化管理中所产生的“鸡尾酒效应”及其为EPS带来的“跨文化优势”。

## 二、EPS的组织理念与行为准则

“鸡尾酒效应”首先体现在EPS的组织理念与行为准则中。在EPS成立20周年之际，企业将“苟日新，日日新，又日新”作为整个集团的组织理念。此外，EPS在具体实践中逐渐总结并形成“以客为先，以商为轴，以人为本”的行为准则。传统元素、本土元素与现代元素紧密结合，形成互补互济的良好结果。

### （一）跨文化视角下EPS的组织理念

日本企业极为重视组织价值观念体系的建构，普遍认为良好的企业价值观念有助于企业形成凝聚力和持久力。严浩深谙日本企业文化，故而在EPS建设中积极构建组织理念。

EPS的组织理念源于《礼记·大学》中的一句古训：“汤之盘铭曰：

[1] 同一时期不少华人精英在海外进行高新技术企业创业的活动，譬如杨致远与大卫·列罗于1994年在美国创办雅虎；黄仁勋于1993年在美国创办英伟达（NVIDIA）；陈士骏于2005年与赫利（Chad Hurley）、凯利（Jawed Karim）在美国加利福尼亚州共同创办YouTube；等等。显然，这些企业的中国传统元素并不突出。

‘苟日新，日日新，又日新。’康诰曰：‘作新民。’诗曰：‘周虽旧邦，其命维新。’是故君子无所不用其极。”[1]

这句话意在勉励人们时刻保持一种革新的姿态，要求人们弃旧图新。受过中国传统教育的严浩深谙中国古人对革新之重视。故而，他将这一古训定为企业的组织理念，以时刻提醒企业员工开拓进取。

对于高技术行业而言，创新是企业发展的源泉。严浩在讨论“何为优良企业”时指出，企业应时刻保持革新精神，在产品更新和组织建设方面，要有领先时代的主动变革精神，以及不断适应新时代变化的能力。[2]如前所述，EPS是Ever Progressing System的首字母缩写，意即构建“永恒进步的机制”；而EPS在中国投资的全资子公司取名“益新”，即“日益发展，永恒创新”之意。由此可见，创新元素已深入EPS企业文化之中。

EPS的组织理念既反映严浩身上的中华文化因子，又体现日本企业对价值观念的重视，更契合当今时代高新技术产业的发展要求。三者的完美结合，形成EPS创新发展的重要精神动力。

### （二）跨文化视角下EPS的行为准则

EPS还形成独具特色的行为准则——“以客为先，以商为轴，以人为本”，凝结中国传统文化因素、日本传统经商元素与现代企业管理元素三大内容。

“以客为先”意即企业为顾客而存在。严浩提过，“做企业需要以正当手段为客人提供服务、创造附加价值、获取合理利润”。[3]他重视挖掘“好的产品”，强调从市场反观EPS业务发展。他曾借用毛泽东的诗句“俏也不争春，只把春来报”，表述他对EPS的市场定位，“CRO的工作

---

[1] 朱熹：《四书章句集注》，中华书局，1983年，第5页。

[2] 严浩：《谈谈何为“优良企业”》，载《北大华商评论》，2017年第1期。

[3] 杨文凯：《中华总商会会长严浩：挑战自我，无愧人生》，载《中文导报》，第917期，2012年9月6日。

恰似报春的梅花，在春天之前出现，为春天的到来铺路”。[1]

“以商为轴”强调一种不同于简单追求利润的策略。严浩指出，这一准则源于日本近江商人的“三方满意”经商理念，即“供给方满意”“需求方满意”“社会满意”。[2] 严浩了解日本市场生态，深知企业的发展绝不仅仅在于谋己之利。中国传统商业文化亦包含这一思想。“治生之祖”、战国时期著名商人白圭便建议商人应当以“仁术”经商。严浩自己总结 20 多年的从商经验时提到，“做企业不能损人利己，那是缺德；也不能损己利人，那是慈善；这两者都很难长久”。[3] 从现代经济学的视角看，这使双方交易尽可能向多期拓展，以加深合作，实现共赢。

“以人为本”要求企业经营中应当考虑客户、公司员工和股东等所有利益相关者。孔子提到，“见利思义，见危授命，久要不忘平生之言，亦可以为成人矣”。[4] 作为一个企业家，严浩在“以客为先”“以商为轴”的前提下，强调企业与人之间的平衡。这一准则亦遵从日企人本主义的管理观念。与源于欧美的现代管理科学将员工视为没有感情的“生产零部件”的管理理念相比，日企更看重人的作用。严浩强调，对于以专业服务为主打产品的企业而言，与产品同等重要的是拥有一个好的人才团队。

严浩通过融合中日传统经商之道，弥补现代管理中忽视人文的不足，调和过度强调效率与利益的观念。由此企业得以摒弃浮躁风气，稳步提升长远竞争力。

## 三、EPS 的组织与管理模式

海外华商企业面临的问题通常在于企业融入当地市场时所面临的一

[1] 华商智库：《构建永恒进步机制，争做亚洲 CRO 第一》，http://www.ttcepku.org/index.php?m=content&c=index&a=show&catid=113&id=245。

[2] 新华网亚太网：《小松昭夫的企业经营之道：“三方满意而后利”》，2018 年 10 月 29 日，http://www.xinhuanet.com/asia/201810/29/c_129981351.htm。

[3] 凤凰网财经：《华人企业家要有做大的信念：访日本中华总商会会长严浩》，2013 年 8 月 27 日，http://finance.ifeng.com/a/20130827/10533976_0.shtml。

[4]《论语集释》卷 28《宪问上》，中华书局，1990 年，第 972 页。

系列制度、文化、意识形态乃至种族观念等方面的障碍。[1]严浩曾指出，所有在外发展的华商企业“需要面对诸多由于社会文化差异、商业环境差异等带来的困难”。具体到日本而言，华人企业家需要“付出更多努力和时间”去适应日本“企业信用至上、商业秩序高度成熟”的环境。[2]严浩认为，管理要超越技术，[3]企业的发展“应当提倡包含现代管理理念和方法的集体主义”。[4]

### （一）追求效率：组织管理中的现代因素

企业欲实现最大利润意味着企业必须追求效率。相比之下，西方现代科学管理模式在效率问题上更占优势。严浩在充分关注员工的同时，强调企业发展的效益。

#### 1. P–D–C–A 管理模式

为追求工作效益，EPS 采用 P–D–C–A 模式。该模式最早由美国质量管理专家休哈特（Walter A. Shewhart）于1935年提出[5]。其中，P指计划，即确定目标并制订实施计划；D 指实施，即实施计划内容；C 指检查，即总结计划执行的结果，寻找存在的问题；A 指行动，即对结果进行处理，发扬优点，而未解决之问题将为下一个循环开端提供新的问题。

EPS 通过明确各道工序的成本计算，借此改进并优化整个业务的流

---

[1] 龙登高：《跨越市场的障碍：海外华商在国家、制度与文化之间》，科学出版社，2007年，前言，第 v–vi 页。

[2] 杨文凯：《中华总商会会长严浩：挑战自我，无愧人生》，载《中文导报》，第 917 期，2012 年 9 月 6 日。

[3] 《中日之间华商之路：访日本中华总商会会长严浩》，人民网日本频道“访谈栏目：中国人在日本”第 19 期，http://japan.people.com.cn/96960/97927/6740043.html。

[4] 新浪医药：《造路者严浩》，2018 年 1 月 7 日，https://med.sina.com/article_detail_103_1_39433.html。

[5] P–D–C–A 模式即戴明环（Deming Cycle）。事实上，该模式率先由休哈特构思，并体现于其 1939 年出版的著作 *Statistics Methods from the Viewpoint of Quality Control*。二战后戴明（Deming）将之介绍到日本，并逐渐形成日本企业管理思想的重要依据。详见 H. James Harrington, *Plan-Do-Check-Act (Shewhart Cycle)*，收录于 H. James Harrington & Frank Voehl, *The Innovation Tools Handbook, Volume 2: Evolutionary and Improvement Tools that Every Innovator Must Know*, Portland, OR: Productivity Press, 2016.

程，以实现服务型产品的功能升级与价格的合理化。比如当EPS接收到一笔亏本的业务时，EPS不会直接拒绝，或者简单要求客户提高相应的合同价格，而是希望通过流程上的成本细化，向客户提出合理化的建议，让客户能够接受。这一做法的最终目的是实现与所有顾客的长期合作，由此形成EPS独具特色的服务外包业务。益新（中国）管理高层余焕然指出，P–D–C–A的作用还在于对业务过程及个人行为模式的管理，通过这一办法不断对自身业务的方向性和合理性进行检查、管理与控制，以便对整个企业团队进行科学合理控制。[1]

2. 对管理服务流程一体化的追求

从经济学的视角看，社会分工多基于工序或者产品类别，有助于发挥不同群体的比较优势。随着知识经济快速发展，社会化分工出现新变化。企业某些非核心业务（如设计等）需要大量人力、物力与财力的投入，还耗费企业大量管理资源，却只为企业带来较低的附加值。这与现代企业利润最大化的目标不一致。一体化管理应运而生。它打破传统的工序、产品为基础的分工模式，以全面管理的模式实现高性价比的管理。

鉴于此，EPS在工作流程上正努力探索与追求客户管理、质量管理、成本管理与人员管理服务流程一体化的可能性。以EPS的CRO业务为例。根据益新（中国）高层严平的介绍，EPS进行CRO业务时并非是简单的项目制，而是制度化的体系。首先建立一个组织机构，从报价环节开始建立报价体系，然后建立稳定的工作机制和质量管理系统、成本控制系统，最终保证EPS的专业服务是在成本控制下的最优质产品。[2] 这距外包服务流程化的目标还有差距，但EPS正积极探索相关操作的可行性。

## （二）调和现代管理模式的问题：组织与管理模式中的日本元素

严浩反复提到，“我们能在日本取得今日成就，关键原因是因为我

[1] 2017年4月10日北京大学经济学院华商智库到访益新（中国）集团的研讨会议记录。

[2] 2017年4月10日北京大学经济学院华商智库到访益新（中国）集团的研讨会议记录。

们相对而言，更加地了解日本，并且更加地融入日本社会”。[1]他积极吸纳日企管理的良好经验，并付诸实践。在 EPS 日本总部工作的员工中，超过 90% 的员工是日本人。这说明 EPS 的本土化管理策略相当成功。

1. 承袭日企的管理传统

在创业早期，企业内部中国人居多。为适应当地文化环境，严浩积极要求大家在日常办公中尽量使用日语，以减少心理上的文化隔阂。此外，在日本企业界中，终身雇佣制和年功序列制相当普遍，其关键目的在于将员工与企业紧密捆绑，形成利益共同体。1993 年，EPS 在第一次招聘中正式聘用 4 名新员工。严浩坦言，录用新员工让他觉得肩上的责任变重，因为在日本，企业录用员工意味着他们将形成紧密的利益团体，企业经营就不能像以前一样随意。[2]受年功序列制的影响，日本企业员工对“先辈”与“后辈”的关系相当重视，并以不同称呼加以区分，以示尊重。故而，EPS 在管理时选择入乡随俗，依靠类似形式管理企业员工。

2. 巧用日式方法关怀员工

严浩还积极采取日式方式关心公司员工。严浩了解到，日本员工平时压力较大时，会选择下班回家前在路边的小酒馆喝酒，纾解压力。基于此，当严浩发现下属存在异常时，通常不会直接将其叫到办公室进行交流，而是选择在晚上下班之后约他到回家路边的小酒馆喝喝小酒，与下属谈心，以排解员工的苦闷，增进彼此了解。从某种程度上讲，这一方式有助于缓解现代管理重视硬因素而忽视软因素的问题，培养良好的“雇主—职工”关系，让职工“萌发出一种与领导共命运的情感”。[3]

3. 重视员工在企业中的价值

日本企业管理相当重视企业员工的作用。人本主义、亲和一致是日

---

[1] 杨文凯：《中华总商会会长严浩：挑战自我，无愧人生》，载《中文导报》，第 917 期，2012 年 9 月 6 日。

[2] 2017 年 6 月 11 日严浩在北京大学的访谈记录。

[3] 盛田昭夫：《经营之神》经济管理出版社，1988 年，第 145 页。

本企业管理观念的核心内容。[1] 严浩深谙日企管理之道，将人本主义的观念贯彻到日常管理中。他曾经谈到，“我们和大学的科研团队不一样，我们侧重的不是成果，而是相互之间配合默契”。[2] 他认为，自己每天的任务就是“培养人”，“每年都要进来 100 人，新人如何融进来，要花很多精力在上面”。[3] 培养一支“团结紧张，严肃活泼”的团队，无疑有助于激励员工之间相互看齐，激发团队的无限潜力。

### （三）解决融合问题：组织管理中的中国智慧

采用日式管理让 EPS 立足于日本市场，而科学管理模式则帮 EPS 立足于竞争激烈的全球市场。然而，这并不意味着中国传统智慧无用武之地。严浩曾说，“中国人在管理日本企业上可能比本地人还有些特别的优势”。[4] 海外华商企业强于当地企业的优势在于华商企业有独具特色的中国智慧。

充分结合中国传统元素有助于调和企业管理模式中本土元素与现代科学管理模式之间的对立。譬如，过于强调日式管理传统容易带来低效率问题；过于强调现代科学管理模式则倾向于忽视员工。寻求均衡状态是儒家追求的目标，中庸之道便是调和人情与效率的重要工具。严浩经常向日本员工传授一些中国文化，比如教他们了解与运用“继往开来”“承上启下”等中式词语，从中领会中国传统文化精神的内涵，以让他们学会在考虑问题时能够兼顾广度与深度的问题。

从某种程度上讲，集体主义价值观可视为对传统华商企业家族血缘关系的替代，这是严浩吸纳日企经营理念的基础。传统华商企业多采用家族化与非透明化管理，这并不利于企业管理的现代化转型。而 EPS 积

---

[1] 陈弘：《日本企业文化透视》，载《求索》，2004 年第 5 期。

[2] 严浩：《谈谈何为“优良企业”》，载《北大华商评论》，2017 年第 1 期。

[3] 《留学生严浩在留学期间与同学创立 EPS，十年时间赚了 16 亿》，搜狐新闻网，2018 年 7 月 2 日，http://www.sohu.com/a/238881627_117373。

[4] 陈光：《亚洲 CRO 巨人的“中国梦”》，华商名人堂，http://www.hsmrt.com/yanhao/7825.html。

极采纳日式管理与现代管理科学，解决传统华商企业的痼疾，有助于实现华商企业管理的开放化、透明化与规范化。现代企业在强调效率的同时，往往面临“委托—代理问题”；强调集体价值观念的家族企业有助于缓解这一问题，即在吸纳采用西方科层式企业组织的同时，通过建构企业组织价值观与培养个人情感关系等方式拉近主雇关系，形成紧密和谐的工作团队。

## 四、EPS 的市场发展策略

EPS 的市场发展策略融合多种文化元素，形成了立体多元的市场发展路径。

### （一）“程序需要”：企业发展的实用指导

美国著名管理学大师德鲁克曾提到“程序需要”问题，即使得现有程序更完美，消除薄弱环节；或者围绕新知识，重新设计旧程序。[1]

紧紧抓住“程序需要”为 EPS 提供重要的发展思路。EPS 的兴起在于完善医药企业的研发生产链。严浩曾如此说明 EPS 的业务定位，“没有马路再好的汽车也是无用，这跟药品研发与临床试验的关系不正是很相似吗？”[2]EPS 积极利用“程序需求”，做好做大医疗外包服务领域的业务。2006 年，EPS 已经在日本建立起属于 EPS 的 CRO 服务外包供给市场，并进军 SMO。“程序需求”成为 EPS 拓展市场的指导思路。

此后，EPS 积极开拓海外市场，其中最重要的投资之一是 EPS 投资中国市场。中国 CRO 行业在专业人才、市场空间、技术研发、行业体系等方面远落后于发达国家。为此，益新（中国）有限公司针对中国大

[1] Peter F. Drucker, *Innovation and Entrepreneurship*, New York: Harper & Row Publisher, Inc., 1985.

[2] 华商智库：《构建永恒进步机制，争做亚洲 CRO 第一》，http://www.ttcepku.org/index.php?m=content&c=index&a=show&catid=113&id=245。

陆具体情况，将公司业务具体划分为 CRO 事业推进部、临床数据管理中心、MSI 事业部、医药事业部、人力资源部、管理本部六大部门。目前，益新（中国）正蓬勃发展。

### （二）"商社"模式：海外市场拓展的日式路径

如何统筹与协调各分公司或子公司的资源配置与市场发展问题，是诸多跨国公司必然面临的重要问题。EPS 借鉴日本"商社"的模式，形成专注健康产业的商社。"商社"是日本产业界独具特色的组织形式。一般而言，商社不仅为客户提供跨国贸易、信息、技术与金融服务等内容，还发挥产业孵化器作用。

严浩充分实践日本"商社"模式，全盘统筹日本市场与海外市场的业务。EPS 成功借鉴日本商社自主性高的特征，在尊重事业合作伙伴的基础上，提供共享彼此经验的事业平台，以实现信息交流、优势互补的作用。正是在这一模式下，益新（中国）得以积极结合中日优秀经营经验，充分发挥集团多元化和规模化的优势。2006 年，EPS 参与日本政府和产学联合体共同推进的基因医疗新药研究项目，而益新（中国）凭借 EPS 的商社合作网络，成功获得其在中国的研发与销售权。EPS 在商业组织上的规模化、开放化、相对自主与平等合作等特征使其创新实践活力更为持续。

### （三）正确的官商关系与稳定的关系网络：华商元素的新传承

严浩传承华商元素的重要表现，是其对官商关系与市场关系网络的理解、构建与维护。作为苏商后裔，严浩认为，"苏商在处理'官'与'商'的关系上也是最有自信的一个群体"。[1] 严浩在中、日两国担任多项公职，并担任日本中华总商会会长。在他看来，日本中华总商会具有极大的魅力，一是"在商言商"，二是可以加强与国内政府与企业的合

[1] 陈光：《亚洲 CRO 巨人的"中国梦"》，华商名人堂，http://www.hsmrt.com/yanhao/7825.html。

作，三是促进与日本的交流。[1]以前华商与政府的关系多存在灰色地带，严浩直面官商关系问题，抛弃灰色地带，致力于通过合作共赢推动官商关系的良性发展。比如 EPS 与日本厚生劳动省关于“美百乐镇”的合作项目，以及益新（中国）与中国地方政府在医疗卫生领域的合作等。

稳定的关系网络有助于企业更好地应对市场的不确定性。关系圈以血缘关系、情感认同乃至文化认同为基础，并通过人际信用加以维系。龙登高认为，人际信用是海外华商非透明化经营的突出表现。[2]严浩深谙苏商重信用之传统，故借助人际信用在稳定关系网络中的作用，增强企业对不确定性的应对能力。在日本接受到的系统教育让严浩团队养成良好的职业习惯与敬业精神。对于接手到的每一项工作，严浩团队均以饱满的热情和精益求精的态度去对待。正是这种不断进取的工作状态，诸多合作单位对 EPS 都给予极高评价。

### （四）主动承担社会责任：多文化的结合点

严浩指出，一个优良的企业，应当有好的社会性，即能够参与社会、与社会保持良好关系。从中国传统的视角看，近代苏商有“产业报国”“实业富国”精神，作为苏商后裔的严浩同样怀有家国情怀。从日本社会的视角看，日本社会对大企业违反社会规范的行为向来持零容忍态度。从现代管理科学的视角看，科特勒（Phillip Kotler）提出“企业社会责任”（corporate social responsibility），认为企业应通过创造包容性价值，形成创新机遇。[3]主动承担社会责任成为 EPS 保持良好形象的重要方式。

严浩与 EPS 积极参与各项社会活动，树立良好社会形象。2008 年四川汶川地震发生后，严浩以公司名义向灾区捐献 1 亿日元；2011 年，东日本大地震发生后，严浩以公司与个人名义捐献 1 亿多日元。此外，

---

[1] 《中日之间华商之路：访日本中华总商会会长严浩》，人民网日本频道“访谈栏目：中国人在日本”第 19 期，http://japan.people.com.cn/96960/97927/6740043.html。

[2] 龙登高：《海外华商非透明化经营分析》，载《华人华侨历史研究》，1997 年第 4 期。

[3] Philip Kotler, Nancy Lee, *Corporate Social Responsibility: Doing the Most Good for Your Company and Your Cause*, Hoboken: John Wiley & Sons, Inc., 2005, Introduction，pp. ix–x.。

严浩发挥“企业家精神”，组合社会各资源，助推培养人才与开展研究事业。2008 年 11 月，EPS 与清华大学创立“中日益新健康科学基金”，与沈阳药科大学签署“毕业生就业基地”协议，并设立生物医药人才培训基地。2009 年 10 月，EPS 在苏州大学设立益新奖学金，奖励优秀学生。2011 年，益新（中国）投资成立苏州市易普思服务外包职业培训学校。EPS 试图通过一系列校企合作项目，为中国CRO行业培养更多“精通医药技术+精通外语+掌握CRO专业流程”的国际化、复合型人才。[1]

## 五、结语

严浩与 EPS 案例的意义不仅在于说明新华商在企业经营管理上所取得的成功，更在于体现新华商在经营领域与管理理念上对传统华商的突破。严浩基于自身对各种文化的理解，将中国传统元素、所在地本土元素和经济现代化元素三者有机结合，形成超越彼此、富有活力的新理念，进而指导企业创新实践。中外合璧、古今结合而出现的“鸡尾酒效应”及由此迸发的“跨文化优势”成为 EPS 突破传统华商发展界限的秘钥。

新时期，企业家精神依旧是当前中国企业的稀缺资源。一方面，国内企业家热衷于学习西方企业管理经验，但经常出现水土不服的问题；另一方面，中国存在诸多优秀的企业管理文化，却被许多企业家忽视。严浩和 EPS 的案例告诉我们，企业家应关注中国传统智慧，在明确企业发展目标、充分领会中外文化精粹的基础上，积极创造条件使多元文化在企业跨文化管理实践中形成良好的“鸡尾酒效应”，进而产生“跨文化优势”。在当前扩大对外开放、加快建设“一带一路”的背景下，关注跨文化管理中的“鸡尾酒效应”，正确处理中国传统文化元素、所在地文化元素与现代文化元素在经营管理中的关系，将是诸多中资企业应该思考的问题。

---

[1] 《益新公司成立 2 周年，校企合作助推园区 CRO 服务外包发展》，苏州工业园区管委会官网，2010 年 11 月 27 日，http://news.sipac.gov.cn/sipnews/jwhg/2010yqdt/201011/t20101127_78588.htm。

# 作者简介

（按文章顺序）

龙登高，清华大学华商研究中心主任，社会科学学院教授。教育部“长江学者”，第十八届孙冶方经济科学奖获得者。兼国务院侨办专家咨询委员，中国经社理事会理事，中国华侨历史学会副会长，中国商业史学会副会长，中国社会科学院经济研究所学术委员会委员。曾任国家社会科学基金重大项目首席专家，曾为哈佛大学、耶鲁大学、剑桥大学等高校访问教授或客座教授。在《中国社会科学》《经济研究》《历史研究》《管理世界》《社会学研究》等刊物发表中英文学术论文百余篇。合作主编有“社会经济史译丛”、《量化历史研究》、“清华经济史丛书”、“国际华商研究书系”、《华人研究国际学报》等丛书与刊物。

王明，江苏泗阳人，清华大学 2017 级经济学博士研究生。师从龙登高教授，研究领域为发展经济学、地方治理、中国经济史。在《经济研究》《管理世界》等期刊发表多篇论文，曾获清华大学国家奖学金。

黄玉玺，管理学博士，清华大学社会科学学院经济学研究所助理研究员，理论经济学博士后。主要从事经济史、企业史等研究。主持和参与中国博士后科学基金、国家社会科学基金等多项课题。先后在《管理世界》《中国社会经济史研究》等期刊发表学术论文 10 余篇。出版专著《全球化中的大国农业：印度农业》等。

熊金武，副教授，博士生导师，中国政法大学企业家研究中心主任、商学院副院长、企业史研究所所长，中国商业史学会企业史分会秘书长，清华大学华商研究中心兼职研究员。主要从事法治企业家、企业史、经济思想史研究。

陈争平，清华大学教授、山东大学特聘一级教授，国家社科基金重大招标项目中国近代经济统计研究首席专家。陈争平教授合作的专著有10多本，其中《中国近代经济史（1895—1927）》获孙冶方经济科学奖著作奖、第四届吴玉章人文社会科学一等奖、第二届郭沫若中国历史学奖一等奖、中国社科院第四届优秀成果奖一等奖；《中国近代经济史（1927—1937）》获第四届郭沫若中国历史学奖二等奖、中国社科院第九届优秀成果奖一等奖；《中国经济发展史》获北京市哲学社会科学优秀成果奖二等奖、第十二届中国图书奖；《中国近代经济史简编》获第十二届中国图书奖；《中国近代经济史教程》获清华大学优秀教材二等奖。

张忠民，上海社会科学院经济研究所二级研究员，博士生导师，国家社会科学基金重大项目“中国近代企业制度生成与演变研究”首席专家。主要著作有《艰难的变迁：近代中国公司制度研究》《南京国民政府时期的国有企业（1927—1949）》《“公私合营”研究（1949—1956）：以上海工业企业为中心的分析》等。

刁莉，经济学博士，武汉大学经济与管理学院副教授，研究方向为经济史和世界经济。目前担任中国商业史学会企业史分会副会长、外贸史分会常务理事，中国经济史学会理事和中国世界经济学会理事。同时任武汉大学欧洲问题研究中心副主任。近年来主要研究的范围为近代商业史、企业史，发展中国家自近代至今的长时段经济发展问题，转轨国家经济发展问题、国别区域经济。迄今为止公开发表包括《统计研究》《中国经济史研究》《中国社会经济史研究》《中国社会科学文摘》等中英俄论文100多篇。曾主持十三五规划重大专项、省部级重大课题，中国社会科学基金和教育部、企业项目若干项。独撰俄文专著《中国的宏观经济调控（1980—1997）》，圣彼得堡国立经济大学出版社出版，在俄罗斯发行。主编教材《转轨经济学》等两部。

林立强，福建师范大学教授，博士生导师。工商管理硕士，历史学博士，学术专长为企业史、中外关系史与工商管理学，兼具学术与企业工作双重背景。科研方面早期的研究方向主要是中国近代经济史与基督教在华传播史，目前研究领域为中国企业史、美国企业史、企业史学理论等。现任中国商业史学会常务理事，中国商业史学会企业史专业委员会副会长、商业文化遗产专业委员会副会长，美国企业史学会（BHC）会员、日本经营史学会（BHSJ）会员。

邢菁华，公共管理博士，清华大学华商研究中心副主任。曾在北京大学哲学系从事科学技术史博士后研究。兼任中国商业史学会理事暨企业史专业委员会秘书长，国际学术期刊《华人研究国际学报》执行编辑，致公党北京市委侨海工作委员会副主任，致公党北京市委理论研究会秘书长，北京市侨联智库首批专家，首都统一战线同心服务团专家。曾在《民族研究》、《中国非营利评论》（*China Nonprofit Review*）、《华人研究国际学报》（*Journal of Diasporic Chinese Studies*）、《华侨华人历史研究》、《中国科技论坛》、《浙江学刊》等刊物发表论文。主持来自北京市委统战部、致公党北京市委、北京市侨联等政府部门的多项调研课题。其中荣获致公党北京市委2019、2020年优秀调研成果奖，北京市统战理论研究与调查研究优秀成果三等奖，北京市侨联课题研究优秀成果二等奖等。

张洵君，清华大学经济学博士后，清华大学华商研究中心研究员，担任全国金融青联委员，中国侨联青年委员会委员，贵州省金融研究院常务副院长，贵州财经大学兼职教授，中国保险学会理事，中国区域经济学会理事，福建省新侨人才联谊会理事。

李玉，山西省山阴县人，历史学博士、博士后。南京大学历史学院教授、博士生导师，教育部重点研究基地南京大学中华民国史研究中心副主任。主要从事中国近现代企业史研究，先后出版《晚清公司制度建设研究》《北洋政府时期企业制度结构史论》，主编《制度寻踪：公司制度卷》（与陈志武教授合作）、《〈申报〉招商局史料选辑》等。

燕红忠，上海财经大学经济学院教授、博士生导师，“长江学者”青年学者，教育部新世纪优秀人才；兼任中国经济史学会常务理事、近代史专业委员会副主任；国家社科基金重大项目首席专家，马工程重点教材《中国经济史》编写专家。主要研究领域为金融史、商业史、社会组织与经济发展。在《经济研究》《历史研究》《经济学（季刊）》《金融研究》《近代史研究》《中国经济史研究》等权威期刊发表论文 60 余篇；出版《中国的货币金融体系（1600 ～ 1949 年）》《晋商与现代经济》《中国金融史》等专著、教材多部。

卫辛，上海财经大学经济学博士，中泰证券研究所策略分析师。先后在《经济学季刊》《财经研究》等核心期刊发表多篇论文。曾获得国家奖学金、上海财经大学博士一等奖学金、上海财经大学硕士一等奖学金、上海财经大学优秀毕业论文等多项荣誉。

李志英，北京师范大学历史学院教授。著有《近代中国资本主义经济形态的多重考察》《认知中国：近代中国社会调查的人群聚类分析与研究》《北京工业遗产研究》等论著 6 本，发表各类学术论文 60 余篇。研究兴趣在于中国近现代社会经济，对近代中国工业发展、金融变迁、商贸嬗变、企业制度等领域有深入研究，主持或参与国家级、省部级课题多项。

马长伟，河南长垣人，博士、副教授、硕士生导师，中国经济史学会会员、中国商业史学会理事，伦敦大学亚非学院访问学者。研究方向为金融史、商业史。主持国家社科基金青年项目 1 项、安徽省高校人文社科研究重点项目 1 项，参与完成国家社科基金项目 3 项、教育部项目 1 项。与赵德馨教授合著《黄奕住传》，在《中共党史研究》《国际金融研究》《中国社会经济史研究》等学术期刊发表论文 20 余篇。

朱荫贵，1982 年北京大学历史系学士，1993 年中国社会科学院研究生院与日本东京大学联合培养经济学博士，1995 至 1997 年再赴日本东京大学从事两年博士后研究。从 1982 开始，历任中国社会科学院经济研究所实习研究员、助研、副研、研究员。1998 年兼任中国社会科学院研究生院教授、博士生导师。2000 年任经济所中国经济史研究室主任。2003 年 9 月被复旦大学历史系引进。现为上海复旦大学历史系教授、博士生导师。1993 年获国务院颁发有突出贡献社会科学家证书并享受政府特殊津贴。

曾玲，厦门大学人文学院历史系教授，博士生导师，华侨华人研究领域学科带头人。曾任职新加坡南洋理工大学中华语言文化研究中心研究员多年。主要研究领域为东南亚华侨华人史、新加坡华人社会文化、东南亚华人民间宗教、东南亚华人社会文献，先后出版学术论著与东南亚华人社会文献汇编 8 部。在《世界历史》《文史哲》等中国核心刊物与海外学术杂志上发表论文数十篇。自 2001 年从新加坡南洋理工大学回返厦门大学以来，作为负责人承担了中国国家社科基金、教育部人文社科规划、国务院侨办等十数项科研课题与国际合作研究计划。

张应龙，广东潮阳人，暨南大学华侨华人研究院研究员。广东省人民政府《广东华侨史》编修工作领导小组副组长兼《广东华侨史》主编、广东华侨史文库主编，中国华侨历史学会副会长，广东华侨历史学会会长。长期从事华侨华人史研究、侨务政策与侨务工作研究、广东侨乡研究。近些年主要编著有《华侨华人与新中国》《海外华侨与辛亥革命》《海外潮团发展报告》《海外粤籍华人社团发展报告》《中外侨务研究》等。

高伟浓，暨南大学教授（1995 年起）、博士生导师（1996 年起），长期从事华侨华人、国际关系和中外关系史研究。已在国内外公开出版相关专著23部（独撰），发表论文 100 多篇。承担和参与国家重大项目、国家项目、省部级项目 10 多个，多个项目成果获奖。曾为教育部人文社会科学重点研究基地主任（暨南大学华侨华人研究所）、国内多个大学和研究机构的兼职教授（研究员）。曾任国务院侨办专家咨询委员会委员、广东省华侨华人历史学会副会长、广东历史学会副会长等。今仍任中国东南亚研究会副会长、中国华侨华人研究会常务理事等职。为美国柏克莱大学高级访问学者（2005—2006），另 20 世纪 90 年代以来先后在新加坡、马来西亚、越南、韩国、巴西等国的大学或研究机构担任访问学者，并在世界上重要华侨华人社区进行调研访问。

施雪琴，历史学博士，厦门大学国际关系学院 / 南洋研究院教授、副院长、博士生导师，福建省华侨历史学会副会长。研究领域：东南亚历史文化与社会，中国东南亚文化社会关系，东南亚华侨华人问题。曾在菲律宾大学、荷兰莱顿大学、新加坡国立大学、印尼加查马达大学等任访问学者。1998—2020 年，承担福建省社科项目 1 项、教育部项目 1 项、中国侨联项目 3 项、国务院侨办项目 1 项、教育部人文社会科学重点基地项目 2 项、国家社科基金项目 1 项。出版专著 3 本，在各类刊物上发表论文（含译文）70 多篇。

沈博，北京大学经济学院经济史学系 2017 级博士研究生，研究方向是中国经济思想史与海外华商史，已在《中国经济史研究》《北京大学学报（哲学社会科学版）》《华侨华人历史研究》等国内学术期刊上发表论文数篇。

周建波，祖籍山东省莱阳，北京大学经济学院经济史学系主任、教授、博士生导师，日本爱知大学 ISSC（国际中国学研究中心）讲座教授。兼任中国经济思想史学会副会长，中国商业史学会副会长，北京大学社会经济史研究所所长，河北经贸大学学报副主编。研究领域为中国经济思想史，管理思想史。近年来在《中国社会科学》《经济研究》《经济学季刊》《世界宗教研究》《中国经济史研究》和 *China Economic Review* 等国内外著名学术杂志发表论文 100 多篇。著作有《洋务运动与中国早期现代化思想》《鉴知集：传统文化与现代价值》《金融的边界与创新：历史视野下的金融、文化与社会》《成败晋商》等。主持国家社科基金重大项目“东亚同文书院经济调查资料的整理与研究”等多项学术课题。获北京市第七届哲学社会科学优秀科研著作二等奖（2002 年），第八届高等学校科学研究优秀成果奖二等奖（2020 年）等多个国家级、省部级奖项。

## 图书在版编目（CIP）数据

企业史研究．第一辑 / 龙登高主编．—杭州：浙江大学出版社，2022.1

ISBN 978-7-308-21434-6

Ⅰ.①企… Ⅱ.①龙… Ⅲ.①企业史—研究—中国 Ⅳ.①F279.29

中国版本图书馆CIP数据核字（2021）第100568号

**企业史研究（第一辑）**

龙登高 主编 邢菁华 熊金武 林立强 副主编

**责任编辑** 伏健强
**责任校对** 汪 潇
**装帧设计** 周伟伟
**出版发行** 浙江大学出版社
（杭州天目山路148号 邮政编码310007）
（网址：http:// www.zjupress.com）
**排　　版** 北京楠竹文化发展有限公司
**印　　刷** 河北华商印刷有限公司
**开　　本** 635mm×965mm 1/16
**印　　张** 21.5
**字　　数** 309千
**版 印 次** 2022年1月第1版 2022年1月第1次印刷
**书　　号** ISBN 978-7-308-21434-6
**定　　价** 75.00元